海外中国研究丛书

刘　东　主编

[美] 李　丹　著

张天虹　张洪云　张胜波　译

刘北成　校

理解农民中国

社会科学哲学的案例研究

UNDERSTANDING PEASANT CHINA

Case Studies in the Philosophy of Social

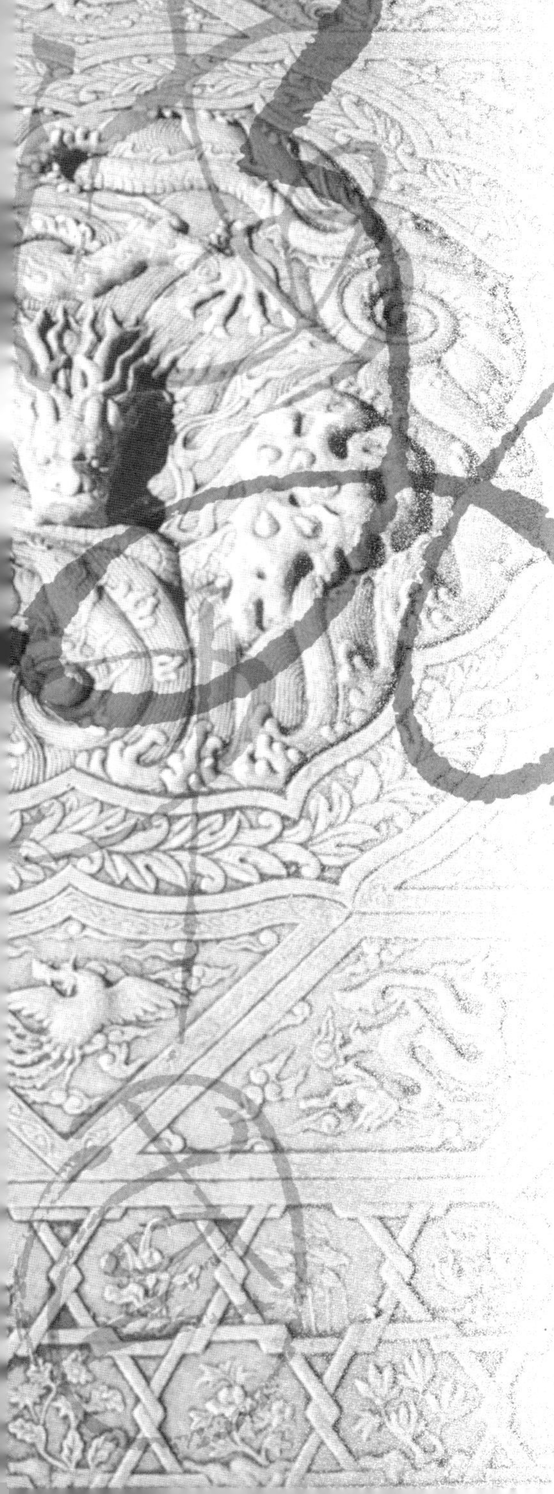

江苏人民出版社

图书在版编目(CIP)数据

理解农民中国:社会科学哲学的案例研究/(美)李丹著;张天虹,张洪云,张胜波译.—南京: 江苏人民出版社,2008.8(2022.4 重印)

(海外中国研究丛书/刘东主编)

书名原文:Understanding Peasant China: Case Studies in the Philosophy of Social Science

ISBN 978-7-214-05715-0

Ⅰ.理… Ⅱ.①李…②张…③张…④张… Ⅲ.农民—研究—中国 Ⅳ.D422.6

中国版本图书馆 CIP 数据核字 (2008) 第 117450 号

书　　名　理解农民中国:社会科学哲学的案例研究
著　　者　[美]李　丹
译　　者　张天虹　张洪云　张胜波
校　　者　刘北成
责任编辑　张晓薇
装帧设计　陈　婕
责任监制　王　娟
出版发行　江苏人民出版社
地　　址　南京市湖南路 1 号 A 楼,邮编:210009
照　　排　江苏凤凰制版有限公司
印　　刷　江苏凤凰通达印刷有限公司
开　　本　652 毫米×960 毫米　1/16
印　　张　26.5　插页 4
字　　数　350 千字
版　　次　2008 年 8 月第 1 版
印　　次　2022 年 4 月第 2 次印刷
标准书号　ISBN 978-7-214-05715-0
定　　价　76.00 元
(江苏人民出版社图书凡印装错误可向承印厂调换)

序“海外中国研究丛书”

中国曾经遗忘过世界，但世界却并未因此而遗忘中国。令人嗟讶的是，20 世纪 60 年代以后，就在中国越来越闭锁的同时，世界各国的中国研究却得到了越来越富于成果的发展。而到了中国门户重开的今天，这种发展就把国内学界逼到了如此的窘境：我们不仅必须放眼海外去认识世界，还必须放眼海外来重新认识中国；不仅必须向国内读者逐译海外的西学，还必须向他们系统地介绍海外的中学。

这个系列不可避免地会加深我们 150 年以来一直怀有的危机感和失落感，因为单是它的学术水准也足以提醒我们，中国文明在现时代所面对的绝不再是某个粗蛮不文的、很快就将被自己同化的、马背上的战胜者，而是一个高度发展了的、必将对自己的根本价值取向大大触动的文明。可正因为这样，借别人的眼光去获得自知之明，又正是摆在我们面前的紧迫历史使命，因为只要不跳出自家的文化圈子去透过强烈的反差反观自身，中华文明就找不到进入其现代形态的入口。

当然，既是本着这样的目的，我们就不能只从各家学说中筛选那些我们可以或者乐于接受的东西，否则我们的“筛子”本身就可能使读者失去选择、挑剔和批判的广阔天地。我们的译介毕竟还只是初步的尝试，而我们所努力去做的，毕竟也只是和读者一起去反复思索这些奉献给大家的东西。

刘　东

目　录

译者的话

展现在读者面前的这本书是美国著名哲学家李丹(Dannial Little)教授(其简历请见李伯重先生的"中文版序")有关中国研究的一部理论著作。李丹教授长期致力于哲学和社会科学的方法论研究,近年来,他对中国研究十分感兴趣。在这部著作中,他从社会科学哲学的角度出发,对西方的中国研究,从方法论上进行了精辟的梳理和总结。

作为一名哲学家,作者的研究范围十分广泛。他对理性选择模型、文化相对论与社会普遍化(Social generalization)等理论研究颇深。更要强调的一点是,作者长期研究马克思主义和历史唯物主义(相关著作参见李伯重先生的"中文版序"),是这方面的专家。作者宽阔的视野与深厚的理论修养为他探讨中国研究中的方法论问题奠定了基础。

在本书中,围绕西方中国研究中的农业和农民问题,作者系统梳理了以下理论:有关小农行为动机的斯科特-波普金争论;施坚雅的中心地与巨区理论;分析中国经济史上的技术停滞与突破的科技论与分配论;解释19世纪中国农民起义的千年王国论、阶级斗争论与地方政治论;中国经济持续增长还是过密化的争论。针对这些理论争论,作者进行认真的分析和比较,不仅找出对立理论之间的分歧,发掘其各自的理论逻辑,而且往往能跳出这些争论,看到对立理论之间的联系和互补关系。

作为一名哲学家和理论研究者,作者没有停留在对这些理论的一般评介上,而是对这些理论进行系统梳理之后,站在社会科学哲学的高度探讨和反思中国研究的理论和方法论问题。布罗代尔说:"没有理论就没有历史。"作者应该赞同这一观点。他强调:"要解释社会现象而不只是描述事件,理论就是必不可少的。"因此,这部著作体现着作者强烈的理论关怀。他明确反对理论的相对论和怀疑论,但同时就理论应该应用在哪个层次,也提出了自己的看法:用中级层面的理论和概念分析具体情况而不是使用内容广泛的理论模型。为社会现象提供科学的解释,是作者的诉求之一。在理论和方法论的总结中,作者涉及了因果机制、个人主义方法论、地方主义方法论以及社会科学研究中如何处理经验研究的问题,并对假设-演绎模型和社会科学中的客观性等热点问题发表了自己的看法。在这个过程中,作者特别强调"微观基础"(microfoundation)的重要性;宏观结论、集体性社会解释以及社会因果关系都离不开个体选择与个体行动层面上的微观基础。

近年来,西方有关中国研究的著作层出不穷,但是像作者这样从社会科学哲学和方法论的高度对西方中国研究的理论进行剖析、总结和反思的却并不多见。作者在书中实际上进行了跨学科的研究,体现了作者的宽广的知识背景与深厚学养。作者希望本书的阅读群体包括研究中国的历史学家、经济学家、政治学家、人类学家以及哲学家等。我们也相信中国学者通过这本书可以进一步了解西方中国研究(尤其是关于中国农民的研究)的特点,进一步提高自己的理论修养。

最后，作为译者，我们对翻译中的问题做一些简单说明：

1. 关于“community”。日本学者将其翻译成了“共同体”①，中国学者以前多使用“农村公社”、“村社”、“井田公社”②或“乡族势力”③这样的概念。可见，关于“community”，目前还没有统一、确切的定义。我们在翻译过程中，凡是遇到农村、农民的具体问题时，一般翻译成“村社”。如果原文是抽象地论述理论问题，则一般翻译成“共同体”。

2. “小农”还是“农民”？原著中大量出现“peasant”、“peasant farmer”、“farmer”、“ peasant cultivator”等词汇。我们处理的基本原则是：(1) 依据不同的语境做不同的处理，容易存在歧义和混淆的地方，一般都给出了英文；(2) 符合中国学术界的已有表达习惯，比如说“农民起义”而不是“小农起义”。

3. 关于“land-man ratio”。中国学者习惯于使用“人地比率”，但是这两者实为倒数关系，如果遵从原有的汉语表达习惯，则相应的其他表达都需要做相反的调整，反而会增添一些枝节。所以，我们遵从作者原来的顺序，凡是“land-man ratio”均译成“土地-人口比率”，而“man-land ratio”则译成“人地比率”，这样虽然繁琐了一些，但是尊重了原文并且不会出现歧义。

另外，原著引用的很多英文著述已有中文译本，对于这些中文译本，我们尽可能地做了参考。在此，我们对这些著作的译者表示感谢。文中凡是直接引用这些译著之处，都出了译者注，并注明版本信息。

---

① 参见谷川道雄：《中国中世社会与共同体》，马彪译，中华书局，2002 年。

② 参见王仲荦：《魏晋南北朝史》“前言”，上海人民出版社，1979 年。

③ 傅衣凌：《明清社会变迁论》，人民出版社，1988 年，第 55 页。

中文版序

李丹(Daniel Little)先生是美国著名的哲学家,1939 年出生,1971 年毕业于伊利诺伊大学(University of Illinois),获数学学士和哲学学士学位,1977 年毕业于哈佛大学,获哲学博士学位。获得博士学位后,他先后在科尔盖特大学(Colgate University)、卫斯理学院(Wellesley College)和巴克内尔大学(Bucknell University)等校任教,并在哈佛大学国际事务中心任访问学者(1989—1991)。在此期间,他先后任科尔盖特大学教授会副会长(1993—1996)和巴克内尔大学副校长(1996—2000)。他现任密执安大学迪尔本分校(the University of Michigan-Dearborn)校长和哲学教授,并兼任密执安大学主校(the University of Michigan-Ann Arbor)的社会学教授。他还承担过美国全国科学基金会(the National Science Foundation)、社会科学研究理事会/麦克阿瑟基金会(the Social Science Research Council/MacArthur Foundation)的项目。

李丹先生致力于哲学与社会科学的方法论的研究,认为学界可以从哲学家、历史学家和社会科学家之间的跨学科对话中学到许多东西,因此其研究涵盖了社会科学、哲学领域中的许多专题。他的主要专著包括《科学马克思》(*The Scientific Marx*, Minnesota, 1986)、《理解农民中国》(*Understanding Peasant China*, Yale, 1989, 1991)、《社会解释的种类》(*Varieties of Social Explanation*, Westview, 1991,波斯文版1995)、《论经济模式的真实性》(*On the Reliability of Economic Models*, Kluwer主编, 1995)、《微观基础、方法与因果关系》(*Microfoundations, Method, and Causation*, Transaction Publishers, 1998)以及《贫与富的悖论:描绘全球发展的伦理困境》(*The Paradox of Wealth and Poverty: Mapping the Ethical Dilemmas of Global Development*, Westview, 2003)。由这些专著的名字,也可见其研究范围之广。他目前的研究目标是探索历史哲学的新方法,力求把哲学家、历史学家和社会科学家的见解融合起来。他最新的著作是斯坦福哲学百科全书(the Stanford Encyclopedia of Philosophy)中关于历史哲学的词条(这些词条可从http://plato.stanford.edu/entries/history/获取)。多年来,他一直积极参加美国社会科学史学会(the Social Science History Association)的活动,并且是美国亚洲学会(the Association for Asian Studies)和美国哲学学会(the American Philosophical Association)的活跃成员。

李丹先生对中国研究和中国今天的发展具有浓厚的兴趣,并从科学哲学和历史哲学的角度出发,对西方的中国研究,从方法论上进行了独到的分析和总结。他去年曾应北京大学之邀,到北大作了以《中国研究领域中的响声:晚近欧亚经济史研究中的争论》("Loud Voices in the China Field: A Recent Debate in Eurasian Economic History")为题的专题讲演。在此讲演中,他对国际中国学坛中的几大争论(对于民国经济状况的争论、关于内卷化的争论、关于加州学派的争论等)作了深入和精辟的分析,使得学界对这些争论的认识,达到更高的境界。去年他又应清华大学之邀,到清华大学作了以《行动者、结构和社会偶然:关于社会科学的基础的新思维》("Agents, Structures, and Social Contingency: New Thinking About the Foundations of the Social

Sciences")为题的演讲,对处于转型时期的中国社会科学的发展提出了许多很重要的意见。

《理解农民中国》是李丹先生在分析和总结西方中国研究的重要成果之一。本书出版后,受到学界的重视。各领域的重要学者纷纷对本书予以好评。P. Steven Sangren 在 *American Anthropologist*(v. 93, June 1991)、Edward Friedman 在 *Economic Development and Cultural Change*(v. 41, Oct. 1992)、Alvin So 在 *Contemporary Sociology*(v. 20:1, 1991)、Tim Wright 在 *Journal of Asian Studies*(v. 49:3, Aug 1990)、Marc Blecher 在 *The American Political Science Review*(v. 85, June 1991)、Pauline Keating 在 *Philosophy of the Social Sciences*(Thousand Oaks: Jun 1994, Vol. 24, Iss. 2)发表的书评,就是其中的代表。

李丹先生一直跟踪西方有关中国研究的进展,为中文版增添了两章,即中文版的第六章(持续增长还是过密化?)和第十章(社会本体论、因果机制与社会心态)。

在中国的史学研究中,像本书这种科学方法论的作品实为少见。而史学研究者唯有具备科学方法论的自觉,才能使研究工作更上一层楼。因此,刘北成教授指导研究生将该书译成中文出版,是一件很有意义的事情。我相信这将对中国学者更深入地了解西方学界在中国农民研究中的成就与不足、在理论和方法上的分歧和争论等,都是一个积极的促进。我国拥有世界上最多的农民,农民占了我国人口的大多数。从此意义上而言,今天的中国也还是一个"农民中国"。对于中国农民的研究,从某种程度上来说,就是中国研究的核心。西方学者在中国农民的研究方面具有其特点。他山之石,可以攻玉。更好地了解西方学者的研究特点,无疑对我们的研究是一个推动。因此,我对本书中文版的出版,表示衷心的祝贺。

李伯重

2007 年 12 月 30 日于清华园

献　给

罗尼、乔舒亚和丽贝卡

致　谢

本文的诞生难以离开许多亚洲研究领域内学者们慷慨的支持、建议和评论。在此，我特别要感谢：柯文（Paul Cohen）、杜赞奇（Prasenjit Duara）、易劳逸（Lloyd Eastman）、周锡瑞（Joseph Esherick）、黄宗智（Philip Huang）、亨特（David Hunt）、约瑟夫（Bill Joseph）、玛祖达尔（Sucheta Mazumdar）、马若孟（Ramon Myers）、濮德培（Peter Perdue）、珀金斯（Dwight Perkins）、波普金（Samuel Popkin）、斯科特（James Scott）、维维安·苏（Vivienne Shue）、Tam Tai、瓦什布鲁克（David Washbrook），感谢他们在笔者撰写本书的各个阶段所给予的意见和建议。其他一些哲学家，包括：乔希·科恩（Josh Cohen）、佛兰纳根（Owen Flanagan）、哈丁（Russell Hardin）、波兰德（Jeff Poland）、迈克尔·泰勒（Michael Taylor）和温克勒（Ken Winkler），同样欢迎他们的意见和批评。感谢我在科尔盖特大学的同事比恩（Gloria Bien），她帮助我修改了初稿中所有中国地名的汉语拼音错误。感谢福格蒂（Tom Fogarty），他对本书第三章提出了许多意见。感谢多尔利（Laura Jones Dooley），他为本书提供了细致的编辑修改工作。

本书的大部分章节写作于我在卫斯理学院工作的两年半内。我衷心感谢该校哲学系同仁们的友谊和启发。还要谢谢科尔盖特大学和卫斯理学院所提供的制度保障及其休假项目所提供的研究时间。最后六个月的写作得益于美国国家科学基金科技历史与哲学项目的慷慨资助。

第二章和第三章曾经发表在《农业伦理学》杂志(*Journal of Agricultural Ethics*)和《亚洲研究》杂志(*Journal of Asian Studies*)上。第三、四、五章的一些版本曾经分别提交给费正清中国研究系列研讨班、新英格兰亚洲研究协会、新英格兰历史协会,因此而收到的意见巩固了这些章节的论证。

第一章　前　　言

这是一部哲学著作，涉及亚洲小农社会内部的农业变迁问题。这种结合相当特殊，因而需要事先作些说明。为什么一个哲学家会写农民的集体行动、市场交易的等级体系和传统中国农业的停滞呢？最直接的回答是我是一个研究社会科学的哲学家，这就意味着我所感兴趣的是社会科学逻辑的基本问题：社会现象的合理解释是什么？如何将理论模型应用于社会科学中？社会科学中经验推理的主要特征是什么？定量分析在社会科学中又起到了什么作用？等等。这些是科学哲学的传统问题。但我确信我们不应该在抽象领域，而应该在当前社会科学实践的背景中提出这些问题。因而我选择了一些当前社会科学中的争论并按照这些基础问题对它们进行全面考查。我希望这将能对我们理解社会研究的逻辑有所贡献。

这回答了上述部分问题。但并没有解释我挑选这些特定争论的原因；作为一名研究社会科学的哲学家，我可以通过研究社会科学中任何一组争论来实现目标。换言之，为什么我选择了农民和农业变迁而没有选择当今社会科学研究中不胜枚举的其他问题？为什么是亚洲农民社会而非欧洲？我关注农业变迁源自这一题目固有的重要性。首先，我感兴趣的是评估理性选择模型对社会解释的效力及范围。一般而言，理性选择理论的要旨在于：把各种社会现象解释为个体的理性决策和理性行为的总结果，认为这些现象由个体构成。这一模型被用以解释现代工业化社会中的许多问题，如选民行为、罢工和联合抵制、对公共物品（如公共电视）提供者的贡献水平等等。虽然很少有人从这一角度对农业社会进行分析，但是农业变迁看起来是一个颇有价值的试验案例。在经济和政治生活中，农民所面临的各种选择显而易见：种什么作物、用什么技术、是否为村庄里的工程提供劳动、是否参加集体抗租、是否拥护起义的号召。对于农民通过选择，合理、努力完成其计划的这一行为，我们能了解到什么程度？像上述理性选择的总效果这样的农业现象，我们又能了解到什么程度？

农业变迁这一主题吸引我的第二个原因是我以前对马克思主义和历史唯物主义的研究。（《科学的马克思》，*The Scientific Marx*，1986）马克思提供了一个根据客观因素——如技术、阶级冲突、生产方式和社会的经济结构——理解历史变化的基础。这一模型已被广泛应用于研究欧洲资本主义的出现及发展。但经典马克思主义理论明显倾向于城市和工业化社会，历史唯物主义概念一直很少被充分地用于解释农业社会。（想想马克思将法国农民视为“一麻袋土豆”一笔带过。）然而对历史唯物主义而言，农业社会似乎是一个独特而有趣的测试案例。农业社会的经济关系简单，阶级体系清晰，而且技术（耕种技术和手工技艺）明显影响了参与者的日常生活。如果历史唯物主义的范畴真能随处适用，那么它应该能用于分析农业社会。能否将农业变迁解释为阶级冲突的结果？农业社会是否体现了“生产方式”发展的动力是生产力和生产关系的冲突？对农业变迁的研究，似乎突显了历史唯物主义作为社会科学研究纲领的价值。

再次，通过关注农业社会，我希望能检验两个社会解释的一般模型：理性选择理论和历史唯物主义。现在出现这样的情况，即两种模型仍在应用但都需要尽力完善。马克思主义应用于农业社会时处于最为不利的地位,它表现出的在农业变迁中仍在起作用的因果变量要比模型本身所预言的更为广泛。而且据此理论,在某些情况下,本该居于次要地位的社会因素(如血统和亲属关系)却第一位出现。农业变迁的世界比马克思主义预言的更为复杂多样。理性选择理论也同样面临着一个更为复杂的世界:小农的经济与政治行为是以人们所没有料到的方式受规范和价值观的影响,理性思考的社会效果对思考时的制度背景更为敏感。同时,唯物主义和理性选择理论都出现了分析及解释农业变迁的富有成效的研究体系。

使我关注亚洲农民社会的最后两点。第一,我对文化相对论和社会普遍化的兴趣。有没有在超越文化边界的不同社会中起作用的社会进程?或者说,是否每一种文化及其社会现象都必须被理解为特殊的?我的假定是,模式化的规律可以跨越文化得到辨识,例如土地租佃安排对解释农村动荡的重要性。但似乎对我而言,思考这样问题的最佳方式是关注非西方社会,因为现有的解释社会变化的主流理论很大程度上仍是基于欧洲的历史经验。如果通过这些理论我们能确定一些亚洲社会中具有可比性进程的变化,那么在某种程度上这是对跨文化规律的一个冲击。

第二点来自中国固有的影响和重要性(这里中国被视为亚洲的主要文化)。一个使罗马帝国相形见绌的古老帝国,一种超越中世纪欧洲的经济体制,一种早于欧洲文艺复兴的科学文化,一场社会代价远远高于可怕的美国内战的起义(太平天国),一场以一个代表千百万农民的政党最终取得最高权力的革命——对社会科学而言,中国所代表的类似于一个实验室。通过关注中国,有可能提出和讨论社会研究的几乎任何问题,并有可能在评估理论假定的基础上发现广泛的经验性资料。

我希望这本书面向以下几个群体。首先是那些对亚洲进行实证研究的学者们,包括中国的历史学家、经济学家、政治学家以及人类学家。

农业社会研究本质上是多学科的,它包括经验社会科学范围内的理论和研究成果。这些领域的研究者们会发现,注意一个哲学家分析他们领域内有重要理论贡献的逻辑和假定,非常有用。

着眼于当今社会科学中最有影响且富有成效的一些作品,精挑细选却颇为翔实,这样一本书也应使哲学家们能同样有所收获。他们对我所论述的许多主题怀有一种职业的兴趣:理性理论(the theory of rationality)、规范和价值观对调节行为的有效性、解释的逻辑、经验性资料在社会科学中的作用和人文科学普遍化的本质。而且我认为抽象、简朴的哲学分析只要辅之以一些恰当的现实世界的知识,哲学就能处于最佳状态。既然如此,我希望哲学家们能对本书呈现的经验性现象感兴趣。

最后,这本书应该会吸引那些关注前现代世界农业变迁的学者们。隐含于我所讨论的研究成果之后的问题有趣而且重要:为什么传统农业难以快速现代化?是什么导致了农村的动乱与起义?前现代世界中社团制度如何发挥效用?如何对商品化结构的社会发展及文化进行限制?在解释个体行为时,宗教信仰和道德价值观又有多重要?

本书的核心是对四种情形的探讨:检查当前社会科学论战中基于经验和基于理论的辩论,从而分析这些辩论的解释逻辑和经验性分析。接着讨论社会科学中哲学的一般主题:社会科学普遍化的特征、社会解释的逻辑性特征和社会科学经验推理的本质。

案　　例

关于道义经济的争论

在解释东南亚农业社会的重要特征时,下列哪一方面分量相对更重:(1) 道德价值观和群体团结;(2) 个体理性与竞争。斯科特认为使农民大众成为一个整体的是共同的生存伦理(一种道义经济),正是这种道义经济保护了所有村民的生存需要。波普金则认为越南农民主要是在关系到家庭安全和福利之时是理性决策者,而"搭便车"现象和竞争会迅速瓦解群体团结。

关于巨区的讨论

在传统的农业中国,经济制约(如运输成本)是如何影响社会、政治和文化发展的?施坚雅(G. William Skinner)指出由于特殊的空间特征,传统中国的村庄、集镇和城市编织为各自独立的城乡系统(macroregion, 巨区)。他进一步说明,对传统中国社会非经济方面的发展而言,这些巨区的结构既是阻力又是动力,例如,异教的传播、起义的蔓延和传统政府的行政能力。与施坚雅不同的是,桑兹(Barbara Sands)和马若孟(Ramon Myers)则认为,现有的经济数据并不支持巨区分析。

关于技术突破的争论

是什么妨碍了传统中国农业的技术创新?为什么中国的农村经济没有突破障碍步入现代经济增长的进程?赵冈(Kang Chao)指出中国农业卷入了人口陷阱,将贫穷农民推入效率低下、耗费劳动的农业技术。利佩特(Victor Lippit)认为农业经济能创造大量剩余从而为农业创新提供资金,但拨出这部分剩余用以创新对食利阶层毫无物质利益可言。中国的农村经济就这样停滞了,因为不存在一个农村阶层,它既有动机又掌握政治权力用以重组产权,适应资本主义农场的出现。

关于农民起义的争论

在传统中国的农村,是什么引起农民的集体暴力行为和起义?是什么推动或阻碍了起义的蔓延?韩书瑞(Susan Naquin)将八卦教起义分析为白莲教千年王国世界观的体现。裴宜理(Elizabeth Perry)将捻军起义解释为在地方集体行动(盗匪行为和乡村民兵)基础上地方生存策略的无意识结果。马克斯(Robert Marks)将农民对海丰县国民革命的支持解释为地方阶级冲突以及拥有共同利益的佃农反抗地主的结果。

我挑选的这些案例都围绕着农业变迁的主题,这是一个打破学科边界的题目。这一主题有其内在的重要性,因为无论是过去还是现在,世界上大多数人口都生活于农业社会。不管人们感兴趣的是经济发展、起义和革命,抑或是传统方式的延续,农业变迁问题都具有核心意义。因而,一系列共同的关注贯穿于此处所探讨的这些案例中,并使这些案例有可能相互关照。

对于亚洲小农社会的当前研究,每一个案例都是重要的。一些学者提供了范式和理论,一些学者将这些范式和理论应用于新的背景。施坚雅关于市场等级体系的分析重塑了中国史学家现在所面临的全景图;研究者们已经采用了地区研究范围内道义经济学的术语;裴宜理将农民起义解释为地区生存策略的无意识结果,这一分析改变了其他学者对乡村集体行动的构想;等等。这些理论形成了当前经验性亚洲研究领域内的争论。

这些案例也同样证明了社会科学的逻辑问题。关于道义经济的争论提出了有关理性选择-决策模型应用于社会科学的作用问题以及社会科学应该如何分析规范与价值观的问题。施坚雅对传统中国市场结构的论述是将规范的数学模型用于社会科学的一个重要例子。赵冈对中国人地比率的分析例证了经济推论在历史解释中的作用。小农起义的竞争理论阐释了大规模社会现象的案例中因果推理的问题,而且提出了集体行动理论的相关问题。这些案例也跨越了许多学科:历史学、经济史、人类学与政治科学。最后,它们展示了第一流的研究、分析与理论形式,由一名社会科学哲学家进行了详细、充分的复查。

尽管每一个案例都源自一种不同的学科背景、不同的经验数据与案例以及不同的解释模型,这些案例实际上是相互关联的。全部都涉及传统农业社会的方方面面;全部都牵扯到中国或东南亚;大部分都试图解释小农行为(经济的、政治的或象征的)。最后,这些理论彼此之间相互参照。韩书瑞、马克斯与裴宜理运用施坚雅的市场等级体系模型;马克斯运用道义经济学框架以分析19世纪华南的乡村暴力;裴宜理的著作与波普金的著作具有发人深思的类似;等等。

哪些问题将会从这些与科学哲学相关的案例中得出信息?案例研究方法的核心目的在于允许科学实践的检验,以建议在科学哲学内提出正确的问题,而不是强迫这些案例进入预先设定的范畴。这就需要关于发现的这些问题的一种开放式思维。虽然如此,一系列核心问题在检验这些争论中已被证明是有用的。(当然,并不是所有的这些问题都能充分应用于每一个案例。)

研究范围

研究者如何界定研究目标的范围?被研究的现象是如何的一般或如何的特殊?在社会研究中可能有各种层次的一般性;以起义为例,研究者可能探讨一般意义上的农民起义、中国农民起义、追求千年王国的中国农民起义或是具有特殊性的八卦教起义。一些研究者(主要是历史学家和人类学家)狭窄地限定他们的研究,并且怀疑超越这些现象的一般性概括,然而还有一些研究者(通常是政治科学家和社会学家)研究具体的现象以理解更为一般的社会进程(通常跨越了文化和时代)。

理论模型

研究者将哪些理论模型与范式带入这一主题?每一个研究者在着眼于具体的现象时,都会明确地或含蓄地利用理论工具来分析和解释这些现象。波普金将集体行动理论带入传统越南乡村生活;韩书瑞将霍布斯鲍姆(Eric Hobsbawm)的千年王国起义理论建构应用于白莲教起义;

马克斯利用经典马克思主义的那些假定解释中国小农的政治行为；施坚雅将中心地理论模型运用到中国的经济地理；等等。

解释模型

研究者提出了哪些类型的解释？这里有两个问题：研究者在解释中确认了哪些因素（例如，经济的、宗教的、生态的、结构的）？再有，研究者提出的解释所具有的逻辑特征与实际特征是什么？例如，波普金在理性选择理论的框架内提出抽象演绎解释。韩书瑞将事件与动机的一种详细叙述视为一种社会事件发生的充分解释。斯科特通过显示生存伦理与边际小农耕种条件的函数关系，解释生存伦理的细节。我在对这些案例进行探讨时，将对这些解释方案作出明确而重要的区别。

个体动机的假定

关于那些以行动构成所研究的社会现象的人，研究者对其决策动机与进程，提出了哪些假定？特别是，研究者如何衡量个体理性、传统规范与价值观、象征行为以及其他的行动根源？波普金强调个体理性，而韩书瑞则挑选宗教世界观与价值观作为解释起义的主要因素。这样的差异在将焦点对准研究、解释策略以及有关集体行为的预期时，会引起重要反差。

集体行动的假定

研究者如何分析集体行动问题以及个体与群体的关系问题？一些学者（比如波普金和裴宜理）提出集体理性问题并且强调在保护集体行动中的政治困难；还有一些学者（比如斯科特和韩书瑞）假定规范与价值观能够有效地协调集体行动，以至于相对容易地造成集体行动。

证据为本的实践

研究者的经验方法是什么？他们强调哪些资料来源——叙述性的档案资料、经济统计数据、访谈与田野调查、二手资料还是其他资料？研究者如何运用经验资料来支持一种立场、批评或评价不同立场等等？而且在研究者的资料中会出现哪些考证问题？一个研究者处理与挑选经验资料的方式，在两个学科之间（比如历史学与政治科学）有显著差异。

对争论的评估

最后，在每一个案例中，我们需要密切关注的是研究者论述与分析的逻辑。不同案例可能有不同的问题：一项敏感的研究必须要留心一个论述出错的可能性、以一种不合理方式应用一种理论模型的可能性，或是基于资料的推论并不支持最终结论的可能性。我对于施坚雅城市化论述的批评即是这样一个例子；我认为他的建构在衡量与聚合因果因素方面存在着逻辑问题。

这四个案例体现了一种渐进的顺序。在第二章中研究小农心态和乡村制度；在第三章中研究在村庄、市场与城市关系中固有的结构；在第四章，我转到农业经济整体的层次，并考查在土地租佃体系、人口增长以及经济技术发展这几项之间的关系；在第五章，我回到小农和乡村并考查是什么引起了农民的政治行为和起义。

社会科学哲学

社会科学哲学为自己设置了各种不同的研究任务：描述社会解释的主要逻辑特征、分析社会科学中证据与理论的关系、探讨社会科学与自然科学的关系以及说明一些社会解释中使用的与众不同的建构（例如，理性、社会规则、道德价值观或社会结构）。就更一般的层面而言，哲学家们想要提出一种关于社会科学逻辑的论述:在社会科学中发现的知识与解释的形式、经验推理的性质、社会科学中概念的逻辑特征等等①。

然而,这种描述有几处含糊。首先,我们需要注意描述性科学哲学与规范性科学哲学之间的区别。科学哲学的目标是为了正确描述实际上引导社会科学家们的那些惯例、制度与规范吗?在这种情况下,科学哲学家的任务与语言学家是类似的,后者试图决定成为语言基础的那些语法规则。(这种类比所隐含的假定是,科学是一种受规则支配的实践。)还是说,科学哲学家的目标是,就应该如何进行科学研究,提供一种认识论上的满意论述——无论实践中的科学家们是否实际上以这样一种方式进行他们的工作?如果我们采取这种方法,那么科学哲学家的任务就更为接近逻辑学家,后者试图说明有效演绎推论的所有规则(无论人类推理者实际上是否充分观察到这些规则)。

我认为科学哲学需要描述性与规范性两方面的元素。科学并不是一种按照能够先验决定的方法所进行的事业;相反,科学是在特定历史传统与制度中发展起来的一套惯例,其目的是在经验研究的基础上发现自然与社会的真理。因而,科学哲学的研究主题是一套偶然的惯例和制度,它们是科学哲学家必须详细探讨的。同时,这些惯例的目的是认知。科学家们试图得到关于这个世界的真实信念,而且他们认为,基于包含在科学实践中的科学研究与评估的经验方法,这些信念才能被证明是正当有效的。因此,重要的是,科学哲学要对科学的方法与实践加以评估。是否存在一些合理的理由让我们相信,在某一特定科学领域的一些方法是强化真理的?这些方法能否得以改善?那么,按照这种思路,科学哲学的目标就要求哲学家对科学实践提出一种合理的重构,从而对科学主张的真理性与可靠性提

① 对社会科学哲学的全面介绍可参见:布雷布鲁克(Darid Braybrooke)(1987)、罗森伯格(Alexander Rosenberg)(1988)以及米勒(Richard Miller)(1987)。内格尔(Ernest Nagel)1961年从逻辑实证主义观点的角度,提供了社会科学的一种富有思想深度的诠释。

出质疑。这显示了科学哲学的规范性一面。

前面对科学哲学中的主张范围所做的描述存在着另一个含糊之处。一些哲学家对以整体的、基础主义形式出现的科学的逻辑提出了质疑①。他们以不证自明的观察为基础,以象征逻辑作为框架来支撑高层次的理论主张,以一种抽象、普遍的研究和论证的科学方法来指引整个构建,在这种坚实的基础上,着手提供一种科学知识的重建。然而,科学哲学的这种想见是站不住脚的。一代科学哲学家已经证明了不存在这样一种基础。所有的观察资料都承载着理论;任何的经验主张都可能是有争议的或颠覆性的;而且我们没有理由相信一种单一的"科学方法"能支撑和决定所有的科学研究。

我假定了一种地方主义(局部性)科学哲学(localistic philosophy of science)来取代这些整体性目标。我所关注的问题并不是"经验证据如何证实科学知识"而是"在解决某种既定的经验争论中提出的那些程序和论述有多可靠"。地方主义科学哲学的目标在于将注意力从作为整体的科学转移到特定的学科,并检验在这些领域中经验和理论推理的理性力量。按照这种思路,科学事业既不需要也不承认基础;相反,科学哲学的目标在于评估当前具体的科学领域中那些研究技巧与经验推理形式的可信度。

最后,我们需要询问的是,是否存在一种"科学方法"这样的东西位于所有科学研究的核心。这一问题具有误导性,因为它引导我们去掩盖科学领域之间的重要的方法论差别。一种更加似是而非的观点是科学方法的中心-外围分析;一些特征是所有的科学事业共有的,而更多的特征是某些而非所有科学事业共有的。前者构成了科学推理的核心标准,而后者则像家庭相似特征一样交织于不同科学研究中。而且最重要的

① 这种方法在维也纳学派内以及在诸如施利克(M. Schlick)、纽拉特(O. Neurath)和卡尔纳普(R. Carnap)等学者的逻辑实证主义的早期阐述中极为显著。

方法论争议出现在与外围特征的联系中——而不涉及基本上没有争议的中心元素。

科学的核心特征至少包括了这样一些标准:经验的易测性、逻辑的一致性以及主体间信念评判程序的制度性约定。所有科学都将经验研究与调查报告视为评估科学断言和假定的一种重要方法。[①] 所有科学都需要信念体系是成熟的且具有逻辑的一致性。而且所有科学的继续发展都通过一个研究者的共同体,在这个共同体中,个体的科学结果服从共同体范围的准则。[②]

这些标准明白显示出的并不是关于科学研究的完整描述,而是任何研究事业都必须满足的最低准则,如果这项事业被判定为科学的话。[③] 除了这些共同的方面,我们可能发现一些在各科学学科之间变化的外围特征,例如运用定量方法与模型;在根本法则、进程或机制的基础上致力于解释被观测的现象;作为一套统一假说体系的一个理论构想;利用受控制的实验评估假说;广泛运用基于理论推理的预言;致力于弱化形而上学的信念(例如,不存在远距离的行动,没有任何个体行为的解释能预示纯粹的利他主义)。这些特征是外围的,是因为它们是一般的并且由许多科学共享;但是当贯穿整个科学时会出现明显且重要的例外。例如,热力学的大部分历史都有意避免关于根本进程的假定;文化人类学者极少利用复杂的定量模型;还有一些社会科学领域根本不关注解释而是侧重描述的精确性。

---

① 亨普尔(Carl Hempel)写道,"这一定义刻画了一种经验主义论述的特征,即它能够通过比较经验研究结果得以验证,也就是说与恰当的经验事实或重点观测报告进行比较"(1965a :3)。当然,一些新近的科学哲学家,特别是包括保罗·费耶阿本德(Paul Feyerabend)在内,反对这种强烈易测性的观点。

② 1981 年,牛顿-史密斯(Newton-Smith)提出了关于科学制度性结构的认识论意义的重要论述。1973 年,莫顿(Robert K. Merton)提供了关于科学制度性结构经验主义研究的一部经典文集。

③ 1965 年,波普尔(Karl Popper)为此提供了一种标准,称之为"划分标准",以此为基础区分科学与"伪科学"。

我已经确定了社会科学哲学的一些目标;但如何追求这些目标呢?社会科学哲学自身有哪些方法呢?前文表明社会科学哲学应该位于非常熟知当前社会科学的基础上。但是社会科学哲学的发展经常受到探讨高度抽象问题这一趋势的限制,不能充分地检验现有的社会科学研究。这种方法反映出一种自上而下的策略:阐明一个一般的论题(例如,关于自然主义、个人主义方法论、行动的意义),然后利用来自社会科学的例子予以证明。哲学家为社会科学提供关于一个"问题"的一种抽象概念,然后参阅在主要哲学文献中已被讨论过的一个哲学主题解决这一问题①。这种方法时常不能反映社会研究的实际。当然,也存在例外,例如,像埃尔斯特(Jon Elster)对理性选择理论基础、马克思主义以及社会研究的其他领域的有价值的工作(1978, 1979, 1985b)。然而,研究文献趋向于一般与抽象而不是对社会科学特征的详细论述。

此处,我利用案例研究方法,旨在避免大而化之的缺陷以及对科学实践的忽略。它需要哲学家在当前经验研究中挑选几个有争议的论题并且努力从这些案例中析取与社会科学哲学相关的一些方面。例如,这些案例展示了哪些解释类型?研究者如何运用经验资料?可以确定哪些逻辑的或概念的问题?这一研究的目标是回答关于社会知识、解释与经验推理的一般问题。但是这些答案应该形成于一种实际理论争论的敏感性探索,而不是先验的哲学建构。

在本书中,通过检验特定社会科学研究案例,我自下而上地探讨社会科学哲学的这些一般问题。在一般问题上的推进完全是通过对在当代社会科学领域中找到的这些模型、解释、争论、方法等的一个详细的构想。这样一项研究的其他结果是,将引导对在社会科学中发现的重要多

① 例如,让我们探讨一下尽量利用奎因的翻译的不确定性论题(indeterminacy of translation thesis)阐明行动与意义的诠释性问题[胡克韦(Christopher Hookway)与佩蒂特(Philip Pettit)等(1978);霍利斯(Martin Hollis)与史密斯(Steve Smith)(1982);罗斯(Paul A. Roth)(1987)]。

样性的一个更深层的认知。

案例研究方法的富有成效已经在科学哲学的其他领域中得到证明，如物理哲学、生物哲学以及心理哲学。哲学家们已经强调的是对历史事件或当前科学实践详细研究的需求，以便提高我们对科学本质理解的详细程度①。社会科学哲学仍未充分吸取这些教训，哲学家们还是趋向于对社会科学逻辑的一种极度无差别的观点。

此处探讨的每一个案例都有力地证明了当前社会科学中经验与理论推理的丰富性。通过探讨这些实例，我们将获得关于社会科学的更为丰富更为复杂的观点，以及对社会科学家已经建构的一些模型与推理进程的更深层的理解。这种不同素材的研究将表明社会科学并不是一种单一的、一元化的学科，而是利用不同解释范式与概念体系以及受不同研究目标驱动的研究框架的一种复合体。我相信，对这些案例的探讨将产生一般的结论——解释与推理的共同特征。但是这些概括则是坚实地植根于社会科学实践中的。

社会现象的理性选择论

社会现象由人类的行动构成，人类则是基于与目标、价值观、禁律和顾忌有关的信念、意义、诠释、假定等而行动的主体②。人类是基于理智而行动的有目的性的人们。这一情况有几个具有启发性的含义。首先，

---

① 例如，可参考库恩(Thomas S. Kuhn)(1970b)、拉卡托斯(Imre Lakatos)(1970)、弗里德曼(1982)、苏伯(Elliott Sober)(1984)、福多尔(Jerry Fodor)(1975)、佛兰纳根(1984)。

② 将理性选择理论的主要观点应用于社会科学的比较容易理解的说明和讨论可参见巴里(Brain Barry)(1978)、贝克尔(Gary Becker)(1976)、埃尔斯特(1976)以及弗罗里希(Norman Frohlich)与奥本海默(Joe A. Oppenheimer)(1978)。对社会选择理论与集体行动理论做出良好介绍的包括哈丁(1982)、邦纳(John Bonner)(1986)以及麦克(Alfred MacKay)(1980)。1966年，拉波波特(Anatol Rapoport)提供了关于二人博弈论(two-person game theory)的一种容易理解的介绍。1982年，舒比克(Martin Shubik)提出了将博弈论应用于社会科学的一种更为技术的表述。1978年，谢林(Thomas C. Schelling)提供了基于个体意图分析得出的整合解释的例证。

它意味着，与自然规律不同，社会规律源自一种不同的因果关系。自然规律源自相关实体（原子、力、行星）固定的、客观的特征，并且受自然法则制约，然而社会规律源自主体的意识状态。其次，社会现象的目的特征产生了用于社会科学而无法在自然科学中获得的一种解释类型：社会现象是由个体理性选择的无意识结果构成的。

这些深思熟虑的观点提出了社会科学中一项研究项目的可能性：尝试着将社会现象解释为许多个体有意图行动的聚合结果。通过理解人们需求的是什么，他们相信的是什么以及他们如何预期自己的行动以实现其目标，我们就有可能解释这种聚合结果。该模型可能会作为聚合解释的方法被提及；且在本书中提到的一个核心问题是，在各种各样的历史和文化背景中，该模型可以在什么程度上被用以解释不同的社会现象。

关于理性选择解释效用的争议出现社会学著作中，就像实质主义与形式主义之间的争论，以及在人类学中关于经济人类学基础的争论[①]。此处争论的主题是在前现代社会中与个体理性相关的解释。经济理性能否合理地归因于前现代社会中的参与者？而且，经济分析与理性选择理论的工具能否富有成效地应用于这些前现代的制度？

在社会解释中关于理性的作用有两大类观点已经出现于社会科学中：形式主义与实质主义。形式主义者——无论是经济史学家、人类学家、发展理论家还是乡村社会学家——认为由个体决策者做出的理性自利的这一假定，在任何历史环境中，理解任何社会群体，都是至关重要的。他们的目标是运用这些经济分析工具（主要包括在个体物质利益基础上行动的理性计算的观点）解释非西方社会生活的特征[②]。

---

① 参见道尔顿（George Dalton）1969 年对这一文献做出的详细评论（尽管他是一个激进支持者）。

② "经济理论（大致相当于政治经济学方法）是这样一种分析方法：假定存在大量具有特定目的的行动者以及一种可推论的努力，以计算出这些人在特定选择的情况中如何行事，'前提是，他们理性地追求其目标'"（波普金 1979：30—31）。

与形式主义者相反，实质主义者坚持，个体自利的概念具有文化特殊性，不适用于大多数人类历史。传统社会是共同体：紧密相连的人们的群体在稳定、持续的相互关系中，分享着独具特色的价值观(泰勒 1982：25ff)。对这样的群体而言，安全与福利的主要威胁是众所周知的：降雨量过多或不足、盗匪的攻击、中央政府的掠夺性税收政策。而且乡村社会已经发展出公认的价值观方案以及合作的惯例与制度，通过这些的良好采用，处理风险与福利问题，以便在几乎极端的环境下充分保护所有村民的生存需求。因而，实质主义者认为传统与规范是最基本的社会因素，并且强有力的传统动机的制约几乎总是调整着个体行为。一个结果便是，许多社会并没有清楚地区分群体利益与个体利益。

形式主义与实质主义之间的争论一般发生在一个高度抽象的层面：人类行为基本上是由个体自利驱动的，还是说个体理性是现代市场社会的一种文化建构？然而，一旦我们从这一层面下来，在具体的制度背景下更近距离地查看理性选择，那么我们就会发现该模型对社会生活具有明确的、令人惊讶的结果。公共选择理论领域所关心的是来源自这些特定结果的内容。缪勒(Dennis C. Mueller)(1976：395)这样描述理论中的公共选择："公共选择可以被界定为非市场决策的经济研究，或者是，经济学到政治科学的简单应用。对经济学而言，公共选择的基本行为假定即为：一个人就是一个以自我为中心的、理性的、效用最大化者。"公共选择理论的核心工具包括公共物品理论与集体行动理论、社会决策规则与选举方案理论、社会福利理论以及实用的博弈论与决策论。公共选择范式试图在抽自这些学科的模型基础上建构非经济行为的解释。许多显得与经验社会科学相关的群体理性的似是而非的论点已经在该领域得以发展。这些结果包括奥尔森(Mancur Olson)的集体行动法则、规范博弈论中的"囚徒困境"、市场交易中由于信息不对称成本产生的次优性["柠檬市场"

(the market for lemons)[①],阿克洛夫(George Arthur Akerlof)]、阿罗悖论(Arrow Paradox)等等。这些正式研究结果中许多都表明根据个人理性的行动导致集体理性的悖论,或者说,个人理性并不总是聚合为一种集体的理性结果。

形式主义者利用这些经济理性"定理"作为解释工具用以解释其他令人迷惑的集体现象。让我们探讨一个有代表性的例子:为什么全世界不同的种植体系都趋向于与不同的土地租赁安排相关(佃农耕种、固定地租、强迫劳役、小农所有权)? 一种形式主义解释可能会沿着这些思路:在不同农作物之间,监督和检查成本极为不同。对于那些需要高质量的密集劳动投入的农作物(比如稻米),强迫劳役是不可行的,因为监督成本太高昂以致无法使用,而私人产权或固定地租则显得有效。而那些只需要低品质、粗放劳动的农作物(比如棉花或咖啡)则是与强迫劳役或奴隶劳动相容的,而且可以在种植园或庄园中生产。该解释开始于这一假定:某种特定体制中强大的所有者将会如何倾向于结构生产,以致最好地满足他们的物质利益;他们有一种自利的动机从而挑选这样一种地租安排:给生产者一种最佳的刺激使他们在最恰当的密度中生产。

公共选择分析中一个核心的论题是个体理性与集体理性(作为集体行动理论被谈及)之间的冲突。一代经济学家关于公共物品问题的著作已经表明了个人理性与集体行动的冲突:一个由理性私利个体组成的群体将无法有效地追求不可分割的、非排他性的公共物品[②]。哈丁称之为"在看不见的手后边"(back of the invisible hand)(1982:7)。在奥尔森的一部经典著作中(1965),他提出了一种群体和组织论,该理论提取了

① 译者:"柠檬市场"是信息经济学中的一个概念,主要讲的是市场中的逆向选择问题,阿克洛夫因此获得2001年诺贝尔经济学奖。

② 对这一研究贡献尤其突出的学者包括奥尔森(1965)、巴里(1978)、萨缪尔森(Paul Samuelson)(1955)以及哈丁(1982)。

某种关于群体行为的违反直觉的结论。一种长久存在的思维传统认为这一点是不证自明的:群体和组织将共同行动以追求群体利益。然而,奥尔森表明,这一假定犯了一种类似于逻辑谬论的错误,因为群体是由独立决策的个体组成的。所以,如果说一个群体内所有或大部分成员都去履行一种行动,那么该行动将会满足群体的利益,这一点是无法充分显示的;我们同样有必要表明的是,该群体内所有(或大部分)个体都有一种理性利益且就此行事。

奥尔森认为,事实上,一个群体通常无法有效地行动以追求其共同利益。更有甚者,如果我们假设一个群体是由关心最大化个人利益的理性主体构成的话,奥尔森表明,每一个成员将会有一种理性动机去"搭便车",也就是说,克制自己不要作贡献并希望有足够多的其他成员会做出相反的选择。我谈及的这种介绍作为奥尔森的"集体行动定理":"在一个大的群体内,没有任何单个个体的贡献对群体整体而言具有显而易见的差别,可以肯定的是,除非存在强制或一些外部刺激,使得该群体内成员会为其共同利益行动,要不然,一项公共物品将不会被提供"(44)。奥尔森的推理是复杂的,但是它本质上归纳为:"尽管该群体内所有成员在获取这项集体好处时拥有一种共同利益,但是,在为提供集体物品支付成本时,他们没有共同利益。每一个成员都更希望其他人会支付全部成本,而通常情况下,都会得到集体提供的任何好处,无论他是否已付出部分成本"(21)。这一定理遵循着以下两点:理性的、最大化决策基于参与者的个人利益;公共物品具有非排他性这一事实。在假定非排他性的条件下,每一个个体都能推论,该物品能取得或不能取得是不依赖于他或她的行动选择的。按照任何一种结果,个人利益最好的满足就是不贡献。如果该物品取得了,个体将享受这一好处而没有贡献成本;如果该物品没有取得,那么个体则节省了贡献成本。因而,每一个成员都决定不作贡献,该物品将不会取得;这就是集体行动定理。

对群体理性而言,集体行动定理明显是一种悖论结果。它似乎表明,由理性个体组成的群体将不能有保障集体利益的行动。有人可能会说,理性个体是个体理性的囚徒。而且,对这些最具抽象形式的问题,唯一明显可用的解决方案或者是非理性行为(每一个政党选择一个不太理想的策略),或者是强制状况下的合作(在这种状况下,个体可以担保自己不在集体行动中犯错误)。关于集体行动理论的一些重要文献已经逐渐形成了,并且几位学者认为,关于集体行动的可能性,奥尔森的结论过度悲观了。(这些文献的重要部分在第二章中有概述。)

此处探讨的许多论述与解释都依赖于一种分析的理性选择框架。通过考查这些案例,我们将能够评估理性选择框架的效用及局限性。

唯物主义

此处讨论的运用于几个理论的另一个主要解释框架是历史唯物主义,这是经典马克思主义框架[①]。这一框架的基本观点是,所有人类社会都面临着生存和安全的共同问题。特定需求和限制由所有社会共享;尤其是,每一个社会都必须利用自然资源和工具以满足物质需求。例如,所有的社会都必须体现制度、惯例或组织,通过这些满足基本需求——食物、衣服、住所、健康和教育以及其他可能。社会科学唯物主义者信赖这一假定,即我们有可能从这些物质需要中推理出一般性。按照这种方法,关于生产的社会安排——农业、制造业、收入分配——的分析将有助于解释类似于宗教和文化这样的社会生活的特征。

在社会进程中,唯物主义强调两个因素的重要性:一种特定文化中在使用的技术形式;权力和当局的社会关系,通过这种关系组织经济活动(用马克思的语言讲,即社会生产关系)。后者谈及支配生产力的使用

① 在最近的"分析的马克思主义"(analytical Marxism)的讨论中,历史唯物主义是一个核心问题。对这一方法中唯物主义核心观点的重要论述和关键发展可参见科恩(G. A. Cohen)(1978)、肖(William Shaw)(1984)以及埃尔斯特(1985b)。同样也可参见罗默(John Roemer)(1986)、鲍尔与法(Ball and Farr 1984)。

与方向的产权关系——土地、资本、投资资金、原材料等等。

我们可以认为，技术和生产的物质条件以下列几种方式限制或影响社会现象。首先，有时我们认为，出现在日常生活与工作场所中、具有占统治地位的技术的个体经历直接影响着意识。维生小农需要一种规避风险的价值方案（斯科特）；狩猎-采集（hunter-gatherer）获得一种强调合作的道德视角；工厂工人或机器操作者获得一种具有社会异化和消费主义显著特征的意识形式。蒂利（Charles Tilly）对法国（大革命时期）旺代地区（la Vendée）种植模式以及政治态度的论述证明了这种唯物主义。马克思自己对法国农民的论述例证了一个相似观点；他认为农民耕种的物质条件——隔离，简单的技术以及一种不稳定的生存状态——直接导致了社会保守主义。

与其密切相关的是一个关于生产过程技术组织的类似观点。车间组织的一些形式与另外一些形式相比，对工人意识的影响明显不同。例如，我们有时会认为，一些职业群体，如矿工，与其他的群体相比，具有一种更强的群体团结性和战斗性，这是因为他们工作的共同特征——冒险、对同伴的依赖以及封闭的工作状态。布雷弗曼（Harry Braverman）（1974）已经探究了这方面唯物主义解释的含义①。

这两种解释方案都被归入到通常所说的技术决定论——技术决定论的观点是，社会生活的重要特征受到主导技术以及技术得以运用的组织形式的影响或制约。或者说，更重要的是称之为“经济决定论”的观点②。这一观点认为，社会生产关系在社会变迁中有决定意义。按照经典马克思主义的观点，社会生产关系在组织生产的同时，也依据剩余产品所得而确立社会分界。也就是说，产权关系界定阶级关系。刻画唯物

---

① 也可参见赛伯（Charles F. Sabel）与蔡特林（Jonathan Zeitlin）（1985）关于工艺化生产与工厂化生产的对比研究（artisanal production versus factory production）。

② 在这一语境中，决定（determine）并不是说唯一确定，而是说制约或影响。当然，社会进程确实是多元因果关系的，是非确定的。在分析的马克思主义中，对这一问题的探讨可参见麦克默特（John McMurtry）（1977），科恩（1978）与李丹（1986）。

主义这一特征的另外一种方式是说,唯物主义特别关注某一特定社会中正在使用的剩余榨取体系,以及通过这种体系界定的榨取者与生产者的分界线。根据历史唯物主义的观点,在由剩余榨取体系产生的阶级冲突的基础上的经济与政治变迁,在某一特定社会的历史变迁中发挥了关键作用①。

一种特定经济中的阶级关系可以分析得多少更细微一些。例如,此处探讨的不同学者表明,在贫困的小农所有者、贫困的佃农以及贫困的无地工人之间存在着显著区别。他们的福利与安全的绝对水平或许是相似的,但是他们在社会中承担着不同的关系与制度,并且经常会对相同状况作出不同反应。

按照经典唯物主义观点,界定生产制度的那些安排,包括阶级体系在内,对社会生活的其他方面施加了一种发展动力。马克思坚持,生产力与生产关系对其他的社会生活方面强制实行了一种发展模式。例如,马克思认为,在一种特定社会秩序中,当前意识形态的形式与现存所有权关系的稳定性之间,存在一种函数关系。尤其是,唯物主义观点坚持认为,政治制度、一些文化现象以及意识形成的不同制度受到经济结构"需求"与所有权关系的强烈影响。例如,科恩(1978:160—71)陈述道,马克思主义假定了在这种"上层建筑"与经济结构之间的一种函数关系。

对于强调阶级分析的历史唯物主义而言,其充分与否,关键在于回答这一问题:是什么机制将经济结构的需求与各种各样上层结构元素——例如,政治形式——的演变联结在一起?最令人信服的答案包括几种貌似合理的社会进程。首先,由所有权关系界定的精英阶级的成员能够认识到他们的利益与经济稳定性之间的关联,而且他们一向拥有重

① 马克思的历史唯物主义理论主要源自《德意志意识形态》与《政治经济学批判导言》(Preface to a Contribution to a Critique of Political Economy),也分散在整部《资本论》中。当代关于马克思的历史唯物主义理论的著作中,重要的可参见科恩(1978)。关于这一主题,李丹也作了大量研究(1986:第二章)。

要的政治资源用以保护他们的利益。其次,一个更为隐匿的进程也在发挥作用:不符合经济系统需求的政治制度将往往产生出不受社会中许多部分或所有部分——不仅仅是精英阶级——欢迎的相反效果[①]。例如,一项照顾穷人忽略富人的税收改革提议可能产生投资的强大障碍,导致较差的经济绩效——从而导致对修改这一改革方案的广泛支持[②]。

唯物主义提出了有关社会进程以及社会现象因果关系的几个假定:(1) 地方社会结构与意识形态的不同元素可以被理解为对经济结构和所有权体系的功能性适应;(2) 各阶级成员都会趋向于认识到他们共同的物质利益,因而,阶级成员身份是解释政治行为的一个重要基础;(3) 在所有权体系内,一个阶级的政治力量与它的权利之间是有某些相应关系的,在其角色与生产力的扩张之间也存在一定关系;[③](4) 在技术的发展、生产的社会制度与政治、文化或意识形态制度的发展之间,大规模因果规律在发挥作用。这些类型的假定构成了社会科学家们的一项研究项目:它们引导研究者阐明有关一个特定社会中物质制度的问题;它们使研究者关注地方阶级关系的特殊性;并且使研究者探究这些物质因素与其他社会发展之间的因果关系。

那么,作为一个研究项目,唯物主义建议研究者应该努力确定在一种特殊环境中运行的生产的形式——技术、农作物、制造业的形式——以及使这些生产力得以应用的社会权力/权威关系。这些因素被假定为在各种背景和社会模式中都具有重要解释力。

唯物主义要得到有关社会进程的哪些类型的预言?关于地方所有权关系与技术的一种唯物主义分析试图提供一个框架,从中刻画不同主体的利益、机遇以及限制。从这一视角看,唯物主义结合了理性选择理

① 可参见普沃斯基(Adam Przeworski)对这些问题的重要探讨(1985a)。

② 可参见米利班德(Ralph Miliband)对这两种机制的探讨(1969,1977)。

③ 后者或许是这些主张中可信度最低的,因为它预先假定了在提高生产力增长中的现行所有权关系的效率。

论的核心要素。它假定个体行动用以满足他们的物质利益,并且它投入相当大的努力去描述社会环境的显著特征。一个无地工人追求物质利益的方式与一个贫困农民所选择的方式有明显区别——暂且不说小地主。因此,通过提供关于社会环境的一种扩大的描述,我们有可能预言,在这一社会环境中那些预期来自参与者的政治经济行为的方式。运用这种分析,唯物主义假定,通过利用关于参与者阶级利益与阶级立场的信息,我们有可能构建某种特定政治事件细节的一种解释。

这种分析是高度地方性的。它并不假设为社会变迁提供一种一般性处方,相反地,它只是声称,如果我们分析阶级利益与支撑这一利益的行动之间的影响,我们能更好地理解研究中的可能唯一的发展序列。

经典马克思主义也作宏观的预言:关于作为一个整体的生产方式的发展(资本主义运动的法则、封建税收的下降率),以及关于生产方式的"必然"序列。这些预言粗略地出自于上述的阶级分析框架,并结合了所研究的一种高度抽象的经济模型。然而,有可能实际经济过于多样化,体现了过多的冲突趋势与进程,以至我们无法为任何这些宏观预测增加砝码。在任一复杂系统中——社会的或自然的——我们可以孤立地理解因果因素,但是,因为它们之间具有复杂的相互作用,而且它们相互作用的瞬间特点会灵敏地影响结果,我们或许无法做出关于该体系最终状态的任何预言。但是,通过诉诸这些不同的因素,我们仍有可能解释该体系发展中的转变。

由此,一个貌似合理的观点是,与马克思模型所作的说明不同,资本主义自身容纳了更多的资源以持续其稳定性——结果便是,资本主义发展模式会与马克思所预言的相距甚远。而且,时至今日,甚至更严重的怀疑论都可能接受这样的假定:存在着生产方式的一种必然序列,甚至一份各种杂乱的生产方式的简短名单。这些怀疑论可能是合理的;但是这并不会使唯物主义失效,后者乃是对阶级、技术以及剩余控制在解释社会发展时的重要性的分析。

如果我们采纳这种看法,那么唯物主义的重要意义并不在于它宣称提供大规模集合预测的一种基础——这种预测关于生产方式、革命转变或是生产方式序列;更确切地说,它的意义在于提供了一串重要因果要素的分析基础,这些要素可以在地方层面上观测到并且为这一体系的发展贡献了重要的、但不可预知的方式。

结　　果

下文中,我将讨论的那些案例,其分析结果分属于几个领域:对社会科学哲学本身的贡献、对社会形而上学理论的贡献、对此处探讨的社会科学领域的方法论的建议、对社会解释中主要理论方法的评论(理性选择理论、马克思主义、新古典主义经济学),以及对此处考查的详细理论的评价及精心阐述。这里应该先简要地介绍一下我的成果。

社会科学哲学

在社会科学哲学领域内,我的研究成果涉及社会科学中概念框架的逻辑特征、社会科学中的理论作用,以及社会科学中解释与经验证成(justification)的性质。我主张一种或可被称之为经验论的方法,可以从这个意义上去理解:我强调在社会科学中实际经验研究的中心地位,我认为社会科学中的争论,原则上通过进一步的实际研究,通常都是能解决的,而且,我主张至少有一些社会概念应该能够依据事实加以诠释,并不是对社会现象分类的主观任意建构。尤其是,我反对这样一种观点,即认为社会解释和断言在根本上不是完全由经验证据所能支持的——结果是,在分析和解释某种特定范畴的经验资料时,原则上总是存在替代性和与之相反的方式。由此,我坚持一种"客观"社会科学的可能性。

将我的分析带进经验主义的社会科学哲学的第二个因素是我采取的有关个体主义方法论的立场。我表明,此处探讨的大部分解释都遵照该学说的一种有启发意义的描述,因为它直接而明确地说明了那些微观机制,通过这些机制假定了社会进程工作;而且我提供了关于解释的逻辑结构以及地区社会进程与全球社会进程之间关系的一种说明,这种说明支持了这一学说。在这一问题上,我与埃尔斯特(1985b)、普沃斯基(1985b)等学者持同样见解,而不同意如米勒(1978)、李怀恩(Andrew Levine)(1986)等学者的观点。

第三个主题涉及社会现象的逻辑。我认为在几乎每个案例中发现的各种解释在逻辑上都是相当简单的。在研究者试图确定因果领域的部分时(常项条件、激活事件或因果机制),他们典型地采取了因果论述的形式,以说明一个事件的发生或一种社会规律的存续。而且,这些因果机制作用的发挥,通常是通过那些引导参与者选择的限制因素;这些学者假定社会进程根本上不是取决于自然的必然性,而是取决于社会现象的构成者个人的感知、需求、信念、机遇以及力量。

这些立场使我接近一种相当传统的经验主义科学哲学。然而,我也对社会科学经验论的细节提出了根本性的批评。更为重要的是,我认为,作为一种能够产生可观测结果的统一演绎理论,科学知识模型通常并没有在社会科学中具有启迪作用。理论框架在我所考查的这些研究中并不这样起作用。相反,一种理论框架应该提供了一个基础,用以分析所研究的社会现象的某些方面,并对这些现象提出因果假设。这项研究中所探讨的每一位学者都利用理论建构与理论假定;但是这些案例中并没有任何一种理论允许推导出一个整体系统的行为。相反,理论分析与实际分析通过联合得以继续进行。

这一立场使得我否认经验主义科学哲学的核心认识论假定:仅仅是基于它们所结合的那些宽泛理论的可观测结果就可以证实或否定知识主张。相反,我坚持认为社会知识(至少在这些案例中)采取了一系列包括假设、分析与实际研究的折中主义形式,这可以一项一项地进行经验评估。我认为,这些案例大多可以用一系列相对独立的经验研究来加以评估，而无需用所预测的结果来检验一项理论。由此，我认为社会研究中最困难的认识论问题降到了一种低层次的经验研究：研究设计与确认、资料的评估与整合，以及得出有关基本经验现象的判断。

社会的形而上学论

在这项研究中，我得出的观点触及社会的形而上学论，或者说触及有关社会的实体、状态、进程与规律性的本质问题。首先，我认为存在着某些社会类型：即各种类型的社会现象，它们会重复出现并具有相似的因果结构和历史。例证之一是分成制土地租佃体系。其次，我赞成将一种社会结构概念诠释为对个体行动施加影响并体现在个体行为模式中的一组制约与刺激。一种市场体系就是一种社会结构，因为它呈现出拥有一组目标、能力、机遇与制约的诸多主体，正是在制约的背景下个体作出抉择。第三，根据由个体主体性假定派生的社会规律性，我提出关于社会因果关系的一种诠释：人们在制度与结构的背景下追求目标，而且他们的行动会产生连锁影响。在一个特定的因果领域，我们可以判断，正是生存危机引发了起义；其影响机制是，饥饿的人们寻求包括诉诸有组织的暴力反抗地主和政府在内的一些策略，从而使他们能够满足自己的需求。这种社会本体论与个体主义方法论的原则是一致的，因为它从个体主体性方面支持社会因果关系以及社会结构和社会制度。

方法论

在对下列经验争论的检验中出现了一系列的方法论原理。首先，对社会科学中一般性概括本质的分析引导我们强调在社会科学中地方研究的重要性；即使社会研究的目的是得到宽泛的一般性概括，这样的概括必须基于地方层面上社会现象的仔细研究。其次，对个体主义方法论有效条件的分析使得我们强调地方上变化过程的重要性——地方的政治、组织特征以及主体动机的特点。此处考查的最好的研究——斯科特、波普金以及裴宜理——提出有关某些社会变化进程的一些相对普遍的结论,但他们这样做是基于对地方研究提供的资料以及对地方政治、经济变化机制的详细关注。第三,研究者需要利用理论模型和框架解释这些现象,但他们应该认识到愿意成为多元论者的重要性。社会现象通常并不是单一因果关系的或始终如一的,几乎没有任何一种理论框架能够提供一套全面的解释。正如我们在下文(第四章)有关农业停滞的讨论中所看到的,人口因素也好,剩余榨取因素也好,都不能独自解释这些现象;二者都与此相关。因而,理论框架的多元性既不是一种矛盾,也不是概念含混的标志;相反,这是对在比较复杂的社会进程中起作用的多元因果关系的一种认知。同样,我们在此探讨的一些最好的研究——比如黄宗智对华北小农经济的研究(1985)——明确认可这一点,并为了捕获复杂多变的社会现象而试图将许多理论视角整合为一种论述。与之相关的是,在不同的地方——例如,在关于道义经济的争论与关于农民起义的探讨中——我们将会看到,研究者们需要考查表面上相互竞争的假设,看看它们实际上是不是互补的。例如,在农民起义的案例中,我们发现阶级冲突论、地方政治论以及千年王国论在把握农民起义的现象方面都可以是成功的;只有那种对理论纯度的错误渴求会使我们要求这些理论中只有一个是正确的。研究者必须认识到这些现象是复杂的,体现了各种各样的社会进程;我们需要多种理论以确定这些进程的因果特性。

最后,我赞同对规范的定量模型谨慎确认的重要性。这样的模型能够阐明社会现象,也能使研究者辨别其中的因果关系。但是,一种规范建构很容易在形式的基础上犯错误——它未能确定正确的数据,它利用一种不合适的数学分析方法,或是它过分扩展有可能从该模型引申出来的那些推论。

理论框架

我们在下文要探讨的这些案例运用一些高层次的理论框架——各

类关于社会变迁和作为社会现象基础的社会规律的研究假设，研究者可以利用这些假设来考查具体的经验问题。这些理论框架中最主要的是理性选择理论、马克思主义、新古典主义经济学理论以及诠释学理论。在本研究中，我识别每一种框架的弱点与优势。我认为在几种情况下，理性选择理论用于理解社会现象是一种强有力的分析工具，但是，这一框架需要在下列几方面予以扩充：首先，理性选择解释作为一种实践理性论，它所依赖的经济理性概念过于狭隘，限制性太强；实践理性不仅包括手段-目的推理，还包括对承担义务、道德价值观以及自我概念的深思熟虑。其次，理性选择解释与集体行动理论几乎不关注作决策时的那些结构和制度。例如，在道义经济的案例中，如果我们建立关于集体行动的时代和制度结构的更具体的假定，我们会发现波普金的集体行动论述并不能通过。

我们同样也发现了马克思主义的一些不足之处。马克思主义的核心研究假设——对于政治的、经济的现象与行动而言，物质制度与阶级关系极为显著——在该研究中已被证实。但是更为具体的假定——例如，阶级成员会趋向于对其利益产生一种精确的概念，或人们会趋向于基于阶级利益，而不是基于主从关系或血缘联系而采取政治行动——并没有在我的研究中得到证实。阶级意识有时是政治动机的一种非常重要的成分，但它很少是唯一的成分，而且有时根本不出现。同样的，在前文中提到的反对单一因果关系解释与理论的警告对马克思主义而言，也是中肯的；在这个意义上，马克思主义研究者按照经典马克思主义范畴致力于诠释和解释社会进程，他或她将不可避免地忽略其他重要的因果因素，比如内生的人口变动进程、组织的能力或地方政治文化等。最后，我发现当马克思主义政治理论将其对政治行为的分析建立在阶级利益的基础上的时候，它面临着一个集合体问题。我们需要更多地了解一个群体界定其认同的方式以及界定层面。在英国工人阶级内部，职业或技术的差别有多显著？在多大程度上这些差别构成了阶级差别？而且在中国社会中，我们看到，小农阶级（一个古典主义定义的阶级）内部的地区利益冲突可以掩盖这一阶级所共同拥有的客观利益。

我对新古典主义经济学分析的批评基于以下几点：首先，正如我们在对赵冈研究的分析中所看到的，新古典主义方法趋向于从在历史变迁中有决定作用的历史的特定制度结构中进行抽象。其次，我们会在这一背景下重申对理性选择假定中关于理性假设的批评。

此处探讨的由学者们调用的每一个主要理论框架都是可以批判的，可以扩展的。这里的关键点并不是要降低这些理论框架的可信度；而是要说明任何一个都不是——或不应被预期是——完全令人满意的理解社会现象的基础。相反，我们可以重申对理论多元化的辩护：我们没有理由预期任何单一的理论框架能解释一种复杂的社会历史进程。

案 例

最后，在这项研究中，我提供了许多的评论意见、详尽细节以及关于此处探讨的这些理论细节的目录。我认为道义经济论与理性小农模型并非完全矛盾，而且我试图阐明这两种框架的前提和假定。我表明，一种从经验角度反驳施坚雅巨区理论的突出尝试，失败在逻辑基础上，并且施坚雅本人对城市化的因果分析从逻辑上看也是有瑕疵的。同样，在对农业停滞的人口统计论和剩余榨取论的分析中，我指出每一种理论中的几个方法论上的不足之处；而且，我对农民起义的三个模型的分析将显示出，吸收其他理论所强调的因素，每一个理论都会收获良多。我希望这些方面将会对那些陷入经验与理论争论中的学者有所裨益。

第二章　关于道义经济的争论

近年来人们展开了有关小农的行为基础与社会的制度基础方面的争论：一种观点认为，传统小农社会是通过共同的道义价值观与村社制度以合作方式组织起来的；另外一种观点是，小农社会展现了理性个人甚至不惜牺牲村庄福利或共同体福利来争取个人福利的轨迹。有两本著作尤其明确地系统阐释了上述这些问题：斯科特的《小农的道义经济》（*Moral Economy of the Peasant*）与波普金（Samuel Popkin）的《理性的小农》（*The Rational Peasant*）①。斯科特对东南亚小农社会的分析强调共同的道义价值观、群体团结（group solidarity）、旨在消除所有村民生存危机（subsistence crisis）的共同习惯。波普金挑战这种小农社会的观

---

① 应该注意，这种争论并非始自斯科特与波普金；确切地说，他们之间的争论反映了卷入小农社会研究与小农关系研究中的“实体主义者”与“形式主义者”之间为时甚久的分歧。在欧洲研究中，道义经济理论由汤普森（E. P. Thompson）（1963，1971）加以发展。道尔顿（1969）与纳什（Manning Nash）（1966）从竞争方面清晰地陈述了这一争论。要回顾在研究中国时争论的历史，可以参考黄宗智（1985：3—14）。实体主义者学派包括吉尔茨（Clofford Geertz）（1963）、博兰尼（Karl Polanyi）（1957）、E. 沃尔夫（Eric R. Wolf）（1969）。形式主义者学派的重要代表人物有舒尔茨（Theodore W. Schultz）（1964）、马若孟（1970）、贝克尔（1976）。“斯科特-波普金争论（Scott-Popkin debate）是《亚洲研究杂志》（*Journal of Asian Studies*）中的特殊问题［凯斯（Charles Keyes）1983］。

点,他认为自农民(peasant farmer)是经济理性主体,主要受个人利益驱使。波普金认为,斯科特及其他道义经济学家大大高估了亚洲小农社会中的团结一致与互助制度;他指出,与斯科特所描述的相反,小农社会内部存在着不平等,合作方案面临着种种困难。波普金尤其指出常见的集体理性问题——公共物品问题、"搭便车"问题、"囚徒困境"问题——也困扰着乡村社会,而且极大地削弱了村社福利惯例与村社制度的稳定性。

斯科特与波普金都有经验性的"故事"要讲。他们各自试图对东南亚农村社会生活的各个方面进行以经验为基础的描述。更重要的是,他们各自寻求解释小农社会的重要方面:乡村社会安排与经济安排、地方社会参与者(地主、佃户、官员、显贵)的社会行为、起义与抗争。而且,他们各自认为,自己所确定的结构与行为可以在一系列的文化与历史背景中找到——结果是,他们各自的分析也可以解释其他农村现象。

关于道义经济的争论围绕着两个焦点问题展开。一是,一般的东南亚小农主要是为自身利益的理性所驱使,还是为共同的村社价值观所驱使?二是,这些动机培育出什么样的社会安排、制度以及集体行为模式?

这场争论提出了社会科学哲学的重要问题。首先,它提出了有关社会科学中理论分歧的逻辑问题;道义经济理论框架与理性小农的理论框架乍看起来具有更多的相似之处。其次,解决社会科学中理论分歧时所需要的经验资料可能无法取得。最后,对社会现象的解释可能有很多种:波普金的方法是一种集合解释形式(aggregative explanation),把社会现象看成是单个参与人处于选择环境下的理性行为结果。相比之下,斯科特的方法具有功能主义解释的成分,认为一些社会现象是由一种规范体系的运作产生的,这些规范很好地适应了共同体的生存需要。

理论争论

道义经济的理论框架

在《小农的道义经济》(1976)中,斯科特研究了东南亚——主要是缅甸和越南——小农的社会安排和政治行为。斯科特集中研究了该地区20世纪30年代萧条时期的起义。他想要分析小农的生活环境和准则,以此作为理解这些起义的基础:它们为何发生、在何时何地发生以及为何如此众多的农村普通民众作出参加暴动这一代价高昂的危险决定。然而,起义毕竟是相当具有戏剧性的瞬间,斯科特也对解释普通的农村生活感兴趣:主从关系、慈善义务、乡村社会制度与政治制度的规范性功能。

斯科特认为,存在一种小农特有的规范体制,这种体制产生于他们的"存在环境"(existential situation)——生态环境、技术环境以及社会环境,"存在环境"使得小农农业在餬口水平(subsistence level)附近上下波动(1—2,13—15)。斯科特还认为,这个系统切实地塑造了个体行为。这是一种生存伦理:即一套规范,小农借此预测风险与生存保障,从而以这些规范来评价其周围的制度和人们。这种伦理包含生存权利以及一套与互惠联系起来的权利与义务。"我认为,我们可以从两个道德原则——互惠准则(norm of reciprocity)与生存权利——着手研究,这两个原则看起来似乎深深地蕴涵于小农生活的社会模式与禁忌之中"(167)。斯科特主张,生存伦理是超越文化的,因为它源于小农生活的结构性特征,而非来自文化传统或宗教价值观念。

斯科特这样描述生存伦理的社会作用:"生存伦理所提供的是一种视角,一般的小农从这个视角看待他的同乡、土地所有者或官员对其资源不可避免的索取。首先,它表明,他们主要不是根据他们绝对的生活水平来评估这样的索取，而是更多地根据他们如何使其维持在生存危机水平之上的问题变得复杂抑或简单这一标准来评估。”(29)那么，生存伦理构成了某种类似于“公正感”(sense of justice)的东西，决定着小农做出何种判断以及何种处境使他们感到最为委屈——由此，他们最容易起义和抵抗。[①] 大致来说，如果地主、税收政策、乡村制度能熨平生存危机，它们就是好的；如果恶化了生存危机，它们就是坏的。值得注意的是，斯科特认为，生存伦理影响乡村社会的所有阶层——不仅仅是穷人，也包括富人和有权势的人。生存伦理约束着富人以及有权势之人的行动和选择，迫使他们考虑一些穷人的需要。

对斯科特来说，生存伦理的细节提供了一把理解小农政治行为的钥匙。他认为，现有的物质关系(尤其是征税与土地占有的条件)与生存伦理的内容之间不和谐的程度在解释抵抗和起义方面有关键作用。感到公平遭到了践踏的小农比那些认为现有的关系基本上是公平的小农更容易起义。斯科特在叙述他的观点时写道，“下面这些论述的目的在于，在对小农政治所作的分析中，将生存伦理置于中心地位。”[②](5)

道义经济观的这些特征集中在小农的决策及政治行动的规范性基础上。然而，可以对这种观点进行补充的一个方面是，小农社会生活的经济与政治安排。道义经济的观点假定，人们塑造出传统的社会制度，用以保护穷苦的村民免于生存危机的影响。斯科特主张，小农共同体与

---

① 摩尔(Barrington Moore)(1978)详细地论述了能说明这一点的几个不同的历史个案：“这本书涉及的内容有：为什么人们如此经常地提出自己是社会的受害者？为什么有些时候他们非常气恼，试图以激情和暴力改变他们的现状？……他们对不公正以及公正的观念是什么？这些观念来自哪里？”(xiii)罗尔斯(John Rawls)提出了一个哲学家对公正感的论述，他写道“让我们假设每位大于一定年龄、具有必要的智力水平的人在正常的社会环境下逐渐产生一种公正感。我们具有一种技能，判断事情是公平的还是不公平的，并且能以理由支撑这些判断。”(46)

② 生存伦理明显与马克思主义的剥削观念原理不同。关于这个方法，关键的并不是绝对的剥削水平，而是农户所能得到的收入、粮食诸如此类的最高值与最低值之间的模式。

村庄具有各种制度,这些制度能够提供集体福利、消除生存危机以及确保每位村民的最低福利标准。“互惠模式、强制性施舍、公地以及分摊出工都有助于一家渡过其不可避免的资源匮乏阶段,否则,他们就会跌到生存线以下”(3)。这样的制度包括:(1) 主从关系。在这种关系下,主人有义务在荒年免除租金,提供短期贷款等等;(2) 公地和资源。这些土地和资源定期在村民的家庭之间重新分配;(3) 互惠模式、分摊出工以及强制性施舍。通过这些措施,财富在一定程度上得到了重新分配,最低收入得以确立。(26—32);(4) 有利于穷人的村内税收安排(43)。斯科特进一步提出,这些制度在福利保障方面是相当有效的。“如此平摊压力以应付危机的价值,在东京(Tonkin)①一座遭受饥荒的村子中体现得特别明显。古鲁(Gourou)报告说,在那里,只有整个村社的人都同样挨饿,才会防止有人饿死。”②(43)

在描述了生存伦理的主要构成及其相应的社会制度之后,斯科特评估了因更为广泛的市场关系的出现以及更有效率的殖民主义官僚政府代替了传统的政治体系而使这些制度遭受到的破坏。他指出,现代经济制度与政治制度将小农共同体置于严重的——可能是致命的——压迫之下。因此,斯科特假定了一种从传统乡村社会过渡到现代农村生活的历史发展。在传统乡村社会,村社规范与再分配制度能够保证穷人的生存需要;而在现代农村生活中,现代国家与商业化经济已经瓦解了这种道义经济——既瓦解了体现道义经济的制度,又瓦解了支撑这些制度的价值观念。③ 与此同时,斯科特承认,前现代农业世界在共同的价值观、生存保障制度方面是多种多样的(60)。

---

① 译者:法国殖民时期的越南北部地区。

② 我们注意到道义经济理论的这个方面具有很强的功能主义语气,这一点很重要。因为乡村制度起到熨平生存危机的作用这一点是可信的,所以我们必须具有一些社会进程的理念,这些社会进程形成和稳定了这样的制度。我们在下面将返回到这个关系。

③ 斯科特 1985 年将这个“故事”用到 20 世纪晚期;斯科特在那里检验了马来西亚农业社会中绿色革命的效果。

理性小农框架

波普金在《理性的小农》(1979)中阐释了自19世纪中期以来越南农村的政治经济。他叙述了前殖民时代的农村——政治安排、土地使用及耕作方式、税收系统。他主要分析了19世纪殖民主义与商业化对农业社会的作用。他依时间顺序写了20世纪的反殖民主义运动史——高台教(Cao Dai)①、和好教(Hoa Hao)②及共产主义运动。如同斯科特一样,波普金既关注界定地方经济安排与政治安排的性质,又关注解释大规模集体行动(起义和抵抗)时期的小农政治行为。

波普金的论述旨在从经验上和理论上对道义经济方法进行全面批判。从经验方面来说,他认为,在前殖民时代、殖民时代和后殖民时代,越南乡村生活的经济与政治制度并不具有道义经济学家所谓的再分配作用与福利保障作用。他主张,道义经济关于乡村制度的平衡作用假设因此在经验方面被驳倒了。从理论方面来说,他试图揭示,如果我们假设小农是自身利益的理性主体而不是为公共利益所驱使,那么这种经验性的事实可以轻而易举地得到解释。

波普金关于动机的核心假设是,小农是使其个人福利或家庭福利最大化的理性人。他们主要出于家庭福利的考虑而不是被群体利益或道义价值观所驱使。“这里的理性,我指的是,个人对基于其偏好和价值观的选择所可能产生的结果进行评估。在此过程中,他们根据对结果概率的主观估计来预估每一次的结果。最后,他们做出自认为能够最大化其预期效用的选择”(31)。波普金认为,既然小农是理性的决策者,那么就可以将经济学的分析工具应用到分析小农的行为上来,并用来解释小农社会的大量特征。“经济学理论……是一种分析工具:关于一批具有一定目的的参与人的假设与一种演绎

① 译者:高台教又名第三次神赦教,成立于1926年,教义中包含中国儒家思想。

② 译者:越南的新佛教秘密社团,1939年由黄富数(Huynh Phu So)建立,以湄公河三角洲为基地。

性的尝试:试图'在假设人们理性地追求他们的目标的情况下',推出人们如何在提供一定选择的处境中行动的结论。"①(30—31)这导致了波普金提出了基于公共选择理论(public choice theory)的有关小农社会与小农行为的解释模式:他试图将可见的结果作为个人理性选择的总和。②

根据这种个人决策理论,波普金主张,存在于公共选择理论——博弈论、集体行动理论、决策理论、微观经济学理论——之中的有说服力的结论也应当有助于解释乡村社会。波普金在文献中应用最显著的,是他对门瑟·奥尔森教授集体行动观点的使用,但是他也应用了"囚徒困境"的理念(164)、循环多数(cyclical majorities)问题(59)以及"柠檬市场"的理念。(波普金,1981)

公共选择理论的一个极其重要的应用是集体行动的问题。基于从有关公共物品研究的众多著述之中得出的观点,波普金认为,集体行动的问题对小农的生活至关重要。他宣称,传统农村明显不能保证集体行动为共同利益而进行,甚至当村民认识到真实的共同利益(例如,大规模的水利管理工程、针对伤人的老虎的防护措施)之时③,由于存在着"搭便车"、偷窃集体资源以及相互怀疑这些问题,传统农村不能创造出有效的生存保障。④

---

① 这段文字引用了巴里的话(1978:5)。

② "通过将个人决策理论应用于乡村,我们可以开始形成一种对小农制度的演绎性理解(deductive understanding),我们还可以将这种分析回移一步到个人层面。通过使用个人选择与决策的概念,我们可以讨论大群个体为何以及如何决定采取某些规范集合(set)而不采用另外一些"(18)。公共选择范式是一种应用:将经济理性概念与经济学分析工具应用于解释政治行为。这些工具包括:应用决策论、博弈论、公共物品理论、形式社会福利论(formal social welfare theory)。要回顾一下文献,可以参见缪勒(1976)。

③ "许多集体工程——例如,法律与秩序、防火、屠杀攻击性的老虎,无论个人是否对这些工程做出贡献,它们都会对个人有利。我假设个人会对是否参加提供这些公共物品的决定做出权衡"(24)。想要完整地了解公共选择的文献,参见缪勒(1976)、奥尔森(1965)与哈丁(1982)对集体行动问题进行的关键性讨论。

④ "我要争辩说,乡村制度没有像(道义经济学家)所主张的那样有效,很大程度上是因为个人利益与群体利益之间存在矛盾。我认为,必须把更多的注意力放在农民的个人收入动机之上。我还要指出,乡村惯例拉大了而不是缩小了差距;乡村惯例以及小农与地主之间的关系是农民内部分化的源泉"(17)。

这些关于个体动机的假设引导波普金抛弃了道义经济的观点，即认为传统乡村的经济制度与政治制度具有平衡作用的观点。他严格地区分保险与福利制度；保险制度在大致平等的人中分散风险，而福利制度则在富人到穷人中重新分配收入。波普金认为，保险方案在农村生活中相对普遍，而福利运作是不常见的，并在范围上受到限制。保险计划可能因为具有那些能够吸引有能力投资于保险之人的激励方案从而得到拥护，然而福利计划一般则不可能得到支持。

与共产村庄模型不同，波普金将越南的传统农村看成这样一种乡村：在村内，贫富急剧分化；富人和显贵充分利用他们的权力优势以增加其财富、提高其地位；集体福利安全的制度是狭隘的，很大程度上只限于为寡妇和孤儿提供救济；如果符合其利益，村内权力会借助外部权力。① 波普金指出，传统乡村内的社会生活的典型特征与道义经济观点的主要主张相矛盾："有限的、具体的互惠，低水平的福利与保险，外来者，市场决定的贷款利率（高利贷）的盛行，所有这些都挑战着道义经济关于农村福利与保险体系这个观点的基础。"（55）而且，假设参与人是理性的、利己的，这些因素就更容易解释了。

波普金否认公地与农村财政制度一般可以熨平实际的不平等。共同的农业安排——即使有时潜在地对所有人都有益——也因不信任和个人利己主义而趋于崩溃。② 波普金举出了一句越南人的谚语："为什么我布置了一桌酒席，让其他人来赴宴"，来说明村社农业中的长期投资问题。（104）这具体说明了个人利益与集体利益之间的矛盾，也为波普金对小农社会有解决这样矛盾的能力所表示的怀疑提供了佐证。

---

① "例如，通常唯一准予减免赋税的群体是老人、寡妇和孤儿，他们的生活条件可以轻而易举地得到证实……在越南，一般来说，小农被其同乡期待着能支付其自己的赋税，即使交税意味着出卖或抵押土地、欠债为奴或家破人亡。"（1979：41）

② 他写道："协作与投资的问题总是趋于在存在共同循环系统的地方毁掉这些系统。因为随着农业技术的发展和强化，需要在土地上有更多的投资。例如，为了从灌溉中获得最大收益，需要数不尽的时间对土地进行精确的分级。"（68）

波普金还质疑道义经济关于主从关系的假设——这些关系受生存伦理的制约,通常既有利于主人,也有利于佃户。波普金争辩说,与之相反,主从之间的交换条件通常由二者之间的权力平衡产生;在主人能够有效地增加其生产份额时,他们当然会这样做。他主张,主人(在任何时间和任何地点)一致地努力削减其佃户的抵抗能力[采取阻碍佃户脱离这种关系的权利、限制识字的门路以及阻塞佃户进入市场的通道(75)]。取代了斯科特的主从关系的家长式模型之后,波普金主张,在每个人都有权力坚持要求自身利益的范围内,设计这种关系可以促进参与方的私人利益。①

斯科特-波普金争论的一个主要问题是共同的准则与价值观念在调节传统农村社会时的有效性。波普金写到道义经济学家时,提道:“在小农与其同乡的关系方面,小农的焦点在于坚持规范与任务。”(11)。但是波普金表示了质疑:他怀疑,若把准则和价值观念看成是很大程度上受制于来自利己的行动者的操纵,它们便有效地构成了小农的社会生活。“我期望发现……准则有适应性、可以重新议定,并且根据对个人之间的权力的相互作用与策略的相互作用的考虑来变化。矛盾的、不一致的准则之间总存在折中”(22)。对波普金来说,准则提供了模糊的要求,允许抗争方为自私自利的政策提出传统的理由。例如,穷人可以采用公认的准则“每位村民有权利生存”,以便要求税收负担应当累进地分担,然而富裕的村民可能将其解释为,只有寡妇和孤儿可以得到村里的赡养。② 因此,准则与价值观念

① 根据这种关于对主从关系进行道德制约的有效性的怀疑论,可以注意到毕仰高(Lucien Bianco)(1971)以相当类似的语言叙述了晚清中国的地主与佃户之间的关系:“前革命时代的其他新特征存在于社会关系领域——特别是有土地的上层阶级与其佃户之间的关系。在帝国统治下,部分是因为儒家学说的原因,这些关系可以被称呼为家长式的,例如,在困难时期,可以不交或缓交地租,并且将粮食分配给那些要饿死的人。在20世纪,(这些关系)变得更加疏远、更没有人情味。”(105—6)。

② “准则之间的矛盾和不一致暗示了准则不可能直截了当地决定行动;暗示了决策包含对需要进行评估;还暗示了作如此比较决策的原则既不容易得到,也不容易维持。为准则分级、排序是极其困难的——换言之,提出一种简单、稳定、能被广泛接受的社会福利功能是极其困难的”(22)。

在解释传统社会中集体行为的社会模式与社会形式方面只起到次要作用。

波普金针对公认准则的怀疑论的另一分支是他的如下观点：农村制度与惯例具有相当高的可塑性，很容易让位于一套新的社会力量与经济力量的到来——例如，市场力量或殖民主义。当地方精英发现可以从更广泛的商业化活动当中获取利润的机会之时，即使这些活动是为传统制度所不容的他们也会相应地调整制度。[①] 与此同时，如果新的机会也能为村内的穷人所获得——如以城市劳动力的形式——他们的个人选择会改变习惯与当地的制度。这种观点表明，当地的习俗(customs)、制度以及惯例(practices)，在面临经济环境与社会环境的大规模变化时，几乎发挥不了约束作用；个人在新的环境下追求私人利益与家庭利益的过程中，会改变习俗与制度。

波普金对小农政治行为的分析明显不同于斯科特的观点。他主张，小农一般不会发动守旧的、或向后看的斗争；起义及一致的抵抗运动经常仅仅是被引导来反对最可恨的传统农村制度，例如，由贵族摊派的人头税或土地的再分配(243—52)。尤其是，越南小农一般不反对现代市场制度和商品性农业，因为市场农业与殖民政府的出现，一般不妨害小农的福利。

波普金极力否认共同利益或公认的价值观念驱使小农起义。相反，他主张，有可能在分析出现在个人决策者层面的鼓励与威慑——像领袖那样分级归类——的基础上，解释小农的政治行为。既然公共物品问题应该使这样的运动变少，这一解释就立即面临了集体行动与“搭便车”的问题。[②] 相应地，波普金分析小农政治运动所能依靠的组织资源——天

① 例如，安南农村社会在面临商业化和殖民主义之时，在社会安排中发生了变化，有关这一变化可参见波普金(1979:139ff)的讨论。

② 布坎南(Allen Buchanan)(1979)将这种思维线索成熟地运用到了在经典的马克思主义框架内分析无产阶级革命的问题上。布坎南的观点遭到了肖(1984)的反驳，相关的问题由埃尔斯特提出(1985a, 1985b)。

主教教会(Catholic church)、和好(Hoa Hao)教派、高台教派(Cao Dai sect)以及共产党——以便决定什么要素能说明这些组织在动员小农支持和发动重大的反殖民的集体斗争中所取得的成功。① 波普金在这里使用了政治企业家的概念(political entrepreneur)——理性的、利己的领导人,这种领导人对建立与维持集体活动有个人兴趣,他能让其追随者之间产生信任,有效的集体行动随之发生(259—66)。②

斯科特与波普金之间的明显分歧

两位作者首先在关于个人层面上的动机与决策的本质方面存在分歧。这场争论涉及谨小慎微与准则——用其解释小农行为——的相对重要性。这在理论上是比较社会心理学的一个经验性问题。但在实践中,这种分歧起到了理论争论而非经验性争论的作用;斯科特与波普金使用他们的动机假设来解释许多社会现象——乡村制度的性质、小农政治行动的动力以及小农对现代化的反应。二者都没有拿出在个人层面上的直接证据来支持其对小农动机的分析;相反,他们各自参考了上述这些分析产生的可预测到的总结果,从而支持其立场。

斯科特与波普金还在有关东南亚小农的社会制度、政治制度、经济制度的性质的经验依据方面存在分歧。道义经济的观点宣称,这样的制度有显著的共产主义和再分配的性质;理性小农的观点断然否定了上述主张。这是一个具体的、经验性的历史分歧,要通过历史研究来解决。前殖民时代农村的税收惯例真的有益于穷人吗? 公地有定期再分配的作用吗? 波普金经过详细的论述指出,有关越南的资料不能支持道义经

---

① Hue-Tam Ho Tai(1983)对高台教派及其在 20 世纪发动的起义进行详细研究。同波普金一样,Tai 强调,在解释这种运动取得成功的过程中,把组织性资源作为主要的因素,但是她比波普金更加注意千年王国的意识形态,这种意识形态是这场运动的核心。

② 政治企业家的概念在弗罗里希、奥本海默以及杨格(Oran R. Young)(1971)那里被最完整地提出来。

济的观点。

最后,两位作者在关于小农的动机、目标以及集体行动(尤其是革命运动)的进程方面存在分歧。斯科特把小农的集体行动大多看作是反抗性的,是针对传统的生存权利所遭受到的攻击的回应;波普金把小农运动看作是有远见的,因为小农行动者估计各种行动对他们将来的利益产生的效果,从而做出有关其政治行为的决策。在一个不同的层面上,波普金强调,我们应该对构成小农政治基础的组织资源与动员过程进行仔细分析。根据波普金的观点,一场政治运动是否得到广泛的响应取决于其领袖所能动用的组织资源。相比之下,斯科特预先假设了教唆事件、小农的道德观与小农政治行为之间的一种更为直接的关系。

合作的社会基础

集体行动问题是《理性的小农》一书中的一个关键性主题。波普金指出,小农社会能说明公共物品问题的症状,并且说明,可能有利于整个村子的制度与集体行动因“搭便车”的问题而不会出现。当共同利益与私人利益发生冲突之时,决策者们会选择私人利益。例如,灌溉工程与洪水控制工程可能(通过增加粮食产量的方式)对这个村庄大为有利,但是这些工程意味着提供一种不可分割的公共物品(防洪与防涝设施)。波普金的分析预测,乡村社会将很难克服“搭便车”的问题,这样的工程因此而失败:“情况经常是这样:单个的理性小农在市场情景与非市场情景下的行动不能集合成一个‘理性’的乡村”(31)。根据波普金的观点,如果我们承认小农是理性的,主要考虑家庭福利,那么奥尔森教授(1965)的集体行动理论就揭示了共产的惯例和制度将会由于“搭便车”问题而崩溃。

集体行动理论的新近著作确定了奥尔森分析的重要条件,即这样一些处境，它们有助于理性决策者在追求公共物品时采取的集体行动比奥尔森认为的要更加切实可行。因此，波普金分析的个案就是未得到证实的：有可能将小农看作是理性的决策者，但仍然可以把传统农村看成是一种这样的社会语境。在这个语境中，相对容易出现合作、集体行动及共产的惯例。这个结果将表明，公共选择理论在农村生活语境下没有产生确定的预测——并非因为小农是非理性的，而是因为，小农社会生活的社会语境比公共选择模型所简单表述的要更加复杂。

一个模型村(model village)

考虑到传统农村社会中集体行动的可行性，对一个典型的村子进行系统的抽象阐述将是很有用的。毫无疑问，不同社会中的农村展示了相当丰富的多样性：巴厘岛人的乡村、中世纪的法国乡村以及中世纪墨西哥乡村，包括了对农业、政治组织、宗教价值观以及道义价值观的形式的对比。[①] 而且，这些差异中的许多影响了乡村特有的团结和凝聚力。布洛赫(1966:35—63)因此提出，法国北部使用重型耕犁的技术条件产生了远比法国南部依靠轻型浅犁的农村更有凝聚力的共同体。Hue -Tam Ho Tai(1983)说明了，交趾支那(Cochinchina)[②]的乡村社会远不如安南和东京地区的乡村社会有凝聚力，也不如它们公有化程度高。因为小农可以毫不费力地移民到充足的无主土地上去。影响乡村凝聚力变化的重要方面包括居住模式(分散的还是聚居的)、商业化、农业技术、血缘组织、宗教惯例、乡村与国家之间的相互作用、财富以及收入分层。

尽管存在差异，全世界的乡村社会还是有一些共同特征。让我们构建一个对乡村社会的诚然是理想化的描述(一个模型村)并且考查在何种程度上这些特征便利了或阻碍了集体行动。这里确定的特征反

① 吉尔茨(1980)、布洛赫(Marc Léopold Benjam in Bloch)(1966)以及米格代尔(Joel Migdal)(1974)提供了这些乡村社会中更为广泛的细节。

② 译者：法国殖民时代的越南南部地区，以前称作南圻。

映了多种经验性的乡村研究，但是并不意味着构建一个乡村社会的一般理论，或要将其应用到任何时间和任何地点。既然特殊的乡村文化大不同于这个解释，接下来有关集体行动的观点就不是很有适应性。这里的目的不是解决斯科特与波普金之间关于乡村社会是否一般具有共产特征的经验性问题，而是建立一种分析观点：既然传统乡村具有这个模型村中所描述的特征，那么集体行动实际上比波普金所预料的要容易实现。①

第一，模型村是一个相对稳定的社会；可以预期它的制度、社会关系、生态环境与技术环境只是逐渐地改变。每位成员可以自信地预测，今天做的关于是否参加集体工程的决定将与未来的其他村民的相似决定类似，并且现在发现的选择环境与集体行动问题也会在将来被发现。水利管理问题、集体防御问题以及劳动力需求的高峰时期问题（收割、移植等等）是集体行动机会的具体例子，这个模型村经常面临着这些集体行动。

第二，这个模型村与外界干扰和外部资源相对分离，这种隔离既是政治上的又是经济上的。村民一般承认他们之间经济上的相互依赖程度相当高。这不是要否认小农位于更广阔的市场与政治制度之中；反之一般是正确的。② 小农共同体会被征税并通常被卷入市场农业。③ 外部的经济力量与政治力量经常构成环境限制因素，在这些环境限制因素中，小农生活得以持续。尽管如此，这些因素却不改变村民的日常政治选择与经济选择；它们既没有为村民提供追求其目的的新资源，也没有

① 这种分析方法与韦伯的理想型（ideal types）理论很相似，但是它也符合公共选择范式的精神。它是一种尝试：试图构建一个决策环境的抽象模型以推出在这样一种处境中理性行动的特征。这一论述与波普金的论述的主要不同之处在于其细化的水平。波普金认为主要参考对当地制度的浅薄描述的语境下的物质利益就足够了，而这个模型试图结合一种对产生个人行动的制度语境与规范语境的更为详细的叙述。

② 译者：即小农一般是处于更广阔的市场与政治制度之中。

③ 例如，参见纳什（1966）、沃尔夫（1966）、米格代尔（1974）。

为他们提供追求其目的的新联盟。在描述前革命时代的中国时，黄宗智(1985:219)①写道:"即使在20世纪30年代，除了最高度商品化的村庄之外，华北平原上的村庄还都比较闭塞，村民很少与外人往来，……村务大多仍由村庄素来的领导处理。"②相对封闭意味着村民自信他们会持续地相互影响。每个人可以理性地判断，他的利益与乡村运作的得失相关。

第三，每位村民有机会获取有关他人过去与现在的活动信息，这一点反映了该村相对较小的规模。居民彼此了解，社会关系是直接的。村民彼此了解各自的家庭历史;敌友模式是一代代发展下来的;村民能够追踪多年以来对村内集体活动的贡献记录，并且对互惠过程中的失利有长久的记忆。

第四，模型村既体现了许多共同价值观(家庭观、道德观、宗教观及政治观)，又体现了符合这些价值观的组织(血缘组织、教会群体、政党)。例如，吉尔茨(1980:75—82)指出，在巴厘岛发现的要求维持和使用层叠式灌溉系统的复杂协作大多要通过稳定的宗教信仰系统和教会系统来保护。"这个小村庄将聚集的邻居之间的日常社会性的相互影响塑造成为一种和谐的民间依附模式;巴厘岛(subak)(水上小村庄)将一群小农的经济资源——土地、劳动、水、技术诀窍、相当有限的资本设备——组织成为一套令人惊讶的有效生产设施。"(50)吉尔茨写道，小村庄和巴厘岛的主要组织工具是巴厘岛的农民(farmer)所共有的复杂的宗教运作系统。③ 公认的价值观不保证集体行动能成功，但是它们以以下几种方

① 本处译文参见黄宗智:《华北的小农经济与社会变迁》，中华书局，2000年(版本下同)，第229页。

② 可以注意到，这种观察结果直接与施坚雅对中国市场体系的分析相左。根据施坚雅的分析，最低水平的社会单元是标准的市场系统(包含多达三十个村子)，而不是乡村本身(1964:65)。这个模型在第三章中讨论。

③ 其他例子可以在大量不同的小农共同体中找到。因此，布洛赫(1966)写道，"富人和穷人同样受制于整个群体的习俗，这有助于保留在这些社会阶级与不同的开发土地的方式之间的某种平衡"(47—48)。Hue-Tam Ho Tai(1983)写道，"越南的社会秩序与政治秩序的平衡作用依赖于强大的乡村制度传统，这个传统既符合村民的情感需要，也符合他们的物质需要"。

式对集体行动有帮助：它们增加了对那些冒犯公认价值观的人进行分散的社会制裁的可能性；它们激发人们为集体福利着想；它们提供要点，以这些要点为中心，可以产生习俗，以有利于集体行动。

最后，我们这个模型村内的社会关系是多头的，因为村民同时拥有着多种关系：亲缘关系、宗教惯例、经济上的互惠关系及依赖关系、公认的政治传统、成功的集体行动史以及长期以来邻里之间的知根知底。对该村的领导可以利用由这种丰富的结构产生的忠诚和义务。

有关集体行动的新近讨论已经确认了社会群体内部的机制，这些机制通过理性的个人便利了集体行动，弥补了狭隘的个人理性的作用。值得注目的是，这些机制由传统乡村社会的主要特征来支撑：稳定、孤立、信息丰富、公认的价值观以及多重性。因此，我们的模型村至少体现了集体行动——由处于乡村社会语境中的理性小农参加——的某些形式的社会基础。

互惠。首先让我们考虑以个人之间的绝对互惠(strict reciprocity)为基础的合作模式。一个明确的有关独立各方之间合作问题的公式已经出现在与“囚徒困境”联系在一起的博弈论当中。“囚徒困境”是两个人之间的博弈，在这个过程当中，各方有两种战略：背叛(defect)与合作(cooperate)。如果两人合作，那么各自获得支付(payoff)[①]1，如果两人都背叛，各自获得支付 -1；一人选择合作而另外一人背叛，合作者获得支付 -2，背叛者得到 2。标准的博弈论分析表明每位参与人的优势战略是背叛，A 这样推理，无论 B 选择什么，A 背叛都会比合作境况更好。因此，各自获得 -1 而不是根据联合协作得出来的 1(参见舒比克 1982：253—58 以了解更多的讨论)。这种分析似乎暗示，在许多情况下合作是不理性的，合作不会在理性人当中自发产生。

① 译者：博弈论中的支付是指在一个特定的战略组合下局中人得到的确定的效用水平或期望的效用水平。参见张维迎：《博弈论与信息经济学》，上海三联书店，1996 年，第 52 页。

在全面分析合作问题的过程中,阿克斯劳德(Robert M. Axelord)(1984:27—33)说明了,在无限次的博弈当中,“囚徒困境”的结构发生了变化。他设计了一种计算机模拟,其中包含多种战略的重复的“囚徒困境”。每一战略与其他每一种战略在循环对比(round-robin)下的200次“囚徒困境”博弈中进行博弈,这样得到其在每次对抗中所有分数中的最高分。这种较量显示,有条件的合作[“一报还一报”(TIT FOR TAT)]是最高等级的战略,在一系列的语境下最为适用。“一报还一报”以合作开始,然后采取与其对手在前一步骤中所进行的行动相同的行动——换言之,它以合作回应合作,并立即以背叛惩罚背叛。

基于此,阿克斯劳德确定了一系列条件,在这些条件下,合作(绝对互惠)在重复的“囚徒困境”处境中是每个人的最佳战略。局中人(player)必须能够从一个回合到下一个回合中认出并重新识别其对手;他们必须得记住对手之前的行动历史。这些条件对于使合作者能有选择性地回应不同的战略是非常必要的。局中人还必须判断,将来与对手之间相互影响的可能性充分地证明了重视将来从合作中得来的收益而不是现在从背叛中得到的收益是正确的[换言之,“未来阴影”(shadow of the future)①必须足够长,从而为利己基础上的合作提供可能]。

在这些情况下,阿克斯劳德说明,每个人面临与他人合作的机会时,最佳的战略是有条件的合作。个人应该和新的潜在合作者合作,应该和那些过去采取合作行动的人合作,并立即在这一回合以背叛的方式“惩罚”那些在前一回合采取背叛行动的局中人。个人在无限次的博弈当中,使用这种战略将比采用其他战略获取更高的收益。

有关稳定、孤立以及信息丰富的假设,保证了这些条件在我们的模型村中会得到满足;该村足够小,以使得互惠战略可行。如果每位村民

① 译者:指博弈一方为了眼前的短期利益或局部利益而采取机会主义行为时,不仅会招致对方的报复,最终还会失去合作伙伴对自己的信任,为其未来的发展蒙上一层“阴影”。

了解其未来是生活在村内，如果每位村民了解到目前每个个人及群体所面临的问题和机会将一直存在下去，如果每位村民了解到村民们彼此监督各自对集体活动的贡献——那么，他会理性地得出结论，有条件的合作最能满足其利益。因此，阿克斯劳德的分析可以预言，互惠与合作的模式在模型村内可以自发地出现并将稳定地存在，直到社会环境发生变化，削弱这些合作条件。[①]

共同体。迈克尔·泰勒(1976,1982)曾经指出，某些社会群体(“共同体”)具有便利合作行为与集体行动的特征。在泰勒(1982:26)看来，共同体这个群体体现了成员中间相当高水平的共同信仰和价值观，以直接的、多面的社会关系为特征(27)，而且，它还依赖于作为社会协作动力的互惠。[②] 泰勒主张，在这样的群体中，非正式的制裁与报答可以有效地控制“搭便车”问题。

泰勒确定了几种机制，它们保证了个人对传统社会中的集体工程做出贡献。“礼品交换关系”表达了一种有条件互惠的扩大形式；送礼者以送礼的形式提供持续的互助。如果没有得到适当的回报，他会立即停止这种帮助。[③] 在私下的报复中，每个人(或家庭)都一定会心照不宣地对损害公共物品或不作贡献的行为进行报复。各种各样的非正式的社会报复——羞辱、流言、奚落(1982:84,89)、以魔力和巫术进行的诅咒(86)、排斥或撤回互惠帮助(82)——可以用来对付那些不对集体利益(collective good)作贡献之人。在一个紧密的共同体中，一直污染水源的成员会被查出来，结果就会遭到大家的非难。由此可见，共同体中的

① 许多学者已经证明了在中国农业经济中互惠模式的存在；分摊劳动、共享役用的牲畜及工具、房屋建设。马若孟(1975)调查了某些传统合作的形式。帕斯特奈克(Burton Pasternak)(1978)描述了发现于台湾的中型水利管理系统中的合作形式。

② 在分析互惠时，泰勒写道，“每个人在互惠体系中的行动通常以人们可称之为短期的利他主义与长期的利己主义的结合为特点：我是在预期(可能是模糊的、不确定的和未仔细考虑的)你会在将来也帮助我的情况下，现在才帮助你解决困难”(28—29)。

③ 注意，这种操作说明了阿克斯劳德的“一报还一报”战略。

制裁与奖励抵消了因共同体成员“搭便车”的冲动而产生的影响。例如奥尔森自己在工会的个案中提到这条途径:工会使用高压政策保证其成员做出贡献。但是泰勒争辩说,这种机制在拥有公认的价值观的中型群体(共同体)中有广泛的活动范围。

泰勒确认了对集体行动的成功至关重要的几种社会生活特征。首先,成功的集体行动取决于如下假设:共同体是相对较小的社会群体;个人之间有直接的、持久的关系。这些条件保证了每位局中人能相对充分地了解有关其他局中人的贡献情况并有能力进行有选择的互惠。其次,泰勒举出的许多机制通过到处存在的社会高压起作用:共同体能够找出并惩罚不作贡献之人。但要使这种机制发挥作用,就必须得到有关每位局中人博弈的历史信息。最后,泰勒假设,共同体部分地通过公认的价值观念体系来相互协调:个人行为可以通过对行动的内在约束来形成。这种假设暗示了,潜在的不作贡献之人即使在他们可以逃脱报复的地方也会受到约束而不能不作贡献。

我们的模型村生活满足了这些条件,因为它假设了个人之间的——感觉到的与实际存在的——公认的价值观与相互依赖达到了相当高的水平。丰富信息的假设保证了村民能够准确地区别合作者与非合作者。这些特征使得泰勒所确认的那些到处存在的社会高压形式具有可行性,这些高压维系着共产制度。由此可见,该模型村满足了泰勒的条件,我们应该预料到他所预言的互惠与集体行动形式会在这个模型村内出现。①

约定俗成(convention)。集体行动的另外一个重要基础来自对协调

① 黄宗智(1985)指出,中国乡村社会中集体灌溉工程的规模和成就直接取决于能协调集体行动的共同体团结的形式;“华北平原与长江下游三角洲或珠江三角洲作对比的话,彼此之间的不同是很鲜明的。……三角洲地区有渠道排灌系统贯通江、湖……为防洪、为田之用。……在长江和珠江三角洲,家族组织比华北平原发达和强大。长江和珠江三角洲地区宗族组织的规模与水利工程的规模是相符的。”(译文参见黄宗智:《华北的小农经济与社会变迁》,第55—56页。)

博弈而非竞争博弈的分析。协调问题是这样的：在这个问题当中，每个人得到的最高支付取决于选择一种与他人选择的行动相协调的行动——例如，在拥挤的火车站寻找一位朋友。[①] 在某种社会选择的环境下，人们可以调整他们的行动以获得共同受益的结果，如果具备这种环境的显著特征，那么集体行动就会成功。刘易斯已经表明，约定俗成（在回应惯常的选择问题时众所周知的行动规则）可以作为这样的协调的基点。[②] 一般来说，约定俗成可以围绕一类协调问题出现——例如，当同伴在拥挤的地方走丢的时候——这暗示了每个人的一种战略，围绕这个战略，集体行动也就成形了（“在售票处见”）。约定俗成不需要在每个个案中确认最佳的集体结果；它只需要很理性地在重现的场合下调整个人行动。

例如，让我们想象一下，在村民中有一个当地的惯例，于节日来临之时在河边集合集体捕鱼：一些人跳入河中，将鱼向岸上赶，而其他人在岸边待以篮子来抓鱼。这个惯例可能在没有任何更高级的组织或协议的情况下持续了很长时间——这好比定期的周末垒球比赛或在咖啡屋的谈话在没有明确的协调的情况下可以持续下去。每个人因为了解到惯例的存在并了解到有足够多的其他潜在局中人也会使其行为适应惯例以获得成功，所以，他就会理性地做出参与的决定。然而，如果没有这种惯例，就很难发起这些活动。

---

① 刘易斯（David Lewis）（1969）这样描述了协调问题：“假设你我都想要见到对方，我们必须、也只有到达一个相同的地方才能相见。对我们当中的任何一个来说，如果在那里见到对方，那么去了哪里（在限制之内）几乎无关紧要；如果未能在那里见到对方，那么去了哪里也无关紧要。我们必须选择该去哪里。我最应该去的地方是你将去的地方，因此，我会尽力去揣摩你会去哪里，然后我自己也去那里。你也如此去做。每个人根据其对他人选择的预期做出选择。”（5）

② “假设我们曾面临过一个协调问题，并且我们曾达到某些相当好的协调平衡，假设又面临的是同一个问题，也许我们当中的每一个人会重复之前的所作所为。如果是这样，那么我们获得相同的解决方案。……由先例产生的协调（是这样的）：协调的成功以共同了解一种规律的方式实现，这种规律在一类过去的个案——这些个案将某些明显的相似性彼此传递，一直传递到我们现在的协调问题上——中决定协调的成功。”（刘易斯 1969：40—41）。

仅靠约定俗成的协调不能直接地解决集体行动问题,因为协调问题被定义为这样一些问题:在这些问题中,个人支付取决于其与他人未来行动的协调。这暗示了,支付不采取公共物品的形式(因为就公共物品而言,无论个人采取何种行动、进行何种选择,其个人收益都是相同的)。约定俗成确实有助于集体行动,然而,它是通过在某种条件下才会利他的个人的便利行动来实现的。换言之,它是以这样一些人的便利行动的方式实现的,即如果他们相信有充足的他人将为完成公共物品作贡献,他们才愿意做出贡献。[①] 如果每位可能对防洪工程有贡献的人知道:(1) 习俗要求每户贡献一天的劳动,(2) 村民一般以履行习俗义务为荣,那么这位有条件的利他主义者会判断,该项集体行动的成功是非常有可能的,他也应该有所贡献。约定俗成能够有助于确保集体行动会成功。结果,对有条件的利他主义者来说,继续合作就是合乎理性的。

这些结果与道义经济争论相关,因为公认的价值观系统是一种可能的协调集体活动的约定俗成。[②] 如果某个群体共享某种集体物品(例如购买一部昂贵的灭火设备)的某种利益,那么成功的行动将取决于可能做出贡献之人根据某种达成协议的方案所进行的成本分摊。贡献均等就是这样一种方案;但是如果宗教原则或道义原则明确地意味着另外的成本分配(例如,根据占有土地的比例),那么这些原则可以规定一种成本分配原则,这种原则十分突出,足以调整各方的贡献。如此,以一套公认的价值观念为中心(例如,生存伦理)的行动就产生了,这仅仅是因为它是一个清楚的群体行动的调节基点。但是完成了这个功能之后,这一伦理就会更牢靠地确立于社会惯例之中——甚至更有可能成为未来行

① 埃尔斯特(1982,1985a)讨论了有条件的利他主义及其对集体行动问题的贡献。这个问题还与保险博弈的观念紧密相关:在这个问题中,一个人相信并且只有相信有足够的其他局中人也会合作,合作才是最优战略。

② 阿克斯劳德(1984:120—24)在讨论有条件合作的替代战略时提出了类似的观点。他认为,选择一个足够简单的战略是重要的,这个战略是,其他局中人认可它并相应地行动。"一报还一报"是一个成功的战略,部分原因在于,它极其容易被理解、极其容易与之协调。

动的中心。因此，哈丁（1982：155—87）指出，在稳定的共同体中，"约定俗成的契约"有可能在解决公共物品问题时出现，影响着那些显而易见的解决方案。

通过约定俗成进行协调的条件也能很合理地在模型村中得到满足。稳定性假设为集体行动问题的传统解决方案提供了一个重要基础：村民熟悉在其环境中面临的集体行动问题，熟悉过去曾用过的解决方案。他们可以相信，这些问题会重现。应对集体行动问题的经验为约定俗成提供了一个基础，以便在将来类似的处境中调整集体行动。假设的公认价值观（道德观或宗教观）为可能的惯例提供了另外一个协调集体行动的基础。例如，如果宗教传统指定教区的牧师作为正常情况下什一税的监督人，那么，这可以暗示不正常情况下的协调基点（例如，在困难时期，收集谷物并分配给受灾最重的家庭）。最后，由模型村假设的信息丰富便利了通过约定俗成进行协调，因为它保证了每个主体相当多地了解有关同村人的信念，从而能够确认突出的协调基点。

对群体规模的考查。传统乡村社会是相对较小的社会群体。奥尔森关于集体行动法则的最初观点强调群体规模；他指出，小型群体是有**特定限制的**：他们可以包括这样的个体，对其来说，集体物品就是一种私人物品。换言之，个人从集体物品的实现中获得的收益可以超过他付出的成本。大型群体却不可能有这样一种组织结构而可能会保持潜伏状态（即，不可能提供集体物品）。

哈丁（1982：第 40 页以下）说明了，这种群体规模分析太简单了，然而一种更全面的检查揭示了规模也是与其他方面相关的。哈丁尤其说明了，比绝对规模更为重要的是收益与成本之间的比率以及群内的收益分化程度。如果收益-成本比率足够高，那么该群体就可以容纳一个子群，这个子群即使为整个工程出资，也将从集体物品中得到好处。"让我们使用 k 来指代任何一个子群的规模，这个子群即使没有整个群体中其他成员的合作，也刚刚满足从提供集体物品当中受益的条件"（41）。哈丁说明了，是 k 的规模而不是该群体的绝对规模影响了集体行动的可行性。

这些对规模的考查在小型的小农共同体中有直接应用：既然财产持有是分层的，那么存在一小群大土地所有者便是可能的，他们构成了一个服务于诸如水利管理之类的集体工程的 k 群。大土地所有者将从改善农业条件的集体劳动中获得一本万利的好处，从而具有理性的积极性来安排联合行动。只要满足这个条件，对有效集体行动的期望就明显地提高了。①

这并不涵盖一个小农共同体中可能发生的集体行动的各种类型；它尤其不会便利于那种收益反向分层的集体行动——主要针对保护最穷苦村民的生存需要而设计的行动。在这里，集体行动的收益大多为小户而非大户获得，主要受益人最不具有能力来支付集体物品。这个结果与哈丁的结论相似(43—45)，哈丁的结论是，群体规模因素一般使集体行动的优势偏离于做出大贡献之人的利益。

组织与领导。最后，在模型村的假设中，还有一个特征便利了集体行动：非正式的非政府组织的协调作用。乡村社会一般包括当地政治制度，经常受当地要人控制的村务议事会。这样的制度履行某种重复性的功能，例如，在村民当中分配税负。但是它们也提供一种制度化的语境，以便在此语境中考查村子的利益和问题。同样，它们为决策进程提供基础，这个决策进程可以拥有那些确保集体工程中的合作所必需的政治技巧与政治资源。村民一般还有一系列的可为归依的非政治性组织——血缘群体、宗教联合会、贸易组织、丧葬给付社团等等。这些提供了影响个人动机的忠诚与责任，也为试图完成集体行动的村内领袖提供了组织资源与激励资源。这样的组织可以动员个人参加集体行动(通过忠诚、

① 裴宜理(1980a)指出，在 19 世纪的中国，大土地所有者在缺少村内穷人参加的情况下，仍有理性的激励来领导集体防卫组织抵抗土匪，此时她间接地描述这种作用。也可以参见濮德培(1987)对了解有关在湖南水利管理联合会的环境下产生的集体行动问题的具体讨论。

团结或羞耻的方式)，并且能够让每位村民了解其他村民也将会有所贡献的可能性，从而增加了集体行动成功的把握。传统农业中国的宗族组织提供了一种超越了收入分层与土地分层的高压形式，即使在物质利益矛盾十分显著的地方，仍为集体行动提供了一种基础。同样，教派组织能够建立起超越宗族与阶级的社会关系，在追求特殊的共同利益之时，还为保证集体行动提供另外一种可能的基础。①

集体行动种种

上述这些观点认为，传统乡村具有资源——制度资源、组织资源以及规范资源——来解决集体行动问题。但是一个传统的乡村面临许多集体行动问题，这里涉及的因素不可能同等地便利所有形式的集体行动。道义经济理论主张，小农社会包含几种集体惯例：劳动及役用牲畜的分摊、大致平等之人中的危机保险、有利于全体村民的发展计划和旨在保证穷苦村民生存需要的再分配方案。前述因素支持这些惯例类型中的某一些，但是对于道义经济立场至关重要的一个情况仍然是有问题的：旨在保证穷人生存的再分配方案与收入平衡方案。上述传统乡村社会的特征应该使集体行动便利，那么，让我们思考一下这些集体行动的形式：人与人之间的互助、灾祸保险、普遍的合作以及村内从富人到穷人的再分配，刚刚描述的这些机制可以支持它们之中的哪一种？

人与人之间的互助模式——劳动交换、丧葬与典礼基金、宴会与酒席——在模型村内应该兴旺发达。这些惯例具体体现了阿克斯劳德描述的绝对互惠，不合作之人将得不到将来的帮助。我们应该预期，小型村民群体可以在困难之时，互换劳动、食品及小额现金。

风险共担安排——我们可以称呼其为灾祸保险方案——根据参与人的实际情况是否可以大致相当，可分为两类。绝对互惠支持相对平等

① 参见杜赞奇(1988)对教派联合会在华北水利资源组织中所发挥的作用的分析。

的农民群体内的灾祸保险:每位都认识到微小的灾祸可以(以洪水、干旱或来自食草动物的危害的方式)毁灭未来的收成,以互惠的方式比以不合作的方式更能有利于其长远利益。但是绝对互惠不支持既包括有地者也包括无地者在内的保险方案,因为相关的连续互惠需求形式不存在。可以折磨无地者的危机不会打击有地者,可以折磨有地者的灾祸不会减少无地者已有的资源。有地者会缺乏以互惠为基础的激励来支持这样的方案。

我们再考查一下可以被称为普遍合作的行动:为一个共同利益而由许多或所有村民参与的联合行动,例如,减轻洪水或强盗的困扰。人们可以根据收益分配模式对这些工程进一步分级。可以使所有村民均等获益的好处(一条连接村庄与大路的道路)应该按财产多少正向分层(防侵蚀控制),或者按财富多少反向分层(免费的健康诊所)。绝对互惠不会支持任何形式的普遍合作,因为它包括了对纯粹公共物品的贡献且它并不是私人之间的互惠。无论现在还是将来,个人都不可能被剥夺从这些类型的集体行动中取得收益的权利。但是前边讨论的几种其他进程能够便利这样的工程:(1) 公认的价值观能够支持普遍的合作。如果道义价值观与宗教价值观要求每位村民为具有他们所意识到的共同利益的事业作贡献,那么,这些直接与间接的激励足以产生所需要的合作水平。(2) 正向收益分层可以以制造一个有能力为该项事业提供资金或组织这项事业的 k 群的方式,来鼓励普遍的合作。然而,这种集体行动形式不会支持反向分层的事业,因为从该事业中受惠最多的群体最不具有能力为它们出资。(3) 地方的政治特征——领导能力、一体化的社会组织以及达成一致同意的进程——特别适合村一级针对公共物品的集体行动。这样的事业具有类似于前一种类的结构性局限;既然政治影响是分层的,或政治领袖来自村中最富的一部分人,我们就应该预料到政治性选择的事业会偏向显贵的利益。

由此可见,带有正向分层收益的事业是最容易实现的;靠强烈的价值观与普遍存在的高压来支撑同等受益的事业是可能的。若没有来自对广泛的公认的道义责任的支持,反向分层的事业将难以实现。即便在假设有个人理性的情况下,旨在得到公共物品的集体行动,在模型村内还是可行的。但是,扩大的个人理性所能支撑的这类集体行动事业确实有结构性的局限。

有利于弱者和穷人而不利于富人的集体再分配惯例对道义经济的观点至关重要。① 这些例子包括,旨在使贫穷小农受益的公地定期再分配、义务性施舍、优先豁免最穷小农的税收分配以及旨在保证穷人对抗生存危机的灾祸基金。这里确认的这些机制——互惠、共同体、协调、收益分层、地方政治与地方组织——确实能支持再分配惯例吗?

它们不能。再分配方案损害而不是提高富裕村民的利益。从严格的意义上来说,再分配方案根本提供不了公共物品,因为它不能使所有做出贡献之人受益。远见卓识不会引导富裕的村民支持这样的方案。互惠的条件不会提供这样一种利益(除非富裕的村民处于要急剧下滑为一个较为低等阶级的危险之中),只有所有各方都能改善他们的支付,围绕约定俗成而进行的协调才会导致联合行动,而这在再分配方案中是不会发生的,因为再分配方案导致反向分层的收益,所以不会有 k 群资助这样一个方案。政治进程,无论是正式的还是非正式的,都能够组织并实施一项再分配方案,但是根据我们的假设,这些进程是由富裕村民来支配的,他们谨小慎微,为自我利益所驱使。就全体村民而言,要使再分配的惯例能够持续下去,仅靠理性自利是不够的,我们必须假设能起到反对个人理性作用的道义价值观的出现。②

在结束对模型村的讨论之前,值得问一问,什么样的环境可能开始

---

① "不管怎样,这些适度却关键的再分配机制(公地、义务施舍)确实为村民提供了最低生活保障"(斯科特 1976:5)。

② 一个可能的审慎考虑可能导致这些情况下的再分配:精英们对当地动荡的担心可能会导致他们对施舍和再分配制度做出贡献,以便将来自穷人的压力保持在易于控制的水平上。斯科特似乎在各种观点中间接提到了这种考虑。

削弱乡村社会中的自愿合作与集体行动。利于有条件互惠的激励随着群体规模的扩大、社会关系变得更加分裂而消失。传统乡村中运转的常见社会力量似乎刚好有这样的作用。首先,随着传统的相互作用模式日益不稳定,"未来阴影"缩短了,合作成为一个没有前途的战略。饥荒、干旱或盗匪活动对村庄的生存产生了极大压力,这些压力能够将持续的相互作用遮蔽起来;同样,市场力量或村外政治力量(例如一个更好管事的政府)能够破坏传统的社会关系,并在对付其他村民的过程中给予个人较小的利益从而削弱合作。①

其次,既然村民与局外人相互作用越发频繁,他们可以较少地从与局中人的合作中获得收益。随着个人与局外人发展主要的经济关系与政治关系(通过白天在城里的劳动、暂时的移民以及与全国性的政党发生联系的形式),相互依赖性与信息丰富都不复存在。随着村庄的封闭得到缓解,于是,集体的、共产的惯例被削弱了。② 最后,我们可以预料到,接受国家经济与国家文化的影响,会弱化传统乡村社会内公认的价值观,这些价值观念不再能够通过约定俗成或共同体来加强合作。③

值得注意的是,这些刚好是斯科特所确认的一些因素,这些因素——更加广泛的商品性农业、更大的市场力量、土地私有化、无产阶级化以及半无产阶级化等等——削弱了小农的道义经济。由于个人福利

---

① 黄宗智(1985: 259—74)注意到,华北农村在其吸收这样的压力的能力方面存在不同:比较团结的村子有能力组织集体防卫抵御土匪、干旱或掠夺性的政府,而比较分裂的村子则崩溃了"人口压力、商品化、自然灾害和城市就业机会等因素的结合,使该村阶级分化和小农半无产阶级化的程度,远高于后夏寨和冷水沟"(引文参见黄宗智:《华北的小农经济与社会变迁》,第274页)。

② 米格代尔(1974:14—22)在其对墨西哥乡村生活的研究中强调了这一点。

③ 让我们思考一下吉尔茨对一个已经失灵的爪哇人葬礼仪式进行的描述:"使无数的爪哇人一连好几代平安度过艰难的丧葬期的信念与仪式的复合体,突然不能再发挥其习惯性效力了。"(146)吉尔茨的主要观点是,传统的宗教信仰与实践有效地组织了爪哇人的乡村生活,但是"人口增长、城市化、货币化、职业分化等等,已经结合起来,削弱了传统小农社会结构的纽带……民族主义的兴起、马克思主义的兴起以及作为意识形态的伊斯兰宗教改革的兴起,不仅影响了大城市,而且对较小的城镇、乡村也产生了巨大影响"。(148)

遭受到了更为严峻的压力以及村社惯例的存在更缺少保证，随着人口压力、市场力量以及殖民政府统治的三重影响，乡村变得更加分裂，从而就越少有直接面对面的相互影响以及协调的空间。

在传统的乡村社会处境下，理性自利支撑起的集体行动似乎比波普金所认为的范围更广。然而，这种更广的范围缺少由完整的道义经济观点假设的共产惯例。某个社会群体的某些特征加强有效的集体行动，这些特征在许多传统乡村社会中是明显的。这样一来，我们就有理由预期，传统小农乡村比波普金所认为的要更容易实现集体行动和合作性惯例。传统乡村中的理性决策者有明确的、强制性的理由继续对集体行动的互惠方案做出贡献。正在进行的互惠模式、公认的价值观以及共同体制裁与报酬，可以有效地在传统乡村内抵消"搭便车"的倾向，并使得全村来保护集体物品，而这在一个比较分裂、紊乱的社会中是不可能做到的。

然而，道义经济的方法假定一种村社惯例，它并非源自扩大了的个人理性假设：从有钱有权的到没钱没权的人之间进行重新分配的惯例。这种假设要求一种并非基于理性的自我利益的道德方案。其充分性将取决于它是否可能提供一套使行为倾向于再分配集体物品的道义价值观出现、有效运转以及定期再生的某种理由。

通过某种扩大的理性选择模型完成的可行集体行动形式与通过完整的道义经济假设实现的可行集体行动的形式之间，始终存在着一道鸿沟。波普金举出的负面例子太有杀伤力了；在以自利理性为基础的传统乡村内，许多种类型的集体行动就可能实现。但是，即使沿着这里提出的线索修正一下，理性选择模型与道义经济的观点仍然有分歧。从扩大的理性选择模型的假设中，将不会出现一种潜在的集体行动：满足最穷村民的生存需要的再分配行动。这类行为将会出现，这对道义经济的观点至关重要。为了支持上述那种假设，必须有一个纯粹的、不可削减的有关道义价值观对小农行为产生影响的理论。

我们可以得出一个涉及公共选择理论对构建社会解释的效用的方法论结论。上述这些观点表明,公共选择框架目前过于稀疏,不能在真实情况中做出预测。它假定个人方面的狭隘的经济理性,推出社会层面上的集合结论:合作与集体行动是不常见的、很难进行的。但是这场讨论说明了,即便假设了个人理性,集体行动的出现也是不确定的。我们必须将选择环境、影响决策者行动的准则及价值观念、当时的社会行动结构以及行动的制度语境加以具体化,只有这样我们才能得出一个有关集体行动与合作可能性的暂定性结论。如果公共选择范式是要理解在传统乡村社会中个人行为与集体行为所可能采取的形式,那么它必须系统地构建有关理性思考的制度语境与文化语境的更为复杂的模型。

作为解释要素的规范体系

对这场争论有补充的一个方面是,规范、价值观念以及象征系统在决定乡村制度与乡村惯例的性质的作用方面存在分歧。传统社会中的价值观念系统约束并激发个人行为并由此影响社会生活吗?如果是这样,那么它是通过何种机制实现的?我们可以在个人层面,也可以在社会层面上提出这个问题。单个小农的行为受到个人所生活的社会中的规范与价值观念的影响吗?社会惯例、社会制度以及发展模式,受到那个社会所有成员在一定时间内所公认的规范和价值观念组合的影响吗?

一个社会行动模型

斯科特与波普金对道义价值观在社会生活中的作用的认识截然不同。波普金假设道义价值观是可以忽略的,他宣称,村内的惯例主要由众多理性的、福利最大化的村民的理性活动的总和来决定的。他主张,乡村制度大多反映那些最能将其意志强加于全村之人的物质利益。他还主张,除非体现全村或其最贫困成员福利的惯例符合权贵的利益,否则它们不会出现。这种特征造就了波普金的一种政治经济学方法；波普金将对乡村生活模式的解释模式纳入理性个人的自我利益框架之内，就像经济学家把市场现象模式纳入理性经济决策框架之内一样。在这种观点中，道德准则与道义价值观对社会生活的作用可以忽略不计（或至少是次要的）。

相比之下，斯科特的立场取决于以下假设：(1) 道义价值观系统将各种模式施加于产生它们的社会之上；(2) 这些规范系统比组成社会行动的决策模式更为根本。为解释小农的行为，有必要理解小农的文化价值观。此观点是一种针对作为行动解释的理性选择范式的批判，又是对它的一种替代：小农不仅仅是自我利益的盘算者，还是社会行动者。他们的行动由复杂的思考过程产生，这个过程不仅考虑了道义价值观、对他人的责任、传统惯例以及自我利益，而且还由这些因素来组成。某种行为是不可思议的——例如，在伊斯兰宴会上摆上猪肉。尽管并非不可能，另外一些行为是绝对禁止的——例如，坚决不交什一税。斯科特的这种观点表明，我们需要一个比理性选择模型更加丰富的小农行动模型，一旦拥有了这样一种模型，我们就会发现，理性选择范式的使用范围有限。① 这可以被称为"社会行动选择模型"：所有行动发生在某种有意义的选择领域之内，背景价值观与背景内涵决定了可能的领域，然后这个领域以狭隘的约束条件影响个人现有的可能性。具体的文化内涵与具体的文化价值观控制了个人行动。

斯科特认为，构成社会行动语境的价值观与内涵，在决定乡村生活与传统社会的集合模式的过程中起到一个因果关系的作用（称其为因果关系观）。自愿的施舍、集体活动与集体工作、宗教活动、起义与抵抗、个人暴力与对抗都是集合模式的例子。根据斯科特的观点，它们都可以通

① 这种观点使得斯科特接近于吉尔茨的诠释-理论（interpretation-theory）模型。吉尔茨的主要观点是，行动是文化价值观与个人思考的复杂产物。（参见第八章）

过参照村社公认的意义和价值背景——一种道义经济——得到恰当的解释。在该语境中，组成这些模式的个人行动形式是可预知的。

斯科特对个人动机的论述是粗线条的；因此，我们必须进行外推，以获得一个更加明确的观点。尽管如此，其轮廓还是清楚的。斯科特的观点表述如下：

> （一个严密的唯物主义观点）冒着这样的风险：把小农纯粹当做某种市场中的个人，不分是非地仔细搜索其环境以便实现其个人目的……从这个角度来看，个人和社会是分离的，社会只不过是个人必须在其中行动的环境……要是停留于此就等于错过了关键性的小农行动的社会语境。这就要错过如下主要事实：小农生长在社会和文化之中，社会及文化为其提供了内容丰富的道义价值观、一套具体的社会关系、一种关于他人行为的预期模式、一种对其文化中那些人过去如何追求类似目标的感觉……这样一来，我们就看到了所有的小农社会行动中的文化价值观念与文化形式。(1976:166)

斯科特所指出的绝对唯物主义观点是狭隘的政治经济学方法，这种方法将小农的目标定为客观的物质利益。（生存保障、收入以及政治权力与政治影响）所有行动可以作为最大限度地实现这些目标的蓄意企图来理解。斯科特暗示，唯物主义在两方面过于狭隘。最重要的是，斯科特假设个人受到了他们因社会化而内化的文化价值观的影响。然而，更为根本的是，斯科特暗示，行动、目标以及环境必须根据文化内涵，而不只是根据客观的或物质的特征来理解。行动不仅是手段，也可以有规范功能、象征功能以及表达功能。

规范与价值观如何能够影响行为？斯科特提出了两种截然不同的影响形式。首先，存在一种直接的规范约束。个人内化了一种具体文化下的约束与义务；这些规范在思考的过程中发挥直接作用；个人乐意（在某种程度上）根据这些规范来行动。从道德心理学理论来看，这种影响形式很常见(称其为“社会行动的规范维度”)。我们引进一种机制——通过该机制,规范在考虑过程中得到权衡,那么这种影响形式就能相对直接地整合到理性选择模型中去了。近来,人们已经做出一些努力来采取这样一种方式扩大经济理性的概念,人们提供了一种方式,通过这种方式理性行为可以受到道义原则和道义责任的影响[例如,森(Amartya Sen),1987;夏仙义(John C. Harsanyi),1977;玛格奥里斯(Howorrd Margolis),1982]

斯科特在这段文字中不是很明确地暗示,这些文化价值观促成了个人对社会世界的理解以及个人对可能的行动选择的理解,从而影响行动。个人处境不是天然就具体“给定的”;它们是有意义的,是经过诠释并为个人所理解的社会关系。例如,如果我们要理解无地佃户在面临土地租佃系统发生变化之时的行为,那么描述实际条款中的租佃关系——例如,部分产品归佃户,部分产品归地主——是不够的。相反,我们必须根据有关公平与不公平的租佃关系、地主与佃户的传统义务、宗教职责之类的以价值观为导向的假设来理解租佃关系。在这些条款中,佃户感到这种关系是其社会世界中的一种有意义的成分,并且它们影响其行为意向。这个模型表明,社会行动是由已有的各种社会感受组织起来的。某种地主行为激起抵抗,其原因不仅仅在于其福利的物质作用,而是还与这些行动对佃农产生的意义相关(称其为“社会行动的意义维度”)。

这一论述使得将文化内涵与文化规范的作用吸收到理性选择模型中的做法更加困难。因为理性选择模型要求我们在理性思考中必须区分内容与形式:决策进程是形式,构成该过程投入的信念和价值观是内容。相反,诠释-理论的观点表明,文化事实在形式层面上起作用,也在内容层面上起作用;它们塑造了感知的过程、信念的形成以及判断本身。其社会世界是由公平价格概念构成的行动者(可能是中世纪的农民),不会选择将资本主义的地主和商人视为不公正;相反,一种高度由市场决定的价格是不公正的，这种观念只不过是中世纪世界观的一部分。①

一个充分的社会行动模型需要至少在两个方面比理性选择模型更加复杂。首先，行动者必须再次行动，作为针对由他人、文化制度以及文化惯例造成的行动处境的回应。行动人以价值负载的方式感知共同体的行动与惯例。其次，在思考层面上约束行动的道义标准（义务和约束）必须能够重现。最后，被行动人当做根本的目标——经常是诸如安全、收入、家庭福利的这样一类的物质因素——必须能重现。在一个既定语境中，一个有关行动的论述，如果忽略了上述因素中的任何一种，就不会成为一个令人满意的用来解释个人行为的基础。

实际上，斯科特的论述主要强调规范方面与物质方面。当这些规范被用于研究由殖民主义和市场农业产生的社会惯例与社会制度的变化之时，他相对全面地论述了决定生存伦理的规范以及这些规范对行动所产生的作用。他还详细阐述了东南亚农业社会中的物质制度及物质利益。②

于是，在个人行动的层面上，斯科特的观点可以归纳如下：(1) 小农是有目的的行动者，（经常）深思熟虑，以理性的方式来进行选择。(2) 小农总是生活在其"事实"由一组规范与概念来决定的社会世界里，这些规范和概念构成主要社会关系的内涵。他们对于其生活世界中的事件与惯例的意义和价值有自己的理解，他们的行动和选择受到这种理解的制约。(3) 小农具有公认的价值观与规范——尤其是，规定了社会中其他行动者能公平地或文明地对待他们的规范，这些价值观与规范被融入思考的过程中。这些价值观念之所以影响思考的过程，原因在于最终的行动（至少部分）取决于对相关的道德规范的考虑。(4) 小农具有物质利

① 涉及社会行动性质的思维线索与人类学的诠释-理论模型有很多共同点（参见第八章）：为了理解社会行为，参与人赋予各种行动和制度的意义必须得到诠释。在这里，吉尔茨（1973，1983）是一位主要贡献者。

② 值得注意的是，《弱者的武器》（*Weapons of the Weak*）（1985）将其焦点转移到诠释-理论分析方面；在那里，斯科特花费大量心血试图为参与人重建乡村生活要素的意义。

益,并热衷于去保护它们。

为解释单个小农的行动,我们有必要做到:理解构成行动语境的社会关系内涵;了解行动者将要考虑的与这些处境之下的行动相关的规范;了解行动者所感知的物质利益。这明显比与政治经济学的方法相联系的理论要更加复杂。但是请注意,社会行动理论在以下一系列情形之中会退回到政治经济学的模型之内:在这些情形中,没有任何规范和价值观是突出的;在这些情形中,一种行动的唯一文化内涵是其物质结果;在这些情形中,行动者把物质结果看作是考虑的主要因素。在这样的处境下,我们将预期该社会行动者表现出最大化其个人福利或家庭福利的行为,这正如我们假设理性的小农会如此表现一样。

社会因果机制

斯科特主张,生存伦理影响社会结构与集体行为。要求用因果解释(causal explanation)来说明这种将原因和结果联系起来的机制(自然机制或社会机制)这种做法是似是而非的。因此,我们必须思考斯科特的因果观点所依赖的机制。这种分析依赖于两种因果进程,这两种进程又对应着两个层面上的分析——个人层面与组织层面。首先是个人行为的原生理论(规范与感知如何引导一个人倾向于抵抗)。正如我们早些时候看到的,这个理论比理性决策的政治经济学模型复杂得多,但是它具有同样的解释功能。考虑到相关的背景信息(目标、信念、规范、意义),社会行动理论是被设计成用来解释个人行为的。其次,广泛的集体政治行为论述(斯科特没有试图提供这个论述)会需要这样一个理论:政治组织(国家、政党、宗教组织、贵族议事会)如何控制集体行为。

支持一个价值观系统成功发挥作用的机制,是建立在个人行为层面上的。斯科特宣称,生存伦理是一个强烈的动机:在某种程度上,个人乐意出于对伦理系统要求的考虑来采取行动,并且如果处理的形式明显违反这种伦理,那么受害人倾向于进行报复。斯科特举了小农在歉收之年因地主拒绝免租而怒不可遏的例子。愤怒的原因不仅仅是被某一个人进行的物质剥夺、甚至也不是由某个人所进行的剥夺;其原因是这种剥夺以一种被禁止的行为形式出现。与生存伦理联系在一起的价值观构成了规范的小农行为框架。“无论是在当地常规活动之中,还是在一场起义的暴动之中,公认的道义理念结构,即何谓正义的共同观念,都被融入农民的行为组织”(167)。

斯科特提出,实际上,传统乡村内的所有各方——地主、官员、农民等等——都承认生存伦理中主要成分的合法性。他们出于对这些价值观念的考虑调整他们的行为:“关键是要理解互惠的义务是一条最突出的道义原则,还要理解,互惠的义务既非常适用于地位不平等之人相互间的关系,也非常适用于地位平等之人相互间的关系”(168)。每个人从不同的角度来看待生存伦理的要求,但几乎没有人最终拒绝它。斯科特尤其指出,生存伦理在小农社会中影响有权力的人——地主以及村内显贵。这可能来自显贵对道义价值观的忠实信守,也可能来自对于不遵从这种价值观的后果的恐惧。斯科特举出了流言、联合抵制、奚落之类的手段,通过这些手段,这个群体能够加强这种伦理对有权势之人的要求。

这些过程直接适用于主从关系的特性。显而易见,主人掌握更大的权力。但是生存伦理要求主人在困难时期延长对佃户的信贷,在歉收时期减少地租以及在佃户与政府交涉时提供官场上的援助等等。主人同佃户一样承担义务,主人受到内在与外在因素的相互作用(忠诚地遵守法令与畏惧不遵守法令的后果),从而通常会遵守法令。

斯科特举出了两种机制,这两种机制在个人层面上加强了生存伦理以及与其相关的惯例;值得注意的是,从我们前面对互惠和共同体的讨论来看,这二者很常见。首先,他提出心照不宣的互惠是传统社会中一个稳定的、持续的惯例:“这也是显而易见的,只要小农依靠其亲属或其主人,而不是依靠着自己的资源,他就给予了对方一个对其劳动和资源的互惠索取权。助其摆脱困境的亲戚和朋友,在他们自己有困难并且他有能力提供帮助之时，也会预期得到同样的帮助。人们可能会说，事实上，他们之所以帮助他，是因为存在一个默认的有关互惠的共识”(28)。这种评论正好就是我们从阿克斯劳德对互惠的论述中所预期的。

其次，斯科特强调了一系列支持共同价值观念的社会高压形式——惩罚那些行为不符合生存伦理之人的处理方式。

> 几乎没有几个对东南亚的乡村研究不注意到用来为村内穷人提供最低生活需要的非正式社会控制。只有在其资源是以满足广义上的村民福利需要的方式进行使用的情况下，富人的地位似乎才是合理的……大多数研究反复强调非正式社会控制，这些非正式社会控制，或倾向于再分配财富，或倾向于赋予财富所有者特定的义务。这些社会控制的平凡、甚至是平庸的性质掩盖了其重要性。富裕的村民只有以言过其实的慷慨为代价才能免受恶毒流言的攻击。(41)

拒绝为仪式费用出资的富裕村民，或拒绝在困难时期为其佃户提供小额贷款的地主，会遭到诽谤、流言中伤以及奚落；在传统乡村之内，这些是相对有效的制裁方式。请注意，这些正好是被泰勒确认为手段的机制，通过这种手段，某个村社将其价值观赋予其所有成员。

我们在这里假设一组动机：源自生存伦理的道德动机（每位村民都有生存权，因此可以从其他村民那里寻求帮助）；源自从互惠中获得长远利益的理性利益（每位村民都知道他会在将来处于类似的处境之中，还知道，不作贡献通常会被大家知晓，结果是当他在将来需要帮助之时不能得到帮助）。① 于是，斯科特在这里再一次为他的如下观点提供依据：规范系统影响乡村社会模式；尤其是，生存伦理给村民制裁桀骜不驯的行为提供一种内在动机与一个制裁焦点，从而稳定乡村福利惯例：“理解非正式的乡村生活保障对我们的观点至关重要，原因是，正因为它们由

① 这是一种在阿克斯劳德对合作的分析中确立的效果。

当地舆论来维持，于是，它们成为某种平等与公正的生活标准模型。它们代表了小农对正面的社会关系的看法”(41)。这套规范系统对个人行为有直接影响并以不被其他村民认可这种威胁的方式对不顺从产生间接影响。

我们可以得出一个关于价值观在社会行动中的解释性作用的暂定结论。波普金的方法，使他乐于低估公认的价值观体系在传统的、相对封闭的社会中的因果作用。但是这样的价值观对乡村生活各方面的作用是可以观察到的。更重要的是，通过单个决策者对这样的因果关系机制进行理论阐述是有可能的。有两种截然不同的机制已经被确认了。首先，单个决策者可以忠实地坚持这些价值观；他能以考虑生存伦理的要求的方式安排其选择。其次，即使是那些没有把道德理性看作是一个主要的促进因素之人，也会因为惧怕共同体的制裁——奚落、流言、对使用巫术的指责、社会排斥或暴力惩罚——而不得不被迫遵守共同体的价值观念体系。一个社会群体内的公认价值观可以建立起广泛的高压力量，这些高压力量甚至在不遵守这些伦理的人中间强化这种伦理。乡村伦理在这里通过村民的行动间接地发挥了作用，这些村民接受了此种伦理，反对不作贡献之人。

道义经济框架内的功能假设

道义经济框架宣称，传统的社会安排保护村民免于不可避免的农业生存危机。它假设社会制度与社会安排有效地适应了生活于其中的人口需要。斯科特写道，“如果最低生活保障需要是小农生活中一个强大动机，人们将预期在满足这种需要的小农共同体中会找到制度化的模式。实际上，在生存伦理拥有社会表达方式的村内，即在安排日常行为的社会控制模式与互惠模式之内，这一动机是首要的”(1976:40)。斯科特在这里提出了两种相关主张：个人层面需求的存在，使得满足那些需求的社会结构的存在成为可能;一套规范体系的存在,使得一套能"表达"这些规范的社会实践的存在成为可能。这两种主张都是有问题的,这不是因为这样的一致性从不存在,而是因为斯科特必须描述这样一些机制,通过这些机制,需要与规范产生了满足它们、表达它们的社会安排。换言之,有关个人的需要和价值观与社会结构之间有一致性的观点,必须由更为一般的连接两个层面的论述来进行论证。

一种论证这些主张的方式是依靠功能主义社会学的假设。粗略地讲,功能主义提出,一个社会系统是制度与惯例在功能上整合起来的一个复合体。每种制度被假定为拥有必要的财产以满足整个系统或一个重要子系统的某些需要。可被功能主义解释囊括的社会需求的例子是社会凝聚力[马林诺夫斯基(Bronislaw Malinowski),1922]、市场经济的平稳运行[诺思(Douglas C. North)与托马斯(Robert Paul Thomas),1973]以及一套所有权关系的再生产(科恩,1978)。

功能主义理论框架声称为解释和预测提供了一个基础。要解释一种社会结构或一种社会惯例,只要确认一下结构给这个系统带来的好处就可以了。如果人们已经确认了该系统中某一重要组成部分的某种需要,那么功能主义框架就可以预测到一个相应的社会制度。

然而,社会科学中的功能主义解释已经遭到犀利的批评,特别是在埃尔斯特(1982,1983)的著作中受到了批评。其基本观点如下:功能性解释在应用到研究复杂的人造物(例如核电站)与生物系统(例如物种)之时,是最似是而非的。然而,这些例子中的每一个都是特殊的,因为功能主义观点是由一个著名的因果"故事"来论证的,这个因果"故事"解释了在该系统内为何一个既定的要素具有功能性作用。在这些人造物品中,这个"故事"关注的是该系统设计者的意图;在核电站内,水塔具有分散过多热量的作用,因为工厂的设计者认识到了该工厂会产生过多的热量,因而设计了水塔来分散那些热量。在生物系统中,这个"故事"关注自然选择的过程。通过自然选择,一个既定物种的生理学上的功能组织适应了某种特殊的选择环境。

然而，在社会系统中，这两个“故事”都不适用。一般来说，社会制度并不是根据人们想象中的制度所能带来的有利效果而被刻意设计出来的。而且，没有一个类似于自然进化的社会进化过程可以解释既定制度的适应性。埃尔斯特从这样的考虑中得出了令人信服的结论：社会科学中的功能方面的主张必须配以这样一些机制——通过这些机制，这里所说的功能性联系开始出现并随着时间的流逝而不断被再生出来——的暗示来使用。我们必须为功能主义观点提供“微观基础”，即一种论述个人层面上的具体途径。通过这种途径，制度与惯例得到调整，以满足这种系统的需要。①

在这种语境下，波普金的解释范式是一种有益的矫正。它提出一个与谢林(1978)的解释模型相类似的一个集合解释模型。根据这个模型，集合性的社会现象可以被解释为现有处境下个人理性选择的——经常是无意识的——结果。波普金旨在将越南乡村社会的主要特征解释为集体行动问题带来的结果。实际上，他提出了演绎式的解释，这些解释从假设个人理性开始，然后描述了行动者(小农、地主、官员，放贷者)周围的选择环境，最后预测了乡村社会的集合结果。他将这样一些特征描述为财产分化、剥削性的信贷与租金安排、有利于地主的租佃安排、有效的生存保险系统的缺失、建设集体工程(例如，水利管理工程)——能供给公共物品的工程——的困难。因此，波普金的解释范式是演绎式的，有微观基础。他假设了个人理性与选择环境，然后描述了最终的集合模式，从而通过演绎式的观点解释了村级社会模式。

道义经济有关传统社会制度有平衡作用的观点必须靠论述这样一些过程的方式来加以补充，通过这些过程，个人行为导致了如此这般的

① 要了解更多马克思主义内部对社会解释是否需要微观基础的有关讨论，参见罗默(1982a, b)、埃尔斯特(1982)、范帕里吉斯(Philippe Van Parijs)(1983)，以及李丹(1986)。

制度。这个结果为道义经济理论家暗示了一条研究途径，该途径使得对理性小农的批判被直接地表达出来；道义经济理论家设计出有关小农决策与社会关系——通过这些，小农的行动被组织起来——的合理假设，从而他们才能够反驳理性小农理论。通过一些机制，理性个人的福利最大化行为可以被抵消，或被强制符合集体福利的需要。道义经济理论家详细阐述了这些机制，从而，道义经济立场才能经得起波普金的理论批判。

请注意，道义经济的观点因此被保留在普遍的个人主义框架内。社会实体（公认的价值观系统）引起社会变革（起义），但是它们通过个人层面上的进程来发挥上述作用。价值观影响个人选择而诸多个人的行动汇聚成大规模的社会事件。无论他们二者之间有什么差异，斯科特与波普金都提出了在理论上与宏观解释的“微观基础”条件相兼容的论述。[1]波普金明确地提出了这样的微观基础，而斯科特的论述也需要这样的基础以回避一种称其为“虚假功能主义”的指责。

斯科特与波普金之间的经验争论

波普金主张，道义经济学家——尤其是斯科特——在他们对东南亚乡村社会的解释中，把情况搞错了。斯科特与波普金之间的主要经验性分歧在于乡村生活中的再分配机制的范围与本质。土地再分配发生了吗？如果发生了，那么这个过程是有利于穷人的吗？村内的慈善制度帮穷人摆脱危机了吗？税收负担在全村内被分摊以缓解穷人的生存危机了吗？在每一个上述问题上，斯科特的回答是肯定的，波普金的答案则是否定的。斯科特更明确地提出（60—61）传统乡村——前殖民时代与前资本主义时代的乡村——具有再分配制度，而且这些制度被殖民主义

① 参见埃尔斯特（1985b）以了解更多主张社会解释要有微观基础条件的观点。

和商业化削弱并最终被它们给颠覆了。

这是直接的经验分歧吗？数据资料能否支持一种立场从而解决这个问题吗？我们应该首先注意到，这两种解释在范围上是不同的。斯科特提出了一个对东南亚小农生活的概括，并以缅甸和越南的例子来阐明其解释。但是我们只有在时间和地点方面更加具体地提出假设，才能对其进行经验性评估；历史证据只能限定在一个更加具体的范围内。资料中存在大量的时空差异都是可能的。那么假设我们把争论局限在越南（见图 2.1）。斯科特主张，20 世纪以前的越南村庄，具有重要而有效的再分配机制；波普金否认这一点。然而即使在这里，仍有两方面的差异妨碍了经验性评价。第一个可能是时间差异；例如，殖民主义和商业化可能对再分配机制有破坏作用，结果，来自前殖民时代越南的资料会支持斯科特的观点，而来自殖民时代越南的资料会支持波普金的观点。第二个可能是重大的地区差异。例如，交趾支那是一个新的边缘居住区，几乎没有共同体的团结一致，然而安南与东京是有着强大的互助传统的、古老得多的区域。从北部地区提取的资料会支持斯科特的观点，而从南方获取的同期资料会支持波普金的观点。事实上，斯科特提出，越南农村的道义经济力量以如下方式存在着差异；“在这些乡村再分配规范原先就微弱的地方，特别是在相对分裂的交趾支那与下缅甸（Lower Burma）[①]的交界地区，它们从来没有为小农阶级提供什么社会保险”（60）。

让我们来看一个实际存在的分歧，并在斯科特和波普金的各自论述中追踪这个分歧。斯科特宣称（43），在东京与安南，村社对土地的控制是可观的（大约 25%），并且这片土地（部分）被用于再分配目的：“这片土地的一部分或多或少基于穷苦村民的需要进行分配。从村社的土地上收取的租金被加以配置，部分用来帮助穷人交税和扶助没有生产能力的

① 译者：包括南部孟加拉湾、安达曼海沿海和三角洲地区。

寡妇与孤儿"(43)。斯科特举出了亨利(Yves Henry)的《印度支那的农业经济》(*Economie agricole de L'Indochine*)(河内:印度支那总督政府,1932)作为这些资料的来源。这些资料取自越南北部及中心地区,而斯科特没有具体考虑时间。然而,他后来的观点使这一点清楚了。这种分析适用于 20 世纪以前的安南,因为在讨论越南北部的义静(Nghe-Tinh)①起义之时,斯科特指出,到 20 世纪 20 年代之前,"曾经一度缓解了穷苦村民困境的村社土地日益落入当地的达官显贵之手"(129)。这样一来,在 20 世纪 20 年代以前,公地制度的再分配作用大大削减,这给穷人带来了更大的生存压力并恶化了无地者的不公正感。

现在让我们再来看一下波普金使用的资料。波普金(1979:91,173)承认,在安南和东京存在可观的公地(20%~25%),而这种制度在南部(交趾支那)从未突出。但是,即便在北部,波普金也不承认公地制度的作用。根据波普金的观点,公地由乡村政治制度来控制;这些制度由那些依靠其地位来获取利益的村内显贵来支配;结果,公地的再分配一般不是倾向于穷人的生存需要。"村内的常规一般顾及显贵的重要利益,并保护——而不是平分——财富"(100)。波普金承认,有些公地是为确有困难的人——"寡妇、孤儿以及没有子女的老人——而保留的"(101)。但是他指出,大量的公地"不是根据需要,而是基于村内等级各有所属"(101)。波普金这章的通篇分析过度依赖于奥瑞(Paul Ory)的《位于东京的安南人村社》(*La Commune annamite au Tonkin*)的研究。② 波普金称奥瑞是"对 19 世纪越南农村研究得最认真的学者之一"(107)。(波普金也参考了亨利的研究,他挑剔那里面严重地低估了安南大财产的集中程度[155]。)

于是,这里就有一个斯科特与波普金之间泾渭分明的经验分歧。斯

① 译者:越南中北部一省,东濒北部湾。

②《人类关系区域档案》(*Human Relations Area Files*)卷 130(巴黎 Augustin Challamel,1894)。

科特主张，在19世纪的安南，有效的村社再分配制度满足了最穷之人的生存需要；波普金提出了同一时段、同一地点但却与此观点相左的证据。但是二者都没有拿出令人信服的经验个案；总而言之，波普金拿出了范围更广、更详细的原始资料来支持其论点。在这两种研究中，资料都是单薄的，受制于其诠释，并且大多采用其他研究者提出的诠释形式。斯科特与波普金提供的经验个案是不具有决定性的，只有在深入细致的地方层面上的历史研究才能够解决这一个相当有限的问题，即在前殖民时代的安南村庄是否存在一种重要的公地再分配作用。这就表明，要在狭隘的经验基础上解决道义经济争论是不可能的事情。

斯科特与波普金之间的关系

斯科特与波普金似乎把他们的理论看作是彼此不相容的。二者之间的最突出差异是在他们各自有关个人动机与行动的理论层面上。波普金假设了狭隘的成本与收益计算，而斯科特假定个人在一套文化价值观的影响下来行动，这套文化价值观约束与鼓励个人行动，并因此冲抵了纯粹自我利益。因此，如果要解释小农的行为，确认选择环境然后推衍出个人最佳行动这种做法是不充分的。当时的选择环境与界定行动的价值观和规范都必须被加以确认；然后我们才有可能弄清个人将会选择什么。

斯科特与波普金提供了以个人行动理论为基础的集合解释。斯科特给这个模型增添了这样一种假设：个人不仅为理性的自我利益也为一套在文化上确立的约束所驱使。这使得斯科特能够得出一个因果观点：某种规范与价值观的流行必然意味着一个既定社会群体的某种集合模式的出现。因此，根据斯科特的观点，一种基于生存的公正意识是20世纪越南农民起义的一个因果条件。

以上论述确认了涉及个人行为之源的两种立场之间的一个重要分

歧。但是从一个更广泛的视角来看，二者都还有一定道理。因此，它们是互补而不是矛盾的。在这两种解释中，斯科特的解释更加概括，而波普金的分析可以被看成是一种将完整理论——斯科特的解释需要靠它成为一个全面的小农行为理论——的一个要素进行具体化的尝试。

让我们回忆一下，斯科特的解释采取了一种复杂因果分析的形式。这种论述取决于几种机制，但核心是个人动机理论。它提供一种途径，通过这种途径，社会感知与社会价值观被转换成个人行为与集体行为。斯科特的解释所需要的第二种机制是，组织以及组织行为的理论解释了政治进程，通过这个进程，个人行为被集合成或融入集体行动。斯科特几乎没注意到全面解释中的这一部分，但是他认可了对这样一种理论的需要。

波普金的分析对上述两个问题都有贡献。他提出了一个简单的个人动机与决策的模型。波普金的解释是理性-目的论的，并且它依赖于狭隘的理性概念。尽管这个概念面临着几种严重的问题，但它直接适用于社会生活与个人生活的许多方面。波普金试图发现，在传统乡村的环境中这种个人决策理论的集合结果如何；总的来说，他的分析是严密而富有洞察力的。波普金的第二个贡献在于对有组织的行为所进行的分析。他根据该团体中领袖与成员的利益，提供了一种简洁而雅致的方式来分析组织的行为，他详细阐述了将私人利益集合成集体有组织行动所造成的不可预期的后果。然而，在这里波普金的解释再一次因单薄的动机假设而有了缺陷；正如我们将在第五章看到的，亚洲社会中的有组织行为显示出了个人行为具有极大的多样性与复杂性。

第三章 传统中国的区域体系

施坚雅的著作对当代中国研究产生了重大影响。作为一位经济人类学家,他构建了多种多样的常规模型来分析和解释农业中国的重要特征,例如村庄、市镇、城市之间的等级关系、集市时间安排的时间结构;可能使传统中国得到合适分析的地文学巨区(physiographic macroregion)、晚期帝国官僚体制行政设置的逻辑、中国19世纪不同地区城市化程度差异的起因,如此等等。施坚雅引领了一代学人,努力回避那些中国研究中的传统预设,采用能够同传统中国大量的经验信息和历史信息最相适应的理论工具,从而为这个领域建立起了中国中心的方法。①

基于以下几个理由,我认为施坚雅的工作是值得肯定的。他一般不乐意采用理论建构和数学模型来分析和解释经验性社会现象,而是随时准备从许多学科借用建构和模型。对他的几个模型进行审视,将有助于阐明常规模型在解释社会现象时所扮演的角色和发挥的功效。另外,施坚雅的研究对社会科学中的共性与个性的问题采取了一种复杂立场。

① 柯文(1984:164—66)进行了回顾,并评点了这一代中国史学家及施坚雅的贡献。

对城市、农民社会或者市场安排这样一些实体，可以做出何种程度上的共性概括？我们能够在所有的城市中——无论是前现代的还是现代的，欧洲的还是亚洲的，商业的还是行政的——发现共性吗？我们是否必须将注意力局限于某些特定情形——19世纪中国的商业城市、交趾支那的越南农民社会或者中世纪的法国市场安排？最后，即使是这种层次上的描述是否也过于笼统？因为上述范畴中也还包含多种情况。我们是否必须将注意力局限在单个案例之上：19世纪的汉口，某个特定的越南村庄或者中世纪的法国市镇？这也触及了社会科学中分类方法的作用问题。

施坚雅的工作重新提出了这样的问题，“方法-目的理性”（means-end rationality）概念在解释非资本主义或非西方社会时是否适用。施坚雅对传统中国区域体系的分析不可避免地假定消费者、农民、行政者和其他社会参与者在决策过程中都具有经济理性。但其他学者认为，经济理性概念是存在于资产阶级市场社会（bourgeois market society）时期的一种特殊的心理倾向，它是现代西方的造物，以此来解释生活在其他社会关系和时代当中的人类行为是一种种族中心主义的做法。[①] 于是，就有必要构建一种截然不同的行为模型，此模型要以关于个体和社会的另一套迥然不同的概念和关于“非理性行为”的一套准则、传统和实践作为导向。个人理性概念是西方人强加在中国农民身上的种族中心主义概念，还是一种关于个人行为的合理的普世理论呢——无论西方还是东方？

施坚雅分析了中国社会和经济的三个相关特征：个人经济和政治行为施加于不同地点——乡村、城镇、城市——之上所产生的功能差异；地貌上表达着这种功能分化的各个地点之间的空间关系；在这些因素与自然地理特点及当时的交通技术共同作用之下所产生的中国经济上显著的区域化现象。

---

① 这种观点的倡导者有道尔顿（1969，1971）和波兰尼（Karl Polani）（1957）。吉尔茨（1984）对人类学中“经济主义”的批判也与此有关。

中心地等级

施坚雅分析中国经济地理的功能性组织时，采用了一些重要的社会专业化形式：经济的、政治的或者官僚的。[①] 政治的或者官僚的专业化采取了传统国家的官僚等级形式，而经济专业化则体现为一个市场等级体系。施坚雅首先分析了基层市场的等级结构：乡村中国所存在的村庄、市镇和大市镇之间的有序关系。市场等级概念的核心是基层市场体系。让我们设想农业社会的这样一个区域，农民既生产又消费各种各样的物品：农产品（谷物、食用油、棉花）和手工产品（罐子、金属工具、布匹、纱线、仪式用品、服装）。我们对该地区可以提出如下一系列问题：

- 家庭依赖商业活动的程度有多大，即：家庭消费依赖于市场购买的比重有多大？
- 通过何种渠道，从生产者手中得到产品，又经过加工、包装，再分散到消费者手中？
- 本区域消费物品有多大比重是由本区域生产的，多大比重是从其他区域或国家进口的？

各个家庭自给自足的纯粹糊口经济（subsistence economy）无需任何市场安排，但是任何更加复杂的经济都需要这样一个双重市场体系：从生产者手中购买（或者获得）物品并加工、包装，这是一个体系；制成品被销售和分配到消费者手中，这是另一个体系。前者（生产导向的市场体系）表现了物品的上行流动过程，即从生产者流向基层市场，并通过购买代理流向更高层次的加工和包装消费品的商号；而后者（消费导向的市场

① 最近研究者们强调传统中国地貌中其他功能组织的重要性。尤其重要的是水资源管理制度——防洪控制和灌溉——它们经常与行政等级和市场等级不同。见帕斯特奈克（1978）和濮德培（1987）对这种组织类型的近著。杜赞奇（1988）认为，华北县以下的宗教寺庙等级和政治等级既不符合市场等级也不符合行政等级。

体系）则表现了物品的下行流动过程，即从集中的商号通过分配体系流向消费者。[①] 一些物品，例如蔬菜，可能不会流出基层市场；农民们将剩余产品带到市场上出售或者同本地的其他家庭进行交易为自己换取消费品。其他物品，例如棉花或茶叶，可能在基层市场集中起来，农民们在那里将他们的产品出售给商号的代理；棉花可能之后数易其手——包括棉花批发商、从事纺织和加工的散工制公司[②]、成品行——最后返回到基层市场作为布匹或者服装进行销售。这种循环圈就这样从乡村向市镇，再向城市，再返回。

在一系列经常被引用的文章中（《中国农村的市场和社会结构》，1964—65）[③]，施坚雅尝试为分析乡村中国聚居地的功能结构和空间结构提供一个基础，他认为，传统中国所有的中心地可能被安排在一个由经济功能界定的分散等级体系中。市场等级体系的一般理想形态是，更高层次的地方在一个更大的市场中服务于较低层次的地区网络，向所有较低地区提供本地所不能提供的产品和服务。村庄没有市场设施，也不能获得用于销售或者交换的商品。村民们使用附近的标准市镇所提供的服务，标准市镇向农民们供给必需品：工具、谷物（如果需要的话）、水果蔬菜和农业服务。施坚雅将标准市镇定义为“一种能够满足农民家庭所有正常贸易需求的乡村市场：农民家庭生产但不消费的物品一般在这里销售，消费但不生产的物品在这里一般也能买到”（6）。标准市场居于农户和村庄之上，是市场等级体系中的最低一级。

标准市镇之上是一系列更高层次的经济单元：中间市镇、中心市镇、地方城市和地区城市（9）。中间市镇为标准市镇服务，二者之不同在于前者为乡村贵族、地主和官员提供奢侈品。茶寮和社交场所就是服务于

---

① 这是一种分析上的区别，并不意味着两个体系从根本上是不同的。

② 译者：吴承明（1996）将 putting-out system 译为“散工制”，也有人译为“分包制”。

③ 译者：本文由中文译本结集成书，见史建云、徐秀丽译：《中国农村的市场和社会结构》，中国社会科学出版社 1998 年版。

这些群体的。并且较高层次地方向较低层次地方所提供的一系列物品和服务是分层次的。这样就存在一个由下述三项所定义的地区等级体系:(1) 可利用的商品和服务;(2) 地区内居民市场行为的规律性;(3) 流动商贩的类型。施坚雅声称,地区贸易体系使一个地区的经济地理具有了一种鲜明的组织形式:该地区内城市、城镇和村庄之间的关系,以及使之结合起来的道路、交通联系。施坚雅所假定的中心地之间的等级结构可以用一个树形图来显示(图 3.1)。

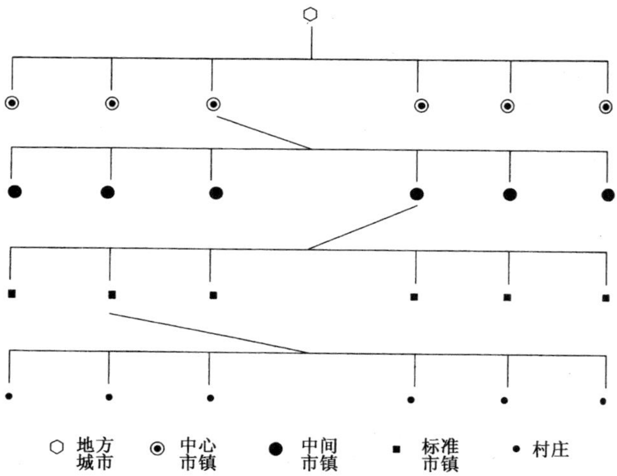

图 3.1　有关中心地级的树状图

在《城市与地方体系的等级结构》一文中,施坚雅通过区分八个层次的经济功能从而提炼出了如下分类:标准市镇、中间市镇、中心市镇、地方城市、较大城市、地区城市、地区都会和中心都会(1977a:286)①。每一层次由其特有的经济功能界定,这些功能包括该市场可获得而较低层次市场不可获得的物品的范围②、在运输网络中的位置、可获得的邮政服务

① 译者:可参考叶光庭等译:《中华帝国晚期的城市》,中华书局 2000 年版,第 339 页。

② 施坚雅提出了这些具有诊断性的货物来区别中间市镇和标准市镇:五金和工具、帽子、酒和宗教的供给;并且作为相同层次的具有诊断性的工匠服务,他列举了棺材制造者、铁匠、裁缝和加工面条者。

的层次、市场时间安排和可利用的金融服务水平(347—51)。①

到目前为止,这种叙述是从空间抽象出来的。但是城市和城镇存在于由运输网格所联结的二维空间当中,运输网格决定了一个核心经济因素:运输成本。这一事实意味着,功能差异将在具体空间布局中呈现出来——理想状态下,这将使买主与卖主的运输成本最小化。显而易见,功能等级中处于较高层次的地方会被处于较低层次的地方包围,而后者又会被更低层次的地方包围。

施坚雅采用克里斯塔勒(Walter Christaller)和廖什(August Lössh)②所阐发的"中心地"理论(central place theory)来理解村庄、城镇和城市之间的关系。"中心地"理论可以被视为要努力构建一个对经济景观的抽象叙述,这种经济景观包含了一种建立在对经济关系的一套简单假设基础之上的空间等级秩序。中心地理论主要考查运输成本和某种商品的需求门槛与销售范围。施坚雅将需求门槛定义为"拥有充足的消费需求从而能使产品供给者获得正常利润的区域"。他将商品的销售范围定义为"一个有限区域,超出这个区域购买者将不再愿意专程去购买该商品"(1977a:277)。需求门槛明确地依赖于单位区域的购买力:与人口稠密而富裕的区域相比,一个人口稀疏而贫穷的区域所能提供的单位区域的商品需求更少。

上述假设产生了有关中心地空间组织的推论。想象一下,村庄和市镇分布在一个平坦的、无特点的资源平均分布的平原之上。③ 运输成本在各个方向上都是不变的,需求密度在整个平原上也是一致分布的。中

① 饶济凡(Gilibert Rozman)(1973:14)提出了一个有关中国中心地的七个层次的等级框架,在某些重要细节上与施坚雅的解释不同。饶济凡的命题依赖于较高层次上所具有的行政特征和两个低层次上所具有的市场特征。见施坚雅在对 *Urban Networks in Ch' ing China and Tokugawa Japan*(*1975*)的评论中对饶济凡的标准的严厉批评。

② Walter Christaller, *Die zentralen Orte in Süddeutschland*; August Lössh, *Die räumliche Ordnung der Wirtschaft* (*The Economics of Location*).

③ 这种分析框架很多归因于屠能(August Thünen)对独立的城市的研究(1826)——在"The Population Geography of Agrarian Society"(未注明出版日期)中施坚雅参考了其研究。

心地理论显示，与可能合理的理想化要求相一致，村庄和市镇的独特分布类型导致："(1) 处于最不利位置的村民，不论是在任何特定的市场区域中还是在其他任何地区中，其地位是一样的；(2) 每一个市场区域中，处于最不利地位的村民距离市场的距离是最小的"(1964—65:17)。理想中的安排是一组六边形的市场区域，标准市镇居于中心，村庄呈六边形散布于周围。于是我们现在以同心的等级体系代替了树状结构(不过拆散之后依然符合后者，见图 3.2)。

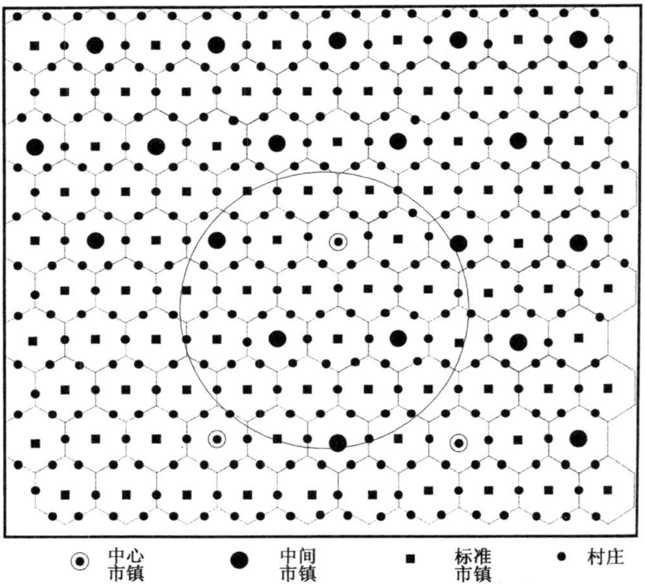

资料来源：施坚雅1977a:279

图 3.2 中心地模型

理论上的考量不能决定一个市镇应该服务于多少村庄；该模型可以拥有一个、两个或者更多的围绕市镇呈六边形排列的村庄环。但施坚雅认为，中国的地文通常产生两环结构：由 6 个村庄组成的内环和由 12 个村庄组成的外环(1964—65:18)，或者说村庄与市镇的比率为18∶1。在此模型中，我们可以预期该区域中有六条道路，从中心市镇发散出来通向各个村庄。①

同样的论证也适用于区位等级体系(hierarchy of places)中的每一对相邻层次:标准市镇应当呈六边形分布在中间市镇周围,中间市镇以同样方式分布在更高层次的市镇周围。如此产生的地文景观将会包含重叠的六边形区位排列。该地域被组织成了一个等级网络,网络中高层次的地方(城市、高层的市镇)服务于其所属市场区域中较低层次地方的广泛的市场需求。

支撑上述分析的诸假设——平坦的地形、相同的需求密度、不变的运输成本和无边界性——显然不现实。要想将这个模型应用到中国乡村研究当中,必须考虑对模型沿现实方向进行修正的结果。施坚雅将农业中国划分为包含核心区和边缘区的巨区。这个修正就引入了新的变量:边界、需求和人口密度的变化和运输效率的变化。首先,运输成本不变的假设应当被修正。农业中国拥有丰富的水运网络,包括内河、运河和沿海航线。这意味着长江沿岸相距几百英里的两个城市之间的货物运输成本将大幅少于将同样的货物运送到一个只有 20 英里远但远离河流的目的地所需的陆路运输成本。这种运输效率上的差异无可避免地使理想的乡村模型发生了形变。模型中也假定了一个毫无特点的平原,但是现实的地形包含了各种的地貌特征:平原、森林、山脉、沼泽、沙漠。这些也影响到了运输成本(和需求密度)。举一个极端的例子,一个被陡峭的山脉围绕并且只有底部才能通行的狭窄山谷所具有的市场体系,与坐落在大平原上的市场体系相比,就具有很少的相似性。这些考虑使得我们有必要依据不同方向上运输成本的变化来"拉伸"理想中的六边形市场体系,接近极端地貌条件下的市场体系也不得不完全纳入一个与之不同的拓扑结构中。

① 不过饶济凡(1973)提出数据来说明市场-村庄的比率存在很大的多样性。"施坚雅提出在中国存在一个变动的比率,该比率趋向于围绕每十八个村庄与一个标准市场的安排上下活动"(100)。

施坚雅的研究表明，中国乡村市场体系十分符合这些空间和功能预期："我曾经在中国的六个区域验证过我的主张，大部分市镇都精确地存在六个直接相邻的市镇，从而形成一个六边形的市场区域，尽管被地形扭曲了"(1964—65:17)。施坚雅使用一张包含四川约20个市镇和更高层次地方的地图来说明，这些地方如何被联结为一个规整的运输网络，体现了六边形结构的假设(22—23)。后来他又对该地区进行了更为详细的地理分析，通过一系列逐层细化的地图表明了这种市场结构在实际当中是怎样成为现实的(294—95)。

机　　制

上述叙述假定了中心地体系内存在强大的功能性和空间性组织。但是如果中心地的位置和功能同人为设计的联系很微小，那么我们就要问：什么样的机制潜伏于施坚雅所认定的模式下面，换言之，是什么建立了这些联系，是什么使之稳定并再生产？

这些问题之所以重要，部分是因为社会科学中普遍存在的功能性解释所具有的缺陷。特定中心地空间安排对物品的高效分配来说乃是最佳的，这一说法并不能保证，甚至不能解释，中心地将按照那种安排进行分布。因此，如果我们要宣称特定社会系统具有功能性组织的话，我们必须大概描绘出建立和再生产这些功能关系的过程。微观过程产生和维持了宏观层次上的功能性表现，我们需要对此提出一种叙述。

施坚雅为上述问题提供了一个入门性假设："可以设想，中心地等级体系的规律和系统位置的功能序列的一致性，如果不是确切地归因于一种持续的'熵'的状态，那么则是被长时间内以多种方式作用着的中心地体系内的多种力量所强化着"(1964—65:5)。他认为，中心地体系是具有相对稳定的"平衡"的一个随机体系：它包含各种力量，这些力量联合起来所产生的长期作用导致了保存体系组织的倾向。但是，此处到底是什么样的力量在起作用呢？

居住类型最终依赖于个体对居住地的选择，并且他们的选择受可利用的土地及工作、与所需市场的便利联系等经济因素的影响。如果其他条件一样的话，慎重的个人将偏向选择具有更多上述条件的地方而非较少的。雇用和市场的关键都是运输成本①，因为运输是商品成本的主要成分，特别是在没有机械运输的前工业社会。将一升谷物运输 200 英里的成本可能超过了最初生产它的成本（1977b:217）。越是不易与距离最近的市场相联系的定居点，其生存成本也就越高。

运输成本的差异促使消费者重新选择更加有利的定居点；促使商人或企业家开始建立新市镇从而利用尚未开发的定居地点；促使政府官员以各种方法和利益来鼓励或阻止建立新定居点。

施坚雅（1964—65:196）认为，一般时代里面，定居点的逐渐建立源于经济考虑（土地和运输成本）："那么，我的理论（定居类型）假定，在乡村地区没有被大规模毁坏的时代，空间发展可被视为一个简单的增加过程——新家庭、新村庄和新市场不断建立——并且消失的定居点数量可以忽略不计"。当个人以定居和市场行为来推动这一渐进过程之时，他们对便利和低成本的偏好将在总体上近似于导致理想的市场关系。

我们的分析到目前为止不可避免地假定了农民、商人和官员各部分之间的经济关系。假定特定技术、资源和生态条件下各地之间的空间关系从长远上看将接近最佳分布，就是假定经济理性主导了个人决策的所有其他特征，包括宗教、巫术和血族关系。②

我们可能会简要地问，什么力量能打乱这种功能性和空间性组织？

---

① "需要指出的是，无论人们怎么解释传统市场的周期性，运输水平都是一个关键变量。所谓的'距离的摩擦力'限制了商号的需求区域，也限制了市场的附属区域。这样，根据上面的分析，传统农业社会的市场周期就是一种相对原始的运输状态"（施坚雅 1964—65:9）。

② 克瑞斯曼（Lawrence W. Crissman）（1972:242—43）认为，中心地理论的几何规律被这样的行为扭曲了——消费者更加偏爱一个市场胜过另一个市场可能是因为非经济原因——例如，其娱乐价值。克瑞斯曼提出，非市场因素决定特定地点能否发展为更高层次地点，因此同样具有重要作用。

中国乡村史中的生态和叛乱问题跟这个问题最相关。当大的生态灾难发生的时候——区域洪水、干旱、地震——市场体系的基础可能永久改变:耕作制度发生变化,人们被迫迁徙,运输网络长时间受干扰。其次,叛乱和战争会毁坏整个地区,城镇被毁,接下来一段时间内经济被打断。当经历了这样一段破坏时期之后,区域进行重建之时,新的功能和空间类型出现了(例如,采用了运输技术的适度进步)。中国历史很容易地表现着上述两个过程:华北地区蜿蜒流淌的黄河周期性地改变着人们的居住类型,而由捻军和太平军叛乱引发的破坏导致主要大城市和城镇人口减少。最后,运输效率和运输路线的大幅改进可能改变中心地体系。连接城市的铁路和蒸汽船的引入会带来城市间市场体系的革命。改进的水路运输——通过运河建设和疏浚——将产生同样作用。

启　示

上述分析是怎样帮助我们更好地理解中国乡村生活的?施坚雅有几个重要的启示。首先,他认为市场等级对乡村社会生活的活动范围有重要影响。尽管许多历史学家和人类学家把中国乡村生活视为是以村庄为中心的,但施坚雅声称农民的社会视野非常广大,能够将标准市镇包含在内,并且地方精英的视野扩展到了中间市镇和更高级的市镇。“标准市场体系特别是这样一个单元,我们需要重点关注该体系对农民自身以及农民与其他群体间关系所产生的社会意义……我相信,尝试分析这种共同体类型时,不仅把它作为一个中层社会结构,而且视之为文化承载体,是非常有道理的”(1964—65:32)。“这样,市场对传统中国的社会整合产生了意义,这种整合甫一产生就赶上甚至超过——不仅加强而且补充了——行政的作用”(31)。既然标准市场共同体大概包含了18个村庄和平均为7 000的人口(33),那么这种假说就表明了农民社会视野的明显扩大。施坚雅认为,每个成人一般都会同市场体系的其他所有成员有点头之交,也会通过体系对大部分家庭有相当了解。进一步讲,施坚雅认为这些社会联系形式和知识受市场体系限制：农民们对标准市镇范围之外的村庄知之甚少——某个村庄如果同另外的市场发生联系，即使该村庄临近于他，他也照样不熟悉。

市场体系通过标准市场范围内所有成人们有规律的参与，通过茶馆、媒妁和标准市镇内建立的主从关系，实现社会整合(35—36)。这些城镇也是寺庙组织、职业组织、秘密社会和民间组织的所在地(38—39)。这些非经济组织加强了市镇作为乡村共同体之基础的社会意义。[①] "这些例子表明，各种志愿协会和其他正式组织——家谱纂修、秘密社会、年度庙会的组委会、宗教服务社团——将标准市场共同体作为组织单元"(39)。

观念、政治运动和知识通过市场体系渠道进行传播。中间市镇及更高市场区域里的行商、工匠和服务提供者(代写信件的人、巫者、算命先生;10)按照有规律的时间表在市镇中穿行(28)，产生了许多市场活动。行商把外界的消息带来，他们所建立的信息循环成为非商业旅行者——游方僧道、秘密社会组织者和其他类似人员的自然渠道。这意味着一个固定的交流渠道穿透了农业中国，确保着观念、价值、技术革新和社会运动的散布。于是地方社会并不像它看上去那么十分孤立和褊狭，政治和宗教运动也相对容易进入地方社会。[②] 谢文孙(Winston Hsieh)揭示了上述这些过程在叛乱散布中的意义，认为 1911—1912 年广东地区的叛乱行为明显地以基层市场体系的界线为分界。"追寻叛乱武装在地图上的运动轨迹有利于我们揭示这些人是通过何种渠道卷入冲突中心的，揭示各种市场等级层次上的动员类型"(1974:120)。

让我们简单概括一下。通过他对乡村中国的市场结构的分析，施坚

---

① 黄宗智(1985)反对施坚雅把标准市场体系视为华北的共同体的基础的观点。他认为华北平原和成都平原(成都平原是施坚雅所研究的区域)的社会生活是非常不同的;村民很少与临近村落的成员有接触(220 页以下)。黄宗智认为在他所研究的区域内村落与其周围的社会在社会联系上(经济上亦然)是高度隔离的。"村民跟外来者只有最小限度的交流，村落事务很大程度上是由村内的领导人说了算的"(220)。中农最为僵化。

② 参考裴宜理(1980b)对捻军的政治和宗教理念传播机制的分析。

雅表明：中国不是毫无差别地、随机连接在一起的“一些地方”，而是一个空间配置呈规则排列的等级体系。他提出，市场体系结构对基层的文化、政治和宗教组织有重要意义；因此，描绘特定区域的市场安排为解释一系列社会现象和历史过程打下了基础。①

巨　区

我们的讨论大多始于乡村社会的这一地方层次：村庄和标准市镇。在新近的著作中，施坚雅(1977b)使用了上面的方法，并主张对整个清帝国的功能和空间进行比较研究。他认为，中国并非一个统一的社会和经济体，而是区域化乡村-城市体系的集合，各个体系功能不同，且具有不同的变化周期。他因此认为，对传统中国经济地理的最佳理解是：由地文和市场等级所定义的九个巨区②。每一巨区都是一个包含了城市核心区和边缘腹地的综合功能体系，巨区的功能组织由村庄、市镇和城市中存在的市场等级构成。之所以说巨区是独立的，是因为我们可能识别出它们之间由基层市场体系定位所界定的相对明显的边界。并且经济因素——主要是运输成本约束——影响到每个巨区的形成和特性。这样施坚雅就提供了一个分析框架，用以分析城市、运输网络、贸易网络等的分布。他认为许多社会现象，例如行政资源的分

① 近来，吸收了施坚雅的市场等级分析成果的重要著作有：韩书瑞 1981、马克斯 1984、孔飞力(Philip A. Kuhn)1980 和濮德培 1987。

② “在从事中国城市史研究的很早期，我就很清楚地发现，在帝国晚期时代中国城市所形成的不是一个单一的综合城市体系而是几个区域体系，这些区域体系仅与周围的区域体系具有薄弱的联系。在描绘每个区域体系中层叠交错的城市腹地时，我意识到：它们所共同定义的区域都与地文单元相符合，很少例外。简而言之，似乎每个城市体系都是在地文区域中成长起来的”(1977b:211)。饶济凡(1982:15—17)与施坚雅一样认为省是一个太大的研究单元；县和地方行政单位是可能的研究单元，研究村庄是最佳的。不过饶济凡批评施坚雅，并没有投入足够的精力来进行基层研究，从而为施氏所强调的那些空间组织类型建造合适结构。饶济凡认为自己的方法是“归纳性”和“微观区域”的(1982:25,126)：该方法旨在从基层统计做起，并确认会发现怎样的人口和市场类型。

配、异端宗教的传播或者叛乱势力的招募活动，都能在此框架下得到分析。

巨区被定义为是一个"活动空间的分割，能够体现事物的关联性……即一组功能性和节点性区域"(216)。施坚雅更加偏向于这种功能性概念，而不赞成用"所考查事物的同质性，即一系列整齐的和统一的区域"来定义"区域"概念，后面这种做法将导致按照土壤、气候、农业或者生态划分中国的区域；"相形之下，功能性区域的内部存在差异，并且在其所构成的体系中，存在许多活动在功能上相互联系。这里所讨论的中国的各区域中，城市是体系的节点，像'指挥员'一样在空间和时间上连接和整合人类活动"(216)。不过，通过对巨区内部的核心-边缘分析，施坚雅依然可以为了某些目的而辨别出均质区域——商业化程度、城市化程度、人口密度、耕作密度等等。[①]

我们可以将巨区理论总结为以下几点：

巨区是一个从地文方面定义的区域，包含一个综合城市体系，拥有核心-边缘结构，在很大程度上隔离于同一国家体系的其他区域。

综合城市体系是按照市场等级排列的区位体系，通过市场等级商品从生产者经过流通中介到达消费者手中。

上述定义要求我们进一步定义核心-边缘结构：

区域核心是资源密度高的广阔区块：人均收入、需求密度、单位土地上的生产价值、可耕地的比例(1977b：281—82)、投资水平、商业化程度(284—85)。这些变量都以人口密度为指数。[②]

区域腹地是区域核心的补充。

---

① 萧邦齐(R. Keith Schoppa)(1982：16—22)将这种区域内部差异观点应用到均质地带——进一步区分内外核心区的和内外边缘区——以此作为他分析浙江精英政治的基础。

② "在中国应用时，这里涉及了绘制县级人口密度图表，图表上的等高线表现了密度的倾斜度(1977a：273)"。

巨区命题是:传统中国是由八个巨区构成的。[①]

使用前述定义,这一命题可以扩展为:

传统中国包含八个地文独特的区域;这些区域包含了功能上综合的、很大程度上独立的城市体系;这些区域拥有资源高度集中的区块,资源集中与城市集中相对应。

这个框架构成了一种中国经济地理理论;或称之为中心命题。但施坚雅是在一个包含更大研究假设的语境之下提出这一命题的:中国历史上的非经济现象如果置于空间框架当中可能得到更好的理解。他认定,巨区中的商业和贸易渠道为各种文化和政治现象——例如异端运动的传播、叛乱的发生和散布、帝国官僚机构的结构和农民们的文化视野——提供了环境。[②] 相对于经济地理方面的核心概念来说,这个研究假设必定更加发散而不那么有针对性;施坚雅认识到,各种因素都对这些非经济现象产生影响。不论怎样,这个扩展性研究假设已然激生了丰富的研究成果和对一系列现象的洞见。

巨区框架的貌似合理性严重依赖于施坚雅辨别区域的标准。他是通过四个相关分析方案来划分区域的(1977a:281—82)。首先,通过分析中国的城市化,他发现了22个城市体系。施坚雅通过追溯这些城市体系(它们中的某些与更大的城市网络相联结)的最大腹地,发现了数量相对较少的区域城市体系。其次,施坚雅接下来通过估计城市体系内各个点之间的贸易量来考查这些城市体系的功能整合。上述特征建立了地区性城市体系的高度独立性。第三,施坚雅描绘了该地经济资源的分

---

① 施坚雅辨别了九个巨区,其中包括满洲,但在评论中他排除了满洲,因为满洲较晚而异常的经济发展(1977b:213)。在后来的著作当中,他将长江中游巨区中的一部分分离出来形成了一个新的较小的巨区,赣江巨区(1985:273)。

② 例如,施坚雅把这个框架应用到分析帝国行政体系上。"本文的主旨在于,首府城市的一般行政属性很大部分源于它们在相关区域经济中心地体系中所处的位置。其次,非常规政治体系的规模和强度与官僚政府密度呈反向变化——这种共变所表现出的'自然的'经济区域结构,至少与按省进行的安排一样多"(施坚雅编 1977:254)。

布(人均收入、人口密度、灌溉密度)。当按县来标示这些变量的时候,由资源聚集状况所定义的各地区内的核心区与边缘区之间,就呈现出了显著分别。最后,施坚雅从大尺度地文特征方面,主要是河流体系和交通障碍(山脉、沼泽和沙漠),分析了中国的地貌。按上述这些标准所得出的区域化指标,十分符合由河流体系和分界线所界定的地文区域。施坚雅这样描述他的结论:"当遵从这四个方法来研究19世纪中国的区域化现象时,结论在很大程度上是互证且或互补的。我们识别出了九个人口相对密集的主要'岛屿',在其周围所环绕的人口密度都呈同心下降的倾斜状。九个地文巨区中的每一个都整体上包含一个高密度的核心区"(1977a:281—82)。

请注意:使用详细的中国地文图会使每一个功能区域识别技巧得到最好的应用。上述标准中的第一个要求我们:根据上节所描述的商品循环信息的类别,来标示高层次城市体系。第二个标准要求我们:划分每两点之间的贸易流量时,使用线条粗细来显示贸易额的大小。第三个标准要求我们:要在地文分布上表现那些经济上重要的参数的集中状况:人口密度、需求密度、人均收入、农业产量(这一般以县为单位进行)。施坚雅认为,此研究会产生一个地文上相对平滑的梯度安排,越向边缘区密度越低。最后,第四个标准要求我们:把山脉、河流和交通路线诸如此类的重要地文特征加入我们的地图当中,以流域界定区域。

可以想见,这四个标准可能产生类型非常不同的区域化现象,也可能根本不产生任何区域化现象。不过事实是,它们之间并不矛盾。这一事实有如下几个含义。它表明有关这种中国区域化的经验案例是真实而可信的;它也意味着我们需要解释这些标准是如何会聚到一起的。施坚雅认为最后一个标准界定了运输成本的约束条件,因此把它视为基本的,第一、二个标准所界定的规律最终取决于这个因素(正如我们在前面章节所见的那样)。第三个标准所展示的规律依赖于由第一、二个标准所界定的体系:比如,在城市核心区土壤肥沃程度因使用人的粪便而得到加强，是从边缘区到核心区的“生产能力转移”的结果。[①]

施坚雅认为，区域化比分省或者其他政治单位能够更好地为分析经济整体和人口统计数据提供基础。关于城市化水平，他宣称“在前现代时期，谈中国的整体城市化水平几乎是没有意义的，应当从区域角度重新表述这个问题……据此，我把自己关于城市的数据按照区域进行了排列，把城市史研究置于区域发展的语境下，分别研究每一个地文区的城市化状况”(1977b:211—12)。由此产生的八个巨区是跨省的。“那么，比较各省的城市化水平就在方法论上是没有道理的，通常还会产生误解；因为要对所发现的各省城市化水平差异进行解释的话，不是要去解释各省作为体系有怎样的特征，而是仅仅是要解释边界为何如此划分”(218)。

根据这些标准把中国区域化后，施坚雅宣称，“每一个大的地文区内都发展出了一个可以理解的独立的城市体系，例如有一连串城市，它们之间的城际交易是集中的，并且它们的城乡交易很大程度上被限于本区内进行”(216)。此外，每个巨区都具有核心-边缘结构：“核心区资源的集中——……可耕地，……人口和资本投资——并且越向边缘区资源越稀薄”(216)。核心区拥有更多的人口、更高的生产力和更低的运输成本。距离和山地地文将这些巨区隔离开来，限制了它们之间的区际商业。“处于这种数量级状态的运输成本有效排除了区际贸易中体积大、价格低的货物的流通”(217)。

施坚雅对传统中国的区域分析用实例阐明了在解释社会模式时选取适当的分析框架的重要性。施坚雅所使用的有关人口统计和商业模式的数据涵盖了乡村、城镇、城市、省和中国整体。他提出这样的疑问：从这些数据中能够辨别出怎样的城市化模式？怎样解释所出现的模式？

① 施坚雅还引用了从边缘区到核心区的资源汲取的情况，即从腹地向城市中心进行的木材、薪木的流动和淤滞。

但是，数据可以有各种分类方法：按省份、根据人口规模（大、中、小）按城市分、根据功能（商业城市、行政城市）按城市分，或者按巨区分。施坚雅认为在揭示人口增长模式，揭示符合真正的潜在社会结构和社会原因的社会运动时，某些分析方案更为优越。于是施坚雅认为，由地文学和功能连通性所定义的巨区概念是地理分析的合适单位，并且当人口统计数据根据上述条目进行排列时，能够产生有意义的城市化模式。这可能是施坚雅最为重要的贡献：他对中国历史上可辨别出的那些时空差异以及在合适的时空框架语境下分析经济社会数据的重要性坚守不移。

经验检验

上述建构的真伪如何进行实证评价呢？首先请注意，施坚雅的建构针对核心命题（对中国区域体系的分析）和更普遍的研究假设（巨区框架能够使我们更好地理解重要的非经济进程）提出了狭隘的和更宽泛一些的关于确证的问题。许多学者已经认可了该核心命题的主体要素，并且已做过如下两件事情中的一件：或者争论某些细节［例如，巨区之间的某些边界是不精确的（饶济凡 1977—78：671—72，周锡瑞 1987：3—7）］或者论证更进一步的研究假设不适用于某些具体的非经济问题［例如，特定区域内叛乱的传播（韩书瑞 1981：35—36）］。不过，桑兹和马若孟（1986）向核心理论发起了挑战，他们认为，现有的经验数据驳斥了施坚雅的建构。① 如果他们的论证是成功的，那么更大的研究假设也就受到了严重破坏。此外，考虑到马若孟作为中国经济史学家所具有的声望，他们的这些批判一定会产生影响。不过桑兹和马若孟却是不成功的，因

① 他们写道，"本文认为，尽管施坚雅的概念（巨区、核心和边缘）在直觉上能够吸引人，但是如果经受检验的话它们其中一些就是太过模糊了，还有一些并未得到能够表现其观点的那些经济和人口统计事实的支撑"（1986：721）。他们说"结论是：他的概念很难得到检验，有严重缺陷，并且这些概念缺乏真实的解释力"（737）。关于实证证明的逻辑问题——特别是关于概念和假设是否应当经受检验，此处似乎有一些混乱之处。

为他们对施坚雅建构的经验“驳斥”并未找准其理论的逻辑关系所在。这向我们指出了社会科学中对一个复杂假设进行经验检验时可能会出现的一些困难。①

区际贸易

桑兹和马若孟首先从施坚雅所假设的巨区独立性着手:“每个巨区真的具有这种程度上的独立性以至于其他巨区的生产、贸易和消费特征不会影响到它的发展演变吗?”(724)。他们试图通过揭示区际之间存在比施坚雅所认为的更多的贸易来支持否定的回答。但是这一发现(也受到其他研究者的支持)并未对巨区模型造成严重伤害,因为对施坚雅的理论而言,区际贸易隔绝的假设并非至关紧要,可以根据相反证据随时修正或放弃。

桑兹和马若孟为了论证中华帝国晚期区际商业的意义重大而提出了数种数据。他们认定谷物、盐、铜和棉花是重要的区际商品,并说明了这些商品的跨区贸易是很重要的(724)。他们还计算出两个到四个巨区的谷物生产是不自足的——从而表明这些巨区从其他巨区进口食用谷物。② 他们宣称不同巨区谷物商品的价格在时间上密切相关——这就再一次表明一个全国性谷物市场的存在。他们推论,“当我们审视历史上的贸易类型、食用谷物生产和市场价格相关性的时候,我们不得不得出这样的结论,这些论据组合起来并不支持施坚雅界定其巨区时所使用的经济标准”(726)。③

---

① 我和周锡瑞曾联合对桑兹和马若孟进行过评论,接下来两节的论证,我从此次合作中受益良多。

② 不过很有意思的是,他们并未提供证据证明存在流向东南沿海或者长江中游区域的谷物贸易;他们参考了运河沿线输往北京和北方首府的贸易和长江下游沿海省份的输入贸易(1986:724)——而长江下游区域根据他们的数据在20世纪早期却是自足的。

③ 桑兹和马若孟还认为学者-官僚阶层的流动非常重要地削弱了巨区之间的隔绝。罗威廉(1984:213—51)对整个帝国的区域商人集团的分布提出了类似的观点。

广泛的区际贸易的发现能够有效反驳巨区理论吗？我认为不能，因为施坚雅的命题在逻辑上并不牵扯到那些可以被忽略掉的区际贸易。它仅仅是主张(1)巨区是由地文特征界定的，而地文特征显著增加了巨区之间的运输成本；(2)每个巨区都包含城乡等级体系，在这个等级体系中，商品在连接城市、市镇和村庄的路线上流动，流动量取决于需求水平、商品价格和运输成本；并且(3)在区际贸易存在的意义上，不同巨区内高级别的中心地之间会发生区际贸易。这组要素定义了彼此分离的巨区之间的功能整合。发生了多少区际贸易乃是一个开放问题。施坚雅的理论仅仅预言商品体系将在巨区内而非在全国水平上进行组织。例如，从某个巨区过来的任何进口都不是直接进入国家市场体系，而是首先在巨区核心区的中心城市会集，然后从这里输送到其他巨区的中心城市，再由那些区域自身的市场体系自行分配。[罗威廉(William T. Rowe)1984:52—68分析了这样的区际连接]。

大量区际贸易在巨区框架内就能够简单地得到解释，施坚雅自己已经这样做过了。如果高运输成本是限制区际贸易的主要因素，那么施坚雅指出了这样一个关键的例外："适合航行的水道把巨区连接了起来"(1977b:217n)。他这样描绘区际网络："因为区际贸易中水运交通的压倒性优势，那么区际贸易网络的结构就由一个连接了中国八个区域当中的五个区域的T形路线所主导。长江下游是T字的交叉点，T字向西的一条是长江，向北的一条是大运河，向南的一条是通往东南沿海和岭南各主要港口的海运线"(234)。

桑兹和马若孟的大部分区际贸易证据都精确分布在这个"T字形路线"上。他们引用(724)全汉升(Han-sheng Chuan)和克劳斯(Richard Kraus)关于谷物贸易研究的成果，施坚雅(1977b:713n)同样也引用了这些成果，并在自己的论证中对其赞赏有加。他们引用(726)白洛伦(Loren Brandt)的成果以证明T字形沿线各主要城市谷物价格的高度相关性，他们引用盐和棉花的区际贸易，这些同样也在这条贸易线上。

于是很明显,一些巨区核心被便宜而有效的水运连接了起来,这便利了区际贸易。上述这些考虑显示出对巨区命题而言,仅仅去证明区际贸易存在并不能构成一个经验问题。巨区框架已然做出了预言,并产生了与这些区际贸易相关的一个研究问题。所谓预言是指相应市场等级的适当地点上将会发生跨巨区贸易,并将沿水路交通通道进行,例如,地区城市坐落在区际交通连接线之上(主要是水道)。所谓研究问题是指:能否在细节上重构区际市场体系和市场通道?

桑兹和马若孟所提出的数据因此偏离了靶心。这些数据所适合担负的中心任务应当是关于巨区之间的功能差异这个命题的。桑兹和马若孟却拿它们来暗示:(巨区理论所揭示的——译者)区际商业的绝对水平应当是比较低的。但施坚雅的巨区理论并未暗示这一点,因此这些数据论证了区际商业具有相对高水平,但并不能驳倒巨区理论。

关于城乡的论争

桑兹和马若孟进行论争的第二个思路是一个雄心勃勃的统计推理;他们试图表明施坚雅建构中包含的一些关于乡村社会的内涵不能得到证实。他们使用差别分析(discriminant analysis)方法,这是一种回归分析技术,该技术用来解释某些事项为什么采用某个特定分类,解释的根据是其中的一些事项所具有的一系列特征。(例如,有人可能把书籍分为两类——一类是那些顺利得到纽约书评评论的,一类是那些没有得到其评论的——接下来设法找到一系列性质,从而使我们能预言哪本书属于哪个分类。)桑兹和马若孟认为,如果巨区是功能组织体系,那么区域内城市和乡村特征应当呈现出一种显而易见的关系。但是他们认为,并不存在能够将各个县恰当地划分到各巨区中去的一套乡村特征。他们推断,这一失败严重质疑了巨区理论的实证地位。

在此我有两点回应。首先,差别分析不能用来支撑桑兹和马若孟想要得出的结论。第二,即使这种技术在这里被证明是正当的,但巨区的城市性质体现出的变化范围是狭小的,因此我们可以预料:乡村性质的变化范围也会比较狭小,甚至当我们假设城市和乡村性质之间存在因果联系时也还是如此。我怀疑差别分析在此处是否合适;它是一种过于生硬的工具,不能完成我们需要完成的工作。即使存在有趣的城乡相关性,但县级数据是合计在一起的,它们一产生,这种相关性也就可能消失了。

城乡论证的逻辑基础是:

尽管施坚雅的巨区方案主要是在城市统计证据的基础上发展起来的,但施氏认为,巨区表现了乡村和城市部分所共同形成的综合"社会经济体系"。果真如此的话,巨区框架就应当不仅接受城市数据也接受乡村数据的经验证明。施坚雅强调系统性的综合,假定我们承认这一点的话,那么巨区内乡村特征和城市化比率之间的关系就不应当是完全随机的。进一步讲,施坚雅根据巨区的城市特征而排定的巨区次序与对相同巨区但由乡村特征所排定的巨区次序之间,应当具有某些一致性。(727)

上述论证依赖于施坚雅框架与桑兹和马若孟所提出的数据种类之间的某种联结,这个联结是可疑的。可是,如果这个论证逻辑未能得到支持,那么辛勤的统计论证及其所表现出的对乡村数据的广泛研究将不能与施坚雅的理论产生联系。

桑兹和马若孟的(论证——译者)程序是这样的。在前文提到的那些国民政府统计机构所进行的调查基础上,他们赋予中国的 1 897 个县各自以一系列乡村经济和人口统计度量结果。这些度量结果正是桑兹和马若孟所谓的"乡村特征",他们认为它们是乡村社会的相关特征,这些度量结果包括:灌溉密度(Irg)、人口密度(Pop)、家庭农场的百分比(Farm)、食用谷物耕作的百分比(Food)、全部食用谷物剩余(Surp)和种植密度(Crop)(729)。桑兹和马若孟接下来把各个县分为与施坚雅的八个巨区相对应的组。他们于是有了八组县,每一组都具有自己的关于乡村特征的上述六方面数据。紧接着,他们基于这些独立变量,建构了一个“判别函数”。这是一个“独立变量的加权线性组合,此组合极好地重复了(巨区理论对县所进行的——著者)假定分组”(727—29)。桑兹和马若孟提出了如下函数:

$$F_I \qquad D_i = 0.83107(\mathrm{Irg}) + 0.46145(\mathrm{Pop}) + 0.24311(\mathrm{Farm}) + 0.02748(\mathrm{Food}) - 0.01135(\mathrm{Surp}) + 0.00075(\mathrm{Crop})$$

桑兹和马若孟认为从这个函数可以看出如下几点。首先,系数的大小是对某个因素在其所属分类中所起决定作用的重要性的度量;例如,在解释某个特定巨区的成员资格时,只有 Irg 和 Pop(或许还有 Farm)是有重要意义的。其二,这个函数较之纯粹的几率标准更好,但不是显著更好:将各县归类到各巨区当中时,该函数只有 46%的成功率(按照纯粹几率标准也会有 26%的成功率)。他们因此说:特定巨区内特定县的成员资格不能由其乡村特征得到预测,这样他们就从实证上反对了巨区框架。

然而,当我们考查一下这种分析时,我们会发现这种分析程序本就不应当被期望成功。桑兹和马若孟把所有的县按照巨区进行了分类;他们识别出了每个县所具有的六个显著的“乡村特征”;他们建构了一个指数值,即这些值所具有的线性函数,该线性函数最能重复巨区理论对县的分类;并且他们已经表明,在新分类所创造出来的县的分组中,有一半以上的县不能放置到合适的巨区当中。不过,这一统计论证与巨区框架的有效性之间存在何种逻辑联系呢?该分析技术预设了:某些有关乡村特征的加权线性函数,应当会允许我们按照巨区来划分县。但是仅仅因为县 X 在 M 巨区内,并不意味着 X 必须具有能从统计上使之与其他所有不在 M 巨区内的县区别开来的一系列特征。决定着县是否属于同一巨区的那些特征乃是其地理位置和是否属于同一个城市市场体系——而非任何这样的特征,它们使得相同巨区内的县较之其他巨区内的县,在相互之间更加相似。桑兹和马若孟完全忽略了施坚雅对"功能或者节点的区域"与"正规或者一致的区域"的清楚区分(1977b:216)。差别分析应当只是能够识别那些由某些共同特征所界定的一致区域。

桑兹和马若孟的所谓六个乡村要素更可能与核心-边缘状况和巨区成员身份都相关,而非仅仅与后者相联系。灌溉密度、人口密度、家庭农场百分比、食用谷物生产与剩余以及种植密度,从市场角度上看,这些要素在华北巨区旱作区域的一个贫穷的核心县的体现不应当被期待与其在长江下游巨区更加富裕而商业化的一个边缘县的体现有明显不同;我们也毫无理由去期望一个特定巨区内核心县和边缘县的这些度量结果是相类似的。这一发现表明,不能基于这些乡村性质来把县划到各个巨区当中去;在巨区内对各县进行赋值的范围可能与跨巨区对各县进行赋值的范围一样大。因此桑兹和马若孟采用差别分析得出了否定结论就一点儿也不令人吃惊了。所以对我们的工作而言,差别分析是一个错误的工具。我们毫无理由去相信,各区域之间的差异应当分解为各不同区域内的县之间的差异。

桑兹和马若孟还在巨区层面上对城市特征和乡村特征之间的相关性做出了综合断定,这一断定可以不使用差别分析来加以阐明。他们断言,巨区的城市化比率和它的乡村因素指数应当显示出高度相关性(727),其结果是,按城市化比率所排定的巨区次序和应当与按这套乡村因素所排定的巨区次序相适应。为了证明这个假设,我们必须接受这样一个关于城市性质和乡村性质之间的关系的并不牢靠的因果假设:一个巨区内,城市性质的任何差别都应当导致该区域内这些特定乡村因素的值也呈现出可以辨别出来的差别。

这个因果断言具有令人生厌的模糊性:在此处,哪些城市特征的变动是重要的?城市方面的变动会对乡村特征有怎样的影响,或者反之亦然？通过何种机制？即使我们接受了如下观点:巨区理论承认城市结构和乡村特征之间存在某些系统性关系,那么哪些城市特征能影响到哪些乡村特征,这是一个有待解决的问题。这向桑兹和马若孟提出了关于城市和乡村的两方面问题。他们尚未证明:城市化比率正是我们所应当考虑的合适的城市变量,他们也尚未表明:其所主张的乡村特征是合适的乡村变量,他们还没有指出任何假设机制,通过该机制城市化比率能影响到那些乡村变量。他们的检验再一次缺乏逻辑力度。

进一步讲,即使断言按乡村和城市因素进行排序有可能是正确的,但除了最高和最低的组之间(表 3.1),城市化比率差异很小。最低五个巨区的比率尤其紧密地聚在一起;巨区间的变动,即使是城市特征上的变动,也是最小的。这意味着差别分析技术即使应用到城市特征上去,也可能造成不能精确地把县划归到各个巨区中去。如果巨区的城市特征随着乡村特征有系统的变化,如果各巨区的城市特征差异很小,那么

表 3.1　城市化比率和乡村排名

巨区的乡村特征排名		
巨区	施坚雅提出的城市化比率	桑兹-马若孟提出的乡村特征排名
长江下游	7.9	1
岭南	7.0	3
东南沿海	5.9	2
西北	4.9	7
长江中游	4.6	4
华北	4.2	8
长江上游	4.2	6
云贵	4.1	5

资料来源;施坚雅 1977b:235,桑兹与马若孟 1986:730

我们能够想见乡村特征自然也将差异很小。并且,当我们把桑兹和马若孟基于乡村数据的排序与施坚雅基于城市数据的排序相比较时,我们发现分组很恰当:最低的五个和最高的三个巨区各自相互结合了起来。

上述这些考查显示出,桑兹和马若孟对差别分析技术的应用无助于阐明巨区框架的经验充分性。这是一个在尚未建立理论和数据之间的正确逻辑关系时应用复杂的统计手段的代表性案例。它表明经验检验与理论本身一样容易因为逻辑充分问题而哑火。必须注意批判论证逻辑及所依赖的那些预想,论证逻辑如同依赖数据量一样依赖那些预想。我们应当从桑兹和马若孟那里汲取的另一个教训是:除非注意批判该理论所强调的逻辑,否则从经验上反驳一个复杂理论的简单尝试有可能偏离靶心。桑兹和马若孟失败的原因部分在于他们没有认识到施坚雅建构的复杂性,他们看上去急于想找到一个快速的经验反驳。

巨区框架的经验立场

桑兹和马若孟并未对施坚雅的叙述提出一个恰当的经验评价。但他们的如下观点当然是对的:施坚雅的巨区理论是一个经验假设因而需要经验证明。那么怎样对施坚雅的叙述进行经验评价呢?

巨区理论的核心假设是区域作为经济体系是一种功能整合。这种功能整合或许可以通过研究某个巨区内的价格相关性来进行检验。濮德培、李中清(James Z. Lee)和王国斌(R. Bin Wong)正在通过研究价格数据(源于地方行政长官级别的人所回忆的报告中记载的谷物价格)来确定不同区域内各市场等级在价格上有多大程度的相关性。[①] 他们的初步发现告诉我们,价格运动在区域中心地带的较高层级地方紧

① 濮德培 1988,李中清 1988。这些都是为美国学术团体协会与社会科学研究协会于 1988 年 2 月在亚利桑那州的 Oracle 市所举行的中国史研究的经济方法会议所准备的与会论文。

密相关,而在边缘地带则不那么相关——这一发现看起来支持了巨区框架。对巨区理论而言,这看上去将是一个在理论上合适的经验检验形式:它确定了巨区理论中的某种核心含义(区域体系中那些排序较高的地方,其价格具有相关性),这个含义并非施坚雅原始建构的一部分;他们又力图发现一些数据来帮助研究者评价巨区理论的这个方面。

对巨区框架的另一批判是关于核心区与边缘区差异的问题。施坚雅完全采用人口密度标准来得出这种差异,他断言由此产生的农村分化在经济上、社会上和政治上具有重要意义。这个预言能否被证实呢?在对施坚雅《中国帝国晚期的城市》一书所进行的深入评价中,饶济凡(1977—78)表达了对核心-边缘差异的一些保留态度:"我们谨慎使用核心-边缘差异时,它应该是有价值的,但正是在这个接合点上,它缺乏经验支撑,并且以这样一种形式被夸大了:这种形式不鼓励对地方行政单元这一层次进行仔细比较,从而归纳出一种地方变化的连续统一体,例如一种真正的地方研究法"(671)。后来,饶济凡(1982)又持续进行了相关研究,以断定现有的人口统计数据是支持还是反驳了对华北所进行的核心-边缘分析。饶济凡采用多种县级和地方行政级别的数据来对几个重要人口统计参数——人口密度、每个市场的平均人口、平均家庭规模和性别比率——进行估计并将其资料图示出来。接着,他这样总结其结论:"对数据的空间研究揭示出大部分情况下,是一系列内部和外部地带——有时甚至是同心圆状况——在很多情况下也还是一种南北分化"(94)。但是他也发现核心和边缘的类型并不与施坚雅所提出的完全一致:"虽然我使用核心、边缘这些标签来描述关于华北的发现,但是各个区域差异如此巨大,既不跟施坚雅所谓的华北巨区的核心与边缘相搭界,也不能作为一种固定范畴来使用,使用了这个固定范畴的话就不需要另外再进行空间划分了"(96)。于是,饶济凡的结论是,巨区框架及与之相联系的核心-边缘差异,既是分析中国社会的富有启发性的方法,但同样也需要通过更多的地方研究和县级数据来进一步拓展延伸。

又一个与评估核心-边缘差异相关的经验研究是萧邦齐(1982)所进行的一项重要的对精英行为的研究。萧邦齐指出施坚雅的核心-边缘差异是一个好的开始,但拿它作为理解浙江精英政治行为的充足基础时,却不够差异化:"对浙江两个巨区75个县的研究证明了(施坚雅的)那些连续统一体概念具有一般精确性。然而,如果要对精英及其所属的政治和社会结构进行系统分析的话,这种概念是不够的:它在差异化方面过于模糊而不充足,以至于不能表现一系列精英的结构类型,只能清晰呈现两极类型,只能根据宽泛的社会和政治变量来进行描述"(16)。该研究为施坚雅的建构提供了合格的经验支撑;萧邦齐认为,巨区框架正确地指出了传统中国经济空间的差异,他还建议应当为某些目的而提出更好的分析结构。①

这些例子表明巨区框架或许已经受到了经验检验,并在很多方面得到了扩展。桑兹和马若孟并未驳倒巨区理论,但在对施坚雅的解释有彻底的评价之前,仍要进行很多经验研究。

城市化

除了经验证明之外,一种理论还需面对其他充分性标准。它必须逻辑上充分:其形式建构必须连贯,必须建立在真实可信的背景假设基础之上,等等。举个例子来说明这种理论评估的维度。现在我从细节上分析一下施坚雅理论中一个形式模型和他对城市化比率地区差异原因的分析。[城市化比率是指居住在城市地区的人口所占的百分比(1977a:223—27)。]施坚雅对城市化原因的数量分析存在一些缺陷。尽管我曾仔细关注过他在理论推理上的一个缺点,但是我把它视为一个例外,而

① 亦见韩书瑞(1981)为了理解华北地区白莲教叛乱的展开而进行的对施坚雅空间建构的深入思考。拉夫里(William R. Lavely)(1988)说明了20世纪早期女性文人的比率呈现显著的核心-边缘变化。

不以此来从更普遍层面上怀疑施坚雅的形式模型。相反,施坚雅在中国研究中大量运用和严密发展抽象模型方法,为中国社会经济研究带来了曙光。我之所以选择这个例子,是因为它很好地例证了对假设进行逻辑分析的重要性,而假设乃是数学模型的基础。①

当我们按巨区来分析人口数据和城市化比率时,我们会发现不同巨区有显著不同的模式。这些差异怎样解释?施坚雅认为(1977b:230—36)找出一小组制度和商业因素,由它们共同构成对不同巨区城市化比率变化原因的解释是可能的。

施坚雅的数据集由 2 500 个信息卡构成,涉及了传统中国的每一个城镇,这些城镇(1) 是县级或更高级别的首府,或者是指定的直辖城市(1893—1953);(2) 具有经济中心功能,这是“地方”或更高层次城市所具有的特征;(3) 到清代人口达到4 000,且或(4)到 1953 年人口达到5 000;并且(5)到 1915 年有任一级别的邮政点(221 页以下)。每个信息卡都给出了人口估计和其他中心功能的数据表示:每个首府所处的层次和序列、高级官僚职位的官方分类、城墙周长、邮政地位、贸易统计、开始使用汽船和铁路服务的日期,诸如此类。采用了这些数据,“每个中心地都在许多层面上被归类了,此处需要提及的只有三个层面,都是以 1893 年为准进行估计或者作为标准的:人口阶层、行政地位和在经济等级体系中所处的层次”(221—22)。

接下来,施坚雅估计了 1893 年中国的城市化比率——居住在城市地方的人口所占的比重。为了完成这个估计,需要进行两种工作:搜集不同地方的非常完整的人口数据、定义城市地方(urban place)。有了人口阶层、行政地位和经济位置这些变量之后,施坚雅表明存在一系列可能。更具包容性的定义会纳入更多地方和更多城市人口,范围从

① 施坚雅自己并不十分重视这个模型,只是把它作为粗略的一阶分析提出来,而非作为对他所分析的那些因素各自所具有的因果作用的最终展示。

20 807 000(5.3%)到25 673 000(6.5%)不等。施坚雅主张折中标准，即23 500 000 个城市定居者和 6.0%的城市化比率。①

当把这些人口数据和城市化比率以 1893 年为准按照巨区分解时，我们会发现不同巨区有显著不同的城市化比率，范围从长江下游的7.9%到云贵地区的 4.1%(这些数据见表 3.2，图 3.3 和 3.4 作出了概括)。施坚雅提出一个城市化模型，旨在用数量分析来解释产生这些差异的原因。他主张可能找出一小组制度和经济因素，这些因素共同导致了我们所见到的各巨区之间城市化比率变量：人口密度(PD)、劳动分工范围(DL)、技术发展水平(TE)、区内商业量和区外商业量(IC 和 EC)、行政干预(AC)(230—36)。他对每个巨区的每个因素都做了数量上的估计，再聚合这些值，并表明由此产生的“城市化指数”与各巨区的城市化比率的变化紧密相关(见图 3.4)。施坚雅认为这些因素共同解释了各个巨区城市化比率的变动。②

表 3.2　地区城市化状况的决定因素

	巨区							
	长江下游	岭南	东南沿海	西北	长江中游	华北	长江上游	云贵
人口密度	7.00	1.50	2.60	0.80	2.50	3.30	2.50	0.50
劳动分工范围	3.50	5.00	4.00	2.00	2.50	1.50	3.00	2.50
技术发展水平	6.00	5.00	3.50	3.00	3.00	2.50	2.50	1.50
区内商业量	6.00	4.50	5.00	3.00	2.50	2.50	2.50	1.00
区外商业量	8.00	8.00	6.00	5.00	5.50	4.00	3.50	1.50

① 这个分析例证了建构人口统计数据的估算时所出现的武断选择这一因素(在这个例子当中，是指应当采取什么样的标准来定义城市地方)。并且它把精力集中在了为得到可信赖的估算而产生的对数据精确的要求上。

② “对这些变量的质的讨论，再加上依靠一些近似衡量，至少能论证这些十有八九都是能够影响到中华帝国晚期城市化水平的最为重要的因素”(1977b:232)。

续 表

	巨区							
	长江下游	岭南	东南沿海	西北	长江中游	华北	长江上游	云贵
行政干预	1.80	4.30	3.00	5.00	2.60	3.10	2.40	9.00
以上六种权重之和	32.30	28.30	24.10	18.80	18.60	16.90	16.40	16.00
指数("和"×0.248):	8.01	7.02	5.98	4.66	4.61	4.19	4.07	3.97
(实际的)城市化率	7.90	7.00	5.90	4.90	4.60	4.20	4.20	4.10

资料来源:施坚雅 1977b:235

上述论证分两个阶段展开。施坚雅首先简略说明了每个因素如何对城市化产生积极的因果影响。人口密度推动了商业发展、赋税征收和行政效率。区内劳动分工导致了更高层次的商业和效率以及更广阔的市场安排。技术应用既推进了交通和农业效率,也反过来受到它们的推动。商业化和区内贸易既依赖于交通效率,也依赖于绝对距离、气候的比较优势这样一些因素,这些因素"共同构成了土地专业化的潜力"(234)。区外贸易对城市化有相同作用,并且也同样依赖交通条件。

论证的第二阶段是关于数量上的。施坚雅建构了关于这些因素的数量上的度量结果,即为每个巨区的每个因素赋值,他通过简单的加法把各要素聚合起来(见图 3.3),并把这一规范化总和与我们能观察到的城市化比率相比较。① 其结果与已知的城市化比率非常相符(见图 3.4)。这个模型看上去表现了一个进行严格的数量上的因果推理的范例。但是模型的数量方面并不令人满意。

① 通过回归分析、差别分析或者其他的分析统计上的相关的技术,这个问题是可以解决的——如果施坚雅当初有一个更大的数据集的话。如果数据集包括了几百个个体(巨区)和与之相关的城市化比率等几个因素的度量结果的话,那么统计技术将能够判断是否有因素与城市化比率相关联。不过施坚雅的工作只限于描述八个个体(巨区),因此他不能够使用这些统计技术。

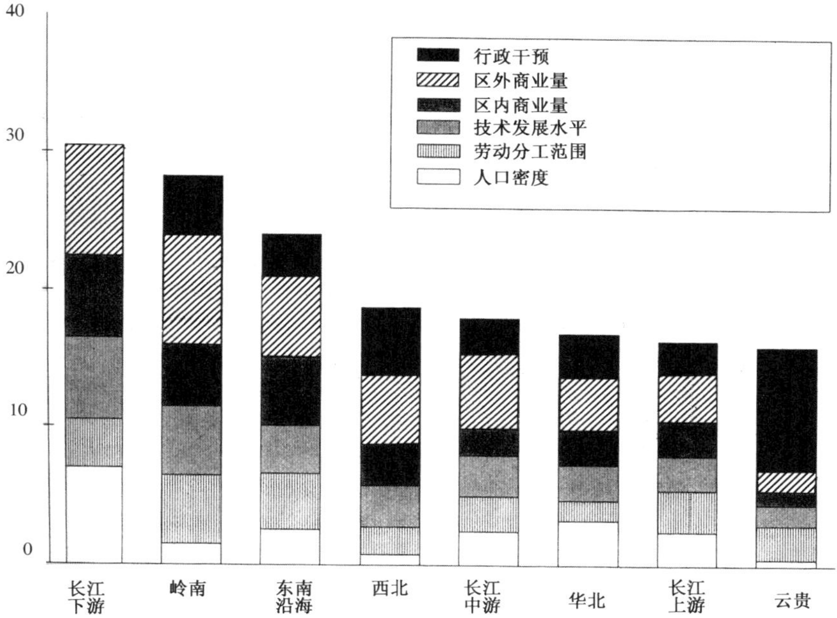

资料来源：施坚雅1977b:235

图 3.3　城市化的决定因素

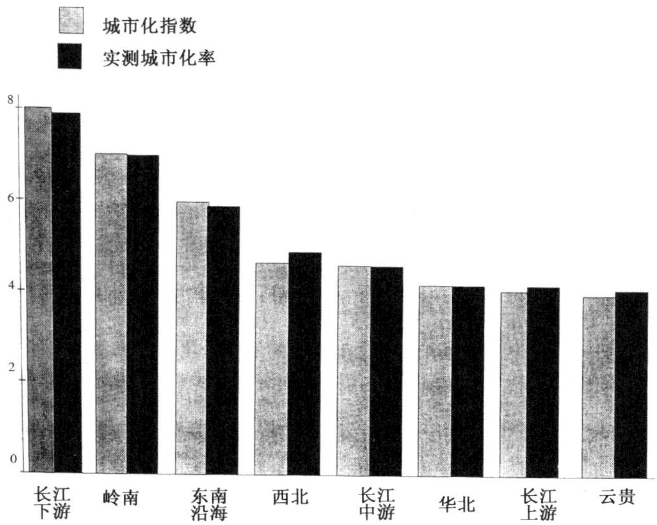

图 3.4　城市化指数与实测城市化率之间的相关性

度量的逻辑

为了评价这个模型的充分性，我们必须考查度量和聚合(aggregation)的逻辑。施坚雅的背景假设是这样的：首先，他假设有六个因素对城市化比率产生了因果作用。这意味着，在最低限度上，如果某两个巨区在除了这六个因素之外的其他所有方面都是相似的，而其中一个在六个要素中的某个上更加突出，那么该巨区就应当有更高的城市化比率。他进一步假设我们能对每个因素提供有意义的度量结果。然后，施坚雅假设每个因素对城市化比率的贡献都是线性函数，并且(很明显)各因素之间没有相互作用。[①] 最后，他假设能提出一个函数，既能把这些因素的有关度量结果聚合为一个复合值，又能与上面所定义的那些假设相一致。他必须(1)为每个因素建构一种度量技术，并且(2)阐明一个合理的聚合函数，从而得出建立在六个因素基础上的一个指数。不过，施坚雅对这两个问题的处理都存在问题。

我们先来看有关度量的第一个问题：对尺度和误差估算。怎样为每个因素赋值？这些因素表现了怎样的尺度种类——比率、区间还是秩次(rank order)？并且，即使有了度量技术，那么应当赋予每个因素的相关数字值以何种层次的精确度？

有三个因素完全可以直接度量：人口密度和区内、区外商业(尽管后两者在赋值时需要某种程度上武断的假设)。但是，要建构对技术发展、劳动分工和行政构成(AC)的度量结果则需要更多的想象力。施坚雅按行政级别对不同的行政地方赋值从而获得了AC值，并通过加和得到每个巨区内所有行政地方的总值(230)，并且将这些值规范化为十刻度。他对劳动分工和技术发展只是给予印象上的度量，用来表明对八个巨区

① 施坚雅暗示各个因素不是独立的；不过，他的聚合(把各个因素总计起来)规则却假设了相反的情况。

在这两个方面所处的相对位置的定性判断(233)。因此,这些尺度在形式上类似于评判诸如跳水这样的运动,评判跳水时,采用一列特征并根据对运动员表现的定性判断来给每个特征赋予一个数量值。

这些不同度量的逻辑特征是什么呢?不同的度量尺度——基数的(比率、区间尺度)和序数的(秩次尺度)——一般认为是表现了递减的信息量。① 如果使用比率尺度(例如,质量),那么两个不同量的取值之间的比率是有意义的。如果使用区间尺度(例如,温度),那么只有量之间的差异比率是有意义的。如果使用秩次尺度(例如,棒球比赛站位),只有量的排序是有意义的;我们无法估计出两个被度量的量之间接近的程度,只能知道哪一个更大一些。每个度量结果在不同的数学变换中是不变的:比率度量结果在乘以一个常数时不变,区间尺度在线性转换时不变,秩次尺度在完全是单调递增的变换时不变。

想要知道某个特定度量技术表现了哪种尺度,我们必须问这样两个问题:第一,如果已经有了对所要度量的变量的定义,那么在值的比率、差异比率和仅仅是个体之间的秩次之间进行的比较是有意义的吗?这涉及我们所定义变量在其理论背景中具有怎样的逻辑。第二,我们还必须询问度量技术的"信息丰富性":在何种层次上进行比较时,由度量技术所产生的那些信息才是正当的?

施坚雅的六个因素中的某几个——人口密度、区内商业和区外商业——貌似可以用比率尺度来表现。也就是说,判断华南地区的区内商业是长江下游地区的两倍或者判断华北的人口密度是长江下游的一半,这都是有意义的。行政构成(AC)看上去最好使用区间尺度来度量。我们可能基于比较研究来推断北京的行政构成比上海要大,上海比汉口大,与汉口相比上海跟北京更为接近。这个判断要求差异的比率应当具有意义。劳动分工(DL)和技术发展(TE)是最不有形因素,也是最难度

① 麦克(1980)对度量尺度、各独立尺度的聚合和不相干事物独立的要求进行了广泛探讨。

量的——对 TE 和 DL 而言,只有排序是最为有用的。

以上考虑表明,这六个因素表现了信息种类的变动,它们与尺度不同的不同度量相一致。这意味着数据并非可以直接度量。以此类推,假设我们掌握了有关一个高中毕业班的学生资料:年龄、每周平均学习时间、平均学分积、学术能力测验得分、班级排名和性别,并且假设我们想要得出能够预言学生们的终生收入的一个指数。假如这些不同数据具有逻辑多样性,那么明显任何一个这样的指数都需要对得分进行仔细建构和形式判断。施坚雅的建构也有一个类似范围的数据;但是因为每个数据元素都在差不多相同的范围内(0～10)被赋予一个数值,那么读者就可能忽略了整合数据从而建立指数这方面的逻辑问题。

现在我们再来看看度量这些因素时出现的误差估算。正如摩根斯坦(Oskar Morgenstern 1963)几十年前所论证的那样,社会科学家们必须追随自然科学家们的领导,关注他们的度量技术所允许的精确水平。现在有一种令人遗憾的趋势,(我们努力——译者)要从数量推理中得出推论;而如果我们恰当地考虑到度量误差的话,我们会发现这些数量推理是完全不能成立的。在当前这个例子中,如图 3.4 所示,城市化比率和那六个因素的总和之间的相关性让人印象深刻,但是如果我们重新计算图中数据以反映甚至是相当保守的误差估算的话,那么上面的那个相关性就消失了(见图 3.5)。图 3.5 表现了一个范围,如果我们进行了假定性的误差估算的话,那么每个值都会下落到这个范围之内。(此图乃是基于这样的假设,城市化比率的实际值比聚合指数更加精确,这反映出,聚合事实上依赖于那六份数据,而这六份数据中的一些则会不可避免地出现大范畴误差。)当采用了误差估计时,从施坚雅的数据中就只能得出相当概要的结论。特别是,前三个巨区和后五个巨区属于两个组值,每个区域在每个组内事实上可以取任何值。如果采用这些数据的话,那么与云贵地区相比,西北地区的实际城市化比率就比较低,而城市化指数则比较高;也可能是前者高而后者低。当我们考虑到误差范围

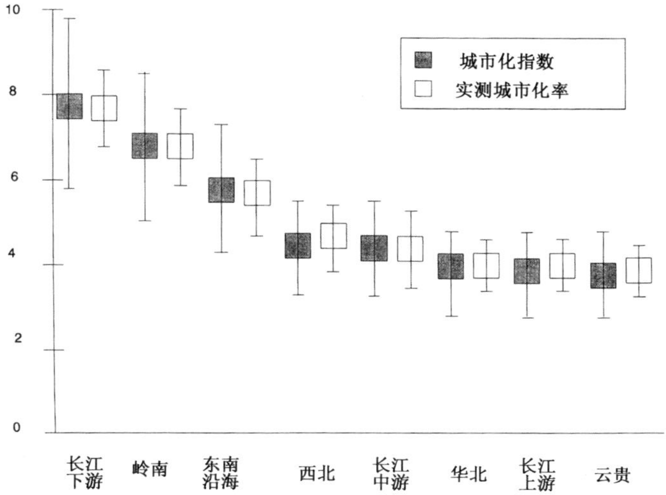

图 3.5 含误差率的城市化状况估算

时，指数值和实际值之间明显的相关性实际上消失了。图 3.4 中所表现的紧密符合状况看起来是由对每个因素所赋的值生造出来的。[①] 那么除了不同度量尺度的意义这一问题之外，对每个因素的度量误差的估算显示出，聚合总数在宽泛的数值段内都是有可能的，并且该估算与能观察到的城市化类型只存在松散的一致性。

聚　合

这六个因果因素如何聚合在一起呢？对它们进行量化是否是有意义的？有了施坚雅的定性假设(上述因素是正的线性因果因素)，我们就可能推断出聚合函数所必须采取的数学形式。这个函数必须(1)在这六个方面都显示出正斜率，并且(2)在六个方面都是线性的。聚合函数因此必须是一个线性函数。当施坚雅假定上述因素加到一起可以产生一

① 施坚雅(1977b)似乎承认这一点："既然六个方面中只有两个能够依其自身非常容易地进行操作，因此必须承认数字模型从整体上是非法操作出来的。它只能表现，由质的方面所规定的那些论证似乎是可能的"(714n)。

个城市化指数时,他采用了一个这样的函数:

$$F_2 \qquad V_i = Pd_i + DL_i + TE_i + IC_i + EC_i + AC_i,$$

此处 V_i是计算出的城市化指数。巨区在因果因素上各有其矢量,每个巨区 i 都可以被赋予一个城市化指数 V_i。但是一个重要的误差已然悄悄混进来了;此处所定义的假设要求函数应当是线性的,但是系数并不固定。聚合函数应当是这样的:

$$F_3 \qquad V_i = a * Pd_i + b * DL_i + c * TE_i + d * IC_i + e * EC_i + f * AC_i + K,$$

这里 a,b,c,d,e 和 f 是恒定系数,K 是一个常数。[①] 通过假设这些系数是一个统一体,施坚雅假定了每个因素在因果关系中的权重及其度量尺度的客观性,这个假定把动机排除在外。

不过我们的问题却更加严重了。像上面那样假定所有六个因素的度量尺度都属于同一种逻辑类型,是不合理的;它们其中一些是比率尺度,一些是区间尺度,还有其他一些只是简单的秩次尺度。这意味着,不存在能够通过加法来聚合数字值的基本理论原理——与把一个物体的温度和质量相加起来从而得到该物体的有意义的物理性质聚合一样是不可能的。问题在于:除非(全部——译者)数量能在一个比率尺度上得到解释,否则这些数量就不能被视为对某个效应具有线性作用。

最后,即使假设每个尺度都可以被赋予一个比率值,尺度问题仍然存在。[②] 施坚雅已经对每个尺度进行了建构,使得度量结果大致都出现在 0～10 的范围内。但是考虑到在比率变换时(乘以一个常量),比率尺

① 此处的聚合函数在逻辑形式上与桑兹和马若孟所描述的判别函数相同。如果有足够的巨区的话,使用差别分析来给聚合函数的系数赋值将是可能的。不过因为我们只有八个巨区,上述做法就是不可能的了。

② 这个问题与效用的人际比较问题十分相似。麦克(1980),森(1982)和邦纳(1986)对此问题进行了很好的讨论。

度保持不变，那么赋予每个因素的绝对值就不是显著的；因此把 AC 尺度上的数字值 5 与 TE 尺度上的值 5 视为相等就太武断了。此问题源于施坚雅在一般线性函数(F_3)中将系数设置成了统一体。这不是某一个特定尺度下的问题，因为这个变换为该尺度上的所有值都保留了比例关系，但是如果我们想要聚合从不同尺度下得出的度量结果的话(例如，聚合 PD 值 7.0 和 DL 值 3.5 得到 LY)，这就成了一个问题了。所以，有必要首先达成一个能够将六个度量尺度标准化的合理基础，这样，不同数量的值才可以比较。(这个问题大致等同于赋予每个因素以分量)但是施坚雅尚未提供论证，以推动他在度量尺度和聚合函数上的选择。

因此我们在聚合问题上遇到了无法克服的障碍。对六个因素的度量是不可靠的；度量的所采用的尺度在逻辑上产生了不同种类的信息；施坚雅并未对如何聚合这些不同类的值给出证明；并且如果给出了这个证明，我们也还是缺乏对如何聚合这些特殊尺度(或者把线性系数设置成统一体)的证明。[①]

关于城市化模型我们可以得出什么结论？有很多数量推理可能无法再成立下去；特别是，施坚雅的数量分析并未表明这六个因素是解释城市化比率差异的因果因素。施坚雅成功地给这些要素赋予度量结果，并且用一种能够重现城市化类型的方式把它们聚合起来，但这并不支持他关于这些因素乃是(与城市化相关的)因果因素的结论；必须首先满

---

① 如果我们放弃六个度量尺度所提供的数量信息，只考虑它们给予巨区的每个因素的排名顺序的话，我们能够避免很多度量问题。每个因素都给予巨区一个排名顺序，这可以理解为是一种“投票者偏好”(voter preference)，此时巨区是候选者而投票者是这六个因素。现在我们不再通过数学加法来聚合各个因素，而是通过一种双重投票体制来进行聚合。这种数据产生了一种迁移性的区域排名：LY＞L＞SC＞MY＞NWC＞NC＞UY＞YG。此排名符合由城市化比率所排定的次序，只有一个例外：城市化比率排名中 NWC 以微弱优势领先于 MY。还需要强调的是，是如下事实保证了存在一个一致的排名：每个巨区在几乎每个因素上一般都对下一个区域有统治性优势。如果各因素在各个区域中呈多样性分布，那么这就像投票者们自相矛盾一样，此时投票者们的考虑结果将使得聚合单个排名有可能并不产生出一致的排名。见麦克(1980)对此问题的简明易读的讨论。阿罗(Kenneth Arrow)(1963)和本(1970)代表了对此问题的正统讨论。

足,这个模型在逻辑上是充分的。为了得到这样的结论,我们将必须证明我们拥有合理而精确的度量程序,必须证明沿着度量活动建构的方式所得出的结论不是武断的,并且必须证明聚合函数能够得到证明。考虑到施坚雅写过的关于其技巧的东西,我们认为这些要求没有得到满足。因此,他的论证在整体上缺乏推理上的分量。能够幸存下来的就只是定性推理了(它可能得到扩展),这种推理表明了如果其他关于经济组织和经济发展的假设也成立的话,那六个因素应当是如何推动城市化的。本文的这个例子中的形式化成果看起来虽然精确却是误导了。

这些批评证明了对把施坚雅的形式化数学模型应用到历史现象中去所产生的效应的更加全面的怀疑论了吗?显然没有。施坚雅的这个模型有缺陷,但这只是简单例证了这个观点:社会科学家们必须仔细对待模型的预设,并确保这些预设是连贯的、貌似真实有理的。

第四章　关于技术突破的争论

中国经济史上的一个重要难题是，中古中国的农业体系未能实现突破以达到自主的持续增长、迅速的技术革新以及越来越高的生产力水平。这个失败是令人困惑的，因为中国经济具有许多优势，似乎可以促成这样一种突破。中国经济比与其相对的欧洲要发达得多。农业的实际每公顷产量更高；商业发展与财富更加集中；后备劳动力充足；技术知识具有支持工业发展的能力。然而，事实证明，中国农业经济在五百年里陷于停滞，只有低度增长，而欧洲经济却实现了技术突破，实现了高产农业、迅速的技术革新以及自主的持续增长，考虑到中国在16世纪时与欧洲相比所具有的实际优势，为什么中国农业系统没有进入技术革新与经济增长的进程？

传统中国的经济停滞问题是一个重大难题，与此相关的文献浩如烟海。因此，在本章中，我集中研究一个小一点的、但在战略上却是非常重要的问题：在传统中国农业中，是什么阻止了利润导向型的资本主义农场的出现？我之所以提出这个问题，是因为我曾考查过一个有关英格兰经济革命原点的貌似正确的理论，根据该理论，资本主义农场取代小农农业，构成了经济突破的推动力。资本主义农场主能以更为合适的规模将技术革新引入农业,农场产出增加而食品价格下降,这使得产量更高的城市制造业部门的出现成为可能。①

中国的技术停滞问题已经引发了很多解释,这些解释包括假定由帝国官僚体制引起的对创新的阻碍以及儒家学说内在的文化障碍等等。我集中讨论两种理论,这两种理论都试图从中国经济本身出发来解释中国的经济停滞,都以假设耕种者在其所能发觉的制度环境中做出理性选择为前提。我以赵冈提出的新马尔萨斯理论为开始,根据这个理论,一个很低的土地-人口(land-man②)比率导致了如此低下的劳动生产率,结果使得技术革新无利可图。然后,我在与近代早期欧洲的经验进行横向比较的同时,考查了一个新马克思主义模型,该模型将首要的重点放在剩余榨取以及实际生产制度之上。中国经济史学家对中国经济变化的解释通常分为科技理论与分配理论,二者一般有所差别,上述两种理论则是这种一般分歧的两个极端。科技理论家提出,中国的经济停滞可以被最有效地解释为资源稀缺与人口增长导致了广泛的贫穷、经济剩余的稀少以及由此带来的引进现代化生产技术的能力的缺失。相比之下,分配理论主张,传统的中国经济产生了大量剩余,理论上本可以为经济发展提供资金,但是精英阶级却将那些剩余用于非生产性用途。③

---

① 尽管我不具体讨论这批材料,但是欧洲经济史学家当前却在争论 18 世纪英国经济的增长率。与早些时候的解释不同,现在的观点是,工业革命后的一段时期内的增长率比工业革命期间所显示的增长率要更加持久。要仔细回顾一下这一主题的文献,参见克拉夫茨(Crafts N. F. R.)(1985):“我们所能得到的一般印象是,至少在 19 世纪 50 年代以前,英国经济中的很多部门生产率很低。而在第三章,有一个个案最适合强调在劳动力的使用中发生的迅速的结构性变化,这证明了以往对术语‘工业革命’的使用是正确的。这一章简单地说明了这个术语不能用来表示制造业中有广泛的、迅速的生产率提高”(克拉夫茨 1985:86)。

② 译者:这里遵从作者的英文顺序,下同。

③ 要简短地了解分配学派与科技学派的梗概,参见李思勤(Carl Riskin)(1975:56—64)、马若孟(1970)、黄宗智(1985:18—21)。也可以参见福格尔(Joshua Fogel)对日本编纂的清代经济史学的概括,这个概括表明,日本学者曾经非常强调分配模型——生产关系、剩余榨取以及阶级。

中国农业系统

大多数研究者同意，传统中国农业主要是由家庭农场而不是以庄园或资本主义农场组织起来的。[①] 马若孟(1970:211)与黄宗智(1985:85—89)提出证据，证明小型家庭农场在中国的晚明及清代的农业生产中占有绝对优势，各种各样的租佃关系构成了地区间的主要差异。[②] 这些农场具有与诸如资本主义农场、封建庄园等其他类型农场相区别的特征：小规模、传统耕种技术、劳动密集型耕种以及满足家庭生存需要而非追求利润的生产。然而，值得注意，中国的小农经济与其他小农制度的一个明显区别是广泛的商业化水平。中国的家庭农场在活跃的市场环境下运作，通常会努力生产出相当可观的剩余。

中国农业的第二个重要特征是技术上的：农业系统对农业生产进行调整以适应生态变化和大规模劳动供给，这种调整显得相当和谐。在纵览传统的中国农业之时，伊懋可写道："中国农业更像是园艺。它大量进行调整以适应通过不断的经验性实验而得知的当地条件，从这当中获得较高的单产……传统中国晚期的农民既不'原始'也没有在技术上故步自封，但是从科学这个术语的现代意义上来说，他们的方法是不科学的。"(1982:13—14)

根据珀金斯的分析，这种农业系统取得了相当大的成就。他提出，传统中国农业是高效的，很好地适应了当地环境、已有资源以及已有技术。[③] 他主张，中国农业从 14 世纪至今，被迫将其总产出扩大了 8～10

---

① 除了这里提到的著作之外，罗友枝(Evelyn Sakakida Rawrski)(1972)以及马若孟(1970)也专攻传统的中国农业。

② 伊懋可(Mark Elvin)(1973:235)确定了庄园经济的消失是在清代中期(18 世纪)。

③ 黄宗智(1985)赞成对华北的这个判断："这个以作物为主的农业经济的特色，表现为极高的土地生产率和极低的劳动生产率。河地重造(Kawachi Juzo)曾用卜凯(John Lossing Buck)的资料指出，中国农业在 30 年代所达到的单位面积产量，实际上比当时已相当现代化的美国农业高出很多"(参见黄宗智《华北的小农经济与社会变迁》，第13 页)。

倍以养活不断增长的人口；他还指出，这种增加大多是通过增加投入而不是改变生产技术来实现的(1969:8)。“这本书的中心论点是，中国农民能够提高粮食产量并且他们或多或少是以扩大耕种面积与提高单位面积产量的方法来实现这种增长的”(13)。

然而，珀金斯还提出，在中国，技术停滞通常与农业发展相伴：产出的增加是靠对现有技术更精深的使用而不是靠技术革新来实现的。“在停滞的技术条件下，大多数增长似乎是由更多的资本投入与劳动投入产生的”(38)。“不过，工具数量的增加并没有伴随着其质量或种类上发生任何重大变化，这一点是非常清楚的。农具技术通常处于停滞状态”(56)。珀金斯以类似于舒尔茨分析传统农业的语言——在缺少现代科学与技术的情况下，技术创新的枯竭是很可能的——来说明技术停滞。① “与简单的传统惰性论相比，似乎更合理的解释是，在没有重要的技术突破，即一种只有借助于现代科学技术才可能实现突破的情况下，(农业技术——译者)不可能有多大进步”(58)。

人口导致停滞论

学者们已经进行了多方面努力，试图解释这种农业停滞模式。有一种模型将主要责任归于长期的人口增长。② 在《中国历史上的人口与土地》(*Man and Land in Chinese History*)(1986)一书中，赵冈指出，中国经济史的主要构成因素——包括小生产者占主导、劳动密集型的生产技

① 舒尔茨(1964)提出了一个早期的、经典的对传统农业及其发展问题进行形式主义分析的公式。他指出，“相比较而言，传统农业在生产要素配置方面几乎没有明显的低效率”(37)，因此，农业产出的明显增加只能以将科学知识与技术知识应用到农业生产以及在农民所能获得的知识与技术方面进行公共投资的方式来实现。

② 与其他几种研究小农社会的重要成果有：吉尔茨对爪哇农业内卷化的分析(1963)、伊懋可对传统中国的“高水平平衡陷阱”的分析(1972,1973)、恰亚诺夫(A. V. Chayanov)对俄国农民经济中的“自我剥削”的地方病所进行的分析(1924)。这里提到的解释与它们有很多共同之处。

术、自12世纪以来的技术停滞——是两千年来不断的人口增长并随之导致土地-人口比率下降的结果。因为劳动力很丰富，而资源——尤其是土地——相对稀缺，中国农民和手工业者越来越有动力采取劳动密集型的生产技术，并且不断面临着相应的抑制因素，从而无法引进有效率的、节约劳动的革新。赵冈将其核心结论表述如下：

> 为什么工业革命发生在18世纪的英格兰而没有发生在宋代的中国？……宋代的中国(在12世纪之前)已经接近了科技发明的门槛，在手工技能与工程技术方面远远领先于欧洲。然而，在这之前，中国人口已经增长到临界点，不再有任何节约劳动的必要。也不再对节约劳动的设备有所需求，因为人们关心的问题是如何安排这些闲置的劳动力，以使他们也能有所收入……与此同时，中国陷入一个人口过剩的陷阱，制度弹性只是恶化了这个处境。人口过剩导致平民采用劳动更加密集的技术，并采用能吸纳更多劳动力的制度，这反过来提高了对人口过剩的承受极限。(227—28)

赵冈将其个案放在两种扩展分析的基础之上：一种理论是，结合传统中国人口变化的性质与原因，重新评价已有的对过去两千年来中国人口增长的估计。一种是在下降的土地-人口比率的条件下对生产单位(农场、手工工场)进行标准的边际经济分析。赵冈设计这种分析是用来说明，农民绝对有动力选择劳动密集型的生产技术，而根本没有动力引进节约劳动的技术创新。

人口增长的后果

同马尔萨斯一样，赵冈假设在人口增长与经济安排之间存在一种紧密的因果关系。马尔萨斯主张，人口与经济之间是一种动态的因果关系。人口增加刺激了更为强烈的生产动机，同时，边际报酬递减，直至上升的死亡率抑制了人口的进一步增加。然而，经济系统的食物生产能力的增加(可耕地的增加、更有效率的耕作技术)会刺激人口增长。因此,人口变化与经济增长是相互作用的因果变量,各自在一定时间内影响着对方。① 马尔萨斯假定,经济与人口之间的因果联系通过积极抑制与消极抑制来发生作用。积极抑制包括由人口过剩产生的导致死亡增加之源(内乱、饥荒),而消极抑制包括特定文化背景下的对人口生产的抑制(晚婚、生育控制等等)。实际上,人口学家已经识别出了在西欧文化背景下根据经济状况调整出生率的多种机制(斯科菲尔德,1986)。

不过,赵冈提出,中国的人口经验与前近代欧洲的经验截然不同。他主张,欧洲的文化价值观有效地控制了结婚与家庭的组建,从而建立起了由马尔萨斯假定的消极抑制:在文化上,欧洲男性在没有获得一定的经济地位、具有养活一个家庭的能力之前,不会被鼓励去结婚及组建家庭。(8)然而,根据赵冈的观点,在中国,决定结婚与组成家庭的文化价值观与此根本不同,实际上不受经济因素的影响。② 一种非常强有力的文化价值观认为,拥有后嗣非常重要,这引导了年轻人在没有考虑经济前景的情况下进入婚姻。赵冈主张,中国传统社会因此具有一种特定文化背景下的家庭形成机制,在没有顾及新婚家庭所能获得的经济机会的情况下,这种机制导致了人口增长。假设一个能使过剩人口生存的再分配机制,那么控制着一个家庭成员的强有力的文化价值观可以使其帮助养活穷苦的家属。早婚、广泛的家庭之间的相互依赖以及对家庭的忠

---

① 要很好地、简短地了解现代马尔萨斯学说,参见斯科菲尔德(Roger S. Schofield) (1986)。在欧洲的研究著作中,可以在波斯坦(M. M. Postan)与拉杜里(Emmanuel Le Roy Ladurie)的合著中找到与此相媲美的一种分析思路。

② "中国的传统家族系统由于以下两个重要原因而发挥着相当不同的作用。其中一个原因是使家族得以延续的动力,即必须有男性继承人来延续家族世系的强制观念。婚姻作为一个决定,它不依赖于个人的经济条件而是依赖于对其整个家族以及对其祖先的最深切的责任。另外一个原因是家族感情的力量。家族作为一个体系,经常成为一个拥有多种工作者的经营实体,成为雇工的提供者以及成为家族内分配的根据。结果,中国的家族系统没有发挥自动调节器的作用,而是纵容了人口过剩"(1986:8—9)。

诚导致了比前近代欧洲更快的人口增长。赵冈写道，由此可见，马尔萨斯的消极抑制在前近代的欧洲是有效的[根据斯科菲尔德的描述，(1986:14)]，但是在传统中国则不那么有效。在中国，这种情况导致了与土地及已有生产技术相对的长期人口过剩。①

赵冈还重新评价了中国过去两千年来已有的人口数据。他指出，在12世纪之前，中国已经拥有的人口在很大程度上不受可在五十年内严重影响人口规模的积极抑制——战争、饥荒、移民——的影响。“经过北宋150年的稳定增长，人口远远超出以往的高峰，以致主要的战争、自然灾害的破坏性变得相对较小，此时，关键性的转折点终于出现了”(42)。②

这种人口增长趋势最终导致了土地-人口比率的长期下降。考虑到中国的疆域与生态系统，尽管土地开垦是对人口增加的自然反应，但是对这种反应的限制却很小，在宋代尤为如此。③ 随着人口迅速增加而耕地却缓慢地增加，人均耕地面积不可避免地下降。

于是，由于特定文化背景下的原因(与决定家庭结构的价值观有关)，中国人口倾向于比可耕地增长得更快。这导致了一个持续下降的土地-人口比率的趋势，而且这种情况从根本上形成了中国农业社会的经济制度与生产技术。

---

① 斯科菲尔德(1983)在传统的北欧文化与发展中国家的文化之间进行了一个类似的比较：“就后者来说，在习俗中盛行早婚(通常是在20来岁——即15—20岁之间)，几乎所有的人都结婚，经常最初生活在其父母家中。因此，这些社会中的人口出生率是居高不下的”(68)。更为复杂的分析可以在汉利(Hanley Susan B.)与沃尔夫(1985)的研究中找到，他们提供了一个模型，根据这个模型，通常，婚姻伴随着压低夫妻人口出生率的习俗。

② 不过，这一结论似乎与赵冈自己的数据(1986:89)不一致。在那里，赵冈认可这样一种估计：在1592年有2亿在1657年则有7 020万。后一个数字源自清代前期收集的人丁资料(ting data)(39—41)并且是因清朝的征服战争而下降的大灾之后的人口数字。然而，这些数据本身是值得怀疑的；前一个数字似乎过高，后一个数字似乎过低。魏斐德(Frederic E. Wakeman)(1985:1054n)认为16世纪的人口数字是1.5亿，1661年的人口数字在7 600万至9 200万之间，其间下降了40%～50%。

③ 要了解湖南土地开垦的过程及其对生态系统的影响的详细论述，参见濮德培(1987)。

对小农经济的边际分析

赵冈把传统的中国经济描述成在两千年里实质上没有发生什么变化,即它是一种高度商业化的市场经济,在这个市场经济中,大多数生产是由家庭劳动力——家庭农场与手工作坊——经营的小生产单位来承担的。[①] 此外,赵冈主张所有的参与人在经济上都是理性的:他们在计算成本与收益的基础上做出生产决策。在高度商业化的市场环境下,家庭生产单位耕种小块土地,同时从事手工业副业,例如从事纺织品生产。[②]

赵冈主张,考虑到不断下降的土地-人口比率,边际主义经济理论的工具使得我们可以从这些经济制度的可预期的发展模式中推衍出重要内涵。在这些情况下,甚至在劳动力的边际产品下降到生存线以下的情况下,小农耕作者(peasant cultivator)的最佳选择仍是采用能吸取最大量的家庭劳动力的技术。这是因为家庭有责任养活所有的家庭成员;因而劳动力成本是固定的,任何能够哪怕增加一点点产出的劳动力的额外消耗都是合理的,因为它增加全家的收入。俄国农民经济学家恰亚诺夫把这种结果描述成对农民家庭的"自我剥削"(1925:70—89)。

对家庭劳动力进行自我剥削的一个重要后果是家庭生产单位会比采用雇佣劳动的企业更加有效率地使用稀缺资源——尤其是土地。赵冈认为,这是因为采用雇佣劳动的企业必须支付的工资不能低于生存线,而农民家庭可以合理地继续使用其家庭成员的劳动,直到劳动力的边际产品接近于零。让我们同时考虑两种农场,一个是农民的家庭农场,另外一个是资本主义农场。资本主义农场使用雇佣劳动而家庭农场

① "这个资料绝对意味着这样的事实:古代中国是一种原子型的市场经济;实际上,直到20世纪50年代以前,它一直如此。用'原子型'一词,我的意思是说,这种市场经济主要是因无数的小生产单位独立决策而形成的。这样的单位经常被描述成'五口之家,治田百亩'。各个时期描述的这些大地主的地产保有者或佃户,其本身是独立决策的生产单位。"(赵冈,1986:5)

② 要进一步了解有关小型农场与租佃式小农经济的描述,参见珀金斯(1969)与易劳逸(1988)。

使用家庭劳动。我们还可以假设劳动者被全职雇佣,没有其他收入来源(比如说家庭所得)。资本主义农场一直能够扩大其对劳动力的使用,直到劳动的边际产品等于工人的生存预算线(假设工资不可能降到生存线以下并且工资依然对工人有吸引力)。假设它们使用同样的生产技术,那么家庭农场的每亩产量要高一些,而资本主义农场的每人每天的产量要高一些。[①] 这样一来,当土地-人口比率很低之时,家庭的小农生产导致了一种土地有效率(在一定数量的土地上获得更高产量)而劳动无效率(在一定单位的产出下吸纳大量劳动)的生产体系。[②]

这种生产者对劳动密集型生产方式的偏好对中国经济的发展有影响。赵冈提出,在这些情况下,租佃地主制排挤了经营地主制;一个土地所有者将其土地出租给小农家庭比其自己使用雇佣劳动来管理农场要获得更高的收益率。这是千真万确的,因为租佃地主能够占有小农家庭相当密集的劳动所生产的部分剩余,其数量比雇佣劳动生产所得要更多。[③]

其次,边际主义分析还有一种含义,与我们对科技停滞进行解释的目的最为相关。赵冈指出,小农生产导致了对劳动力使用的加强而非导向节约劳动的技术创新。[④] 这暗示,创新型的经营式农场主能从引

---

① "人口过剩把劳动的边际产品降低到生存线以下之后,生存成本构成了大农场主及手工工厂的工资底线。就像佃户耕种一样,家庭成员的辅助性生产没有这样的成本刚性"(赵冈,1986:224)。

② 不过,黄宗智提出资料证明华北的家庭农场与经营式农场的劳动边际产品之间没有出现这样的差异。(1985:155—68)

③ "可以预测到的这样一种处境下的结果将是从所有者土地耕种逐渐转变到以租佃方式进行耕种"(赵冈 1986:12)。赵冈提出,作为农村副业的手工业生产也出现了同样的结果:使用雇佣劳动的手工工厂比消耗同样数量的资本而交给他人来生产所获得收益要低(12—13)。这个结论与黄宗智(1985)在其专攻华北的农业经济时得出的针对该主题的结论相左:"自己经营农场,其收益要比出租土地高。部分原因是经营式农场主自己参与劳动,而出租地主则否。但另一部分原因是与出租地主所依靠的佃户家庭小农场相比,经营式农场主可以更有效地使用劳动力"(72)。

④ "人口过剩的其他深刻影响是在生产者的技术偏好方面……12 世纪以后的中国农业发展的主要方向是精耕细作"(赵冈 1986:224—25)。

进资本密集型、节约劳动的技术中获利的空间不存在;极低的劳动成本湮没了技术创新的可能性。在赵冈的论述中,12 世纪是一个人口发展的转折点:在此之后,土地-人口比率降得很低,足以引发小农耕种者以强化劳动而不是科技创新作为满足更高收入需求的主要方式。[①] 正如赵冈所描述的,“人口过剩的其他深刻影响是在生产者的技术偏好方面……12 世纪以后的中国农业发展的主要方向是精耕细作”(224—25)。他写道:“一般来说,中国农业生产在南宋以前遵循一种粗放的发展模式,但在南宋以后逐渐发生变化。以耕种工具为例,我们可以发现,实际上所有重要的创新与发明都出现在 14 世纪以前,最晚也是在 14 世纪,并且所有这些技术创新与发明在本质上是节约劳动的。”(194)

在这里,赵冈接下来对传统的中国经济中的技术停滞与经济停滞进行了分析:人口增长,并且相对来说不受经济因素的制约;土地和资源与人口之间的比率下降;小农耕作者日益被迫采用劳动密集型的生产技术而不是进行可提高劳动生产率的技术创新。

对赵冈的分析的评价

赵冈的著作是一种雄心勃勃的尝试,尝试对连续的人口数据进行综合,并试图对中国经济史上的最为重要的某些特征进行解释。但是他的解释在人口学和经济学方面有严重的缺陷。赵冈的人口观有两个部分:(1) 关于中国人口变化的因果假设。根据该假设,在不考虑经济变量的情况下,人口倾向于增长。(2) 重构中国人口史以支撑上述假设并证明赵冈的核心论点:土地-人口比率显示了在 12 世纪至 20 世纪之间经济

---

① 赵冈的分析颇为类似于欧洲研究中的“原始工业化”(proto-industrialization)的理论框架。有关这个概念的主要讨论可以在孟德尔斯(Frankilin F. Mendels)(1972)、克里德特(Peter Kriedte)(1983)、克里德特、米迪克(Hans Medick)及施鲁伯(Jurgen Schlumbohm)(1981)的著作中找到。

的直线下降。

首先，我们来考查一下人口变化的因果分析——主题是中国的人口增长不受马尔萨斯经济抑制的控制（称其为“赵冈的人口发展动力假设”）。比赵冈表述得更为明确的观点如下：变化的经济情况不对传统中国的人口出生率产生影响。这种观点仅仅是没有在赵冈的著作中得到论证而已。为了支撑上述观点，必须提供人口统计的时间序列与相关的经济变量——人均收入、粮食价格以及经济机会。但是出于几种原因，赵冈的土地资料与人口资料未能成功地检验，也未能成功地探究人口发展动力的假设。首先，赵冈对人口的估计本身预先假设了结婚率不受经济变化的影响，因为赵冈使用了一个“稳定的人口”的概念，这些假设之一是出生率不变（1986：28）。但是这个假设会严重偏离这些资料；如果结婚率与人口出生率对波动的经济情况比较敏感，那么人们会预测在各个阶段有较低的人口增长率。

其次，赵冈在他的观点中暗含地把结婚率当做人口出生率的象征，但是当前在关于传统中国的婚后人口出生率水平方面存在着重大争论。巴克利（George W. Barclay）等人在他们对卜凯的农场调查中所包含的人口资料进行再评价之时指出，人口出生率实际上比其他估计所得的数字要低。他们还指出，随普遍的早婚而来的是降低婚后人口出生率的习俗［但是在A.沃尔夫（1985）那里也可以看到对这些结论的批判］。如果人口统计数据最终显示总的人口出生率和（早婚条件下）婚后人口出生率比以往所认为的要低，那么赵冈依靠普遍早婚的习俗来预测快速的人口增长的做法就没有说服力了。

再次，赵冈对有关土地资料的强调，没有提供有关家庭收入的充分信息以评估其关于结婚率与经济发展之间缺乏联系的观点。为了评估这些人口统计假设，我们必须拥有与家庭收入实际工资指数相匹配的长期信息。但是农场收入不只是农场规模的函数（这正如赵冈本人所承认的那样）。它是农场规模、耕种技术、耕种指数以及市场状况的函数。如果粮食价格与耕种指数逐渐上升(这种情况可以补偿下降的农场规模),家庭收入将保持不变。同理,耕种技术方面的逐渐革新能在农场平均规模下降的情况下增加家庭收入。因此,赵冈不能证明下降的土地-人口比率暗含着下降的家庭收入;如果家庭收入没有下降,那么人口增加的证据也就不是人口发展动力这一主题的证据。①

最后,赵冈的数据库过于单薄,不能检验人口发展动力的假设。他仅有少数数据来表示分散于数百年间的人口数字与土地数字(在他的表5.1中,他用11个点涵盖1 900年的历史),然而相关的经济发展趋势应当具有较短的时段。诸多个人根据其所能预期到的在不远的将来可获得的经济机会来做出结婚决定,这建立起了结婚率与变化的经济情况之间的相关性。考虑到这一点,如果有任何相关的变动的话,这种变动应该发生在25～50年的时段里。但是即便中国人口史上存在这样的变动,赵冈的分析也会将其错过,因为他的数据之间有长达百年的间隔。我们所需要的是对中国各个地区的历史人口统计进行具体研究。其基础是家庭层次上的数据,例如,大量的家谱。它们使得人口统计学家可以重建核心的人口变量——结婚年龄、性别比率、婚后人口出生率等等。值得注意的是,赵冈没怎么使用这些资料。②

① 赵冈确实估计了公元前50年至公元1818年之间的实际工资(218—19)。他对估计的实际工资进行了归纳总结,结果显示,从12世纪起,实际工资呈下降趋势。这一数据是根据技术不熟练的工人的工资率来计算的,然后用同期的粮食价格将其换算成以粮食为单位的数字。然而,这个数据库显示了非常不合常理的变化,很难有意义地对其进行解释。这样一来,在陕西省,1742年的农民工资是400文,而在1749年是1 200文。在时间表的两端,赵冈发现1080年开封的一位手工工人的工资(换成等价的谷物)是800升,而1805年云南的一个农民的工资(换成等价的谷物)只有3.7升——大约是250∶1的变化。我们来想一想这里的结果变化范围,再想一想赵冈并没有提供有关他所用的粮价信息,就很难认为这些数据有什么意义。

② 刘翠溶(Liu TS'ui-jung)使用浙江家谱的研究著作(1985)是这方面的典范。还可参见郝瑞(Stevan Harrell)(1985)与饶济凡(1982)。

简而言之，赵冈的分析既缺乏资料的质量又缺乏资料的数量，无法构成上述这种因果论证。赵冈对人口的核心假设——中国人的结婚率与人口出生率对经济机会与经济限制反应迟钝——在经验上是站不住脚的。①

我们还要问，赵冈对影响传统中国结婚率的文化因素所进行的分析，其可信度有多高。赵冈主张，规定家庭关系的文化价值观十分强大，可以弥补因经济条件约束而产生的对结婚率的抑制。但其他研究似乎显示情况与此相反：例如，帕斯特奈克对20世纪30年代台湾农村的研究揭示了，家庭在面临变化的经济情况之时，其安排是相当有弹性的。② 这种解释表明，家庭关系、约束并主导传统家庭习惯的价值观是适应变化着的实际情况的。如果这个例子在各个方面都有代表性，那么赵冈关于在中国社会内传统家庭价值观重于经济理性的主张就是夸大其词的。赵冈又一次未能去参考当前有关这些问题的重要文献。

现在我们来看一下赵冈的数据。对赵冈重新构建的中国两千年来人口数据与土地数据所进行的总结显示，在10世纪以前是一个很高的土地-人口比率(表4.1)。然后，这个比率在10世纪到17世纪的几百年中，在每人8.7市亩的最高值与每人3.96市亩的最低值之间剧烈波动。不过，最终，土地-人口比率在18世纪下降到大约每人3市亩，到19世纪之前，土地-人口比率大约是公元1世纪的1/3，这个比率在19世纪进一步下降。

---

① 通过比较的方式，思考一下由魏格礼(E. Anthony Wrigley)与斯科菲尔德(1981)提出的相当细化的人口观点。他们的著作建立在从几百年间英国教区的登记表中提取的极为庞大的数据库之上，使得对各种各样的人口假设——包括马尔萨斯命题——进行可信的检验成为可能。

② 还可参见帕斯特奈克对台湾入赘婚习俗的论述(1985)，在那里，他再一次发现家庭安排对经济状况高度敏感。

表 4.1 人均可耕地面积,公元 2—1887

耕地		人口		
年	数量(百万市亩)	年	数量	人均面积(百万市亩)
2	571	2	59	9.68
105	535	105	53	10.09
146	507	146	47	10.79
976	255	961	32	7.97
1072	666	1109	121	5.50
1393	522	1391	60	8.7
1581	793	1592	200	3.97
1662	570	1657	72	7.92
1812	943	1800	295	3.20
1887	1 154	1848	426	2.71

资料来源:赵冈(1986:89)(表 5.1)

赵冈举出这些数据来揭示土地-人口比率的决定性下降趋势。他的诠释如下,农业系统从公元 2 世纪的相对宽裕(每人 10 市亩)变成 19 世纪的人口过剩(每人 2.7 市亩)。不过,这些数据比它们乍看起来更不具有说服力。首先,在公元 1 世纪与 10 世纪之间所发现的高比率显示了——正如赵冈所指出的——这一时期土地是充裕的,耕种面积可以十分容易地得到扩大。所以,使用这一时期作为基期来估计现代意义上的土地-人口比率对人口福利产生的影响是有误导性的。其次,人均土地面积的大幅波动(例如在 1072 年、1393 年、1581 年期间)反映了人口数量的大起大落:人口数量从 1072 年的 1.21 亿降到 1391 年的 6 000 万,之后到 1592 年时又增加了 3 倍。所以,1391 年与 1567 年的人均土地面积的峰值是人口锐减的结果——既不是人口缓慢增长的结果也不是土地开垦的作用。最有代表性的比较似乎是在 1109 年、1581 年、1800 年三个年份。这三个年份都属于稳定的人口增长期。当我们在这些年份之间进行比较时，我们发现赵冈的概括包含如下内容：人口增加与土地-人口比率下降。在每段时间间隔中，人口大约增加50%，土地-人口比率从5.5下降到3.96，再降至3.19。但是这种下降比赵冈数据中的极值所显示的(从10.78到2.70)要适度得多。为保证人口福利在经历了这样的变化之后仍保持不变，只有要求农业生产率相对适度的提高。事实上，珀金斯证明了，农业系统以这样的技术创新加以回应，以保持人均收入大体上不变。中国人口明显比土地开垦的进展要增加得快，但是这种趋势会有何种经济结果则是不明确的。因此，当赵冈的观点受到更加仔细的检验之时，他的数据似乎不能证明他的核心结论：人口增长给引进技术革新与提高生产率的经济能力施加了决定性的障碍。①

最后，如果我们参考其他有关土地-人口比率的权威估计，赵冈对人地的计算本身也是有问题的。例如，珀金斯提供了可以计算近500年来(1400—1933)的土地-人口比率的数据(表4.2)。不过，珀金斯的数据并没有显示出与赵冈描述相同的直线下降趋势。他发现了一个在每人5.10市亩(1400)与每人3.46市亩之间(1873)变化的土地-人口比率——不同于赵冈的从8.70下降到2.7的结论。因此，他确认，从15世纪到19世纪，土地-人口比率有一个大约30%的缓慢下降，而不是赵冈所说的69%的急剧下降。更引人注意的是，珀金斯发现，从17世纪到19世纪，人均土地面积有一次增加。由此可见，珀金斯的数据显示了一个缓慢得多、适度得多的与可耕地相关的人口增长过程。如果这些估计是正确的，农业创新的速度能够跟上土地-人口比率的逐渐下降这种说法似乎更讲得通。

---

① 这种分析中的另外一个缺陷出现了，因为这个表格中的土地-人口比率是根据从不同年份——976年与961年、1072年与1109年、1581年与1592年——中得出的人口估计与土地面积估计来计算的。如果我们假设每年1%的增长率(在短期内，这是一个合理的假设，但在几十年内就不是一个合理假设)，从而将人口数据统一到相应的有土地数据的年份上去，那么我们会发现结果实际上发生了变化；例如，976年的土地-人口比率下降到6.86(文中的数字与表格中的数字略有差异——译者)，而1072年的上升到7.98——这修正了这一时期的变化方向！这表明，赵冈这里计算的土地-人口比率是不可靠的。

表 4.2　珀金斯的土地-人口比率

年份	耕地面积(百万市亩)	人口(百万人)	人均耕地面积(市亩)
1400	370	75	5.10
1600	500	160	3.13
1770	950	270	3.52
1873	1 210	350	3.46
1933	1 470	500	2.94

资料来源:珀金斯 1969:16(表 2.1)①

赵冈最多只是提供了反映两千多年来人口与耕地面积变动一般趋势的数据。但是他并没有给出数据以支持或驳斥有关人口统计数据与经济变化之间关系的因果假设。而且,他也没有证明其核心的经济观点:下降的土地-人口比率导致了过密化,导致了明显的对劳动密集型耕种技术的优先选择。

现在让我们回过头来,更为简要地看一下赵冈的经济分析。该理论这部分的一个核心缺陷是它未能提供一个农业系统的制度语境。赵冈假设了汪洋大海般的小自耕农卷入劳动密集型的耕种。然而,他却没有赋予制度安排以重要的作用,而只有通过制度安排,农业生产才能得以进行。他低估了以各种各样的土地租佃关系、小型农场与土地分配的程度、信贷的有效性以及负债水平以及政府在影响农业变化——例如,通过税收政策的变化——中的作用来解释经济停滞的重要意义。相反,他把这些作为因变量,预期它们应当适应人口发展趋势。② 不过,这些制度

① 译者:珀金斯原表与此略有不同:(1) 原表年份从 1400 至 1957 年,本文作者只选取了其中五个时点;(2) 原表的人口数字与耕地面积均为区间值,本书作者整理此表时均直接取了中值;参见珀金斯:《中国农业的发展:1368—1968 年》,宋海文等译,上海译文出版社 1984 年版,第 15 页。

② "因为弹性的经济制度,人口过剩没有以公开的失业形式表现出来,高度的人口压力只能间接地被察觉出来"(222)。

因素本身在决定人口变化的经济作用方面是重要的因果变量，这似乎是合理的。农场经济是一个有组织的社会关系体系，可以独立决策；假设这样一个体系的长期发展趋势仅仅用人口因素就能加以解释，那将十分难以令人置信。

第二个问题与赵冈的隐含假设有关系，即存在诸多壁垒防止家庭成员以低于最低生活工资的水平将劳动出卖给经营式农场主。赵冈假设经营式农场的工资会降至最低生活费用而不会低于这个水平，但是这个假设是行不通的。请从农民的观点来考虑这个问题：在除草季节，花费一个小男孩的劳动时间来除草，结果增加 10 斤粮食与以非常低的工资——但这笔工资足以买 15 斤粮食——使用雇佣劳动来除草，哪个方案更可取？答案看来是明确的；但是这将意味着可以在大大低于最低生活费用的工资水平上使用劳动力。[①] 而且，这实际上是推动原始工业化模型的结果：农村的副业生产比城市制造业成本低廉得多，因为萧条的小农经济驱使农村的工资降至最低生活水平以下。

阶级结构导致停滞论

赵冈试图根据人口增加、高度的商业化水平等等来说明经济停滞。然而，剩余榨取模型试图以当地的阶级关系以及现有剩余榨取系统的详情来解释经济增长与技术创新。[②] 根据这个模型，理解一个既定经济系

---

① 马若孟(1987)在其对赵冈的评论中提出一个类似的观点。

② 马若孟(1970)认为这类模型属于“分配”理论：“分配理论的内容是，大部分收入以地租、高利贷利息、赋税和不等价交换的形式从农民手中夺走，以致农民手中几乎没有能够用于改善或加强农业生产、提高生活水平的剩余”(14)。(译者：此处译文参考了马若孟：《中国农民经济》，史建云译，江苏人民出版社 1999 年版，第 15 页)马若孟指出，将这种解释用于研究华北是不正确的，但是他的观点没能说服其他研究者；参见威恩斯(Thomas Wiens)(1975)、李思勤(1972)、黄宗智(1985)。卜凯(1937)这样描述分配主义的方法：“一些改革家将大多数中国农业的弊病归结为不完善的农村处境，这种处境构成了农场租佃、解决法律问题与争论之时的不公正、高利贷、中间人的过高利润等问题”(1)。不过，卜凯怀疑这些因素的重要性。

统内的经济发展过程的关键在于检验其社会生产关系,即为生产和财富分配营造环境的社会制度。通过社会生产关系,生产性经济活动得以进行,其基础是这些关系是经济活动的制度语境中的一个关键部分。任何经济体系都生产产品以满足人们的欲望和需要,对于任意一个经济体系,我们都可以问问生产过程是如何组织的,生产活动产生的剩余如何在整个社会进行分配。剩余榨取模型假定,某个经济体系一般包括一个阶级系统,该系统把直接生产者(农民、工人、工匠)与将部分剩余据为己有的精英区分开来。经济发展的方向很大程度上取决于由这个阶级系统赋予各阶级的激励、机会以及权力;因此,阶级关系给该系统强加了一种发展逻辑。这个模型引导我们去思考这个系统,通过这个系统,精英阶级的各个阶层都能攫取通过生产性经济活动产生的部分剩余。这部分剩余由谁占有,是怎么被占有的?[①]

布伦纳(Robert Brenner)(1976,1982)在应用这种模型研究前近代的欧洲经济发展方面起到了领军作用。布伦纳的命题是欧洲农业发展模式中的核心因素——这个因素最为紧密地随着农业发展模式、农业倒退模式以及农业停滞模式的变化而变化——是一个地区阶级关系的特性以及由当地财产所有权关系所决定的激励、机会与权力。这样一来,布伦纳便将其解释建立在对欧洲地区的土地所有权关系进行的微观阶级分析的基础之上。[②] 英格兰的农业现代化进程不可避免地有利于某些阶级的利益而损害其他阶级的利益。不同的所有权安排产生不同的利益,也产生了对不同行动者的激励。它们还决定了各个阶级的相对力量,而这种阶级力量是由个别地区的那些关系所界定的。[③] 例如,资本主

① 要全面了解对这个模型在研究经济发展方面的应用,参见布伦纳(1986)。

② 术语"微观阶级"而不是"阶级"在这里是合适的,因为布伦纳强调,在农业系统内部,当地的阶级联盟而不是地区联盟或国家联盟构成了变化的关键。

③ "容许我打个比喻,由人口变化引起相对要素稀缺方面的变化之所以能对中世纪欧洲的收入分配施加影响,仅仅是因为它们可以通过变化着的社会所有权关系与阶级力量的动态平衡所组成的'棱镜'折射出来"(布伦纳 1982:21)。

义农业需要更大的生产单位(农场)、更多的资本品投入、更高的教育水平与科学知识水平等等。这就要求剥夺小土地所有者并破坏土地所有权关系的传统形式。这些变化对谁有利？更高的农业生产率会出现，但是新的土地所有权关系将促使增加的剩余由生产者向精英阶级转移，促使增加的剩余更大规模地向城市集中。由此可见，至少从中期来看，这些变化不利于小农的利益。布伦纳的观点是，在小农共同体有能力维护传统安排——适宜的地租水平、对土地的共同控制、小块农田占有模式——的那些欧洲地区，这些安排可以存在几百年。而在小农大体上已被剥夺了传统、组织和抵抗能力的地区，开明的绅士和萌芽中的资产阶级有能力通过资本主义农业来重建以利润和科学创新为目标的土地所有权关系。

所以，布伦纳指出，要使一个特定的地区发生农业现代化，就需要一个既有经济兴趣深化这些变革又有政治权力做到这一点的群体(微观阶级)。从布伦纳的解释来看，决定性因素是一个既定地区的所有权安排与权力工具的分配。在地主能迫使小农接受变化的所有权关系的地方，向资本主义农业的转变就能进行下去。但是在小农共同体能够抵制所有权关系的变化——尤其是废除公共土地、剥夺小自耕农——的地方，它们会阻碍新的所有权关系的出现。在这种所有权关系之内，资本主义农业、乡村的工资关系以及更有效率的生产才能出现。

利佩特(1987)使用了剩余榨取框架来分析传统中国的农业经济。利佩特的不发达理论的主要内容可以表述如下：首先，与赵冈、伊懋可以及马若孟的看法相左，利佩特主张，传统农业经济有相当多的剩余，并且精英阶级有效地从小农及工匠手中榨取到了这部分剩余。诸如地租、利息、课税以及腐败的税收惯例等榨取的机制不同，但是效果相同：将全部农产品中的20%～30%从直接生产者转移到一小部分精英阶级手中。这种将收入集中到人数相对较少的阶级手中的做法本该为农业现代化提供投资基金，但是精英分子没有以这种方式使用其财富。① 利佩特指出，当我们检查传统中国的阶级系统之时，我们会发现精英分子构成了一个食利阶级，其收入来自官俸及财产所有权，这个阶级大多与生产过程脱节。外居地主(Absentee landlord)居住在城镇与城市里，他们自己不关心技术变革；他们已经控制了大量剩余，并因受儒家的影响鄙视农业和制造业，从而缺少使生产现代化的动力。“因此，在中国，精英分子内部没有明显与众不同的人群支持发展。相反，他们在保持现状方面却有着强烈的共识”(97)。“从这个意义上来说，中国的日益落后，更适于归咎为国内的阶级结构和生产关系而不是归咎于外来影响。出于对其客观利益与自我形象的考虑，士绅阶级坚定地维护现有秩序”(99)。由此可见，利佩特反对人口因素决定停滞的解释：

> 我不希望争辩说人口增长没有造成困境，只是想说人口增长率是不高的。核心问题是，与这种增长率相比，能更快地增加产出的那种资本形成与科技进步的适度水平为什么没有出现……然而，事实证明这种适度的进步速度(需要与人口增长保持同步)——或者可以部分替代这个速度的工业资本形成——是无法达到的，倒不是因为最好的技术革命被“用光”了，而是因为社会结构与阶级结构阻碍了新技术革命的发展(85)。

这种剩余榨取模型有三个主要前提：传统经济产生了远远超出耕种者与生产者最低生活需要的大量剩余；农业社会是高度分化的，包含一个人数较少的精英阶级和一个庞大的小农阶级，而且，出于其自身目的，精英分子会设法占有剩余。决定精英分子消费行为的文化价值观与经济价值观阻碍其以生产性的经济方式——进行基础设施建设、资本增值、灌溉等——将剩余进行投资。如果这些假设能够得到证实，那么直

① “的确，考虑到这些剩余的规模可能意味着进行大量投资，我们必须要问的核心问题是，为何实际上几乎没有出现投资、现代化以及技术进步”(1987:72)。

截了当地可以得出一种经济停滞模式。生产者(小农)缺乏资金,不能投资于效率更高的技术,而精英分子缺少这样做的动力。能引发经济发展的技术革新的幅度被阻塞了。

这些假设前提中的每一个都曾受到质疑。有些学者主张,用阶级、剥削以及剩余榨取等范畴来研究传统中国是不合理的。马若孟(1970)对传统的农业经济描述如下:汪洋大海般的小自耕农卷入了本来就贫穷落后的经济,导致了微薄的剩余水平。伊懋可、卜凯及其他学者把农村社会描述成基本上是扁平的,财富和土地占有的不平等是有限的(而且经常会被颠倒过来)。最后,有些学者曾主张,地主与放贷者曾准备投资于生产,但是被其他制度因素[例如,商业活动中可得的超额利润(伊懋可 1973)]所阻止了。因此,为了评估剩余榨取理论框架的说服力,我们就需要看一下是否可利用的经验材料支持这三个前提。

剩余的数量

最明显地支持上述这些前提之中任何一个的例子与剩余的多少有关。有说服力的研究使得这一点十分明白:在农场经济中可以获得相当可观的剩余,并且这部分剩余是通过各种机制从农民手中榨取过来的。在其 1974 年的著作《中国的土地改革与经济发展》(*Land Reform and Economic Development in China*)一书中,为了计算可得的剩余,利佩特对中国农村经济中的收入来源进行了仔细全面的研究。通过对 1933 年经济统计数字的研究,利佩特得出了这些收入占全国收入的百分比估算:地租(10.7%)、农场经营利润(3.4%)、农业利息付款(2.8%)。这些数据显示,在 1933 年,全国收入的 16.9%是由农村经济剩余来提供的。

李思勤(1975)对 20 世纪早期中国经济中的潜在剩余的仔细评估支持了利佩特的分析。李思勤将中国经济中的“潜在经济剩余”定义为“潜在的当前总产出与劳动力及小农收入的实际水平的差额。其假设前提是,那些全部收入都是以所有权的收益形式获得之人(例如,纯粹的食利者)受到限制,只能与从所在经济部门领取工资与薪水之人(或小农)进行同样的消费"(51)。潜在的当前产出是当前产出与对当前未被充分利用的资源——尤其是未雇佣的劳动力——的产出估计的总和。李思勤估计 1933 年有 36.8%的剩余,这其中有 24.5%的剩余是在农业中产生的;如果反映未使用资源的那部分剩余被排除掉,他估计将有 27.2%的剩余(74)。

李思勤与利佩特令人信服地证明了,在 20 世纪早期,中国农村经济产生了可观的潜在剩余。考虑到这个时期的动荡,突飞猛进是不可能出现的。因此,这些数据暗示,上个世纪(19 世纪——译者)存在与之相当的剩余。大量的其他研究支持了上述结论。黄宗智(1985:182)发现,这个估计与他对华北农业经济的研究结果相一致。珀金斯(1969)有关土地出租率的数字看起来也与这个观点相一致。最后,中华人民共和国在革命胜利后的十年内对农业发展的大规模投资表明,可观的剩余可以为国家所占有并被用于生产性投资(利佩特,1974)。

因此,一个有说服力的例子就产生了:农村经济提供可观的剩余,它以地主的收入、放贷者的收入以及使用雇佣劳动的经营式农场主的收入形式出现。"从农业用地中得到的收入始终是农村非劳动所得的主要来源。在 20 世纪 30 年代的农业部门,地租构成了 10.7%的国家收入,农场经营利润,即每年雇佣的劳动力扣除其自身消费后产生的剩余,占 3.4%。农业利息付款占 2.8%。"(利佩特 1987;40)

分化程度

现在转到第二个前提:假设中国乡村社会显著分化并且有一个少数的精英阶级控制了大量经济剩余。这个假设是独立于第一个假设的,因为农民与工匠能够以远高于最低生活水平的生活标准的形式保留这些剩余。然而,利佩特指出,情况并非如此,剩余大多被精英阶级占有了。精英分子通过各种手段——租金、利息、强制劳动以及巧取豪夺——来榨取这些剩余。利佩特对传统中国经济中财富分化程度的估计合理吗？

利佩特(1987:41)在3亿～4亿人口基数之上把18世纪中国金字塔式的阶级结构分解如下：士绅与地主(3.5%)、富农(7%)、中农(20%～30%)、贫农及无地农民(60%～70%)。在这座金字塔的顶部，是一个紧密的士绅精英阶级，他们占有土地并拥有财富。[①] 利佩特估计在19世纪晚期，流入士绅(大约占人口的1.9%)的收入数量达到719 000 000两，占全国净产值的22.3%(90—91)。这笔收入分解为三个主要部分：服务收入(312 000 000两)、地租(293 000 000两)、商业利润(114 000 000两)。[②] 因此，利佩特主张，传统中国社会是高度分化的，有一个拥有大量耕地(约占耕地总面积的33%)的大地主阶级。到18世纪时，这个群体已成为一个食利阶级，脱离了生产过程。[③]

这种分析与其他已有的关于传统中国经济的信息在多大程度上相一致？在该语境中，有几个涉及分层的方面是重要的：土地占有分层、收入分层以及其他形式的财富分层。例如，如果存在一个很高的负债水平，那么这个经济系统可以有一个小范围的土地占有不平等，同时却有着大范围的财富与收入不平等。虽然如此，还是让我们从土地占有的不平等以及与此相关的中国不同地区的租佃率估算问题开始吧。

马若孟(1970)、伊懋可(1973)以及赵冈(1986)都怀疑，在传统的经济系统中，土地占有不平等的范围很广。正如周锡瑞(1981)所指出的，这些评估很大程度上依赖于卜凯20世纪30年代的土地调查。周锡瑞以令人心悦诚服的细节说明了卜凯以及同时代的其他研究是以低估地主的财产方式——例如，将外居地主排除在这些数据之外——这样一种

① “有一个统治阶级——中华帝国晚期的士绅——从农民、工匠以及工人创造的剩余中提取超过其自身生活需要的收入。占有土地、放债、进行商业活动以及拥有官职等等是得到这笔剩余的不同手段，但不是划分不同阶级的标准”(1987:78)。

② 利佩特的这些数据来自张仲礼的《中国绅士的收入》(*Income of the Chinese Gentry*)(1962)。

③ “大约有1/3的中国农田为地主所拥有，但是精确的数量统计是困难的。似乎有大约3/4的地主土地被士绅中人所拥有。”(1987:80—81)。珀金斯(1969)做了一个类似的估计。

方式来冠名的(396)。周锡瑞根据卜凯的数据以及其他 20 世纪 30 年代的数据不辞辛苦地重新计算了可能的租佃率,结果,他估计有 42%的出租土地(即 489 万亩出租土地)(399)。这个数字实际上比卜凯估计的 28.7%要高。周锡瑞进一步估计,这些土地中的 85%是从地主手中租到的[排除了富农、寡妇以及弱者(400)]。他判断,大约 4%的农户拥有 39%的土地(见表 4.3)。

表 4.3　中华民国时期的阶级结构

	户数(%)	土地(%)
地　主	4	39
富　农	6	17
中　农	22	30
贫　农	60	14
农业劳动者及其他	8	0
总　计	100	100

资料来源:周锡瑞(1981:405)

黄宗智(1985)对华北的研究进一步支持了中国农村经济高度分化的观点。黄宗智提供了 18 世纪河北(省)获鹿县的土地所有权的数据(表 4.4)。根据这些数据,25%的家庭没有土地,35%的家庭拥有少于 10 亩的土地,4.2%的家庭拥有 35%的土地(104)。粗略地以百分比计算(图 4.1),这些土地分配的数据可以被转化成一条标准的洛伦兹曲线,基尼系数是 0.68。① 这个数字是非常高的。它显示了一个大范围的土地占有的不平等[相比之

① 基尼系数是直线(对角线——译者)与曲线之间的面积与下三角形的面积之比;它是测量一个社会财富持有的分化程度的指标。完全平等的分配,其基尼系数是 0.00,而相反的极端——一个人拥有所有的土地,则基尼系数是 1.00。今日美国财富不均的基尼系数接近 0.35。因此,黄宗智数据中显示的贫富差距远远大于今天的美国或西欧的贫富差距。赵冈基于针对 20 世纪 30 年代的土地研究成果计算出华北的基尼系数为 0.66,于是,我根据黄宗智的数据来对其基尼系数进行的估计因赵冈的计算结果而得到佐证(125)。

下,20 世纪 70 年代的爪哇和孟加拉国的基尼系数分别为 0.49 与 0.45(哈特 1988:251)]。

表 4.4 河北获鹿县的土地分配(1725—1750 年左右)

拥有地(亩)	户 数	户数百分比(%)	拥有地总数	拥有地(%)	亩/每家
0	5 331	25.30	0	0.00	0.00
<1	888	4.20	439	0.20	0.49
1～5	3 507	16.70	10 207	3.20	2.91
6～10	3 172	15.1	22 948	7.30	7.23
11～15	2 137	10.10	26 157	8.30	12.24
16～30	3 332	15.80	70 006	22.20	21.01
31～40	967	4.60	33 205	10.50	21.01
41～50	493	2.40	22 313	7.10	44.81
51～60	334	1.60	18 195	5.80	54.48
61～70	540	2.60	40 534	12.80	75.06
>100	340	1.60	71 225	22.60	209.49

资料来源:黄宗智:1985:104(表 5.5)(参见黄宗智《华北的小农经济与社会变迁》,第 106 页)。

这些数据揭示了全中国的高租佃水平(当然,地区间存在着重大的差异)。① 不过,无论如何,中国都有一个相当庞大的小自耕农阶级(small owner-cultivator)。自耕农(即,非租佃部门)是他人可观的剩余的源泉吗?在负债成为家庭收入的最大支出的情况下,从这一群体进行剩余榨取的主要形式包括高利贷、课税、强制性劳动以及劫掠。黄宗智(1985)提出,高利贷是华北的财富所有者的一个重要收入来源。华北的

① 珀金斯(1969)提供了大量有关晚清中国租佃模式的信息。他发现,租佃率随着地区的不同而变化极大,最高值为 56%(四川)而最低值为 12%(山东)。租佃率最高的区域是在中国的西南地区,东南地区、中部地区、东部地区。华北地区一向显示着较低的租佃率——大多数在 20%以下,少数一些地区在 20%～29%之间。

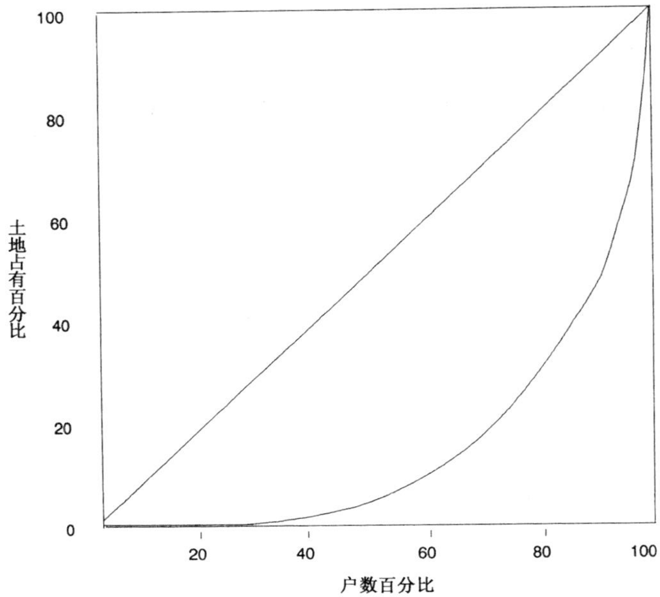

图 4.1　洛伦兹分配曲线——获鹿县

生态极限产生了贫困,在这种情况下,土地典当与放债通常是赚钱的手段(176)。“利息率一般每月 1.2%～3%,最普通的是 2%。通常最富裕的农户借钱时利率最低,因为他们有能力取得这样的条件,也具有很好的信贷风险的承担能力;最穷的农户则负担最高的利率,他们承担信贷风险的能力最差”(189)①。珀金斯写道,“像这样的贷款的利息率一般是每年 30%到 40%,或者更多。如果原始贷款(initial loans)数目很大,或者,如果原始贷款没有得到迅速偿还,小农会发觉他自己日益陷于债务之中”(1969:92)。濮德培描述了在 18 世纪的湖南,官方努力“通过强行将利息率限制在每月 3%的水平以减少地主高利贷。他们希望这样能阻止因负债而带来的土地丧失”(1987:161)。塞尔登(Mark Selden)发现,在延安,租佃曾是对小农资财的最大盘剥手段之一,而负债使其失去了

① 译者:参见《华北的小农经济与社会变迁》,第 198 页。

这种地位(1971:7—13)。上述学者中没有任何一位对小农经济内部的负债水平做出数量估计,但是他们各自提出了理由,说明其为何假设负债大量消耗了普通农民的收入。

简而言之,这些数据支持了利佩特针对中国农村经济分化水平而提出的论点。黄宗智、珀金斯、周锡瑞、濮德培以及其他学者强调土地所有、大量负债、高额地租等方面的广泛不平等。这些方面的不平等严重地消耗了农村剩余,使得精英阶级能够榨取大量农村产品作为其自身的消费之用,从而证明了如下观念,即农村经济是一个等级体系。

精英分子的消费行为

以剩余榨取来解释停滞的理论,其最后一个(第三个——译者)前提涉及精英阶级的消费行为,即该阶级通过何种方式处理其所控制的剩余。利佩特指出,解释中国经济停滞的关键问题是,文化与经济环境如何引导剩余的榨取者处理这些剩余。他主张,该阶级以非生产的经济方式——不是用于农业和制造业的投资,而是用于奢侈性消费、仪式支出等等——消费大量已占有的剩余。① 利佩特这样描述精英分子的奢侈性消费:

> 大宅的维护、置景、家具陈设是奢侈性消费的主要渠道,与食物消费水平一样,远远高于普遍标准。大户人家在衣着方面的开支也很有特点,在数量上与质量上远非一般小农所能承受。拥有一辆黄包车意味着需要一个劳动者来拉车。该家庭的贴身服务由其女仆来提供;然而,由于女仆们没有薪水,所以服务的成本只是提供给她们居住的房间、膳食费,很可能还有些衣物。(1974;40)

消费模式的唯一焦点使得经济停滞取决于一个十分肤浅的中国社

① "这些剩余的用处主要包括,奢侈性消费(包括铺张消费)、土地购买、仪式支出、因保卫帝国抵御内外敌人而必需的军费以及传统教育方面的支出"(1987:90—91)。

会特征:制约精英行为的准则。然而,传统经济中有一种结构特征进一步抑制了剩余的生产性投资。这就是该经济系统中所特有的精英阶级与生产过程相分离。开明地主与小制造业资本家是传统中国财富占有的非正常形式;中国的精英分子更愿采取食利阶级的形式,从所有权中而非从管理才能与企业家才能中获取收入。“商业利润被分配了,商人却趋向于仍旧对他们所交易之物品的生产过程一无所知。例如,主要批发棉布的苏州经销商与生产没有任何瓜葛。他们支付给劳动承包者一个固定的单价,而不是直接雇佣劳动进行生产。在这种情况下,商人大多仍旧忽视生产技术,几乎不会进行技术改进”(83—84)。其结果是,小家庭生产单位——农户、工匠等等——使用传统技术来生产产品,而生产出的剩余有效地通过上述机制被榨取了。精英分子最终得到了以这种方式产生的收入,却几乎与其收入的生产过程没有任何实际联系或制度上的联系。①

赵冈认为,对财富占有者来说,人口压力使得租佃地主制比经营地主制更可取(前面已经讨论过了),他这个观点在该语境中与利佩特的观点是相关的;这可能是两种理论的一个会合点。赵冈提出,随着劳动的边际产品降至最低生活线以下,从经营式农场中获得的收益比地租要低。于是,这会进一步产生一个经济刺激,使得地主脱离耕种而不是直接管理耕种。

黄宗智对华北农业经济的探讨提供了一个支持类似观点的依据。黄宗智提出,传统中国农业中的技术创新由于以下因素被阻塞了:(1)由社会所有权系统产生的障碍;(2)对政府干涉(防洪与灌溉)以改变生态环境的需求(1985:183)。在传统中国,对资本主义农业构成更为严重的阻碍来自两极分化的财富结构:商业精英与官僚精英可能得到三万银

① “因此,在工农业中,中华帝国晚期的生产关系以大量的所有者与生产过程完完全全的分离为显著特征。取得利润的途径不是改进生产,而是对社会秩序的支配,凭借于此,直接生产者被剥夺了他们所生产的剩余”(1987:84)。

两，相比之下，小型的经营式农场主只得到几百银两。结果，日益发展壮大的经营式农场主具有极其强烈的动机要成为租赁式的土地所有者，因为后者会给他们时间来从事商业，接受教育或谋取官职(178)。“这样，经营式农业通过地主制而返回到原来的小农耕作”(169)。[①] 经营式农场大约在200亩的规模达到极限，因为小块土地四分五裂，需要对雇佣的劳动力严密监视。面积增加一倍需要增加超出地主监督能力的雇佣劳动力，而雇佣一个工头又会耗尽利润(172)。

即便是经营式的大农场主也只能从土地中获取微薄收入，而通过帝国官职或从事商业却能家缠万贯、高居显位。对这些现象以及对地权的分析阐明了利佩特的观点：在传统中国社会关系的情形之下，对地主来说，农业创新不是提高物质方面收益的最佳方式。因此，农业创新也就没有发生。[②]

我们可以将利佩特对停滞的解释总结如下：使得农村经济活动得以发生的所有权安排规定了一个系统，在这个系统中，大批小耕种者生产剩余产品。这些所有权安排也使得一个人数很少的精英阶级通过各种机制——地租、利息、强制性劳动、贪赃舞弊的税收惯例、垄断性服务费用等等——占有这些剩余中的很大一部分。这个阶级没有将这些剩余投资于生产性的经济渠道，而是倾向于以奢侈性消费的方式将其挥霍。这些消费偏好是在如下文化因素与经济因素的共同作用之下产生的：在文化上，精英阶级习惯于选择与农业和制造业保持距离；在经济上，一旦出现食利经济，精英阶级中的成员几乎没有动力投身于对生产进行管

① 伊懋可引用了一位明代学者耿巨的一段话，这段话明确地证实这个结果。“吴中风俗，农事之获利倍而劳最，愚懦之民为之；工之获利二而劳多，雕巧之民为之；商贾之获利三而劳轻，心计之民为之。贩盐之获利五而无劳，豪猾之民为之”(译者：此处引文见顾炎武：《天下郡国利病书》卷十六，《四部丛刊》三编，史部)。

② 在这个问题上有一些相反的证据；有些学者的确发现了以生产为导向的财富所有者。例如，濮德培对湖南的分析提供了许多有关精英分子投资于灌溉系统、土地清理以及其他提高生产力的基础设施建设的例子。

理,也没有动力使生产现代化。结果,生产投资是最少的。可以预测的是,创新与现代化的速度是极其缓慢的。种种的财产安排将环环相扣的激励、机会以及权势一股脑儿地强加给参与人,从而给传统经济强加了一个停滞逻辑。

对利佩特的分析的评价

近来的有关中国农村经济的研究似乎支持利佩特的核心观点。不过,他的分析也受到严厉批判。首先,依据近来关于中国经济史的著作——例如,珀金斯的、黄宗智的、罗威廉的、濮德培的,或马若孟的——所建立起来的标准,利佩特的分析是极为笼统的。他在仅仅一章之中描述了大约一千多年来中国经济发展的特点。他几乎没有对任何地区和任何时段进行细致的分析。他的研究与其说是高度完善的经验分析,还不如说是起到了一个研究假设或研究框架的作用。在利佩特的解释更加细化之处——例如,当他估计农业剩余的数量之时,他的分析大多以20世纪的数据为前提。考虑到20世纪早期是一个严重的政治与社会动乱的时期,来自这一时期的经济数据不可能代表更早时间段的情况。[这种批判也适用于针对马若孟的研究(1970)。]

这个缺点引起了一个与此有关的脱漏:利佩特忽略了时空差异。很多有关中国的新近著作揭示了帝国内各区域之间的差异是相当大的(这是前一章强调的一个观点)。但是利佩特没有进行区域性的具体分析;相反,他的观点是在把中国作为一个整体的层面来表述的。这样的概括很可能是无效的。我们有可能利用现有的细化的区域研究,从而做得更好。

不同地区的经验揭示了,利佩特针对剩余与精英分子所进行的概括存在有重大意义的例外。例如,在其分析17—18世纪的湖南之时,濮德培(1987)说明了,精英分子广泛地投资于土地开垦与供水系统,结果带动了农业经济的迅速扩张。黄宗智(1985:72—84)指出,经营式农业在华北一直存在，这暗示了存在一群农村富人，他们既有机会又有动力对其农场进行生产性投资。这两个观点都削弱了利佩特的概括：精英阶级大多不愿意投身于生产性活动或对其掌握的剩余进行投资。

那么，似乎利佩特的解释引起了许多只能通过深入的区域研究才能处理的问题。其中一个重要问题与农村信贷的形式及其可用性有关。利佩特把负债看成是过度剩余榨取的一个症状。不过，从另外一个角度看，农村信贷的可用性对技术创新与经济增长是必需的。因此，拥有更丰富的农村信贷系统的知识对全面分析农村经济是至关重要的。[①] 同样，我们需要了解更多的有关地主与佃户之间关系的信息以确定是哪一方攫取了提高生产率的收益。当复种制度与新的种子品种导致收益增加之时，地租会上升到完全将新增的剩余转移到地主手中的水平吗？抑或地租保持不变而将这部分剩余留给佃户或其他当地居民？外居地主似乎最不利于通过提高地租来追求生产率的提高。不过，如果能证明这是正确的，我们应该预期，由地主、贷款人和小农各自掌握的剩余比例发生一个转变。考虑到利佩特模型的本质，这些问题是至关重要的，但是只有根据具体的地方研究才有可能回答它们。

最后，利佩特对农村精英的社会分析极不具体。他毫无差别地谈及精英分子，但是，精英之间是有极大区别的，他们在经济上的差别也是显著的。从其他研究来看，这一点很清楚。[参见萧邦齐(1982)与兰金(Mary Backus Rankin)(1986)对浙江精英的政治行为进行的仔细研究。]我们可以基于某些考虑，将拥有功名的士绅、官员、地主、商人以及放贷者划入精英阶层，但是他们有极为不同的经济角色与经济利益。而且，利佩特对精英的“文化价值观”的概括，其包容性太广，宣称中国所有的精英都鄙视农业、脱离生产过程以及偏好奢侈性消费。不仅精英群体

---

① 罗威廉(1984:160—61)提供了一些有关华南本地银行的数据。要了解对本国银行业务与汇款银行业务的描述还要参见易劳逸(1988:112—14)。

内部的不同经济阶层具有不同的利益与行为模式，而且甚至在一个既定的阶层(例如，土地所有者阶级)内部也存在地区差异。于是，关于其自己的假设，利佩特的分析需要对社会构成与精英阶级的变化形式进行一种更为丰富、更为详细的论述；我们可以预期，该阶级的不同阶层采取了截然不同的政治行为方式与经济行为方式。

赵冈与利佩特的关系

人口论与剩余榨取论之间的逻辑关系是什么？他们提供了相矛盾的经济社会变革理论吗？似乎不是。赵冈与利佩特在大部分相同要素上意见一致，而在与这些要素相关的因果重要性方面存在分歧。赵冈强调人口因素在约束经济增长及限制技术创新方面的重要性，而利佩特提出，剩余榨取系统的个别特征决定了是否增长。利佩特有时这样著述，仿佛他的解释是人口模型的绝对替代品；实际上，利佩特的主要贡献是详细说明了人口模型漏掉的一个重要因果要素：阶级与所有权在决定大规模经济力量方面所起到的地方作用。

尤其是，利佩特的解释不应否认人口增加和资源稀缺在中国经济系统内的重要性。不过，根据剩余榨取模型，这些要素成为这个环境之中的背景条件，在这个背景条件下，所有权关系与经济制度施加了它们的因果影响。人口模型具体说明了能大规模展现中国全貌的经济力量。赵冈默不作声地预先假设了一个简单的、一致的、透明的地方机制，通过这些机制，这种影响转化为经济作用：理性的个人追求其物质利益，理性地对变化的经济情况做出反应。然而，利佩特说明了，界定当地选择环境的制度多种多样，而且，大规模的经济力量所产生的后果对那些差异高度敏感。因此，所有权关系与经济制度构成了那些地方机制，通过这些机制，人口因素施加了其影响。这不表明用人口来解释停滞的理论错了，而是说，它是不完整的，必须辅之以地方性和区域性的政治制度环境分析，在这种环境中，客观的经济因素施展其影响。

我们似乎可以很自然地说，人口论描述了一个普遍的因果要素，这个要素在具有不同地方所有权的地区都可以施加其影响，结果，客观经济要素的作用随着地区的不同而不同。利佩特的个案（如果是很好地建立在经验之上的话）增加了我们对地方机制的了解，但是并没有使客观经济要素的因果作用失效。

利佩特的分析与人口模型实际上有很多共同点：它们都依赖于对个人经济理性与物质理性的假设；都把经济变量（地租、价格、工资）在解释社会变革中的作用置于核心位置。这两种方法都假设界定单个决策者（耕种者、发明家、制造商、商人）行动环境的动机与机会决定了大规模的发展模式。它们都有一种看法，认为物质利益（收入、财产权利、安全）在很大程度上决定了个人的动机结构。

两种解释都不是完全令人满意的。它们各自提出了严肃的经验充分性问题，因为它们都没有充分分析传统中国的地区差异与时间差异。我们可以说它们都有这样的毛病，即假设应该有一种对停滞原因的单一因素分析。

经验推理问题

由赵冈与利佩特提出的问题该如何解决？至少从一个层面上来说，它在本书所讨论的争论中最为尖锐：两位学者在中国经济的某个重要特征的正确因果解释方面存在分歧。他们还在有关大量重要的事实判断（例如，农村剩余的数量，农村社会的分化程度）方面存在分歧。我们需要用什么来确定哪种假设是正确的呢？

有几种需要考虑的事项是相关的。首先，我们可以分别在其内在基础上对两种理论进行批判。赵冈对人口的估计似乎依靠一个相当单薄的人口数据库而利佩特的分析几乎完全依据二手材料而非原始研究，如此等等。这样的批判影响了这些理论的置信度，有时足以不必再对一个既定理论进行更深入的剖析。

其次,这两种理论明显具有许多共同点。利佩特在很大程度上利用了赵冈的人口数据,只是在这些人口发展趋势有何种作用方面不赞成赵冈的观点;利佩特与赵冈以几乎同样的方式观察农户结构;如此等等。因此,我们不必评价水火不容的两种理论;相反,我们更需要做出一个判断,这个判断与多种要素的相对因果重要性——其出现大多为这两种理论所认可——方面存在的分歧有关。

抽象地讲,这两个个案研究都包含以下几个部分:(1) 一系列经验数据,研究者对它们进行分析并将它们提出以支撑其研究;(2) 一套分析工具,研究者使用它们从而在数据以及其他假设中得出结论;(3) 一个有条理的论点,该论点能够说明这些汇集起来的资料如何有力地支持研究者的因果假设。赵冈的论述比较符合上述方案。他收集了两千多年来以时间为序列的人口数据与土地数据。他提供了一套边际主义的经济分析工具,根据这种分析工具来刻画自耕农的行为特征。他提出了一个全面的观点,说明了下降中的土地-人口比率如何通过理性的小农行为导致技术停滞。对于利佩特的研究,也可以沿着上述思路进行分析。对他来说,核心的经验数据是经济剩余的数量与对农业产生影响的阶级关系。他的分析框架结合了历史唯物主义与当代的经济学理论。其进一步的观点试图说明他所辨别的制度在传统经济中如何导致了停滞。

最直接的评价两种竞争性假设的方式是进行深入的经验研究。在两种理论之间有一个存在经验分歧的关键性领域,而这是一个至关重要的经验问题,如果这个问题能得到有效解决,那么它将彻底地证实一种理论而完全否定另一种理论。在这种情况下,农业剩余的数量是如此重要的一个检验条件;如果深入的研究证明利佩特的估计是正确的,那么赵冈的观点就被削弱了,反之亦然。将来的研究者应该尝试确认两种理论的关键性经验假设,然后进一步努力评估那些假设或观点的充分性。这种方法类似于自然科学中对实验的使用,而且与构建一个"关键性实验”——该实验能在相左的两种理论之间做出判定——的目标有很多共同点。

这场争论与本书提到的其他争论相比，在更大的程度上依赖于数量推理。这两种理论都是对传统中国经济史的研究；同样，每种理论都不得不用长长的数据列表估计各种经济变量，如人口规模、一个既定时间内的可耕地面积、平均粮食产量、平均地租水平、总债务水平等等。对这些变量的估计为我们提供了传统经济的计量经济学表达式，而且使得我们能够对有关诸如福利水平、分化程度、土地生产率与劳动生产率、投资率这样的重要经济发展趋势做出判断。如果是理想状态，在一个很长的时间序列内，数据应该在县级层次上具有广泛性和代表性，而且随着时间的变化，它能够揭示有关经济系统的集合统计。

不过，与理想状态所要求的相比，研究中国的经济史学家（或与此有关的研究任何其他国家的经济史学家）能得到的数据大多不够完整。历史学研究的数据收集问题与自然科学的数据收集问题完全不同，因为要研究的情况已成过去。例如，我们从来都不可能提高对中国人口史上某些时期的认识的准确性。因此某些重要的经验问题由于历史记载的中断而将永远得不到解决；比较讲得通的是，假设深入的研究不会解决农业剩余数量方面存在的经验分歧。

即使可以得到数据，它们可能有系统地歪曲了潜在的变化。在整个中国历史上，通常可以得到的一种数据形式是一个县的耕地数量；这个信息是可以得到的，因为政府需要这个数字以便征收土地税。但是众所周知，土地登记者会少报耕地数量，因为土地所有者企图把他们的税收负担最小化。虚报的程度取决于许多地方因素——近期的土地安排、地方征税官员的能力、用来检查土地登记者的可用资源等等。因此，现代的研究者不得不对包含在数据中的偏见与歪曲之源做出一系列判断。

另外一个数据问题关系到分散的数据来源的可比性问题。即使研究者占有了某一变量——例如，不同地区的租佃水平——的数据，这些数据也不可以直接进行比较。数据通常是由不同机构出于各种目的、使用多种方法而收集起来的。某一个数据库可能用不同的术语定义租佃;另一个数据库可能将地主排除在外;而又有一个数据库可能是根据农场而不是家庭来计算得出的;如此等等。因此,研究者不得不去寻找增强数据可比性的方法,这些方法可能包括做出一些假设,而这些假设其本身不能得到经验上的评估。

最后,许多由上述理论引起的经验问题,其本身是高度依赖理论的。若要形成一个对总的经济变量——人口规模、城市化率、实际工资、相对地租负担、负债水平等等——的估计,几乎总是必须在大量有关语境的假设下构建一个正在讨论的变量模型,以及在详细审查的情况下取得一个初始变量的替代变量。① 考虑到已有的有关工资与价格的信息,让我们想一想要做一个城市工人的实际工资指数有多难。从职业来看,城市工人是分化的,因此我们必须挑选出来一个职业样本来代表整体。这些职业中的每一种都会有我们必须试图确定(根据一种对不同职业的平均失业期的估计)的平均货币工资。如果我们对工作人员中的各种职业的数量做出一系列假设,我们最终能够估计出城市工人的平均货币工资。现在再来看价格一方。因为我们关心实际工资,所以我们需要了解货币工资的购买力有多大。在一个既定的时期内,虽然某些商品价格上涨,某些商品价格下跌,但是工人们可以用比较便宜的商品来替代比较贵的商品,如此等等。因此要构建一个对平均价格运动的估计,我们必须再一次选择一些商品的价格做成价格指数,还要做出一些关于消费模式的

---

① 安德森(Michael Anderson)(1986)这样描述了从原始数据到对经济变量的估计的转变问题:"后来,在数据分析阶段,我们还有另外一个问题,即要找到能使用我们的数据把我们想要探究的社会关系或经济关系、社会过程或经济进程加以模型化的方法。围绕近来的计量史学而展开的大多数争论或者起源于有关所用指标的有效性问题,或者来自过于简化的模型——这些模型被用来建立能以这些数据和已有的计算技术来解的方程"(39)。安德森隐含地在原始数据、用以总结数据的数学模型、按时间序列对数据的概要呈现、数据说明以及关系到数据中间变化的因果假设之间做了明显区分。

假设。在所有这些假设都到位的情况下，我们才可以对货币工资、价格指数以及实际工资的估量进行评估，并判断它们是上升了还是下降了。但是这种评估是极其复杂的，对以这种方式做出的假设反应敏感。[①]

这种探讨再一次表明，要解决这里所研究的诸多此类争论，不可能是提出新的无争议的数据这样简单的一件事情。相反，经济史学家会在新的假设以及（有时）新的数据来源的基础上做出新的研究，为一种或与其对立的另一种立场提供个案。[②]

理论的作用

显然，赵冈与利佩特都提出了一个解释框架和一套有关经验数据的理论范畴。利佩特在历史唯物主义与阶级分析的框架之内进行研究，而赵冈给其研究带来了边际主义经济分析的工具及其假设。在何种程度上，这些先验的理论影响了学者对数据的分析？

赵冈对制度特征的相对忽视似乎符合其隐含的假设：在市场经济语境中，任何经济系统都由一大批独立决策者组成。从这个角度看，地方经济的特征就相对的不那么重要了；决定经济发展的是一种市场经济逻辑而不是财产制度、土地所有的安排等细节。与此相应，利佩特的剩余榨取理论框架直接引导他分析生产制度以及权力与权威的社会关系——通过这些制度与关系，经济系统得以运行下去。但是他发现很难把有关人口变化的数据考虑在内。这两种方法都未能考虑理论框架之外的因素：例如，政府的作用、中国文化对革新的态度的重要性，或者诸如清朝的征服这类历史情景在解释农业经济特征中的重要性。每个学

① 克拉夫茨（1985）对这个问题进行了更加全面的讨论。

② 斯科菲尔德（1986）在讨论英国人口问题的语境中，对假设在经济史研究中的作用做出了评价。“历史学讨论中的不确定性水平经常是很高的，分歧的范围相应的也很大。因此，关于结果对其他的证据假设的灵敏度的研究，显示了争论领域的范围并因此保持讨论集中于可控的限度之内，从而经常能起到一个有价值的作用”（25）。

者各自提供了一个关于经济停滞的单线因果论。

在经济社会史研究中该如何应用理论,我们可以在黄宗智对华北的研究(1985)中找到一个更加令人满意的例子。黄宗智的分析反映了他意识到了几种相左的理论分析框架。结果,其研究对当地的经济与社会组织的变化很敏感。在他的手中,社会理论——理性小农论、阶级利益论以及小农自我剥削论——构成了解释性假设之源,而没有预先假设一种理论模型会适应所有数据。这表明,社会研究者在选择针对一种社会现象的某种理论解释之时需要具备高度的兼收并蓄的水平。研究者不能只寻找一种单一的解释因素而要以一个全面的理论来进行解释,所以,研究者应该对多种现象保持敏感并准备应用各种理论建构。

这些研究阐明了,解释只有基于理论假设与理论建构才能得以进行下去。他们各自得出了一个将传统中国农村社会的某个特征与某种经济停滞模式联系起来的因果观点。但是这样一种观点只能基于一种将解释与被解释对象连接起来的根本进程的假设。解释需要提供某种对于类似规律的变化过程——这种变化构成可见事物的基础——的论述。假设与理论服务于实现那个目标的努力。

历史建构的有效性

这场争论中的分析对象是中国社会内的一个宏观特征——农业系统的一种极度保守的趋势,即农业系统变得劳动越发密集、土地越发高产却没有重要的技术革新。这种模式延绵了一千多年,包含了中国许多地区数以千万计的农村居民的经济活动。于是有两种问题出现了:需要用什么来证明存在这样一种模式的观点的内涵和真实性?需要用什么来充分解释这样一种模式?

要用这些理论来解释的情况可以系统阐述如下:在 12 世纪到 19 世纪之间,传统中国的农业系统变得劳动越发密集、土地越发高产却没有重要的技术革新。这个说法确认了一个社会实体，即传统中国的农业系统，并将一个长期的变化模式归因于此。这个实体的地位如何？它是一个复杂的社会结构，由生产技术与社会关系的总和构成。因此，这个概念类似于常见的马克思主义概念——“生产方式”。要描述这个农业系统，我们必须确认传统中国农业实践的特有方式，包括物质特征（技术、种子类型、灌溉设备、生产工具）与使农业得以产生的社会结构。因而，短语“中国农业系统”指的是相对稳定的一套社会惯例与社会制度，其典型特征可以通过历史研究来加以确认。对中国农业系统的描述会包括对传统农业技术的论述、以农业活动为中心的社会制度、一般的耕作单位——小农农场、某些经营式农场以及某些更大的庄园。

不过，任何对中国农业系统的一般描述都掩盖了地区之间、部门之间的潜在相对差异。这样一来，租佃现象在华南比其在华北要更加显著；华南大多进行水稻耕作而华北主要种植旱地作物；与农户的家庭农业相比，经营式农业受制于不同的经济约束；如此等等。因此“农业系统”的概念不可避免地成为一种抽象。即使时空差异是大量存在的，针对任何一个既定时期——更不必说是长期——的农业系统的论述还是必须选择某些要素作为最主要的特征。历史真实性包含了大量各种各样的人、制度安排、制度变化以及劳作形式等等。

可能有人会提出，我们不可能在超越对特定地方系统的概括的任何有意义的层次上对中国的农村经济进行探讨，而且，地区差异与部门差异使得我们不可能进行这种概括。不过，有几种情况弱化了这种怀疑论。首先，中国内部的所有地区系统可能共有某些重要特征。其次，所有的地区性农业系统可能受制于类似的因果关系，因此，它们倾向于起到类似的作用。最后，尽管地区系统之间和部门系统之间有差异，但是它们可能通过贸易、技术传播以及政治影响而联系起来。于是，有关整个中国农业经济的概括是合乎逻辑的，但是必须谨慎地做出这种概括。而且，当这样的概括是以对区域经济的仔细研究为基础之时，它们可以产生最高的置信度。黄宗智与马若孟分析了华北的农业经济；罗友枝集中研究了华南农业经济；濮德培对湖南的农村经济进行了精密的研究；如此等等。这样的研究使得一种更为合适的观念——一种既关于传统中国农村生活的一般特征又涉及地区差异最为显著的表现方式的观念——成为可能。

于是，农业系统的概念理所当然地被用作一种理想型，即一种明确的表述：研究者对自古以来中国农业的最典型特征所作的判断。但是这种建构的有效性几乎完全取决于解释的结果，当我们将注意力沿着由这个概念所隐含的线索转移之时，可以得到这个结果。例如，如果证明了华南的农业是对市场高度敏感的、有创新能力的，而且是经营式的，而华北的农业大多以维持生存为导向、技术停滞以及靠家庭管理，那么认为中国农业系统具有系统规律的概念就是错误的。研究者应该转而集中注意力于研究区域子系统，因为(在这些假设的前提下)这些子系统有明显不同的发展模式。

因果推理

赵冈和利佩特都想找出可在传统中国发现的农业发展模式的起因。提到这个，他们指的是这样一些因素：其存在或否，会决定由规律支配的进程所带来的农业技术突破是否会出现。赵冈确定了两个因果因素：有其自身经济规律的社会体系(小农的家庭农业)以及人口生态学的影响(不断增加的人口与不断下降的土地-人口比率)。(人口论本身是独立的因果论；赵冈提出，随着调节家庭组成的文化传统广泛传播，人口增加了。)赵冈所指的变化规律是从经济理性演绎出来的经济规律(在本质上是新古典经济学的规律)；假设自耕农是理性的，那么他们的行为将会中规中矩地对变化的经济情况做出回应。随着人口增长，个别的耕种者将被迫以剩余的家庭劳动力来代替技术创新，总的效果是农业技术更加向劳动密集型发展。

利佩特的观点还通过一套因果条件起作用。他描述了一个比赵冈所阐释的更为复杂的社会系统(小农的家庭农业处于一个阶级体系之内,通过这个体系农业剩余被吸收了),还概要地描述了该社会系统内的分配权力。剩余的榨取者比剩余的创造者(农民)有更多的权力,因此剩余的榨取者成功地占有了大部分剩余。这使得小农处于贫困之中,增加劳动强度是其增加收入的唯一选择。精英有潜在的能力在农业中进行生产投资,但并不进行投资,相反,他们消费了这些剩余。总的来说,这种模式导致了劳动过程的强化、劳动密集型技术对技术创新的替代、低水平的生产投资以及随之而来的技术停滞。于是,这种解释就依赖于对各种行动者——农民、地主、官员——行为的概括。它演绎出了一系列有关经济发展过程的结论,而这种经济发展过程是单个主体层次上的行为规律的集合结果。

赵冈和利佩特都提出了以理性选择来分析经济过程。他们各自假设农业系统的特征大多是由理性个人在一系列既定的经济情况之下做出选择的集合结果来决定的。他们各自假设局中人在既定的情况之下受到激励来改善其福利。他们都赞同技术停滞的大致原因是缺少生产过程方面的投资。他们的核心分歧是对缺少投资的解释。赵冈将其解释为很低的土地-人口比率的结果,很低的土地-人口比率导致了对劳动密集型技术的优先选择,还导致了一个很低的绝对剩余水平。相比之下,利佩特将榨取剩余的精英的消费行为确认为这个障碍。

在两种情形中起作用的因果关系模型似乎有几个相关的组成部分。让我们将各个观点表示如下:在情况 C 之下,A 引起了 B。

首先,假设每个研究者所确认的条件都发生了,每个研究者都试图说明为什么停滞是不可避免的。说停滞是不可避免的就等于说,假定 C 存在,那么 A 与 B 是根据一系列支配有关系统的规律得出的结果。因此,因果关系的观点也就是 A 与 B 之间存在规律性联系的观点。其次,这种观点有反事实的方面：如果 A 没有发生，那么 B 也不会发生。因此，赵冈的分析坚定地宣称如果中国人口达到了一个平衡，那么就不会发生停滞。利佩特的分析则必定有这样的含义：如果精英们将其租金、利息、利润投入于生产投资，那么紧接着就会出现经济增长。再次，这些因果观点各自在很大程度上依赖于对因果机制的论述，通过这种因果机制，原因产生其结果。因此，赵冈花费了大量精力，试图说明土地-人口比率处于下降的状态如何改变农民的决策环境，促使其选择吸收劳动的耕种技术而放弃代替劳动的技术创新。在这些情形中，因果假设的效力几乎完全取决于每位研究者对因果机制的解释力度。

因而，赵冈与利佩特要求对停滞进行一种因果解释的主张可以用如下形式概要地表示：

中国农业系统达到 P(一种停滞的状态)是因为：(a) 个人行为由规律 L_i 来控制；(b) 该系统内的决策受制于条件 C_i。

两位研究者各自进行了演绎式的分析，试图说明对 P 的描述是得自于 L_i 与 C_i。于是，因果解释既取决于在一个既定的系统内调节个人行为的规律，又取决于在那些规律的语境下可以导致结果 P 的边界条件。

这些解释完全符合科学哲学中流行的演绎-定律(D-N)解释模型。[①] 对亨普尔公式的非议有很多，特别是将其应用到社会科学当中之时，非议尤多。但是在这儿，我们似乎有一个在历史方面进行因果解释的很好的案例，它完全符合这种模型。不过，这些情形暗示在应用 D-N 模型研究社会科学之时，需要两个条件。首先，有一点很重要，即强调这些研究者依靠的规律不是无一例外的自然规律。相反，它们是人们行为的规律，追本溯源是由对理性决策的解释推衍而来。赵冈对边际主义经济理论的应用清楚地阐明了这一点。被他确认为导致停滞的因果机制，通过

① “根据普遍规律与理论原则，由演绎式的小前提得出的一般解释概念……会被称为演绎-定律解释模型，即 D-N 解释模型”(亨普尔 1965a：345)。

理性农民在不断变化的情况下针对生产过程所做的调节来发挥作用。如果我们有理由怀疑农民的理性——例如,如果我们要假设农民根据传统而非对成本和收益的计算来选择技术——那么,上述这个观点就会站不住脚了。

其次,不要过度强调推理的完整性与论证的严密性,这一点也很重要。亨普尔对科学解释的设想是某种类似于数学证明的东西,而赵冈和利佩特提出的观点更类似于合乎法则的争论,即一系列争辩:在其延伸的观点上,他们试图证明各个前提之间联系的可靠性。这两位研究者中没有任何一位在形式上从其前提"推导"出其结论;相反,他们各自试图说明,大部分论据支持其论证的每一步骤。而且,考虑到其对前提的论证,接受他们的结论是有道理的。

这场争论给经典马克思主义带来的弦外之音

这场在中国农业停滞的原因方面的争论是一个对经典历史唯物主义有着极为重要意义的主题:它确定了一个庞大而复杂的经济系统的"运动规律"问题。经典马克思主义的历史唯物主义范畴和假设在何种程度上适合解释中国的社会经济史?经典马克思主义可以部分地或全部以如下命题来表示:①

- 存在一个普遍的向更高的生产力水平发展的逻辑(技术决定论)。
- 存在着一个促使解放生产力发展的所有权关系出现的发展逻辑(所有权关系的功能)。
- 阶级斗争与剩余榨取系统在解释大量的社会发展模式与经济发展模式方面是核心变量(阶级斗争之首要地位)。

① 下列各项是从马克思本人关于唯物主义的论述中选取的,包括他的《政治经济学批判导言》、《德意志意识形态》及《资本论》。要了解更全面的讨论,参见李丹,1986:第二章;科恩(1978)以及米勒(1984)。

● 在市场经济体制中,社会必要劳动时间决定商品的价值量(劳动价值论)。

● 人口增长是一个内生变量,不是社会与经济变化的主导原因(反马尔萨斯主义的原理)。

● 生产方式在其社会结构内部包含着取代其自身的因素(内在发展过程)。

根据我们对中国经济发展过程的讨论,这些命题的适应性如何?首先,技术决定论在中国极不成功。珀金斯(1969)证实了六个世纪以来农业生产力的发展。这段历史说明了,生产率的适度提高外加可耕地面积更大量的增加导致农业产量增加了六倍。不过,这种增长仅仅满足于将增加的人口保持在一个大致不变的实际收入水平上。珀金斯有充分的理由认为,产量增加本身是人口增加的直接结果。因此,技术变革不是骤然发生的;生产率仅以养活日益增长的人口所需要的速度提高,人口增长似乎推动了整个发展过程。

在传统中国,所有权关系对生产力需要的功能适应性这一论题,看来也是值得怀疑的。利佩特分析了一个反面的个案,说明财产所有制——小农的小块土地与租佃——延续了许多世纪,而且阻碍了最终能够导致极大地扩张生产力的组织创新与技术创新的出现。从是否有利于生产力发展的观点来看,小农农业及与之相关的所有权安排是功能紊乱的。

不过,出于同样的原因,剩余榨取和阶级斗争的首要地位看起来在中国经验中比较成功。利佩特展示了地方的财产安排与剩余榨取安排如何影响了经济发展。剩余榨取的形式——土地所有权的安排、税收、信贷安排——在解释地方的经济发展模式与由农民和精英参与的地方政治活动模式方面似乎起到了重要的作用。这样一来,就中国的情形而言,阶级斗争命题似乎经受住了检验。然而,与此同时,我们已经发现,在解释农村社会的各个方面之时,阶级因素不是唯一有因果性质的相关社会特征;这意味着"剩余榨取"理论框架仅会成为全面的历史解释的一个重要组成部分。

劳动价值论受到源自小农的自我剥削以及土地的极度稀缺的限制。手工业产品的价格会反映出很低的小农劳动成本以及相对较高的传统运输成本。不过,粮食的价格会反映出流入该种稀缺因素所有者手中的租金数量;这是一种剩余榨取,但它是一种特殊的剩余榨取,尤其在中国经济中大量出现。

马克思主义的反马尔萨斯主义性质似乎也以同样的方式失效了。赵冈以及其他学者有说服力地指出,传统中国的人口增长是中国家庭安排与其他再分配机制的函数,也是现存财产安排的函数;更为普遍的情况是,人口增长似乎是一个对中国经济发展有重要作用的外生变量。

最后,认为中国的生产方式(小农农业与农村辅助性生产)自身有向更高的生产方式发展的动力这种观念看来是站不住脚的。外来因素——与西方的商业联系以及与帝国主义的接触、中日战争——似乎对经济发展的实际过程至关重要;几乎没有证据表明这些因素打断了传统中国经济的强有力的发展趋势。

这使得我们该在何种意义上评价马克思主义对理解中国经济与社会发展的适应性?某些历史唯物主义的最一般命题在应用其研究中国经济史之时不能成立。但是也许它本该如此;马克思主义不应该被理解为历史变化的模板,不应该不加以经验研究就将其机械地应用到所有社会系统之中。马克思主义纲要中经得起检验的、仍能保证作为研究策略的东西是以所有权安排、剩余榨取系统、阶级、阶级斗争来表达的理论分析框架。因而,这表明,历史唯物主义作为一种研究纲要能起到最佳的作用。它提出研究的问题而不是作为这样一种完结的理论,即基于这个理论,可以预测各种生产方式的发展。接下来,我会更加仔细地评价这个纲要的政治方面。

第五章　关于农民起义的理论

在 19 世纪，中国爆发了一连串猛烈的农民起义。白莲教起义、捻军起义、回民起义、太平天国起义以及义和团运动，这些农民起义历时整个 19 世纪，是上千万中国农民诉诸有组织的暴力行动。因为大量的村庄、市镇、城市被毁，所以这些动荡不安的时期对清朝政府的军事资源与官僚资源构成了严峻考验，也为 20 世纪民族主义革命与共产主义革命的登场奠定了基础。[①] 这些起义具有几个值得注意的特征。第一，它们基本上是农民起义，因为它们起源于乡村并吸纳了来自乡村农业经济的最广大参与者。第二，几乎所有这些起义都以民间信仰和教派组织作为一个重要组成部分。白莲教组织、中国西部的回民叛乱者以及太平天国的宗教意识形态都将起义的目标与宗教末世论纠结在一起。第三，这些起义中的绝大多数发生在严重的生态危机——洪水、干旱、饥荒——时期。因而，人们就有了将起义的发生与广泛的经济困境联系起来的根据。第四，大多数起义公开的、明确的目标主要是政治方面的而非社会或经济

① 除了本章中讨论的书籍之外，参见费维凯(Albert Feuerwerker)(1975)以及谢诺(Jean Chesneaux)(1973)以全面了解中国历史在这方面的主要轮廓。要了解有关中国的共产主义运动发展的论述，参见毕仰高(1986)、约翰逊(Chalmers Johnson)(1962)、塞尔登(Mark Selden)(1971)、戴瑞福(Ralph Thaxton)(1983)以及陈永发(1986)。

方面的，即推翻清王朝及其权力象征（无论如何，就太平天国起义来说，情况是这样）并建立一个新的政治秩序。与20世纪的革命运动相比，它们几乎没有直接地抨击土地所有权制度、士绅权力以及社会不公。[①] 最后，所有这些起义最终被镇压了。尽管清王朝日益没落，但它汇集了必需的力量击毁了其最强有力的对手，又统治了中国半个世纪。[②]

这里要讨论的理论从以下几个观点来分析农民起义：千年王国论、新马克思主义模型、地方政治模型。千年王国论将起义看作是宗教意识形态与宗教运动的表现形式，它们将教派的成员改造成了造反者。这里的关键问题是要弄清使得中国农村某些群体特别倾向于起义的教派信仰、组织及惯例三者的特征。阶级斗争论把农民起义看成是对佃户与地主之间、借债人与放债人之间、交税人与政府等等之间阶级利益冲突和剥削的政治回应，即起义是从属阶级集体自卫的理性战略。地方政治论从单个造反者与领导者的动机的角度来考查农民起义：是什么使得农民决定支持一场初露端倪的起义？是什么决定着他们对起义的支持程度？地方政治论大多以地方决策者层次上的个人理性假设为前提，强调当地的选择环境，即地方层面的制度安排，它控制着约束个人选择的机会与风险。

那么，如果要把这些理论之间的比较过于简单化的话，千年王国论的方法就是把特定文化背景下的世界观与意识形态确认为解释起义的关键；阶级斗争论则挑选出了物质方面的阶级利益；而地方政治论把多种地方利益与地方组织形式作为起义爆发与进展的根本性决定因素。

对农民起义的研究阐明了传统社会内部个人理性与集体理性的主

---

① 毕仰高（1975，1986）指出，这种矛头指向政治目标而非经济目标的倾向甚至持续到了20世纪；他调查了20世纪20与30年代共产党统治区以外的大量农民动乱。然后，他提出，与因税收和强征入伍引起的暴乱相比，针对地主、放贷者等人的攻击是罕见的。毕仰高还强调了中国的大多数农民动乱的地方性。

② 要了解用以镇压太平天国的军事安排及制度安排的论述，见孔飞力1980。

题。假设农民对是否参与起义做出了深思熟虑的决定，那么在何种程度上可以根据这种假设来解释农民起义及农民的政治行为？是什么导致了农民选择加入一伙路过其村庄的起义队伍？此刻，这是一种理性的、深思熟虑的选择，还是一时的冲动？这就以一种新形式提出了我们在第二章中表述的某些问题，它们与波普金的《理性的小农》(1979)有关联。但是，它还提出了与上述问题相互补充的一个问题：在何种程度上，我们为了理解一个既定农村人群的选择与行为从而有必要辨别特定文化背景下的价值观与世界观，即一种政治文化？

集体行动

起义是集体行动之一例，但是我们需要对这个概念进行一些分析，因为，不是所有的群众行为都构成集体行动。① 集体行动至少含有一个集体目标的观念(换言之，此事件中的参与人所公认的作为其行动指南的目标)。而且，它暗示着所有个体在追求那个目标之时具有某种程度的协调。② 因此，反对政府的群众示威是一种集体行动，而在军队驱散示威队伍之后人们满街惊惶失措的溃逃则不是。二者都是大批人群行为的形式，但只有示威具有集体有意识与集体协调行为的特征，因而构成了集体行动。于是，我们可以将集体行动定义为大量个人履行有目的的、协调一致的行动——这些行动被认定为有助于实现某些共同目标或目的——的集合结果。此定义将集体行动与其他形式的群众行为明显区分开来。在那些非集体行动的大批人群行为中，诸多个人并不想要有助于群体的效用。例如，足球场内发生的骚动、银行挤兑以及在饥荒期

---

① 参见哈丁 1982 以全面了解关于集体行动问题的讨论。

② 我要强调一下，具有一个集体目标的观念指的是许多或所有参与者所公认的目标，它在解释参与人的行为方面起重大作用。这个构想不会犯这样的错误：假设该群体具有脱离其众多单个成员目标的目标。

间长期囤积食物的行为。①

我们可以根据主导参与集体行动的个人的共同目标——私人利益与集体利益——对集体行动进行分类。在某些情形之下，集体行动是由每位参与人通过一致的行动所能得到的直接收益所激发出来的；在另外一些情形之下，集体行动是为共同的信仰所激发出来的，参与者们相信这种行动会产生有利于整个群体的结果。为私人利益所驱使的集体行动之例是，在饥荒时期协同对谷仓进行掠夺。没有一个单个的家庭有力量依靠其自身力量来掠夺谷仓，但是通过协调一致的努力，一个由五十个家庭组成的群体却可以做到。每位参与人有相同的目标，即为了生存去获取粮食，但是参与人的目的是私人的。相比之下，波兰工人支持团结运动(Solidarity movement)②的示威游行似乎是因对集体利益——在此例中，集体利益是指波兰工人作为一个以独立工会为代表形式的群体所拥有的利益——的一种感悟而受到鼓舞。

另外一个重要的明显区别涉及集体行动目标的直接性与追求这些目标的战略的复杂性。税收骚乱有直接目标，即胁迫税收官员并阻止其收税。这些利益是直接的且可以独立实现。相比之下，一次由农民组织起来的对殖民军事哨所的武装进攻，可能是驱逐殖民势力这一长远目标——如果一定要取得收益，也只能经过许许多多这样的努力——所激发出来的。

正如我们在其他语境下所看到的一样，集体行动的前景中出现了“搭便车”的可能性：如果集体行动的收益是不可分割的，对非参与人是非排他性的。对追求自我利益的个人来说，选择不参与是理性的。既然集体行动的潜在收益是公共的而非私人的，既然集体行动是被设计用来

① 当然，这种解释因假设一个公认的目标构成集体行动的基础从而过于简单化了。不过，更为普遍的情况是，一场政治运动或集体行动被叠床架屋的——甚至是相左的——目标所驱使，而这些目标是同盟之内的各个群体所公认的。

② 译者：团结运动是20世纪80年代瓦文萨领导的反对波兰共产党政府的斗争。

实现长远利益而非眼前利益的，那么，集体行动理论就会预言，要驱使理性的个人支持集体行动将是很困难的。

除了成员收益的性质和时机之外，影响集体行动成败的一个重要因素是信心观念：可能做出贡献之人对合作事业取得成功的自信心。正如埃尔斯特、哈丁以及其他人所说，信心的大小对可能做贡献之人的决定是很关键的。如果成功被广泛地认为不可能，可能做贡献之人将不敢参加集体行动。信心的一个重要方面是其他可能做贡献之人采取行动的可能性有多少。每个人必须判断，有足够的人会支持这项行动并因此使得成功的希望更大这种可能性有多大。领导与组织的一个核心任务是保证该群体内每位成员有可能坚定其他成员的信心。

如何将这种对集体行动的分析应用于对起义的研究之中呢？首先，应该注意，术语“起义”包含了一系列的行为，其范围涵盖从一连串的对地主和官员的个别攻击到拥有复杂的军事资源与组织资源的大规模革命运动（术语“农村动乱”可能更加准确地描述了农村反抗形式的变动范围）。因此，从这里所述的意义上来说，面包骚乱既可以是集体行动，也可以不是集体行动。如果参与人参加了对食品店并非协同而是单独的袭击，这种现象就不构成一个集体行动，而如果参与人协调了其行动，矛头直指只有通过联合行动才能实现的目标，面包骚乱就是一种集体行动。

这种分析为我们提供了把起义分析成一种集体行动的一个基础。它使我们不得不思考集体行动中诸多个人的利益与目标，不得不思考参与人所具有的对群体利益的共同感悟，也不得不思考诸多个人的战略性看法，即其对该集体行动的参与和通过该行动达到个人及群体目标的实现之间的关系怎样。正如我们在第二章中所看到的一样，理性集体行动理论要求我们根据一种对诸多单个参与人的动机、利益及算计所进行的分析来解释集体行为。[1] 不过，在那里我们也指出了集体行动过于狭隘地诠释了可以影响个人选择的因素，即私人的经济收益。与此相反，个人对于一个与其密切相关的群体的集体利益的信念可能有助于激发他对集体事业做出贡献。

集体行动理论框架表明，我们应该围绕下列一些问题分析一场既定的农村动乱：参与人的目的是什么？他们期望获得哪种收益，是私人收益还是公共收益？参与人是为对私人收益的算计所驱使，还是也为对其所属群体的潜在利益的感悟所驱使？他们指望经过集体行动可以获得直接收益——例如，定期分配抢来的粮食，抑或被那种在成功的政治斗争胜利之时才能实现的利益所驱使？

集体行动理论框架还表明，我们需要思考这里所描述的事件——捻军起义、八卦教起义、海丰县叛乱——是否展示了集体行动的特征（在对诸多参与人的个人利益进行分析的基础上，我们可以预料到这些特征）。在动员支持者方面是否有集体行动理论所预言的那些困难的征兆？起义组织以源源不断的物质利益的形式给其成员提供激励了吗？当自信的基础开始消失之时——例如，当清朝政府的军事力量开始有效地击溃起义力量之时，对集体的支持迅速削减了吗？

带着这些问题，让我们现在回到对具体的中国农民起义的三种解释上来。

千年王国论

现今将起义解释为千年王国起义的讨论起源于霍布斯鲍姆的著作。[2] 在其对传统欧洲社会群众运动的研究中，霍布斯鲍姆(1959:57—

---

① 用哈丁的话来说，集体行动理论的目标是“将群体的行动分解成个人行动，以便根据个人动机来解释集体结果”(1982:2)。

② 霍布斯鲍姆，1959。

59)分辨了"纯政治性"的革命运动与千年王国运动。政治革命运动围绕一个明确的社会改革、经济改革、政治改革的纲要而被加以组织,以一系列共同的利益为中心将其追随者组织起来并努力去实现一个完善的革命政治战略。这样的例子包括中国共产党与法国大革命时期的资产阶级政治组织。[①] 相比之下,千年王国运动主要不是由一致的经济或社会变革纲领所推动,不是因共同的物质利益而结合到一起,一般没有相当完善的革命战略纲领。相反,它们大多在一种历史变革的末世论的基础上因公认的意识形态——通常是宗教的意识形态——而产生。霍布斯鲍姆这样描述千年王国论:

> 千年王国论在本质上是一种希望,即希望世界上发生彻底的、激烈的变革,而这个世界将表现为千年王国,是一个去掉目前所有缺陷的世界。这并不局限于原始主义,……在欧洲,典型的旧式千年王国运动有三个主要特征。首先,对现实、罪恶的世界所进行的深刻而全面的否定,对另外一个更加美好的世界的激情向往。简言之,它鼓吹革命。其次,一个相当标准的千禧年主义类型的"意识形态"……再次,千年王国运动关于新社会如何到来的实际方式基本上都是模糊的。(57—58)

霍布斯鲍姆对千年王国运动的分析主要建立在对南欧——托斯卡纳、安大路西亚、西西里的农村运动分析的基础之上。[②] 尤其有意思的是他对千年王国意识形态的一般特征所作的解释及其对千年王国运动语境下个人动机的分析。他说明了,就参与此类运动的成员来说,对将来和更美好的世界(通常是宗教的世界)的共同想象可能是一个强有力的激励因素。而且,他强调,一场千年王国运动主要不是依赖物质利益,也

① 索布尔(Albert Soboul)(1975:230—32)描述了激进中产阶级的政治组织与政治纲领。

② 霍布斯鲍姆(1959)把兼信犹太教与基督教的弥赛亚信念作为这样一种千禧年主义意识形态的主要例子。出乎意料的是,霍布斯鲍姆特别怀疑佛教与印度教中包含千年王国教派的因子。(58)

不通过其信徒的理性政治算计来发挥作用。

韩书瑞在她对几次白莲教起义的论述中对中国的千年王国起义进行了最为完善的分析。① 八卦教起义(1813),一场由大量松散联系的教派成员在华北发起的反叛,吸引了农村社会中有代表性的各色人物,包括农民、说书人、武术教头、衙门内的差役、宫廷里的宦官。卷入八卦教起义的教派属于白莲传统(White Lotus tradition)——一种民间的佛教信仰,存在于6世纪至20世纪早期的中国。这种宗教信仰被官方当成一个异端组织而被加以禁止。因此,“这种宗教以出没无常的群体的形式出现,这些群体包括一个地位较高的教头以及他的所有徒子徒孙”(韩书瑞,1976:7)。起义的宗教内容以其旗帜、圣歌、秘密仪式、魔力等来标榜,宣布其信徒的宗教信仰方式;这些内容还通过各种被信徒所诵读的八字基本口诀“真空家乡,无生老母”(易劳逸 1987:219)展现。

八卦教起义由几次松散地协调起来的暴动组成,包括对紫禁城(北京的皇帝老巢)的一次流产的进攻以及一次更为成功的席卷豫北的运动。清朝军队最终镇压了这场起义,声称杀死了近8万人。

我们可以提纲挈领式地叙述一下韩书瑞对八卦教起义的解释。八卦教起义因分散在许多村庄的白莲教信徒的松散而广泛的共同体而被挑起。白莲教信仰早就使这些信徒乐于响应由其教头发出的起事号召。林清,一个教派的领袖,有巩固其权势和地位的个人动机从而煽动起义。白莲教的师生等级组织很好地适应了地下组织的需要,使得起义的准备得以扩展到其他教派的首领那里。当形势发展到林清要么被迫进行已计划好的起义,要么束手就擒之时,他选择了将其计划付诸行动。清朝政府在起义的初期没有为镇压起义做好准备,起义方迅速的动员使得清朝的对策无法应付起义。起义力量的组织缺陷最终导致了这场起义遭

① 韩书瑞,1976,1981,1985。此外,要了解19—20世纪越南的千年王国运动,参见Tai 1983;要了解在几个非欧洲地区的千年王国运动之间进行比较的讨论,参见爱达斯(Michael Adas)1979。

到了优势的清朝军事力量的镇压。韩书瑞对八卦教起义的论述总结如下:"八卦教就是以这样一种方式产生的。强有力的首领利用正常的教派裙带关系来建立一个超出一般规模和范围的教派组织。而且,他们强调宗教信仰的一个方面——他们对天启(apocalypse)[①]和千年王国的想象——以便动员其信徒参加起义。白莲教总是有这样的发展潜能,但是只有在某些人的领导和某种情况之下,这种潜能才会成为现实。"(1976:117)因此,韩书瑞提出,理解这些白莲教起义的关键在于详细了解信徒们的宗教意识形态以及教派所具有的组织形式。

白莲教崇拜女神——无生老母(Eternal Mother)。[②] 无生老母,所有人类的祖先,因看到她的孩子在人生历程中所遇到的悲惨状况而于心不忍,希望将他们送回天堂。她为此介入人类历史,派佛陀和神仙来帮助人们找寻得到拯救的办法。她的介入发生在三个重要历史时期(劫)之末。末劫(the end of a kalpa)的主要标志是大混乱,既是自然的失调也是社会的失序。一劫刚刚结束,又一劫就被预料会在不久的将来结束,那时弥勒佛会被派来拯救人类。这样一来,"劫变"(turn of the kalpa)就是人类历史上的一个关键时期——对于其信徒来说,这是极有风险又充满机遇的时期。那些被拯救了的人(即那些属于拥有正确教义的教派中人)会活下去,而那些未得到拯救之人会死去。(1976:13)"每个教派都宣布它自己的做法和预言比其他教派的要更加正确,并向其成员保证他们的选择是获得拯救的正确道路……用更确切的语言来说,'劫变'意味着现有社会的毁灭以及无生老母追随者的权力的到来"(13—14)。由此可见,白莲教信仰是千年王国论,因为它预言不久之将来有重大的灾变;因为它提出其信徒会得到幸免并成功地渡过这些灾

① 译者:宗教用语,预示着末世大动乱。

② 不过,韩书瑞强调白莲教只是通过一种普通的传统从而松散地联系起来,各个教派在教义上有相当大的不同。这种论述来自韩书瑞 1976:9—18。韩书瑞 1985 也包含了一种稍为具体的论述。

变,而不信其教之人则不会渡过此劫;而且,它断言,其信徒为推翻旧时代提供帮助从而能够(而且应该)有助于劫变的到来。①

任何一种历史叙述都必须围绕一系列研究主题和解释目标来加以组织。韩书瑞的解释目标可以概述如下:(1) 对八卦教起义进行具体精确的叙述;(2) 解释为何教派首领愿意煽动和组织起义;(3) 解释为何普通的农村民众愿意响应起义的号召;(4) 解释这些群体如何具备了使用暴力来有效对抗政府的物质能力和组织能力?她认为,回答了这些问题,我们就能够说,我们知道了发生了什么以及它们为何发生。起义事件就是如此这般。我们可以根据参与人的宗教目标与信仰以及已有的组织资源——它们使得拥有那些信仰和目标的人们,有力地挑战政府的军事资源——来理解他们的行为。

由此可见,韩书瑞在思考八卦教起义时首要分析的问题涉及了动机和组织。这些议题可以归入以下三个问题:普通群众的动机、领导层的动机以及通过白莲教可以获得的组织资源。

普通的起义者知道他们在干什么吗,他们的目的是什么?为何普通的农村民众做出参加这些起义的冒险决定?韩书瑞的简短回答是,这些信徒参加起义是因为,他们信奉的千年王国意识形态引导他们相信这场运动会取得成功。他们是生是死,取决于他们在与劫变相关的大灾难中的角色。因此,白莲教教义的宗教信仰引导其信徒愿意参加起义。

然而,当我们注意到起义者大多是非白莲教成员的农村民众之时,这种以宗教来诠释起义动机的做法就是不充分的。韩书瑞推断,在起义的最初几个星期,1 000～2 000 人的白莲教信徒是起义的核心部分。在

① "教派成员认为,作为无生老母的行动者和千年王国的先锋队,以动员他们的教派的方式'响应此劫'是其责任;加速现有秩序的崩溃以及加速用更好的制度来代替它也是其责任。教派成员称其为'普觉妙道',并且通过这种对'劫'的响应方式,教派成员从秘密信徒转变为公开效忠无生老母的信徒"(1976:17)。

动乱期间，这场运动发展到大约有10万人参加(1976:194)。[1] 那么，通过什么机制，地方民众被吸收入白莲教，还被纳入了起义的计划？韩书瑞提出，当起义从秘密走向公开之时，大规模的动员依赖于更加广泛的动机：高压政治、投机主义以及对白莲教教义的同情。韩书瑞强调，起义者使用威胁与暴力保证非信徒对起义的支持。而且，她还提到在部分非信徒身上存在的简单投机主义。“那些加入八卦教之人可以四处游荡、抢劫，可以共享吃、穿、行以及在公共场合像重要人物那样举手投足的机会。甚至在面临清朝发起的反击之时，这种争取权势和威望的机会对许多人来说仍有强大的吸引力”(202—03)。她注意到，可能更为重要的是，因为起义发生在干旱时期，起义者们提供从各地攫取而来的食品从而能够争取到追随者(203)。“八卦教的起义者们……从一开始就在食物供给方面相对宽裕。他们心安理得地使用暴力拿走他们喜欢的东西。他们占领下的城市和村庄成为粮食供应的仓库”(203)。

关于这场起义，这些事实暗示了与韩书瑞的看法不同的一种态度。因为这些情况表明这场动乱的直接刺激是在于白莲教内部及其宗教信仰，但起义的实现力量则源于更为普通的政治动机——恐惧、饥饿、投机主义，或一时冲动。实际上，韩书瑞似乎承认这一点，她写道：“尽管大多数八卦教的追随者明显的是为恐惧、期待、贪婪、饥饿的共同作用所驱使，还是存在这样一些人，他们在起义前就属于白莲教，只要有人迈出了第一步，他们就敢于紧随其后，参加起义”(204)。

这些起义首领的动机是什么，是为深化其宗教信仰？是为发展更大规模、更有力量的运动？是为取得个人的财富和权势？还上述这些目的的某种结合？这些男男女女获得了什么样的领导层资源？

---

① 韩书瑞(1985)暗示，白莲教的普通追随者一般是处于比较正统的制度边缘的农村民众：“老年男女或无家可归的男女、没有庙宇的僧侣、流动的劳动者及其他来回游荡的散工、城市移民以及其村庄和宗教组织被他人支配的农民，如此等等”(257)。

韩书瑞提出了两种首领动机:真诚的宗教动机(也正是适合追随者的那种动机)以及政治与经济利己主义的动机。她揭示了首领们有内在的动机煽动起义,以便建立起其作为"劫变"迹象的诠释者所应有的威信。教派的首领们通过动员其追随者从而可以提高其权势,增加其财富。如果他们未能提供其资格的某种戏剧化展示(dramatic demonstration)他们有时会冒着丧失其特权地位的危险。这些盘根错节的动机给首领们一个有力的激励,激励他们煽动和组织起义。

白莲教的首领使用几种手段来树立其作为教师的地位。有一些人是会治病的术士,使用魔法、按摩和咒语治病救人。另外一些人是拳师,教给其信徒武术和魔法,保证他们刀枪不入。不过,几乎所有的首领都传授与禅修相结合的八字真诀。据说,背诵这个真诀给信徒们带来许多好处。这个真诀"具有'促进好运防止噩运的魔力'"(1976:25)。韩书瑞谈到,除了以拳术和治疗技术给术士带来的好处之外,还有其他的物质激励(32—33)。她写道,为了增加追随者们对起义的贡献,追随者们得到承诺,他们在起义成功之后会有所收获:"八卦教承诺,每位捐赠金钱和粮食之人将于日后获得土地或官职,土地的数量或官职的高低取决于贡献的大小"(50)。①

这种论述至少部分地与政治企业家理论框架一致(弗罗利希、奥本海默、杨格 1971)。根据后一种方法,人们可以提出,白莲教的首领是政治企业家,利用其权势地位增加其自身利益,追随者因这个组织所能提供的好处(例如身份地位、武术训练、享受医疗服务的机会)而加入白莲教。这个假设在韩书瑞自己对教派的论述中也能找到某些证据。例如,她叙述了八卦教中一位重要的教师——林清——的生平。林清曾是流浪者、赌徒,还做过沿街叫买的小贩,这最终使他与白莲教发生联系(1976:72

① 韩书瑞(1976)还谈到了在计划起义的过程中针对教派的叛离者而宣布的负面激励;"与(做贡献)的要求相伴的是以死亡作为警告和威胁,这并非是罕见的。教派的成员认为,当'劫'真的到来之时,所有非信徒都会被杀死"(51)。

页以下)。林清最终成为教中的总教师和首领。韩书瑞把他描述成一个聪明伶俐、懂得投机之人,他依靠社会的边缘群体谋求其前进之路。虽然韩书瑞并没有得出这个推论,但做出下面两个假设是顺理成章的,即假设林清作为白莲教教师的地位仅仅最有利于他许许多多巩固自己利益的阴暗企图;假设对林清来说,白莲教仅仅是其追求权势、金钱以及受到尊敬之时的便车。①

最后,让我们回到组织的话题。我们用什么可以解释这些群体取得了动员以及集体行动的成功?白莲教有哪些现成的组织资源,这些资源如何被有效地配置以对付清朝政府的军事力量?这大多是因为白莲教是一种被禁止的邪教,其典型组织是松散的、无序扩展的师徒等级关系集合。如果一个特定教派的信徒到处游走并收到他们自己的徒弟,那么这个教派就能够延伸到大量村庄和城镇。通过这样一种方式,一个教派的首领可能在广大地区获得追随者。每个这样的群体构成了一个独立的教派。在同一地区,教派之间的交流是很少的(1976:55)。产生这种隔绝的原因有二:一是保密的需要;二是各位首领为确保其独尊地位而发展独立教义与方法的倾向。②

然而,在非常时期(即大家期待"劫变"以及起义的筹划时期),有必要创造一个更高级的组织来协调计划。"为将教派转变成革命组织,必须有一个更高级的组织,在这个组织中,可以对分散孤立的教派加以合并和协调……一个更为常见的做法是用八卦或九宿来命名每一个教派,从而在平等的基础上将八个或九个教派联合起来"(1976:17—18)。这

① "他对白莲教的接管以及他接下来试图与其他教派建立联系的努力无非就是为驾驭权力的浪潮和得到他所应该受到的尊敬的欲望所驱使"(78)。林清在这次事件中的行为进一步证明了对其动机的解释。他一直待在家里,没有与他的起义队伍一起进攻紫禁城(他在家中被捕,并在起义失败后被处决)。

② 施坚雅对市场系统的分析在这种语境中具有相对性,因为通过来回游荡的术士、武术教师等人的旅行,便利了市场的运输与交通资源,也可以为异端宗教思想的传播所用。

就是八卦教起义者采用的组织形式。①

相对于清朝政府的军事能力来说，这些形式被证明是相当有效的军事组织。② 韩书瑞提出，白莲教的基本宗教信仰解释了其教徒的集体行为。但是更为重要的是这些教派的组织能力及其协调、筹资与策划的能力。关于这一方面，值得回忆一下波普金对越南宗教运动——天主教、高台教、和好教——取得胜利的原因所进行的分析。波普金强调了每个组织能给其追随者带来的物质利益。他这样描写19世纪天主教在贫困村庄的传播："牧师是典型的政治企业家……因为缺少乡村福利制度，许多小农离开了负担过重的村庄，追求更加美好的生活，而这种生活正是教会允诺在世间实现的。"(1979：189，191)。波普金举出了如下例子说明天主教能提供给越南农村的好处：资金支持、保卫穷苦的村民免受外部力量欺负的组织资源以及比政府或精英的制度要少些腐败的裁决制度(188—93)。同样，我们可能会问，白莲教的追随者——存在属于例外的完全出于宗教原因而行事的狂热者——是否因成为其信徒而会得到的种种好处而受到驱使，是否因为他们在比较和平的时期与这个组织的关系而参加起义？③

韩书瑞的方法有几个值得注意的特征。首先，它明显是历史的方法、特殊主义的方法：韩书瑞想要在这些事件发生的具体情况之下理解这些事件。于是，从一开始，韩书瑞就没有打算提出一个适用于解释各地农民起

① 让我们回忆一下涂尔干(Émile Durkheim)在这种语境中对机械团结(mechanical solidarity)与有机团结(organic solidarity)所做的明显区分。这里确认的组织结构是机械的，因为它几乎没有分级的有机整体。相反，有几伙人简单地联合起来，但在分散的群体首领之间没有有效的等级区分。

② 韩书瑞简短地叙述了清朝政府的军事体制：地区军事力量的配置与分割的指挥系统。清帝国采用它们来防止军事力量的过度集中。她注意到，这个系统对付小规模暴乱绰绰有余，但对于规模迅速扩大的起义却反应不够迅速。这样一来，地方暴乱就有可能一时超过可镇压它的地方军事力量的能力。孔飞力(1980)以类似的方式描述了常备军的军事组织(绿营)。

③ 但是将这种比较理性主义的方法与伊斯兰原教旨的政治-宗教运动——例如，伊朗——相比，假设这个体系通过对个人利益的盘算起作用讲得通吗？爱达斯(1979)在其书的第二版序言里提起了这个方面。

义的一般理论,她没有打算解释其他时间、其他地点的千年王国起义,甚至也没有打算解释在19世纪中国发生的起义。[例如,将她的方法与蒂利(1964)或斯考契波(Theda Skocpol)(1979)的相比,后面二者对特定时刻的大众骚乱的兴趣,一般服务于理解集体行动与阶级的理论目的。]

其次,尽管韩书瑞不满足于用简单叙事来解释这场起义,但是这种叙述占据了其著作的大部分篇幅。她试图重建从起义的观念到教派首领之间的协调和起到导火线作用的官府逮捕、再到起义者以及政府军的军事行动这一系列事件。故事的细节占去了韩书瑞的大部分注意力。有人怀疑,指责她的叙述不够精确比批评她的千年王国起义心理会更让她感到沮丧。

正如上面所注意到的,韩书瑞承认八卦教起义的绝大多数参与者不是该教的信徒,可以把领导层的行动理解成追循他们的政治自利,而这并不排除他们的白莲教意识形态。那么,我们为什么应该在各个方面还把它理解成一场千年王国起义而非一场生存危机引发的暴乱?尽管八卦教起义有其重要的非宗教特点,但是韩书瑞似乎有两个理由把八卦教起义看成是一场千年王国起义:首先,在清朝政府的统治语境中,它是因白莲教的发展而滋生出来的事件促成的;其次,它由各个教派形成的组织形式来维系。这暗示了一个相当复杂的因果假设:千年王国信仰产生了起义的动机。物质处境与生态处境增加了农村民众的不稳定性;白莲教内部的首领与组织形式使得起义成为可能。在这些情况下,当“火花”划落——例如,一个教派的首领被捕——之时,集体暴力就冲天而出了。

这种立场远比最初预计的要弱。千年王国论似乎提出,千年王国起义以某种大规模的动机——参与人将其物质利益及对物质方面的关注抛到九霄云外从而将其千年王国信仰的设想付诸实际——为特征。然而,即使在韩书瑞的论述中,八卦教起义也不具有这种性质。正是在这场千年王国起义中,似乎存在充分的余地以理性选择来分析参与人和首领的政治动机。

韩书瑞的论述明显地应用了两种十分不同的分析方法。她对包含在白莲教传统之内的宗教观念的关注将她引向诠释性的社会科学，即一种试图根据独特的世界观、价值观以及参与人假设来理解历史事件与文化事件的社会科学。该种导向产生了如下假设：这种文化总和中的细节对理解这些事件至关重要。与此同时，她对组织形式——各个教派的组织形式与清政府的组织形式——的关注引导她使用了一种政治科学的方法。在这里，理解的关键是双方所能使用的组织资源以及这些资源增进或阻碍双方目标实现的方式。韩书瑞的这种分析要素使她更近于下面即将要讨论的裴宜理的分析要素。

韩书瑞的方法忽略了哪些类型的问题也值得注意。强调千年王国信仰导致韩书瑞并非偶然地忽略了物质因素与经济因素（例如，租佃水平、生态危机或地租水平）。韩书瑞的方法强调白莲教的意识形态特征与体制特征——由于这些特征，这些起义出现了——而并不试图确认作为背景的可能推动起义爆发的物质因素——不断上涨的地租、生存危机或对传统权利的严重侵犯。（当然，她忽略这些因素是出于这样一种判断，即它们不是关键的解释变量。）而且，韩书瑞也没有问问是什么因素引起平静的宗教崇拜向剧烈的起义转变（虽然她暗示了这种转变经常是由政府压迫以及教派首领想要获得有形的权威象征的需要所激起的。）

其次，在概括其他时间、其他地区的农民起义之时，韩书瑞的态度是谨慎的。她确实宣称她对这两场白莲教起义的论述应该有助于解释传统中国晚期的其他农民起义（1976：2）。韩书瑞认为，八卦教起义是中国传统农民起义的一个典型案例，因为它“通过宗教组织以及千年王国的意识形态体现出来”（2）。于是，研究这次起义意味着会使清代中国的其他农民起义一目了然。不过，韩书瑞没有提出需要从此例推广到彼例——无论是在中国，还是在其他时间、其他地点——的理论观点。韩书瑞的解释仍然是非常具体的、特殊的和非理论性的。她没有提出更为一般的问题，即在一个传统社会之内，什么情况有利于千年王国教派的扩张，什么情况抑制千年王国教派的扩张？

阶级斗争论

另外一种分析农民起义的模型以阶级斗争作为出发点。① 集体暴力——食物或税收骚乱、社会盗匪活动(Social Banditry)、起义——被诠释成为社会压力的表现方式,这种社会压力因剥削性的经济系统和在地主、收税人与农民之间造成的斗争而产生。这种模型在分析20世纪的农民政治活动时大量出现。中国、中美洲、菲律宾以及其他地区的农民运动已被分析成为农民与剥削他们的农村财产安排之间物质利益冲突的表现方式。简而言之,阶级斗争模型提出,农村财产关系界定了地主、佃户、劳动者以及政府之间客观存在的一系列阶级关系。财产关系在精英与生产者之间建立起一种"剩余榨取"关系,使得精英们能够通过地租、利息、强制劳动、税收以及贡品来剥削生产者。因此,它们构成一个强制性剥削体系。农村社会被剥削部门的成员生来就有一种能力,能感受到其处境的剥削本质并且乐于改变这种体制——换言之,他们能够达到阶级自觉的状态。当一个革命政党以完善的组织、充足的力量出现,成为一种可靠的政治力量之时,农民就会愿意追随这个政党。这样一来,当大量生产者既获得了政治资源,又具备了发动一场可能成功的起义所需要的有利处境之时,起义就爆发了。②

① 沃尔夫的著作提供了研究农民起义的这种方法之重要一例。要了解对分析俄国、中国、古巴、墨西哥、阿尔及利亚以及越南的起义与革命的一种雄心勃勃的尝试,见沃尔夫(1969)。关于这一主题的有用文集是刘易斯(1974)。从这个观点来看,佩格(Robert Paige)(1975)、谢诺(1973)以及米格代尔(1974)也是相关的贡献。

② 希尔顿(James Hilton)对英国1381年起义的论述可以作为这样论述的范例。他写道:"我想要揭示中世纪——从黑暗时代(Dark Ages)到15世纪末——欧洲的农业社会,像各个时段、各个地方的农民社会一样,含有社会压力。缓解社会压力的出路在于社会运动,一些是小规模的,一些是大规模的,一些是以和平方式的,一些是采用暴力的。那些由农民经济的真实本质决定的社会运动被认为是第一位的……我曾试图描述日益增长的农民运动的复杂性"(19)。要了解应用阶级斗争模型研究日本德川幕府时代的农民运动,另见瓦拉斯托斯(Stephen Vlastos) 1986。

这种解释纲要的核心是对如下因素的分析:(1) 界定受影响群体的物质利益的社会生产关系;(2) 形成参与人政治觉悟与动机的政治安排和社会安排;(3) 在集体政治行动中可配置的政治资源。[①] 阶级斗争模型提出一个解释纲要:根据包含于农民社会之中的社会压力以及农民起义者的阶级觉悟来解释农民起义。这个理论框架将客观的物质因素(例如,剥削程度、生产过程的细节、特有的技术形式)与政治动机模型(诸多个人出于对其阶级利益的考虑采取行动)相结合。阶级斗争模型试图在客观的物质因素与政治行为模式之间建立一种紧密的联系:经济系统产生一组各个阶级(地主、官员、农民)的客观利益,而且,阶级内的成员能够认识到其物质利益并相应地采取行动。

在应用其研究传统农村中国之时,可能需要沿着如下思路充实这个模型:农村的主要生产者是从事农业和手工业的交租农民。农民的生产产生了一块虽小却真实存在的剩余。这块剩余以地租、商业利润(对手工业产品来说)、利息以及税收的形式从农民身上榨取过来。利佩特估计,在 20 世纪初期的中国,有 25%的农村产品作为可支配的剩余,这部分剩余的绝大部分流入地主、放贷者以及政府之手(1987:89—91)。因此,农民受到地主、商人、包税人以及放贷者的**剥削**,倾向于支持旨在削弱或消灭剥削主体的群众运动。最终,农民能够认识到他们与地方精英及政府之间客观存在的利益冲突,并乐于参加那种旨在推翻这些剥削关系的集体行动。当起义组织——例如,太平天国、捻军——出现之时,农民愿意支持这些运动,以此作为一种社会抗争。

谢诺(1973)应用这种理论框架来研究太平天国起义:“太平天国运动基本是一场农民运动,一次发生在中国社会内部的农民对其‘天敌’——地主、士绅、官员——的反抗。”(25)谢诺认为太平天国有一个以

① 布伦纳对近代早期法国的阶级关系与地方权力关系的分析(1976,1982)用这种观点研究农村政治,这是新马克思主义的一次重要应用。

对阶级斗争的感悟为基础的社会纲领。谢诺写道，在太平天国运动的早期，“这是一场真正的人民战争，农民群起响应”(30)。同样，谢诺认为捻军起义是以阶级斗争为中心组织起来的。“在盗匪的侠义传统中，他们将物品分给穷人，并在他们的旗帜上写上这样的字句：‘杀官夺府，劫富济贫！’”(33)谢诺应用了霍布斯鲍姆(1965)的有影响力的建构，将捻军起义解释成为“社会盗匪活动”。

阶级斗争模型在这种语境下讲得通是出于以下几个原因：首先，财产安排与剥削关系是相对明显的；传统中国农村中的阶级结构易于辨认。而且，这些财产关系有效地从小农(small farmer)那里榨取大量剩余，转入地主、官员以及放贷者等人手中。其次，阶级斗争推动了20世纪的共产主义革命取得胜利，这个胜利使得认为阶级斗争也潜在于19世纪的中国的假设似乎也顺理成章。由于这些原因，我们能预料，处于广阔的马克思主义理论框架中的历史学家们将挑选19世纪的起义做仔细研究。这种预料得到了证明：马克斯(Robert Marks)的著作与谢诺的著作是全面的研究，而沃尔夫、斯考契波以及佩格各自的著作也提出了不很全面的论述。不过，阶级斗争模型面临着预想不到的困难。当我们仔细审视这些起义之时，看起来似乎对起义的爆发起决定作用的非阶级因素出现了。在各种情形之下，我们都很难证明农民有阶级觉悟。

在《华南的农村革命》(*Rural Revolution in South China*)(1984)一书中，马克斯在阶级斗争的框架之内全面地分析了农村集体行动。马克斯研究了19—20世纪华南海丰县的集体行动，认为它们是农民支持1911年革命的前奏(见地图5.1)。马克斯的分析框架所具有的几个特征通常是阶级斗争分析法所特有的。首先，在产生集体行动的语境中，马克斯尤其关注其社会经济结构。这特指既定时间内存在的财产安排、土地租佃安排以及税收手段。这些安排界定了农民取得土地的门槛(因此也就有了生存的机会)，从而决定了农民的生活。它们也界定了榨取剩余的手段:通过这些手段,地方精英和政府征收由农民劳动创造的部分剩余。此外,它们还界定了农民作为一个阶级所共有的物质利益。

其次,马克斯根据农民感悟到的阶级利益来分析其行为。他提出,阶级觉悟(或多或少是清晰的)是农民政治行为中的一个核心变量。马克斯写道,"在当局可能觉得海丰县的事件是大混乱的征兆之时,那些正在制造混乱之人不过是在试图创造一个新秩序,在该秩序中,主要问题是对土地的控制。农民们取得了重要的胜利,正是因为这种力量对比的形势,新的土地占有制度形成了。"(19)像谢诺一样,马克斯在诠释18世纪的盗匪活动与海盗活动之时,使用了霍布斯鲍姆的社会盗匪概念(28页以下)。他提出,村庄按照平等主义路线组织起来,在此情况下,存在一种类似于盗匪社会的环境。

马克斯所用方法的第三个特征是他强调大众政治而非精英领导或政党组织(XVI)。马克斯主张,本土的农民运动与政治传统而非外来的政治领导或政治组织的出现或缺失才是起义和革命的主要因素。"从这种方法得出的主要结论是,海丰的农民创造了其自己的历史:他们不是某些人笔下的历史中的被动客体。农民创造了根据文献记录编年的更加可视的历史——20世纪20年代十分明显的骚乱、起义或其他类型的集体行动。而且,通过这些行动,农民也参与创造了规范以后行动的那种结构"(282)。马克斯形容这种方法为自下而上而不是自上而下的研究方法,但是这种方法比自上而下的方法更加独特。因为地方政治论也是自下而上的。所以马克斯还强调,地方因素是一个前提,此前提涉及农民规划并贯彻服务于其阶级利益的政治议程的能力。

最后,马克斯强调了帝国主义和全球的资本主义经济对海丰县的入侵。他主张,在海丰县,因西方经济的介入而产生的日益加快的商业化节奏严重且迅速地恶化了阶级关系——提高了农民和工人的阶级觉悟。①

我们可以对马克斯的论述描述如下：几百年来，决定海丰县土地占有的所有权关系作为农民与土地所有者之间的斗争而发展着。农民们有效地保护了其利益，并保证了维护其生存权益的权利。到了19世纪中晚期，在日益扩大的商业化与帝国主义的压力之下，这些收益开始遭到破坏，导致了越来越多的贫困和剥削。农民动乱开始增加。在1911年革命之前的日子里，农民变得更加激进，容易被动员起来加入"民军"。

我们至少可以用两种方式挑战阶级斗争理论框架：首先，我们可以主张，传统中国并不具有阶级或剥削，其次，我们承认中国农村有一个阶级秩序，但是传统中国的阶级关系是疏远的。与其他政治或文化因素在激发政治行为中的作用相比，它是次要的，或是因为意识形态掩盖了客观的物质利益，或是因为参与人感到其他因素比客观的物质利益更加重要。

马若孟为第一种可能性辩护。他主张清代中国的小农经济是如此全面地商业化，经济权力如此广泛地分布，以致精英们不能过分剥削小农耕作者(peasant cultivator)。根据马若孟的观点，自由市场与剥削不相容，清代中国的农村经济就是这样一种市场。在写到19世纪晚期华北的农村经济之时，马若孟总结道：

> 几乎没有任何证据证明一群人对另一群人的剥削是严重的，也没有证据证明与一个农村市场的运营相当的一贯行为。不同的经济群体通过市场按它们自己的最大利益行事，市场的高度竞争性把任何群体能够加之于其他群体的垄断权降到最低。地价、借贷成本和商品交换价值把农民卷入一系列连续的与其他农户或市镇的经济交往之中。(1970：288)

① 然而，因为海丰县接近沿海城市，海丰县比中国的其他地区更受制于西方经济介入的影响。这再一次提出了共性与地区差异的关系。

根据马若孟的观点,所有的生产者——包括小农耕作者——得到了与其劳动的边际产品相等的收入。①

不过,作为一个一般命题,马若孟的观点是没有说服力的。在理论基础方面,罗默(1982)已经揭示了,剥削和剩余榨取与平稳运行的要素市场完全相容:剥削依赖于级差的土地所有权与资本,而非垄断价格。因此,高度商业化的市场与剥削相容。在经验基础方面,诸如珀金斯、黄宗智、利佩特这些研究传统中国的经济史学家都赞成,可观的农村剩余在传统经济中是存在的,并通过地租、利息、税收从农民身上榨取出来。②而且,不同的研究者指出,地方精英与宗族操纵了市场安排——与马若孟认为商业化了的农村经济具有自由市场的假设相左。③ 如果我们将剥削定义为以高压手段对直接生产者的一种剩余榨取,那么,这些观点就说明了,农村经济乃是一个剥削农民的系统。因此,"不存在剥削"这个观点看来是站不住脚的。④

第二种反对阶级斗争论的理由是这样一种观点:这些起义大多由阶级因素以外的因素所激起。毕仰高(1986)在其研究中华民国时期自发的农民起义时指出了这一点:

---

① 马若孟的观点在许多论文与著作中提及,尤其重要的是,马若孟 1970,1986。

② 在他对马若孟的著作进行评论之时,威恩斯(1975)提出了一种与此不同的反对马若孟"不存在剥削"观点的理由:"作者宣称'几乎没有证据可以证明商人、在外地主和放贷者阻碍了农村进步,造成了农民的贫困'(马若孟 1970:127)。事实是没有找到这样的证据,或没有对其进行分析:他对利息率与相对于净收入的债务负担的分析何在?他对相对于佃户净收入的地租水平的分析何在?或对相对于生产地租带来的生产费用的地租水平的分析何在?他对富者更富、穷者更穷的程度的分析何在?"(285)

③ 沃森(Ruby Watson)(1985)这样写到 17 世纪的新界(New Territories):"这些市场不是自由的、公开的贸易中心。实际上,他们是被大宗族垄断的。它们被某些个人,或后来被祖传地产所控制。最后,一个宗族控制着各个市场,控制着进入市场的门路、索取一定比例的销售额以及向店主收取保护费。这种控制是以宗族的自卫武装为后盾的。"(25)

④ 当然,在不同地区,阶级关系的差异很大。在中国的某些地区(例如,华北),土地占有的主要形式是私人的小农场,而非租佃。尽管负债是农村生活的一个长期特征,但这些地区没有地主-佃户的关系艾琳达(Linda Gail Arrigo)(1986)。这种差异的形式意味着政治行为的阶级斗争模型必须识别不同地区的不同财产所有权关系。自然危机与生态危机而非剥削是农民困苦的主要原因——在裴宜理分析的华北农民起义中似乎是实情——的可能性悬而未决。

> 上面分析的自发性农民运动说明了三个主要特点。首先是农民中的阶级觉悟薄弱，这种薄弱通过较少有直接反对富人的社会运动以及这种社会运动的传统本质体现出来……自发性农民运动的第二个主要特点是他们的乡土观念。在缺乏阶级觉悟的情况下，存在一种对地方共同体的归属感，这种归属感不考虑阶级差别……将他们局限于生存战略的需要，决定了上述这些态度，也解释了农民骚动的第三个特点，即几乎是一成不变的防御性性质。(301—2)

在许多例中国农村的社会冲突中，非阶级因素似乎非常重要：宗教信仰、村与村之间的冲突、垂直的社会组织(血缘组织、宗教组织、帮会)①。

正如我们所看到的，韩书瑞提出了切实的证据证明了，八卦教运动的核心是与阶级格格不入的，起义的动机大多是白莲教的千年王国信仰与对生存的担忧的结合——不是阶级觉悟与反对地主的情绪的一种表现方式。与她差不多，马克斯本人强调了海丰县红旗帮与黑旗帮之间超阶级的冲突本质。集中于相对立的市镇中的有势力的宗族鼓动了地方之间而非阶级之间的暴力冲突。此外，毕仰高也得出了类似的结论。因此，这些起义本身的社会成分给以阶级斗争来分析19世纪主要起义的做法形成了一种阻碍。第二个问题与如下困难相匹配：一直缺乏直接的证据来表明，在19世纪发生的起义中，追随者与首领的头脑中有明确的阶级觉悟。我们既无法于旨在解决阶级问题的口号中，也无法于带有作为权宜之计的社会纲领(土地再分配、税收改革，债务豁免)的运动中，找到阶级导向型政治行动的明确表达。

如果我们要有意义地谈论阶级和阶级斗争，就必须要达到一个无可非议的分析水平，在这个水平上来揭示群体利益与群体认同的特点。在这个方面，阶级斗争论面临着一个严重困难。在19世纪中晚期，海丰县

① 沃森(1985)对香港新界的人类学研究详细阐述了由宗族和财产分层构成的相互关联的文化系统。

的农民开始把他们自己想象成一个一个阶级。当马克斯写到此处时,他的意思是指一个既定村庄的穷苦农民开始意识到他们的共同利益,还是指整个地区的穷苦农民开始意识到他们和自己不认识、没有社会交往的其他农民有共同的利益?在地方层次上,我们有可能想象这样的社会机制,通过这些机制,这样的群体认同可以以正常的社会联系出现(虽然也可能找到一些起相反作用的机制——例如,为租用一块土地的权力而产生的竞争,或建立在宗族关系与主从关系基础上的超阶级的效忠)。但是构思一个在地方社会起作用、能产生更广泛的群体认同感的机制更加困难。在这种认同感中,许多宗族、村庄、市场体系以及民族群体之内的穷苦农民应该把他们自己看作是一个团结的阶级,共有重要的利益,愿意参加政治活动以维护那些利益。

由此可见,阶级斗争模型遇到了合适的聚合层次问题。我们可以从由局部到总体的角度看待阶级利益。例如,一个既定村庄或市场共同体的佃户分享某些共同利益(水利权利、收集柴火等等),这给他们提供了一个参加集体行动的基础。而且,他们实际上有机会通过共同的组织以及彼此的了解来共同发展政治活动。但是,阶级利益也可以定义在更大的规模之上:整个华北的佃农彼此之间共同具有某种物质利益,即经济利益与政治利益。一个具体例子是帝国主义的税收政策——税收应该在粮食危机时予以免除,税收额应该根据土地的多少或农场主的收入来评定,如此等等。

不过,阶级斗争模型倾向于在过高的层次上——在地区或全国层次而非地方层次上——考虑阶级利益。但是,纵向的地方利益比横向的地区利益在村民的物质福利方面要显得更加突出,这使得很难保证以地区阶级利益为中心的集体行动取得成功。一项政策或战略在一个利益层次上是理性的,而在一个比此或高或低的层次上则产生相反的效果。因此,要求免除河南农民税收的战略会加重四川农民的税收负担。这一点使得假设地方的非阶级性利益可能掩盖非地方性的阶级利益是有道理的。例如，地方精英和农民可能参加反对在用水权利、有争议的土地权利等方面与其有冲突的邻村的暴力行动。在这方面，毕仰高(1986:270)指出，农民的物质利益总是地方性的，经常不顾及阶级。他得出结论，要不是中国共产党的介入，中国农民本不可能完成或甚至只是想要社会革命。

马克斯承认这一点，例如，他有时会强调村与村之间因获得水资源和木材资源的途径而发生了大量的具有超阶级性的冲突(62)。宗族之间争夺对这些资源以及一个市镇的控制权是村与村之间、宗族之间长期争斗的一般原因："在 19 世纪晚期以前，帮会已经使得海丰县和陆丰县分化成两个大的对立阵营：红旗帮与黑旗帮。而且，因为邻居是敌人(或至少是资源的竞争者)，这一带的乡村就像是在各树一帜的两大相邻市场体系(或新兴体系)对阵的大棋盘。"(67)然而，这一点表明，阶级因素因不同的乡村社会作为一个整体而共享的经济利益从而失去作用——就 20 世纪以前的农村暴力来说，马克斯似乎接受这样一个观点。①

最后，让我们回到政治动机问题。阶级斗争模型假设某个群体的物质利益与政治动机之间有直线联系。但不可否认的是，政治行为是由文化、宗教、道德以及意识形态促成的，因此政治行为大多独立于客观的物质利益，甚至与客观的物质利益相对立。因此，证明了农民在土地改革或减租方面有客观的物质利益，这并没有证明任何与其政治行为直接有关的东西。我们需要了解更多有关政治行为的直接决定因素。对被剥削群体来说，日益加剧的剥削，其结果是产生一种使其意志消沉而不是煽动其反抗的作用。

这些观点表明，阶级斗争模型将革命政治学过于简单化。首先，剥

① "在海丰县，18 与 19 世纪的农民集体行动已经引起了相当多农村社会暴力事件，但是这些混乱几乎不能被描述成为阶级斗争。我们有档案可查的大多数冲突发生在宗族之间或纵向结盟的群体——红旗帮与黑旗帮——之间。或者发生在政府与社会之间，比如说食物骚乱"(马克斯 1984:96)。

削关系不像阶级斗争论预先假设的那样显而易见。佃户可能还与地主有亲戚关系。在佃户和地主之间可以存在友谊和义务的关系。地方文化价值观似乎可以证明阶级之间的不平等关系是正当的。[①] 其次，正如我们所看到的，地方物质利益与地区或全国的阶级利益之间通常存在鸿沟。海丰县的农民与中国各地的农民有某些共同利益，但是他们在反对中国其他地区的农民方面也与当地的地主有某些共同的地方利益（例如，在用水权利与灌溉系统方面）。再次，即使我们假设农民通常原则上认可这个组织的社会纲领，也仍然会出现动机问题。因为起义是一件冒险的事，其支持者和非支持者同样可以得到好处。因而，一般来说，阶级斗争论的倾向是，对地方政治问题关注不够。

这里考查的起义没有一例似乎能支持主要以阶级斗争为依据对参与人的政治行为与动机所进行的诠释。首先，在村庄的精英经常掌握领导权的情况下，这些运动中有很多是超阶级性的。[②] 其次，这些运动中没有一例有明确的社会议程，例如土地占有制度改革或税收改革。但很多运动有高度地方性的目标。这表明阶级斗争模型不提供用来分析这些运动所象征的政治行为的资源。但是这里需要两个界定。第一，尽管阶级觉悟似乎在这些运动中几乎没有起到作用，但是由土地占有系统、税收系统、强制劳动等产生的社会压迫明显构成了社会环境的重要组成部分。这些结构性因素可以完全显现出来，对于解释为何一个既定的群体在某时支持起义而在彼时则否，它们很关键。虽然这些不是阶级斗争的起义，但是可界定阶级斗争的结构是存在的，而且是这些起义爆发的重要因素。即使阶级觉悟不是一个重要的因果变量，由中国农村阶级系统产生的结构性条件可能仍然是显著的。

---

① 陈永发（1986:173—91）详细阐述了中国共产党在其动员工作中为将地方的阶级斗争表面化而被迫做出的努力。要了解针对新界地区（香港）的阶级与宗族之间紧张关系的大量讨论，还可参考沃森（1985）。

② 太平天国起义是这个观点的某种例外。

第二，尽管阶级斗争模型似乎不是很适合19世纪发生的起义，但是它似乎更加适合20世纪发生的运动。中国的共产主义运动——通过共产主义运动，共产党长期艰苦卓绝地动员农民支持他们的革命性变革纲领——似乎是建立在阶级问题基础之上的群众运动的一个特别明显的例子。[①] 同样，亚洲的其他共产主义运动，例如，菲律宾的新人民军（New People's Army）或类似的东南亚军事组织证明了阶级导向型的社会运动的威力[参见刘易斯(J. Lewis)1974关于这一主题的论文]。

我们该如何说明中国19世纪的农民运动与20世纪的农民运动之间的差别？有三个因素看来尤其重要：一个明确的阶级斗争与革命政治理论（马克思主义）的出现；现代交通与运输设施的扩展；现代政治组织形式的发展。以阶级斗争为导向的社会运动需要领导。善于表达的交流者必须能够使当地的农民意识到其阶级利益，并使他们脱离对宗族、村庄、主从关系以及其他形式的效忠。值得注意的是，五四运动说明了，在中国由于受到经典马克思主义、马克思列宁主义以及俄国共产主义运动的早期经验的大量影响，这样一个群体出现了。[②] 接下来，我们看到，传统的农民运动是高度地方性的，但是更加紧密结合的城乡系统及其公路、铁路以及电报网络带来了摧毁该种地方主义的这些资源。[③] 最后，20世纪使得农民革命者获得了一全套新的组织工具。国民党与中国共产党能够组建复杂的全国性组织，基本上能够制定并执行政策、筹集资金以及安排军事资源。这种能力与这里考查的任何起义的低组织水平形成了鲜明对比。

---

① 参见陈永发(1986)对共产党于日军占领期间在根据地内进行共产主义的动员工作的重要分析。陈永发揭示了，在乡下，中国共产党在其努力提出其社会革命纲领之时，巧妙地利用了阶级之间的分歧。

② 福格尔所写的艾思奇传记(1987b)对中国共产主义运动的知识分子的出身做了一个有价值的描述。还可参见：费正清(John King Fairbank)1986：第12章。

③ 在一个相关主题上，谢文孙(1974)注意到，失业的船夫——被长江下游的汽船所顶替——对革命观念在广州地区的传播至关重要。Tai(1983)写道，在越南，公共汽车司机，因为其流动性和其对乡村社会的独立性而对同样的功用（指革命观点传播——译者）至关重要。

地方政治论

有一组理论密切关注农村暴乱的地方政治活动。这些理论的主导线索是,起义是一种深思熟虑的集体行动,它源于参加集体行动的诸多个人的地方利益,并因潜在的起义者所能获得的地方政治资源(组织形式、民团、血缘关系等)而得到便利。这些理论可能使用千年王国论或阶级斗争论的研究因子,但是它们主要试图揭示这个地方进程,通过这个进程,一般的因素才发挥作用。这些理论的一个明显特征是这样一种研究结果:大规模的起义经常只是本质上为地方进程的无意识的、未预见的结果。地方政治过程是有意识的、有理性的,而总进程是无意识的。斯考契波在论述法国革命、俄国革命与中国革命时,描述了这样一种方法,"农民在参与这些革命时并没有转向追求理想的新国家社会的激进观念,也没有变成一个在全国范围组织起来的自为阶级。相反,他们是为具体的目标而奋斗——通常是为了获得更多的土地,或是为了摆脱对其剩余产品的压榨。从农民所处的地方经济与政治环境,这样的目标是完全可以理解的"(1979:114;参见中译本,台湾桂冠,1998:162)。

在《华北的起义和革命,1845—1945》(*Rebels and revolutionaries in north China*)一书中,裴宜理使用了这种方法。[①] 她分析了捻军起义(1851—1863)与红枪会起义(the Red Spears uprisings)(1911—1949)。两次起义都发生在华北平原的淮北地区(距离1813年八卦教起义爆发的地点有几百千米)。捻军起义就体现了地方匪帮如何逐渐地转变为有能力击败清朝正规军的、靠松散的协调来维系的区域性军事力量。到1856年,名义上,小规模的捻军队伍在土匪张乐行的领导下,以一种松散的"五旗"军制的形式联合起来。然而,捻军内部的领导层与权力仍然保

① 其著作属于这个领域的其他研究中国的学者包括孔飞力1980与毕仰高1975,1986。

留在村社而非地区的层次上。捻军队伍一般擅长骑兵作战并实行运动战略,使得行动较为呆板的清军力量难于应付。捻军队伍保持了与其村社的紧密联系,这些村社经常以有围墙的村庄与城镇为形式。这些村民既为捻军队伍提供了经济基础又为其提供了可以进行防御的容身之地。在其鼎盛时期,捻军可能有多达 10 万人的武装,控制了淮北大部分地区。最后,满蒙骑兵补充进来并代替了普通的清军,经过几年非决定性的战斗,在 1868 年消灭了捻军。①

裴宜理对淮北起义的论述强调了华北农民生活周围的生态处境。与韩书瑞不同,裴宜理关注于确认这些激起农村暴乱的长期条件与变化过程。她注意到,华北平原具有极差的生态环境,遭受着经常性的洪水、干旱与饥荒。此地区的低农业生产率导致低水平的商业化。结果,农民既穷困又没有安全保障。他们生活不稳定,几乎没有剩余帮助他们渡过天灾。② 裴宜理这样提出这个观点:"总之,人类与自然的相互作用致使淮北具有一个相当不稳定的生态系统。在需要考查的一百年中(1845—1945),自然占据着主导地位。"(16)

因此,裴宜理将生存问题作为这一时间这一地点农民行为的核心,并将这个时期发生的大量起义解释成为几种农民生存战略——既是个人战略也是集体战略——的结果。她广泛地区分了掠夺性战略与保护性战略。掠夺性战略包括走私、抢劫以及盗匪活动,而保护性战略包括看青团、地方民团、防御工事以及抗税运动(58—95)。她提出,每种类型的战略(掠夺性战略与保护性战略)产生明显不同的集体行动方式。而且,由每种战略推动的集体行动方式影响着由另外一种战略推动的集体行动的后来发展。捻军起义是从日益壮大的匪帮(掠夺性战略)发展而来,而红枪会时期反映了由地方显贵领导的地方民团的自治权力(保护

① 这段叙述来自费维凯对捻军起义的描述(1975:38—42)。

② 这是托尼(R. H. Tawney)的著名评论应用得最惟妙惟肖的中国地区之一;当水已经没到农民的脖子之时,即使一个微弱的波浪都会将其淹没。

性战略)。①

需要强调几点。第一,裴宜理承认这些起义的案例反映了参与者的理性选择。它们是由理性的生存战略产生的,不只是农民暴动。“这本书反对这样一种农民起义观(例如,无目的的非理性抗争)而提出另一种可供选择的诠释,将农民起义诠释成为一种可持续的、有组织的、明智的集体行动方式。这种分析集中研究农村居民本身,强调有适应性的农民暴力价值观(这种价值观是用来应付他们所居住的地方环境的)”(2)。

第二,裴宜理指出,尽管如此,我们需要根据他们的本地环境和参与者的本地目标与时机——不是全国性或地区性的目标与政治——来理解这些起义。中国共产党的动员工作包含一个全国性的纲领和一系列革命目标,与中国共产党不同,捻军起义没有宣布要推翻清政府,然而,他们在忙于与当地有关的事情时无意中开始反对政府权力。地方利益和机会而非共同的革命意识形态与革命纲领导致了这些起义。② 正如裴宜理所言,“如果承认农民叛乱更多的是作为对本地环境的回应而非对政府权威的直接挑战而发生、发展,地区差异就极其具有重要性。因为这种观点是,持续的集体暴力模式完全可能是对地方环境的一种适应——它在不同的时间敌视革命还是适应革命,取决于其特定的内容”(8)。此外,“要不是外部行动者——中央政府与太平天国起义者——的卷入,竞争(掠夺者与守卫者之间)可能仍保持在地方层次上。这些外部力量用共同对抗政府的形式融合了掠夺者与守卫者。以单纯的掠夺作为开始,结果发展成了起义的态势”(96)。

---

① 裴宜理将其方法描述成生态学的方法。尽管如此,考虑到“生存战略”理论框架的核心,把它看成一种理性集体行动的方法更为精确。

② 裴宜理写道,“这场起义的根源不在于反满的千年王国论,而在于广大的淮北居民为谋取和维持生计而高度注重实际的努力”(1980a:97)。毕仰高(1975)在他对民国时期自发性农民暴乱的分析中强调了这种农民抗争的地方性:“确实,非共产主义者领导的这些农民起义的第四个特点是,他们对本地利益最为关注。一旦他们起义的态势说服了当局将扰民的军事组织调往其可以肆意压榨和恐吓无助的村民的邻县,骚乱中的农民就会平静下来”(320)。

第三,与这些起义的地方性相关,裴宜理强调了这些起义时期有代表性的个人投机主义。她这样描述捻军起义的发展:“对大多数参与者来说,捻军提供了一个在极端不完全的处境下维持生计的机会。这场运动以一系列常见的由穷苦农民从他人手中夺取稀缺资源的活动作为开始。后来的捻军活动反映出了这些起源:劫掠性的袭击遵循着走私盐贩的路线,村社之间的长期争斗一直沿着老路持续下去”(148)。

这种投机主义是追随者与首领的共同特点。裴宜理用相同的投机主义这样的措辞分析匪首的行为。“使这幅画面有点复杂的是匪首的关键作用。我们必须回想,这类人大多对扩张其自身权力感兴趣。首领的控制范围取决于他能组成的外部联合的类型”(71)。因此,裴宜理迫切要求我们根据极为狭隘的参与者利益(当然,请注意,不同的捻军首领、不同的追随者可能曾有过极为不同的利益)来分析集体行动的这些过程。

第四,裴宜理强调无意识的结果对这些起义发生和发展的影响。农民的某些生存战略是个人的,不是集体的。然而这其中的某些战略产生了一个新的社会环境,使得起义更容易发生。这个进程之一例是弃杀女婴的出现(51 页以下)。许多家庭采取这种做法以增加收入、提高安全保障。但是其长期的集合结果是不平衡的人口发展,其中会有大量剩余的青年男子。这些年轻人(光棍)自然而然地成为匪帮与地方民团的成员——因此为掠夺的集体战略与守卫的集体战略之出现提供了资源。

另一种类型的无意识结果是地方暴乱给地区或国家带来的后果。捻军起义展示了显著的持久力,本来很可能迫使国家层面上的改朝换代,但这从来不是那些起义者的明确目标。这些起义并非有意识地被设计用来攻击政府。这场起义在很大程度上是个人生存战略的无意识结果。

裴宜理分析的特征使得其立场属于“政治经济学”的范式(已在第二章对波普金的论述中描述过了)。在假设所有的行动者都做出有关其行为的自利的理性决定的基础上，她根据参与者的利益和机会来分析集体事件或集体行动。这种方法的地方性也与政治经济学的方法一致。在大多数情况下，界定诸多单个参与者立场的利益与机会有相当狭窄的范围。例外是全国性领袖——无论是一个千年王国教派的领袖[见 Tai (1983)对越南和好教运动的分析]还是一个全国性政党的领袖(例如胡志明)——的出现。领袖在该层次的政治利益会超越地方利益，可以赋予他们所领导的政治运动以更广阔的天地。

与她接近于以理性选择分析集体行动的做法相符，裴宜理涉及了两组额外的问题：组织与“搭便车”。她认为，一种既定的在集体暴力方面的尝试是成功还是失败将在很大程度上受到现有组织效力的影响。因此她倾注了大量心血来揭示可供捻军利用的组织资源与组织形式。“下面很多关于农民生存战略的讨论，将由此涉及被农民使用的特定战略所达到的社会组织水平。集体行动意味着有组织，但是这可以有不同基础：以血缘关系、协议、阶级、友谊、职业或大量的其他关系为基础。只有在澄清行动者的潜在结构之后，我们才能进入核心问题：这些战略与农民起义的关系”(49)。

裴宜理还论述了宗教意识形态和组织。她考查的起义与韩书瑞描述的白莲教起义发生在同一地区，而且红枪会的例子是说明白莲教曾经存在的重要证据(魔法、咒语、对刀枪不入的信念)。但是裴宜理不认为宗教因素在捻军起义中有重要意义。“尽管确实能够找到有关白莲教影响的散见迹象，但这些并没有组成一个令人信服的证据，表明其在向秘密社会方向发展。捻军在其不断寻求支持的过程中吸收了许多同盟者，白莲教只是其中之一。这场起义的根源不在于反满的千年王国论，而在于广大的淮北居民为谋取和维持生计而极其实用的努力”(97)(相比之下，红枪会确实有极为重要的宗教因素)。

这样一来，裴宜理把捻军起义分析成不同生存战略(相互作用的结果。)(在这些生存战略中)有一些明确地针对集体行动，其他的则主要是伴有无意识的集体行动结果的个人战略。这些参与者大多为理性自利所驱使,试图选择最能保证家庭福利与安全的一种战略。严格说来,即使在它们出现在地区或全国性的起义中时,这些战略也完全是地方性的。起义者所能利用的组织资源对这些起义的成败起关键作用,因为组织方式使得领导层能够通过利用追随者的私人理性算计,从而动员并控制大量的追随者。裴宜理调查了这样一些机制;这些组织通过这些机制处理集体行动问题("搭便车")。但是,她几乎没有赋予宗教动机任何重要性,相反,她强调了根据福利和安全来界定的对自利的感悟。

由此可见,裴宜理的分析既截然不同于韩书瑞的分析,也截然不同于阶级斗争模型的分析。与韩书瑞的不同在于,她怀疑宗教动机对这些起义的重要性。与阶级斗争模型的不同在于,她怀疑阶级觉悟的重要性(因为这个概念意味着一个比村庄更广阔的范围)。而且,她质疑在这些起义中存在着一个更大的革命纲领。相反,她把这些起义看作许多一环扣一环的地方生存战略的集合结果与基本非自觉的结果——在淮北的政治经济环境的语境中,这些战略演发成大规模的地区起义。

理性与起义

这些个案都涉及对农村民众发动的大规模行为以及有组织的集体行动的特定形式进行的合理解释。每种理论都关注于确认参与者的动机及随之而来的抗争所采取的组织形式。有两位学者(裴宜理和马克斯)强调发生起义的物质处境与生态处境。有一位学者(韩书瑞)将宗教世界观置于关注的中心;有一位学者(马克斯)将社会经济环境以及由这种环境产生的阶级觉悟的形式作为论述的中心。

就这些理论而言,每个理论的中心轴都是传统政治行为语境中的政治理性问题。在何种程度上对传统的农民起义进行的解释需要参照在特定文化背景下参与者所具有的世界观与价值观?在何种程度上,这些起义能被解释成为理性的政治运动,即在这种运动中,首领与追随者对各自的需求及其实现机制都有明确的观念?换言之,在何种程度上,我们能利用普通的政治分析工具——物质利益、组织资源、政治企业家、动员战略、目标与纲领、策略方案——来理解这些起义?在何种程度上,截然不同的文化信仰与动机成为这些动乱的基础?

理性-目的性的个人行动模型根据主体有意识的目的、目标与信仰诠释了个人行为。理性就是要对目标深思熟虑,就是要选择那些被精心设计出来以实现那些目标的战略。在涉及个人选择追求目标的本质方面,这种理性的概念是中性的。在个人的直接私人利益及目标与那些也能激励个人的更广泛的政治利益与群体利益之间做区分是很有用处的。因此,在思考参与者的理性决策之时,我们必须既考虑直接私人利益(这受他们支持某个集体行动这个决定的影响),又必须考虑他们针对与其自身相关的群体利益的承诺及价值观。在与他人参加政治活动之时,诸多个人有时具有这样一些目标:他们希望对于集体而言这些目标得到实现。这一要素是他们支持这个活动的动机的一个重要方面。[1] 在这个语境中,我们可以问一问,考虑到私人利益和个人对各种集体利益的承诺以及私人对构成集体行动基础的战略的成功可能性的信念,个人支持一个既定集体行动的决定是否理性。

现在,让我们回到集体理性的问题。在什么意义上某种集体行动——例如,罢工、联合抵制或起义——能被认为是理性的?这个问题的一种答案是根据诸多个人的选择和行为来表达的。一场假定的起义若是在一大批行动者——他们对其目标及设计集体行动以实现那些目标的方式有明确的看法——一致行动的有目的的结果范围之内,那么它就是理性的。这场起义就是审慎的政治行为的结果。这种方法沿着政治行为的其他形式——例如,选举运动、联合抵制或产业工人罢工——

---

① 请回忆一下在这个语境中阿马蒂亚·森及其他学者对狭隘经济理性概念的批判。

的线索分析了起义。它(指这种方法——译者)根据行动者的理性以及认为事件是他们有意识的行动结果的判断界定了事件的理性。

至少在隐喻的意义上,某些集体行为的方式是集体理性的。可是,这种集体理性的观念的缺陷是缺少一个集体主体。因此,要提出某些集体行为形式可能是集体有目的(collective intentional)的,人们就必须提供对这种观点的诠释,而这种诠释通过个人(其行动构成集体行动)目的与个人目标起作用。这种集体理性观点聚焦于群体利益而非参与者的理性。这个模型提出,起义在它客观地促进起义队伍的利益——经济利益或政治利益——的范围之内是有理性的。它不考虑行动者是否为了有这样的结果而谋划起义,而只考虑集体战略如何更好地适应集体利益。这种集体理性概念依附于个人理性概念:如果行动(起义)是追求起义者的集体利益的合适手段,它就是理性的。它是一种个人理性向集体或群体理性的观念延伸(考虑到个人的信仰,如果一个行动是追求个人目标的合适手段,它就是理性的)。不过,要使这种对集体行动的论述更加可信,有必要说明群体利益如何能通过适当的组织制度与意识形态被分解成个人利益。

这两种集体理性的概念在各例中可能相互结合,也可能相互冲突。特别是,一个集体行动在第一意义上是理性的,但在第二意义上是非理性的。它可能是由参与者的有目的的、理性的政治决定产生的,然而,其集合结果可能是无意识的并与参与者的客观利益或感觉到的利益相对立。

如果个人理性与集体理性二者结合起来,就可以在最强的意义上说明起义可能是理性的。在这样一个个案中,我们假定:(1) 参与者已经构想了一个对其目标和利益的明确概念,并已构想了一个一致的集体行动战略以实现那些目标;(2) 他们的目标明确包括能增进其共同利益的大规模社会变革与经济变革;(3) 这场起义按参与者们的计划展开,并产生了有意的全局变化,这种全局变化实际上促进了曾经激励过参与者的集体利益。根据这组假设,这种集体行动就始终是有理性的:起义的结果是参与人所想要的,并符合其客观的集体利益。参与人基于理性的决策过程来参加起义。在上述过程中,他们构想其目标并选择适当的方式来追求这些目标。于是,这种行动既有集体目的性和集体理性,同时又有个人目的性和个人理性。

让我们根据这些线索对我们曾分析过的理论进行分类。韩书瑞以几种方式使我们远离"政治理性"模型。首先,她主张参与者的行动动机与政治科学家一般假定的物质利益有很大不同。相反,参与者被一种宗教冲动所驱使。其次,参与者们几乎没有长期的战略上的关注。他们的目的不在于促成政策上的具体变化,而是想要对世界的大规模变化有所贡献。再次,参与者没有被谨小慎微所主导甚至没怎么受其约束。至少在最初,他们几乎没有考虑活动的风险。最后,参与者根据巫术信仰——魔法与咒语的保护力、无生老母即将来临的干涉——来行事。由此可见,韩书瑞提出参与者的行为主要不是有意图的。她也不关心集体结果的理性问题。

地方政治论与阶级斗争论都把起义看作参与者的慎重的理性选择。二者的主要差别在于个人想要达到的目标的性质方面。地方政治理论框架提出,推动个人做出贡献的目标几乎总是地方利益,它们通过投机主义的地方联盟来实现。相比之下,对阶级斗争论来说,一个阶级的成员逐渐认识到他们的共同利益,并为制度与政权的全盘变化而斗争。因此,两种理论都是理性-行动(rational-action)解释。阶级斗争论在行动环境中挑选一组因素——财产关系与剥削——作为决定性因素,并宣称它们决定了政治联盟的形式和政治行动的目标,而这些是能从农民运动中预料到的。

裴宜理的分析属于地方理性、集体无意识的范畴:参与者通常缺乏全局意识,但是对地方理性的算计主导着其行为。波普金的分析(在第二章描述的)也有所歪曲地属于地方理性、全局无意识的范畴:全国政治运动能攫取地方资源并有意识地朝着全局目标的方向来配置它们。地方主义将裴宜理的分析与阶级斗争模型区别开来。像阶级斗争模型一样,地方政治论假设农民的政治行为是带有战略性的。但是它使农民政治行动的目标问题悬而未决,并集中于集体行动的过程与导致这个过程逐步升级为大规模起义的政治因素和制度因素。裴宜理把捻军起义解释为许多一环扣一环的地方生存战略的集合结果与基本非自觉的结果:在淮北的政治经济环境的语境中,这些战略演发成大规模的地区起义。

最后,阶级斗争模型假定最为强烈的那种集体理性:参与者既有地方目的又有全局目标。他们谋划旨在实现全局目标的集体行动,被选择的战略服务于这些目标,而且最终的结果在客观上有利于那些目标。

"集体理性的但地方无意识的"行动——即在客观上增进参与者利益但通过一个参与者没有预见、没有刻意为之的过程来实现的起义以及此类行动——范畴有什么样的解释用途?这可以被描述成"理性的狡黠"(cunning of reason),而且有些马克思主义者愿意用这样的术语来描述社会主义革命的过程。此外,有一种功能主义的冲动认为这种处境在某些意义上有助于解释事件的发生。但是这是合理的假设吗?我认为不是。集体行动的理性必须被分解成参与者的目的与政治行为。无意识的集体利益不可能与一个假定的集体行动发生的过程直接有关。

让我们来看一个不同的集体理性问题:公共物品与"搭便车"。正如我们在第二章看到的,共同的群体利益(例如,在成功的集体防卫中)与群体成员的个人利益(例如,在规避服役于民团的风险方面)之间的鸿沟暗示着在许多潜在的集体行动的机会中存在"搭便车"问题的可能性。群体利益不是总能被分解成支撑性的个人利益。起义似乎以复仇的方式来形成"搭便车"的问题,因为成功的起义带来的好处通常不会对没做贡献之人有排他性。[1] 因此，理性行动者应该被看做可能成为“搭便车”之人，对起义不做贡献。于是，要理解理性主义理论，就必须特别注意使得农民运动克服“搭便车”问题的处境，或者必须提供一种可供选择的理性模型，在这个模型中，对集体事业的贡献是直接有理性的。[2]

裴宜理的论述注意了集体行动问题(没有特别提到集体行动的文献)。集体防卫在这个语境中与此尤其相关。在许多情形中，一个地方的民团组织可以切实地保护一个村庄免受土匪的袭击(这不必然意味着地方民团能承受得住土匪们协调一致的进攻，只是民团组织促使土匪们将其注意力转移到没有很好地组织起来的村庄)。然而，集体防卫是非排他性公共物品的一个明显例子：如果存在集体防卫，每位村民就都受到保护免受土匪的袭扰。因此，单个村民有逃避服役于民团的理性动机。裴宜理突出强调了这个问题，试图确认这样一些机制：通过这些机制，地方民团能够避免“搭便车”的冲动。例如，就村庄民团的情况来说，非民团成员要交双倍的费用——“这是对参加民团的一个强有力的激励。在参加民团……是一种义务的地方，逃避义务会遭到惩罚，其方式是向有逃避义务之人的家庭征收罚金”(1980:198)。“像看青会(crop-watching associations)一样，红枪会是一个合作性的反应，它回应了单个家庭非常难以解决的威胁”(199)。“大规模土匪活动的流行意味着村民有必要在他们中间组织起武装守卫的队伍或民团以提供必要的保护。这些防卫力量的领导与资金来自比较富裕的居民——士绅、地主或富农”(84)。

公共物品的另外一个突出案例是防御工事。花费在建造防御工事上的劳动是对公共物品的贡献。“在贫困地区，自保的村子……御寨(有防御工事的撤退之所)通常是由所有村社成员共同管理的临时避难所。然而，在土地严重集中的地方，土地如此集中，以致一两个家庭控制大部

① 关于与革命有关的“搭便车”问题的重要讨论包括布坎南(1979)，肖(1984)以及波普金(1979)。

② 见第二、三章。有条件的利他主义是处理这个问题的一种可能的理性模型。

分土地所有权,建造堡垒可能花费更多”(92)。简单来说,前一种情形是合作性集体行动的一个明显例子,而后一个是由哈丁(1982)在对群体规模的讨论中描述的那种集体行动。在这种情形之下,防御土匪是收益陡然分层的公共物品。因此,这些少数大家庭都能承担起为整个工程出资并来组织整个工程的职责,而且他们这样做之后仍能从中受益。这样一来,这些家庭因为这种收益就组成了一个 k 群(要了解对这种分析的进一步讨论,见前面的第二章)。

地方政治论必须注意公共物品问题,因为这种方法的核心是尝试根据个人感受到的利益来解释当地个人的政治行为。既然这样的算计产生了大量的“搭便车”问题,人们期望地方政治行为应该比它可能出现的要弱化得更多——除非能有其他地方因素阻碍人们“搭便车”。我们在第二章中调查了某些这类因素——互惠、来自共同体的惩罚、传统行为以及地方政治资源。这些因素在起义的语境中同样与“搭便车”有关。不过,尤其重要的是地方政治组织与领导层。既然组织——三合会[①]、匪帮、白莲教或共产党队伍——提供了领导层与其他资源以动员和协调对地方的贡献,这些集体行动的成功前景大大增加了。

集体行动问题自然导致了制度形式——通过这些制度形式,成功的起义被煽动起来并得以推进——的问题。例如,在同时进攻几个城镇之时,起义通常需要大批参与者的协调。它需要筹资,有时需要大规模的筹资;它需要某种纪律制度,通过这种纪律制度,可以促使低级首领和将军接受上级首领的指导和指挥;如此等等。人们会预期,没能建立起这样的制度形式或组织形式的运动,在面临政府的协调一致的进攻之时会失败。因此,我们需要问一下,不同的农民运动如何解决组织的问题。什么样的政治安排与制度安排有利或不利于起义?清朝军事安排或行政安排上的缺陷使得农村的起义容易发生了吗?中国的农村社会具有

① 译者:天地会的别称。

其自身特有的组织资源(例如,异端组织、宗族、三合会)从而可被用来推动起义的爆发吗?

领导与组织要素为政治激进主义或政治动荡能与地区运动或全国运动相结合提供了原动力。在分析中国共产主义革命方面存在长期争论,一方强调普遍但局限本地的农民激进主义的作用,另一方强调中国共产党的全国性组织的作用。[①] 但是,如果地方的动荡要成功地汇聚成有力的政治运动,有效的组织和领导是必不可少的,现在这一点似乎是明确的。这是正确的,原因如下:首先,在这里考查的研究之中,我们曾看到,高度的地方主义不可避免地暗含着自发的政治动荡。这种地方主义暗示了随着动荡的刺激因素离开这一地区,集体行动倾向于瓦解。因此,在抗日战争期间,中国地方上对日本人的抵抗很大程度上有这个特点。例外是当一个有效的全国性组织——例如国民党或中国共产党——能够维系地方的努力来支持更加长远的抗日目标之时。

其次,我们曾经调查某些令人畏缩的协调问题与信心问题。如果地方激进主义要转变成一场全国性运动,必须接触这些问题。地方激进主义分子必须满足以下条件:第一,其他地区的其他群体会响应更加地区性的政治行动;第二,独立群体的行动将得到协调以便获得一个合乎情理的成功前景。一个有效的中央组织——能够收集信息并提出有效的战略——看起来是此类协调不可或缺的因素。

最后,高水平的政治教育已付诸实际以便提高当地激进主义者的政治意识,使他们从关注本地政治利益转而关注地区或全国的政治利益。唯有如此,地区性或全国性的政治工作才能取得成功。这种政治教育的一个显著例子是中国共产党在穷苦无地的农民中扩大阶级觉悟的工作,共产党的这种工作使得农民认识到其命运与中国其他地区的其他穷苦

① 约翰逊(1962)强调后者,而塞尔登强调前者。塞尔登(1972:35)认为,农村"现代化"——商业化与运输方式的进步——能够解释共产党动员工作的成功,并且他得出结论,认为这些因素在陕西起到次要作用。

农民的命运是一样的。①

政治文化

到目前为止,我们十分严格地根据参与人有关潜在的集体行动效果的利益和算计来解释集体行为。但是韩书瑞和斯科特怀疑,基于理性自利来对起义进行的解释是否充分。韩书瑞说明了文化信仰和政治信仰与政治行为有关。斯科特说明了,政治行为由一个在特定文化背景下界定公正与不公正的社会安排的道义系统来调解。二者都暗含了,根据物质利益来进行的狭隘分析不能充分解释政治行为。在第二章中,我们提出了针对理性小农理论的批判。上述这些观点得到了这些批判的支持。在那里,我指出,经济理性的概念作为自利的算计,过于狭隘,不能作为解释社会行动的基础。在农民集体行动的语境中,这种观点可以表述如下:大多数政治行动包括规范成分,不能简化为狭隘的自利。因此,政治理性的概念必须扩展,应当包括诸如地方宗教信仰、对亲情的忠贞、道义责任与政治责任、意识形态等等。我们应当侧重诸如地方政治文化因素的总和。就某些潜在的参与者而言,这些因素影响个人的决策进程。前面提到的几位学者——韩书瑞、马克斯、斯科特——提出,这些因素在特定的共同体中的差别导致了政治行为的巨大差异。

一种政治文化是一个公认的传统,它界定了社会道义世界观(the moral and social worldview),个人在其中进行自我定位。这样一种传统可能包括下列要素中的一部分或全部:大众对于经济、政治以及社会问题的公正的概念,大众对群体团结的想象,对于群众抗争应该如何组织的共同模型(例如,是传统的面包骚乱还是吃大户),对以往团结时刻

① 陈永发(1986)根据抗日战争期间共产党在华中的秘密文件对这个过程进行了详尽而透彻的分析。

的共同记忆(法国工人对1848年革命的记忆,越南革命者对义安-河静起义的记忆),大量共同传唱的歌曲、共同传颂的谚语警句以及具有公认价值观的民间英雄(无疑,人们还可以增加其他要素)。这些社会意识的特征可以约束一个群体的众多成员——对该群体其他成员的忠诚,在政治斗争中与其合作者的团结以及对实现一个未来社会秩序(在这个秩序中,一个群体的利益能更好地得到实现)的责任。①

不同的社会——和一个社会中的不同阶层——有非常不同的政治文化。② 例如,法国工人有公认的暴力群众示威游行的传统,而英国工人则没有。一般而言,在19世纪,这种差异导致了英国的工人运动采取一种和平集会的模式而法国的工人运动则采取暴力的街头战斗的形式。不同的学者(马克思也在其中)曾暗示,一个群体的物质生活条件——居住模式、与农业有关的合作形式、共同的政治活动史——产生了截然不同的社会意识(道义责任、团结的经历、对社会世界的道义想象)特征。因此,布洛赫提出,受到村社对农业的控制以及持续的反领主制度的政治斗争的联合影响之后,法国农民逐渐产生了一个强烈的政治传统和一种高度的团结。布伦纳主张,这种政治传统使得法国农民开发了必需的资源来保护对土地所有的传统权利,而与此同时,英国农民正在丧失那些权利。于是,分析的要点是,具有不同历史经验和不同物质环境的群体可能具有不同的政治文化,可能以极不相同的方式——起义、顺从、移民出境——对变化的处境做出反应。其结果是,对其行为有争议的群体来说,对政治行为的充分解释必须考虑其

① 摩尔(1978)将一个被压迫群体的政治文化的细节作为他对该群体政治行为的解释的核心。摩尔承认,在特定的历史背景下,一个被剥削群体所具有的公正感对理解其政治行为至关重要。

② 请思考一下戴瑞福将中国的宗教与民间政治价值观与20世纪革命纲领的变化相联系的尝试。戴瑞福(1983)提出,这种"小传统"的出现和中国共产党对其进行利用的尝试,解释了那场运动的很多成功之处。相比之下,裴宜理提出,本土的政治文化因其地方性而更多地成为一种阻碍。

政治文化的详细情况。①

道义经济著作中一个尤其重要的贡献是它提供的细节,其内容涉及各种农民社会的道义文化和政治文化以及这些成分中的某些物质决定因素。一个重要的例子是汤普森的经典著作《英国工人阶级的形成》(1963),在此书中,汤普森试图发掘英国工人阶级内部的各个群体如何能够随着时间的推移而产生了一部分团体内部的责任,从而产生了忠诚和团结。斯科特(1985)描写了一段与此十分不同的历史经验(20 世纪 70 年代的马来西亚的农村地区),同样试图发掘道义价值观、宗教观念、笑话以及冷嘲热讽的复杂结构,马来西亚农村社会的下层阶级通过它们明确地表达出其经验及其与其他阶层的关系:斯科特似乎理直气壮地敦促说,只有我们理解了其成员的道义世界观——他们如何看待其与地主、政府以及宗教权威等人的关系和他们如何理解合法的政治活动——我们才能理解一个群体的政治行为。

马克思主义者曾偶尔注意过这种社会运动的要素。米利班德、葛兰西(Antonio Gramsci)、汤普森曾探求解决劳动人民政治文化的详细情况。不过,本章的一个含义是地方政治论与阶级斗争论都必须更加注意这个变量。这两种理论各自隐含地假设了在物质利益与集体行动之间有直接的联系。波普金的理性小农是这种假设的一个特别明显的例子。然而,正如斯科特、Tai 和其他学者强调的那样,政治行动不可避免地要通过地方政治文化的层面进行下去(当彭湃带着最标准的马克思主义目标和范畴接近贫困的村民时,村民把他当成一个危险的疯子,躲着他。只有在他适应了穷苦农民的政治想象和词汇之时,他的号召才取得了成

① 马克思对这一过程的论述是在“阶级觉悟”这一标题下展开的:通过这个过程,一个群体形成了它自己的意识,它意识到了它作为一个群体的身份以及其共同利益的本质。在《共产党宣言》里,他写道:“无产者这样组成为阶级,从而组织成为政党这件事,不断地因工人们自相竞争而受到破坏。但是,这种组织总是一次又一次地重新发生,并且每一次都显得更加强大,更为坚固,更有威力了。”(《马克思恩格斯全集》第四卷,人民出版社 1958 年 8 月第 1 版,第 475 页)

功[加比亚蒂(Fernando Galbiati)])。

于是,政治文化的概念在解释集体行为之时弥合了个人利益与集体利益之间的裂缝。一种地方政治文化能够(但是不需要)激发诸多个人采取行动并提出有利于其群体利益的战略。而且激发他们甚至在面临风险和损失之时(即,在政治战略给个人利益带来大量成本的情况下)仍然坚持这些战略。这种对政治文化的论述产生了对如下观点的敏感性:政治行为经常由一组比狭隘的自利算计更加丰富的动机来推动。

这引导着我们回过头来看第二章中的某些结论。在那里,我曾指出,一种从狭隘的个人利益来观察个人行为的理论是不充分的。我们十分有必要以某种方式把价值观与世界观考虑进来,因为深思熟虑的过程就在其中产生。在本章中,前述那个结论被扩大了。为了解释一个群体的政治行为,仅仅知道群体的利益是什么,它是地方利益还是阶级利益,这些是不够的。即使我们用一种对组织资源的论述来补充阶级与利益分析法,我们仍将不能预知政治行为。相反,在具体的斗争被抽掉的语境中,有一种对道义价值观、宗教信仰以及文化世界观的相当具体的论述很有必要。①

物质因素在解释中的作用

我们曾聚焦于通过侧重个人动机与个人的能动作用来分析集体行动。但是这些理论中有几个还侧重了其他重要的解释范畴——物质因素与生态因素。例如,孔飞力注意到,华北的地理环境对盗匪活动、起义以及其他社会暴力形式有利:“陕西、四川、湖北三省的交界形成了一个边陲地带,是起义者的一个避难所和对付政府军的一个屏障”(1980:

① 周锡瑞(1987)以对地方政治文化特性的特殊敏感性分析了义和团运动的起源。他试图在解释集体行动时融合阶级斗争模型和地方政治模型以及地方政治文化重要性的特征。从这方面来说,他的论述比这里讨论的任何一种解释要更加令人满意。

39)。地理环境以如下几种方式有助于起义。崎岖的地形——山脉、沼泽、森林——使得神出鬼没的地方力量比政府的军事力量有优势。土匪和起义者使得政府的军事运作更加困难、缓慢，从而能够躲避为对付他们而被派遣来的军事力量。此外，周边地区相对低下的生产力和经济发展导致了较低的人口密度与相对匮乏的交通资源与运输资源，这又一次有利于神出鬼没的地方军事力量而不利于政府。最后，低水平的经济发展表明，考虑到行政密度应与赋税的征收相当，政府的行政资源在这样的地区将是十分薄弱的[施坚雅(1977b:307—08)在他分析清代官僚组织时提出了一个类似的观点]。这意味着当起义在这类地区发生时，政府只拥有较少的地方资源可用来立刻做出反应，从而不得不从其他地区动员官员和军事力量。

在农民起义的语境中，与物质因素尤其相关的例子包括生态、农业、人口发展趋势以及诸如商业化这样的经济变量。这些多种多样的因素如何构成对集体行动的解释？有两种影响机制似乎特别重要。第一，这些因素构成一部分发生集体行动的环境，就这样，它们影响了决策过程。例如，如果起义倾向于发生在气候不稳定的时期，这可能是因为气候不稳定产生了生存危机，而这又导致了诸多主体搜寻能提供更多安全保障的集体行动战略。人口增加可能起到一个类似的作用：随着一个既定经济体系内的人口增加，对可支配的收入来源的压力也越来越大，结果可能使诸如从事盗匪活动这样的战略对个人越发具有吸引力。最后，如果起义和农村动荡在高租佃水平地区比在低租佃水平地区更加普遍，那可能是因为佃户具有非佃户所缺乏的共同利益，这引导了他们参加起义。

物质因素也可以给参与者施加约束条件和提供机会。偏远崎岖的地区妨碍了政府的军事力量，使得土匪能在周边地区施展身手而他们在一个地区的中心必然受到遏制。相比之下，全国铁路网的建立可使发生大规模起义的可能性大为减少，因为它使得政府能迅速有效地对地方暴乱做出反应。物质因素与生态因素与对集体行为的解释有关，但是它们都通过其对参与人的政治行为产生的影响来发挥作用。这通常意味着它们对一定时间一定地点的行动者身边已有的激励、约束和机会产生影响。

上述理论之间的关系

这里考查的理论都有相同的思路：地方政治与意识形态的作用、阶级利益、规范体制、社会知觉以及理性算计。这些相左的假设是关于一组简单的规律决定的现象，还是对经常共存于一个社会动荡时期内的因素所进行的相互补充的分析？我的判断是，每种理论都阐明了其他理论没有充分考查的问题。地方政治理论模型对集体行动的地方进程——在农村社会经常存在的制度形式与组织资源、把地方利益确认为动力来源的重要性以及在地区或全国层面上的无意识结果——特别敏感。相比之下，阶级斗争模型具有一系列适用范围很广的分析工具，根据这些工具来分析农村社会的一个重要特征：阶级关系与剥削（农村生产通过它们得以实现）。这些财产所有权关系大多构成了所有当地的行动者——地主、佃户、小块土地所有者、官员、商人——的物质利益，因此，它还提供了对农村政治行为的深刻洞察。不过，阶级斗争模型借鉴了地方政治理论框架。尤其是，它对农村集体行动的地方过程进行了借鉴，从而获得了好处。最后，千年王国论（与第二章讨论的道义经济理论）提供了这样的分析资源，根据这些资源来描述调解政治行为的意识形式——信仰、规范、宗教责任。于是，摆在研究中国的历史学家面前的问题不是要决定这些理论框架中的哪一个是终极真理，而是要领会和吸收每种理论对解释农村集体暴力的多元结构的重要洞察力。

第六章 持续增长还是过密化?

中国的农村经济极端贫困,人均水平处于停滞状态,甚至有所下降,而且表现出在土地、租佃及安全保障方面的严重不平等——传统看法大约如此。托尼在20世纪30年代并不乐观的研究为20世纪六七十年代研究帝国晚期经济史的众多作品定下了基调。托尼强调,苛捐杂税与高利贷、军阀主义、土地占有的细小化、贫瘠的土壤以及人口压力是中国农村苦难日益深重的主要原因。他写道:“我们甚至有理由相信,在中国的某些地区,人口增长导致土地压力的增加,使得农村人口的生活状况恶化,事实上可能还比不上两个世纪前的水平……我们很难抵制这样的结论:大部分中国农民经常濒临赤贫状态。”(托尼 1966:71—72)20世纪六七十年代西方的学术研究强调中国农村经济的贫穷和停滞,从而证实了托尼基本的分析框架。这种对民国时期的阐释呼应了对近代早期(1600—1850)中国农村经济的马尔萨斯主义解释与斯密主义解释。根据这两种解释,人口的增加、有限的资源以及技术的停滞注定了农村人口生活水平很低,并且不断下降。

然而,20世纪90年代几个重要的学术团体对传统看法发出了挑战。在分析19世纪最后几十年和20世纪最初三十年时,罗斯基(Thomas

Rawski)(1989)和白洛伦(1989)主张,农业产量、农民收入和生活水平都有相当的增长。在对中国经济发展更长时段的重要分析中,彭慕兰(Kenneth Pomeranz)(2000)和王国斌(1997)认为,在1700年前后,近代早期的中国农业和同时代的欧洲相比,生产能力大体相同,而且中国和英格兰的农村生活水平也接近。此外,李中清和他的同事们[李中清和康文林(Cameron Campbell)1997、本格特森(Tommy Bengtsson)等人2004、李中清和王丰1999]挑战了关于中国历史上人口状况的马尔萨斯主义阐述。他们认为,中国人口史显示,人口的出生率增长适度并受到社会调控,这就批驳了人口增加导致中国不可能实现现代经济增长的观点。

这些对近代早期中国经济潜力更为肯定的观点激发了一场热烈的辩论。与彭慕兰相左,黄宗智(1990)认为长江三角洲的水稻经济被限定在一种"过密化增长"的模式中,这一模式下,人均产量和生活水平很少或没有提高,劳动生产率降低。黄宗智、布伦纳和依赛特(Chris Isett 2002)对彭慕兰提出的经验性和理论性的理由进行了根本的、全面的批驳。彭慕兰在同一份期刊上做出了有力而详尽的回应(彭慕兰2002),李中清和他的同事们则就黄宗智关于人口统计学的假定予以反驳(李中清、王丰、康文林2002)。

与两次争论密切相关的是李伯重的系列研究,涉及长江下游地区农民家庭经济中农业的投入、产出、成本和地租情况。他为评价这些争论中的各种主张提供了一个关键的经验主义的基础(李伯重1998)。李伯重对中国江南地区做出了大量经验估算,其影响可以和阿伦(Robert Allen)关于英国农业经济生产力的研究相媲美(阿伦2005)。这些研究为我们在实证基础上估算英格兰和江南的生活水平提供了机会,为(尤其是近代早期的)有关农村经济过密化、增长或停滞的某些结论提供了依据。

对中国历史研究者而言,这些不同意见引发的许多重要问题涉及面更广：农业发展的性质和速度(产量、生产率和新技术的应用)，这一时期农村福利变化的性质和方向以及社会变迁的特征和步调(农村人口向城市的转移、土地租佃的变化、土地占有的集中)。如果罗斯基和白洛伦提出的普遍乐观的评估可以站得住脚，那么我们需要对 20 世纪初中国农村社会变迁和福利状况进行一种更为深入的重新评价。如果黄宗智的观点被证实，那么我们需要重新对农业经济体经济发展性质的惯用假定进行思考。

本章关注的是当今学术界对清代及民国初期经济有分歧的那些重要方面。我将沿下列思路总结这些重要问题。首先，与农业部门内部发展进程直接相关的问题。这一时期中国农业生产力有无显著增长？有没有明显的技术变革过程？商业化是否刺激更高的效率和更多的投资？交通运输技术在多大程度上刺激农业部门的变化？其次，每一位学者都不得不对这一时期的中国人口趋势做出评估，因而对中国历史上人口统计就存在重要分歧。人口增长率的最佳估计是多少？有多少人移入城市或在农村内部流动？中国人口史上类似饥荒、疾病、战乱这样的“积极抑制”有多大作用？第三，关于民国时期中国经济的经济结构转变情况的问题。这一时期农业产量与制造业、手工业产量的比例是多大？制造业和工业的雇佣人数增加了多少？商业化农业生产的增长幅度有多大？现代工业对传统制造业的侵蚀速度有多快？最后，与上述进程对农村人口福利的净效应相关的许多问题。地租和工资发生了什么变化？人口对资源的压力是否造成了农村经济日益紧张的状态？农民收入是否面临更大的不稳定性？有没有现成的数据可以显示农村人口营养程度变化的方向？粗略地讲，这一时期的农村人口是处在贫困化状态下吗？他们撑得住吗？还是说，农村福利——即使缓慢——也存在显著提高？

很显然，在这些学派间就中国农村经济存在着非常广泛的分歧。彭慕兰与黄宗智之间，或白洛伦与利佩特之间的不同见解，并不在细枝末节,他们对相关时期中国经济变化方向与整体性质有着根本不同的评估。而且这些不同见解对我们了解20世纪中国的发展大有关系。这些问题在多大程度上能得到解决?是什么阻碍了我们对这些主要经济问题形成相对确定的结论?关于中国农村经济的主要特征有可能得到多少解答?

什么是"经济史"?

我们首先考查一个基础问题:一个国家或地区的"经济史",其理智的研究任务是什么?首先,我们可以说经济史学者的研究任务是,提供经过一定时期该国或地区主要经济特征的以证据为基础的描述:其生产的农业产品与制造业产品的种类和水平、生产与分配发生的技术与制度、人口规模以及该人口的物质生活水平。这一研究任务可以进一步被分解为描述、综合与解释的行为。

我们在开始就应该强调,比较经济史是"大型社会科学"的一个良好范例,因为存在着一个大规模且涉猎广泛的学者研究团体,他们为这类知识贡献了不同的篇章。任何单个学者都不可能对一个地区经济史的方方面面都作出开创性研究。相反,存在一些专门的学者组织,他们的研究关注这一问题的不同方面和层次,并且有些学者将这些研究成果综合为更大的有关历史的建构。这一劳动分工跨越了年龄和国界。例如,20世纪早期在卜凯主持下的细致的农业调查,将继续在21世纪初为中国农业经济史的综合研究提供更为全面的基础。而在欧亚人口项目中,来自欧亚多种背景下的学者组成的团队引导了历史人口的研究,他们提供了一个基础,用于严密测试类似于马尔萨斯人口论这样的高水平假设(本格特森与阿尔 2004)。在每一个案例中,其他经济史学家的专门研究最终都产生了更高水平的诠释。

该领域内的这一定义对于持续、细致的经验研究而言具有非常重要的作用。这些使得历史学家可以重构经济事实(价格、工资、消费水平)的数据资料通常很难重建。而且在整个给定区域内,几乎总是存在大量经济行为和经济结果的变动。因此,收集和分析与经济现象和经济行为相关证据的这项任务是会令人气馁的。这项工作采取以下形式:评估价格运动、工资水平、人口统计事件、技术创新的发生时机与分布状态、资本形成的速度与模式、贸易模式等等;换言之,以经验为基础的描述性工作。其次,经济史学家有责任确定一些显著的模式,无论是变化的还是持续的状态;这也许可以被称为综合工作,或者说是对研究中的某时、某地正在进行的经济进程建构更为一般、更为抽象的叙述。第三,人们期待经济史学家提供传统研究发现的解释模式。如果发生了一种"农业革命",如果出现了一个长时期的技术停滞,如果人口趋势变化颇为明显——那么,经济史学家有责任尝试着对这些经济发展的宏观方面做出解释。哪些背景因素引起了这些经济状况的发生?

对经济史学家而言,为了支持这些解释,哪些理论资源是可用的?社会理论提供了关于一般社会机制的比较成熟的论述,即一定条件下,由有目的的人类行为产生的进程与模式。(这一社会解释的观点将在第九章中进行更为详细的探讨。)很明显,经济结果是环境条件与制度背景下人类行为的结果。然而,人类行为并非严格地分离为"经济的"、"文化的"和"社会的"行为;相反,行为结果受所有因素的影响。因此,经济史不能限定在与新古典经济学有关的理论范围内。更正确的做法是,经济史必须在行为发生的更广阔的社会与环境背景下,检验研究中的经济现象。这就意味着经济史学家必须同时是一个社会史学家、一个社会学家、一个种族学家以及一个经济学家;除了关注纯粹的数学均衡或理想运作的市场外,他同样也要关注社会与政治背景中的经济趋势。这表明,经济史学家在解释经济结果时,需要留心与这些结果可能相关的更广范围内的社会要素与社会原因[①]。这也意味着对那些与评估经济环境相关的各类证据,经济史学家需要一种开放的态度。布洛赫对法国中世纪农业史的研究极好地证明了将广泛联系的各类因素用于地区经济史研究的价值。布洛赫调查了主要社会制度与当时使用的主要技术,并试图解释一些趋于明显的宏观模式(例如,田间形态与轮式犁的地理扩散)(布洛赫 1966)。布洛赫援引了各类资料,如法国的土壤性质、在犁的设计中的技术创新的有效性与时效性,以及法国不同地区乡村共同体的性质等。而且他很巧妙地运用形形色色的历史资料,从而他可以得出对不同经济事实与制度事实的评估。

通过确认界定这些争论维度的少数几个经济生活特征,我们可以进一步集中考虑目前中国经济史研究成果的基础问题。是否存在着少数几个因素,使得进一步的经验与理论研究能够在这些专家间达成一种更高层次的共识?抽象地说,很显然,一种乡村中国的经济史应该致力于几个关键问题,而相信额外的经验与理论研究可以缩小有关这些因素的分歧范围,这一点似乎也是合理的。因此,让我们首先确定几个关于中国经济史经验与理论分歧的核心维度。

- 人口统计。一个时期中,在不同时间点上绝对人口规模有多大,如何分布?这个时期中,人口增长趋势如何?发生在该时期内的城市化水平有多高?
- 投入与技术。耕地面积有多大?生产哪些农作物,产量如何?使用哪些施肥技术?灌溉程度有多高?土地与灌溉的扩展趋势如何?
- 产权关系与劳动控制。恰当的租佃关系与土地所有制形式是怎

① 计量史学学派对作为经济史分析工具的经济模型推崇备至,但由于计量史学忽略了其他的重要历史因素,也备受批评沙巴斯(Margaret Schabas)(1995)。从早一代经济学家来看,很少有诚实的学者,像希克斯(John Richard Hicks)(1969)、琼斯(E. L.Jones)(1988)与熊彼特(Joseph Alois Schumpeter)等那样,在研究经济史问题时兼顾关注广泛背景下的经济制度与经济行为。新近研究中,对经济史中理论作用的探讨比较充分的可参见罗斯基(1996)。

样的？这一时期这些安排是怎样变化的？当时的劳动控制形式有哪些？雇佣劳动条件与范围是否存在一种变动趋势？

● 生产力。主要产品(稻米、小麦、棉花)的绝对生产规模如何？土地、劳动、资本或畜力的要素生产力是怎样的？在这些数量中存在哪些趋势？

● 价格与市场条件。有多少农业活动发生在用于交换农作物、粮食、纺织品和手工业品的市场上？随着时间的变化，这些产品的价格有何变化？农民对变动的市场条件的敏感度如何？

● 人类福利。无地工人、小土地所有者、佃农等不同群体的收入水平与食物保障情况如何？该经济体内的收入差距程度有多大？经济剩余流向何处？实际福利与不平等的趋势如何？

● 因果要素。在下列不同的宏观要素之间，我们可以获得哪些因果关系：技术、社会关系、财产制度、政权、人口体制以及国际关系？

显然，这些元素之间是存在一些关系的。例如，如果我们拥有对农作物产量、人口规模以及剩余分配制度的可信资料，那么我们就可以得出关于生活水平的推论。同样很明显的是，有一些不同类型的历史资料使我们可以对这几个经济史维度作出评估。例如，可以让我们评估生活水平的一些定性资料和取证资料(方志、游记、梗概测量)也许能为我们提供一些证据，这些证据或者支持或者反驳这些基于对人口、食物产出量与价格的估计而得出的估算(阿伦，本格特森，卓博(Martin Dribe) 2005)。借由这些不同类型的证据，我们可以在估算由不同方法产生的相关变量的基础上，测试我们一些结论的有效性。

经济史研究要求考虑时间差别；我们需要确认随着时间推移由于许多利益变量而导致的变化进程。理想状况下，我们会希望得到每一组变量的时间序列估算。但是，对于一个像中国这样的地文差异如此之大的经济体而言，为了获得在经济发展中出现的关键地域变化，我们同样也需要这些变量的空间差别。正如施坚雅著作中所阐明的，我们需要按照空间条件分解这些资料。中国各地区之间差别很大,因此几个大的地区的平均数据会让人对正在进行的发展进程产生误解印象(施坚雅 1964—65,1977,1985)。事实上,在过密化争论中,最有意思的一点是这一发现:用于比较的地区的定义有极大的不同。中国的南北方农业经济区别巨大,如果一种研究结果是基于来自一个地区的数据资料,那么,当将其一般化到另一个地区的时候,这些结果会极不可信。同样的,相对于欧洲与中国的比较而言,英格兰与江南之间的比较更具有启迪作用。那么,大体上,我们可以将经济史经验主义研究核心描述为一种三维数据空间,表现了随时间与空间变化的一套变量。

如果我们成功得到了在这些经济活动与经济变化方面的合理估算,那么我们就能得到一个非常坚实的基础,以缩小目前存在于研究中国农村经济的各位专家之间的分歧。这会使争论领域从"基本范式"分析的状况转向更多具体问题的一种"常规科学"研究[①]。换言之,我们有可能通过额外的经验主义研究来解决这些争论。事实上,在过去的十年中,这项研究看来已经提供了对这些中国经济史关键元素的更多、更充分的理解,尤其是关于人口、农业生产力与生活水平方面。

研究策略

我们可以运用于经济史比较研究的工具有哪些?首先,最重要的一点是,我们要对两种背景下的经验与事实方面拥有最佳的理解。欧洲与亚洲的专业经济史著作提供了大量不同层面的事实证据:国民经济成就、地区或职业生活水平(工资与价格)、贸易水平、运输水平、产量与单位产出水平等等。这些资源是不会"为自己说话"的;经济史学家需要尽力理解支持这些资料的度量问题、存在的地区变化问题等等。但是,通

① 在范式转换与常规科学之间的区别是由库恩(1970)发展的历史科学的核心。这一区别首先是在自然科学研究的基础上发展起来的,但是它似乎也与历史编纂的分歧这一领域相关。

过现有的多种层面上的农业经济史研究,我们可以观测到重要的经济变量与社会变量。诸如阿伦等经济史学家已经完成了一些具有高度价值的研究工作,他们尝试着提供这些数据组的元级(meta-level)分析,提供用于不同背景下比较的强有力的基础;因此,阿伦对横跨欧亚两地的生活成本与工资的细致总结提供了对于跨地区比较更为严格的、意义重大的基础[阿伦(2005,2002);也参见戈德斯通(Jack Goldstone)(2002)以及李伯重(2002a,1998)]。

其次,我们还了解大量的制度性资料,涉及政府政策、税收、财产体系、劳动形式等,这些详细资料跨越两种大陆体系的各种背景,并且每一个都包含有更小的区域。再重申一次,这种类型的历史资料可以在不同层面上进行收集与整合,从地方到区域到国家或大陆;这是一个非常重要的问题,因此为了进行当前的比较,历史学家必须选择“恰当的”整合层面。比较经济史学家应该是这样一种专家,他们详细了解在共同体内、区域内以及国家内承担经济发展进程的那些最可靠的制度设置的说明。

这些观点强调了,在解决关于中国经济发展的这些假设和争论中,进一步的经验研究与事实研究的重要性。但是,当历史学家们试图阐释总结关于人口、产量、生产力、生活水平或实际工资等事实时,他们也会遇到一些重要的概念问题。戈德斯通强调讨论和激活一套数据一致性标准(data consistency standards)的重要性,以此引导对历史经济资料的利用。戈德斯通区分了微观与宏观资料,并认为需要将其聚合以建立一致性(戈德斯通 2002)。同样的,阿伦对建立度量与比较的一致性说明的密切关注提供了一个令人满意的严格模型。

第三,经济史学家热衷于揭示不同因素间的因果关系。在这里,经济史学家需要对他们所描述的广泛的社会理论与社会机制有着深刻理解;而且他或她应该能够探讨具体机制是否能在具体的历史环境中发挥作用(这些问题将在第九章中进行更深层次的论述)。人口压力是如何影响技术变革的?租佃关系是如何影响投资(并进而影响生产力)的?租佃关系是如何影响农村福利的平均水平的?农村福利水平是如何影响人口趋势的?如果我们想要解释我们所了解的在经济发展中的那些宏观历史进程,那么我们就需要探讨一系列可能表现为驱动这些进程的社会机制。这是社会理论的职能——而且,值得注意的是,理论的作用在于它本身就是在彭慕兰、李中清、黄宗智与王国斌之间的分歧的核心元素之一。在这些争论中,关于社会机制的分歧是极为显著的。让我们探讨一下在这些争论中援引的几个主要社会机制。

- 不受控制的人口增长导致了土地和其他资源不能承受的压力[伊懋可(1973)、赵冈(1986)、黄宗智(1990)];
- 竞争与市场制度导致了有效技术的传播、劳工的迁移以及贸易的扩大[罗斯基(1989)、白洛伦(1989)、马若孟(1970)];
- 在农户或管理者层面的经济刺激导致了技术、投入和创新的调整,力求达到生产中的劳动与资本的最优配置,从而使收入与安全保障最大化[舒尔茨(1964)、黄宗智(1985)];
- 成套的社会财产制度以极不平等的方式将权力、资源与收入分派给不同的参与者,包括小农、手工业者、地主、商人或政府官员,导致了不同背景下的不同经济策略[布伦纳(1976)、利佩特(1987)、李思勤(1975)];
- 殖民主义与帝国的经济效果的表现形式是廉价使用资源和劳动力[彭慕兰(2000)、弗兰克(Andre Gunder Frank)(1967)];
- 矿产资源与能量资源地理分布的偶然性[彭慕兰(2000)、戈德斯通(1991)];
- 环境变化的过程既是外生的,又是内生的[伊懋可(2004)、濮德培(1987)];
- 战争与军事化进程[濮德培(2005)、蒂利(1990)];
- 影响经济行为的文化因素。

这一目录是可以增补的，但核心观点皆列于此。在中国的经济史上，这些因素可能有也可能没有因果意义，然而每一个因素都足以用来确定一种可能的因果机制，这些机制被调用作为导致经济变化或停止的因素。发展成熟的社会理论为我们提供了一个基础，用以证明不同的因素是如何**能够**因果相关的。继而，经验的、历史的以及理论的研究任务即为得出关于因果关系的合理结论。此外，不同历史背景下因果要素的不同组合是最重要的，这完全有可能；历史变化取决于局势，是偶然的。（在第九章中我们会再次探讨这些主题。）一般认为，制度和环境很重要；制度安排在不同的时间和地点可以产生限制作用或创造良机，阻碍或促进一些发展路径。我们不应该期盼一种主要的发展过程，相反，我们应该期待影响路径依赖进程的一种偶然事件的集合体。而历史学家有责任利用多种形式的研究和推论，为那些不同条件下的不同变量赋予可信的权重。

一个成功的跨区域或跨大陆的比较经济史研究的理想结果是什么？对于该研究领域中那些经历了时间和空间的经验事实，我们想要一种合理而详细的描述。对于比较关系下在经济发展中起到最重要作用的因果机制，我们想要一种说明。对于我们探讨过的不同区域的经验，我们想能够建构一些论述，以阐明其相似性与差异性。对于在这些经济发展轨迹中存在的一些多样性与偶然性，我们想要得到一种清晰的理解。同时，我们希望历史比较的结果将解释清楚在经济与政治发展进程中系统性的程度或因果顺序。变化是存在的，但因果顺序也是存在的。因此，每一项经济史研究并不是自成一格的；相反，通过众多的研究成果，我们发现存在一些因果相似性与偶然的差异。

源自比较研究的知识应该为我们提供对一些问题的见解，如关于在东亚或西欧，在宏观经济和政治发展中的**偶然性**与**必要性**。我们应该接受不同案例的进程中存在重要差别的可能性。经济发展包含了各种因素与制度的一种复杂配置，并表现出在历史变迁中偶然性与路径依赖作用的清晰案例。我们是否发现经济结果反映出一种宏观程度的路径依赖与偶然性？我们是否观察到经济与政治职能得以执行的基本制度中的重大变化？或,是否存在以“高效率或高效能”为中心的政治和经济制度的会合点？迄今为止的研究结果表明跨越欧亚的高度变化和偶然性。

新近研究中王国斌《转变的中国》(1997)一书尤其重要,它强调了在欧亚历史发展中那些偶然性与转折点的特征。书中,王国斌对欧洲与中国的比较问题提供了一种精妙方法。他认为这样的比较是合理的,富有成效的,但是对于我们应用于这样一种努力的概念和理论假设,他提供了一套强有力的警示。他的核心观点至关重要:我们不应该犯这样的错误,即设定欧洲的发展与特征是历史的范式,而中国的发展要么将是对这种普遍样板的复制,要么将被视为是“非典型的”。他写道,“这本书也是打算将欧洲制造与资本主义从他们作为世界历史普遍主题的特权地位上驱逐下来,但它提出了一种新方法:将西方与一个主要的非西方文明社会相提,比较二者经济与政治变化的动力”(王国斌 1997:2)。与一般的将欧洲发展作为范式的方法——人口转型、资本主义的发展、民族国家的形成——不同,他认为,做比较研究的学者需要做好准备,确定每一个主要文明社会中的一些宏观进程,将其作为潜在的富有洞察力的结果应用于或对照其他文明的经验。他这样陈述这一观点:“历史轨迹肯定不是单一的。西方社会理论通常仅仅分析通过欧洲民族国家的形成与资本主义的发展这一双生过程产生的东西。西方国家和经济的历史关系到现代社会的形成。而按照绝大多数社会科学研究中所利用的研究策略,这个世界的其他地区在西方与它们接触并改变它们之前,是没有称得上有意义的历史的”(王国斌 1997:3)。因而,《转变的中国》一书旨在借助于适当的社会理论,努力洞察中国自身的转型动力、自身的历史轨迹与历史形态。同时,王国斌也力图通过细致探讨另一种历史发展进程来阐明欧洲历史。

清前期：过密还是变革？

现在让我们转向对两种争论更为详细的考查，在过去的二十年中，它们影响了我们对中国农业史的诠释。我们首先考查彭慕兰和黄宗智（以及许多其他专家）之间的“过密化争论”。过去几年，英格兰和中华帝国晚期发展状况比较的持续争论在欧亚经济史研究中居主导地位：近代早期中国农业经济到底是“过密”、“停滞”还是“变革”？本部分便探讨此争论的主要特征。

过密化争论在彭慕兰、布伦纳、黄宗智、李中清和其他一些学者之间展开，十分热烈、错综复杂，有时具有启发意义（黄宗智 2002，布伦纳和依赛特 2002，彭慕兰 2002，王国斌 2003，李中清、康文林和王丰 2002，戈德斯通 2002，李伯重 2002b）。这场争论围绕着几个重要而某种程度上相互独立的问题展开。最核心的是有关一些重要变量的史实情况的分歧，尤其是相对生活水平和农业生产力水平。同时也有概念问题上的分歧。我们如何界定“持续的经济发展”、“生活水平”或“生产力”？一种完善的因果解释由什么构成？而且关于可能在亚洲产生“停滞”或过密的历史因素和制度因素也存在分歧。

黄宗智极力主张中国农村经济的过密化性质。他断言晚清和民国初期中国的农业经济人均生产力水平极其低下，而且只有以持续增加单位产量的劳动力投入为代价才能提高产量（黄宗智 1990）。农户很容易自我剥削（无偿的家庭劳动力的使用大大地越过了合理边际收益点）；另外土地有限、人口增加和技术停滞的压力导致了生产力与生活水平的降低和停滞。依照黄宗智及其支持者的看法，近代早期的长江三角洲处于过密化的轨迹上，陷入马尔萨斯危机（人口超过了食物生产），劳动生产率下降，土地利用强度增加，边际产量降低，生活水平下滑。

黄宗智的著作涵盖了一个极长的时间范围；他论述了长达六百年的

长三角的农村经济，直至后毛泽东时代的改革时期。他断言长三角经济可以概括为基于小农家庭生产的糊口水平的耕作体系，“只有到20世纪80年代，长三角的农村才开始转型和发展，使得小农收入有了超出糊口的较多盈余”（黄1990：1）。黄宗智认为这一地区农村经济高度过密，围绕着自我剥削的家庭生产展开。人口增长刺激了劳动集约型增长而不是提高生产率的增长，结果便是农村居民福利水平的停滞。家庭劳动力极低的机会成本使得家庭农业体系排除了雇佣劳动经营。由此在黄宗智看来农业经济的特征就是“没有发展的增长”。其高度过密归因于人口压力，并且整个这段时期生产力没有显著提高。农业产量的扩大仅够跟上人口增加的步伐，这主要是通过生产的集约化（intensification of production）实现的。“在20世纪50年代现代要素投入之前，该地区农业很少或根本没有扩展”（黄宗智1990：14）。最后黄宗智反驳了罗斯基和白洛伦关于19世纪末20世纪初生活水平明显上升的意见（137—143）（下文讨论）。

彭慕兰极不赞成过密化论者对近代早期（1600—1800）的解释。为了提供更为充分的比较经济史研究，他对近代早期的英格兰和江南作了详细对比。与过密化论者不同，彭慕兰主张在1700年时，中国的农村经济生产率与英格兰大体相当，而且长江下游地区的农村生活水平与同时期的英格兰基本相同（彭慕兰2000）。“即使在18世纪晚期的时候，日本、中国和东南亚一些地区的平均收入有可能与西欧的水平相当（或者更高）”（彭慕兰2000：49）。彭慕兰认为黄宗智不够重视土地集约型农业和劳动集约型农业（land-intensive and labor-intensive agriculture）之间的差别。彭慕兰也同意18世纪以后，中国经济没有进入一个持续发展的现代经济阶段［这是其标题“大分流”（The Great Divergence）的意义所在］，但他所辩驳的是黄宗智对这一事实的解释（黄氏的论述是过密化农业妨碍了提高生产力的创新）。彭慕兰宣称长三角和英格兰在农业生产力、手工业生产力、生活水平及人口行为等主要方面大致相同，英国的经济“突破”是十分偶然的、非制度性的因素造成的——在美洲获得了劳动力和重要的自然资源。在探讨这场争论时必须要强调一个重要的概念问题。无论是“变革”还是“过密”都意味着一种持久的转变趋势：前者是劳动-土地(labor-land)生产率的显著提高，后者是劳动生产率的逐渐降低。但是逻辑上存在第三种选择：尽管存在许多其他的变量——新肥料的使用、人口增长、生态挑战、人地比率下降、技术变化或环境挑战，但生产力基本保持稳定。(一般来说，这种看法是由珀金斯提出的。)这是一个既符合逻辑又符合历史的立场：中国农业既没有发生变革，也没有经历一个长时段的过密化趋势。相反，从劳动生产率、人均产量和农业收入的视角看，它稳步前进。但是这一立场是否有事实支撑呢？

我们可以确定的一件事就是，在欧亚大陆两端界定经济变量——生活水平、总产出、人均产量等时，确实存在着经济变化水平和速度的地区间差异。阿伦的研究论证了欧洲的这种差异；在发展程度、实际工资和制度环境方面，英格兰、斯堪的纳维亚和意大利显得非常不同(阿伦 2000)。然而同样也有可能证明在中国内部和亚洲国家之间类似方面的差异。我们还能确定的是制度背景和生活环境也存在重要的地域差异：政治制度、市场制度、环境和社会财产体制(控制土地和劳动)。这种差异程度会使我们预想到不同地区的经济史也存在重要区别。

接下来的论述中我们将考查过密化争论中的主要分歧点：人口趋势、农业生产力、实际工资水平和不同农业管理制度的影响。

人口趋势

人口变动问题是这一争论的核心。过密化解释很大程度上借助马尔萨斯的观点，认为中国的人口增长率始终逼近农业和土地的极限。然而，彭慕兰、李中清和李伯重主张长江下游地区没有马尔萨斯危机的那些特征。相反,他们认为中国的人口体制是稳定的,并导致人口出生率受到控制。李中清和他的同事们在家庭的层次上对中国人口统计体系作了更为翔实的研究,结果与近代早期欧洲所经历的那些人口状况相似(李中清和王丰 1999)。

欧亚人口统计项目是一种人口史研究,旨在使人们对欧亚大陆不同地区人口统计的历史轨迹有更加充分和详细的了解——人口规模、结婚率、出生率、死亡率等等,除此之外,对时间流转中这些因素变化的原因,也提供了一套更多以经验为主的限定性假设(本格特森等 2004;阿伦、本格特森、卓博 2005)。学者们这样形容这一项目:"已经开始用新的数据和新的方法解释人口对外在压力(经济的或其他方面的)反应的复杂性,……现在,结合时间序列(time-series)和事件史(event-history)进行纵向的、实用性的、微观数据的分析,要考虑到一些细微的区别,如死亡率、出生率以及由社会等级、家庭背景和个人层次上的其他方面引起的人口反应"(本格特森等 2004:Ⅷ-Ⅸ)。他们的研究有几个重要的出发点:它试图将集合层面和个体层面相结合;它试图既在欧亚两端、又在各自内部确认异同;它推定出生率和死亡率转变的大规模过程及其含义;而且它试图评价关于欧亚之间人口体制差异的大前提(尤其是马尔萨斯主义)。

学者们发现他们的研究结果让人对马尔萨斯关于积极折制、消极抑制以及欧亚不同的人口行为的概括和结论产生怀疑。"我们的项目研究变化中的经济条件(食品价格和工资),以及不同的社会经济联系(家庭、家族和阶级组成)如何影响个体人口统计结果。通过对比人口反应的模式,我们可以更好地了解家庭和个人在应付环境变化的斗争中、在社会和文化的限制下所做出的决策"。他们发现家庭习惯、人口统计制度和经济背景在欧亚大陆各地形形色色,以至于不可能得出一般结论,说欧亚人口统计(或英国和中国人口统计)截然不同。例如,他们发现的证据表明中国人口行为导致的出生率与西欧大致相当。

生产力

农业生产力的表现对这场争论至关重要。我们该如何努力解决这场争论中的分歧呢？既然双方的观点中存在经验范围内的重要分歧，那么希望通过更为翔实的事实的和经验的研究，从而得到一定程度的解决，是符合逻辑的。

阿伦和李伯重提供的细致的经验性研究对这场争论极为重要。李伯重关于江南农业的主要研究（李伯重 1998，2002a）提供了更多经验基础，在此基础上，其他学者尝试对长江下游地区的农业生产力和农村收入做出评估。而且李伯重的研究反驳了关于近代早期长三角下游地区劳动生产率降低的主张。根据他的研究，中国农业经济劳动生产率稳定、土地生产率上升，导致农村工人和农民的生活水平持恒。最后，李伯重和彭慕兰注意到，在 18 世纪中期时（英格兰和江南）分道扬镳，英格兰的制造业和农业中实际生产率增加，而在江南生产力则静止或恶化。

阿伦对这场争论的贡献在于为历史上农业系统的总成本（英格兰和长江下游）配备了一个详细而且严格符合史实的框架，从而可以对劳动和土地生产率、农民工资收入、农民家庭收入做出评估（阿伦 2003）。他的农业模型提供了一个连贯的框架用以评估长江农业的成本和产量。他的分析支持了英格兰和长三角下游劳动生产率的详细比较，其结果是双重的。首先，他发现长江三角洲的总体农业劳动生产率略低于英格兰，但是高于欧洲的其他几个地区；其次，他发现在 1620—1820 年间，这一劳动生产率水平基本不变（阿伦 2003：表 5）。换言之，他的分析反驳了过密论中这两个世纪劳动生产率降低的假设。同样，他的分析也反驳了生产率上升的变革论；他发现在 1620—1820 年间，以大米计算的日劳动总产出是增加的；但是，与李伯重的观点相反，如果考虑到豆饼肥料的成本，净产出大体不变（阿伦 2003：11）。“1800 年时，长江三角洲的劳动生产率大约为英格兰的79%。当然,这比英国和荷兰的水平要低,然而即使如此,与欧洲的其他主要国家相比,它还是相当高的”。

阿伦的总的发现支持了下述判断:中国农村的生活水平与英格兰农村相当,而关于近代早期中国农业的生产力是增加还是降低,几乎没有什么证据。在农业强度和肥料的使用(豆饼)上存在重大变化;这些变化导致了产量的增加,而新投入的成本使得劳动生产率大致保持不变。而且,更值得注意的是,他发现在1620—1820这两个世纪中,劳动生产率基本上没有变化——这一发现反驳了过密论的预期。因此,阿伦发现无论是过密论还是变革论都不足以应对中国的数据。这就支持了这样的观点,即中国的农业既没有导致人均产量的持续增长,也没有经历一个长期的过密化趋势。相反,从劳动生产率、单位产量和农民收入的角度看,中国农业是稳定而渐进的。

实际工资比较

阿伦关于欧亚实际工资的研究为农村生活水平问题的经验性评估提供了基础,比我们迄今所有的研究更为充分和坚实。这里的核心问题是,如何比较英格兰和中国的农村实际工资?阿伦在研究这个问题时,能利用由上文谈论过的“农业生产力和农村收入”(Agricultural Productivity and Rural Incomes)中发展而来的农业经济模型(阿伦2003)。这一模型综合了长江三角洲和英国中部农场有关作物产量、价格和劳动支出的数据。他能够计算这两个地区家庭收入的估算值。他发现在1620年长江三角洲家庭日收入为34.2便士,1820年时为21.0便士;而英国中部地区在1820年时为19.8便士(表8)。这些数据显示,长三角的家庭收入在这两个世纪中降低了,但1820年时,仍略高于英国农村的家庭收入。而且根据已公布的英国农村工资趋势(阿伦2005),我们能推断在1620年时,长江地区的家庭收入明显高于与之相对的英国。这些要点证实了彭慕兰的主张,即在近代早期,中国农村收入与与之相参照的英国大致相当。

在“欧亚的实际工资”一文中，阿伦提出一种方法，对英格兰、印度、日本和中国的“生活成本”指数作了谨慎估算。这一指数主要以一揽子以衣食价格计算的工资为基础，因为这些价格资料在英格兰非常完整，在中国也有一些。同样，基于上述各国家主食的每一卡路里的价格，他提出来一个相对简单的指数。接下来，他把从这些国家中得到的货币工资数据转换成一个通约的实际工资，并利用这些对英格兰、印度、日本和中国的估算，针对这场过密化争论中一些最根本的问题提出了一个量化的解答。对于 18 世纪中期，他的主要结论是“以每一卡路里的价格作为价格平减指数，显示英国、中国和日本的农业工人的生活水平没有什么区别……亚洲并不落后于欧洲”(阿伦 2005)。他估算的这一时期在彭慕兰和黄宗智争论的这段时期之内，而且这一估算明显支持了彭慕兰的立场。除此之外，阿伦还发现在 1700—1900 年间，中国的生活水平有相当大的提高：“长江流域的生活水平在 18 世纪早期到 20 世纪早期之间上升了 40%以上”(阿伦 2005)。

制度背景

布伦纳的研究始终试图在此处提到的两种区别的基础上，做出关于经济发展方面差异的因果论述；他指出与经济发展水平高低相对应的是社会财产体系的不同(布伦纳 1976,1982)。这一简单的因果论述有两个基础：第一是关于产出和制度背景的共变(co-variation)分析；第二是对一种可行的社会机制的解释，后者显示为什么某一类型的社会财产体系可望导致经济的持续增长。布伦纳提出这一观点，为这场过密化争论做出他的贡献(布伦纳、依赛特 2002)①。

布伦纳(很明显，也是黄宗智)的对英国情况的解释，与中国相对，包

① 布伦纳对英国与法国农业发展的比较研究在李丹(1998：第七章)中有所探讨。

括了三大因素:(1) 财产关系为英格兰的资本主义农业提供了可能(布伦纳 1976,1982);(2) 中国的人口行为形成了高出生率和适度的死亡率——导致了地方人口对资源的压力;(3) 由于资本主义农场主受到激励,技术创新在英格兰发展迅速。多种因素联合作用的结果便是英格兰生产力的稳步增长、生活水平的持续提高和精英阶层投资于制造业技术现代化的金融能力的聚集。与此相对,布伦纳这样描述中国:生活水平逐渐恶化、未能引进现代技术和改良农业;并且由此推论,这种结果的原因是中国社会产生的制度设置不太利于农业的创新与投资。

彭慕兰针对这一理论的两个方面提出问题。对中国农业在灌溉、收割、施肥的新技术运用上未能取得进步这一假设,他提出质疑。而且他也质疑了这一论题,即将英格兰后来的经济起飞解释为"较高级的制度设置"。相反,他指出英格兰的迅速发展源于美洲的资源:棉花和农产品的进口;土地在美洲的延伸以及对美洲奴隶劳动的剥削。

环境的枯竭

伊懋可在他的中国环境史的开创性研究中,对中国经济发展的"过密化"特征提出了一个不同的分析基础(伊懋可 2004)。伊懋可使用了对一个特定经济系统内"环境压力"水平的思考方法,从而完成了对中国环境史以及与其难舍难分的农业经济史的论述。他引入这个概念作为可供选择的方法,用以评估中国农业体系在劳动和环境资源利用方面发展的强度;极其严峻的环境压力意味着某种与其早期著作(伊懋可 1972)① 假定的高水平平衡陷阱非常类似的状况。同样,他认为"环境压力"可能发挥了强大的阻力作用,阻碍了中国采用现代经济形式及现代制造业系统:由于控制环境所付出的沉没成本,使人们很难考虑采取完全不同的生产体系。

① 伊懋可的高水平平衡陷阱的概念在李丹(1998:第八章)中有所探讨。

伊懋可在对“环境压力”的数量估算赋值的研究中，首先尝试着提出一个定义。他挑选出“在投入水平不变的情况下，将现存资源修复到原有产出水平所需的成本”量和这一数量在全部产出中的比率，并且他提示我们要考虑到这一比率随时间改变的速率（伊懋可 2004：455 页以下）。严峻“压力”下的环境指的是在这种环境下，修复到原有生产力水平的成本超过了那个阶段经济的全部产出。伊懋可观察到，技术上的创新或新的外部资源的发现可以极大地改变一个特定经济系统内的压力程度；因而一种新的水力控制技术有可能大大降低在生产期结束时水利系统的修复成本。也就是说，关于一个特定环境正承受严峻环境压力的判断，看来为这一经济正遭受过密化的结论提出了另一可供选择的依据。

伊懋可接下来提出这样的问题：根据这种估算，是否存在一个中、欧比较的基础（伊懋可 2004：460）。这里，他明显地考虑到了彭慕兰的主张，后者认为 17 世纪时英格兰和长江下游情况相当，而伊懋可提出，我们有理由断定在近代早期，中国比欧洲承受更大的环境压力。他表示就目前而言，确立这一结论的决定性经验数据不可获得，然而他认为通过耶稣会教士提供的同时代的观察和比较证据，我们可以得出一些初步结论。他提出这样的结论：“整体而言，耶稣会教士的证据……给出了具有说服力的资料，中华帝国晚期生产系统对自然资源的压力与至少是近代初期的法国相比严重得多。这一结论也可以沿用到（尽管不是很确定），西北欧的其他地区”（伊懋可 2004：469—470）。重要的是，伊懋可将水利维护工作的成本算作了资源更新成本的一个重大部分；其他重大组成部分包括中国农业耕作的强度以及每年对弥补土壤肥力不足的劳动力的需求（因为缺少休耕地）。

伊懋可将这一论述与过密化争论相联系，但是我们可能质疑，他所分析的“环境枯竭”情况与黄宗智断言的过密化状况是否显著相关。有一种思路是将这两种情况联系起来：我们考虑这样一个例子，如果一种灌溉系统每年需要更多的劳动力疏浚,以保证相同的粮食产量,那我们就能推断生产力(粮食/全部劳动投入)是下滑的。因而在这种情况下,不断上升的"环境压力"直接导致劳动生产率的下降——或者换言之,过密化。持续发展能力需要将生产系统修复到原有的生产水平。如果生产者选择不投资修复所需的全部数目,那么生产系统将会在下一轮的循环中降低生产力——结果便是,技术方面的再一次过密化(劳动生产率的下降)。但这种联系也并不总是如此紧密。

因为,像伊懋可提到的,在处理环境压力时存在多种方法。正如他在早期关于高水平平衡陷阱的作品中强调的,技术和技艺的创新为扩展生产边界提供了方法(伊懋可 1973)。但是这里伊懋可的早期结论与他对环境压力的分析直接相关;在其以高水平平衡陷阱理论为中心的论述中,伊懋可提出中国的生产系统已经完全压榨了现有使生产系统达到更高生产力的全部技术创新能力。基于这一假定,"不断上升的环境压力伴随着劳动生产率的不断下降"这一结论在经济上不可避免。

简要思考一下彭慕兰提出的关于资源与环境的论述。彭慕兰为这一事实作了大量分析,即欧洲的海外开拓和殖民主义为欧洲国家(包括英格兰)提供了广阔的自然资源。英格兰煤炭储量的"地下森林"、南美和加勒比海地区种植园的"隐藏面积"以及殖民地人民的劳动,所有这些资源都灌输到英国的经济系统中;而当这些输入都合成一体以计算伊懋可提出的"环境压力"时,其结果便是环境压力的缓解。

如此看来,针对英格兰和中国在现代之初经济状况相当这一说法,伊懋可为一种新的批评思路提供了一个概念基础。这种思路值得更深入的经验和历史研究。

过密化争论的结论

对于过密化争论中涉及的主要分歧,现在可以描述一些方面的最佳判断了。由于李伯重和阿伦详细而严谨的经验研究,如今关于英格兰和长江三角洲的农业生产力和实际工资情况看来比这场辩论开始之时要清楚多了。十七、十八世纪长江地区的农民与英国农业工人的实际工资大体相等,阿伦的这一结论看来是合理的。这一发现支持了彭慕兰和李中清的主张,他们认为英格兰和中国的普通人的生活状况大体相当。

其次,在李伯重和阿伦研究工作的基础上,我们似乎有理由推断,这两个地区的农业劳动生产率也大体相当。正如彭慕兰强调的,我们必须全面考虑这两个地区极为不同的农业状况;而由阿伦做出的关于英国农业投入与产出品的谨慎测算,再加上李伯重对江南农业经济的分析,表明按照生产等量卡路里食物的天数计算,这两个地区的农业生产力也是大体相当的。这些资料不支持黄宗智关于中国稻米经济区劳动生产率长期下降的主张。

第三,在过去的十年中,中国历史人口统计研究中所取得的重大进步有效地排除了马尔萨斯对中国人口行为的粗略解释。这里不存在人口增长接近土地承受能力的不受约束的趋势;相反,出生率和人口增长速度基本上与欧洲人口情况相当。这一发现同样使人对过密化假设产生怀疑,因为无限制的人口增长是假定推动过密化进程的主要因果机制。

这些研究似乎是"最终结果"了;但正如阿伦强调的,现有的用以测算亚洲生产力和实际工资的经济资料的质量仍然是粗糙的和可置疑的。在今天,我们可利用的这些最好的证据可以支持上述提到的这些概括性结论;但是同样也有可能在以后的研究中对一些具体研究成果产生怀疑。

在这场争论中悬而未决的是主要的因果关系问题:十七、十八世纪西欧与东亚"大分流"的原因是什么?这里最有希望的观点来自王国斌,他强调经济史研究不应赋予西方经济革命的"主导叙述"(master narrative)以特权。相反,我们需要尝试着鉴别在西欧与东亚有关联的情况(如环境的、国际关系的、政治的、人口的),这产生了两个地区独具特色的发展模式。并且我们还需要更深入的历史的、理论的研究,从而得到关于 1800 年前后英格兰和中国“大分流”的多种原因中相对重要的结论。

中华民国:贫困化还是逐步改善?

现在让我们转向一个相关的争论,这一争论关注的是清末民初的中国农村经济状况。争论中提出了一些相同的问题,不过是在中国经济史相对较晚和较短的时期内:从清帝国最后几年到民国最初几十年的过渡时期。很多学者认为这段时期农业停滞、农民实际收入降低、租佃关系恶化、农村差距扩大。这种不利的经济发展常常被用来当做中国农民革命成功的背景。20 世纪 80 年代几个经济史家针对这种流行的看法提出了实质性批评。从新古典经济学理论出发,罗斯基(1989)、马若孟(1970)和白洛伦(1989)提出,民国早期经济比上述解释表明的更有活力,更为进步。按照这些史学家的观点,农业生产力是上升的,农民收入是增加的,劳动力市场为农村贫民提供了一定程度的社会机会。这些主张非常重要而又颇具争议,如果得到证实的话,那么对 20 世纪早期中国农村经济变化的情况与方向需要重新做出重大估计。

旧有的观点

很多学者认为晚清与民国时期农业停滞、农民实际收入停滞或下降、租佃关系恶化以及农村差异扩大。这种不利的经济发展常常被用来当做中国农民革命成功的背景:农村的日益贫困使得农民强有力地支持许诺进行土地改革的政党和旨在改善农村穷苦大众生活的纲领。珀金斯认为 20 世纪早期中国的农村经济几近停滞,人均国内生产总值很少或没有提高。产量有所增加,但基本上与人口增长的速度相当,这就导致了人均收入的停滞(珀金斯 1975a,1975b:121—122)。珀金斯承认在某些现代部门存在持续增长(如棉纺织、交通运输、银行业),但他提醒我们农业和传统制造业与现代部门相比则相形见绌;而且他认为这些部门很少或没有增长(珀金斯 1975a:120—125)。现代部门增长的好处也只是在后几十年中体现在生活水平的提高上。珀金斯所攻击的观点是,这段时期的生活水平是下降的(由托尼提出)。与这一观点相反,珀金斯认为,权衡几个方面的证据,情况不是这样的:“20 世纪前半期所有人或绝大多数人的收入下降的观点,并没有得到目前现有资料的支持”(珀金斯 1975a:124)。珀金斯也努力评价这段时期土地集中以及地租和收入分配改变的方向。他认为这段时期租佃水平仍保持在大体相同的程度,而且他否认在 20 世纪早期佃农或无地农民急剧增加的观点(珀金斯 1969:100)。

这种旧有观点的另一个论述来自 20 世纪 60 年代费维凯的《中国的经济,1870—1911》(费维凯 1969)。费维凯的评价也强调了经济的停滞:“经济的根本改变和现代经济的增长在 20 世纪中国虽然已经实现,但这不是它们在晚清经济体制中的自身动力的产物。它们明显是新的、可能尚且脆弱的政治整合的副产品,而这种整合本身是经过了数十年的政治纷争、外侮内战之后才取得的”(费维凯 1969:1)。费维凯认为整个这段时期(19 世纪 80 年代至 20 世纪 30 年代)的农业技术大体不变,与人口增长同步的产量增加是通过可耕地面积的少量增加获得的(费维凯 1969:3)。他认为,肯定的是这段时期农村生活水平没有提高,但是他怀疑现有资料是否能证明生活水平显著降低(5)。费维凯相信 20 世纪的最初几十年中租佃率可能没有增长,而他猜测这段时期实际的租金水平可能提高了(14)。如此,他的观点与珀金斯大体相同:产量与人口大致同步增加,结果是农村福利的平均水平保持不变。

20 世纪 70 年代的学者更多地关注农村经济的分配问题:租佃、无地农民、劳动工资、农民福利以及农村差距情况。这些学者如塞尔登、利佩特、李思勤和周锡瑞都认为这段时期差距扩大了。塞尔登强调了陕西生活状况的恶化。他详细描述了军阀主义和饥荒在陕西的破坏性结果,认为 20 世纪 30 年代陕西的租佃现象大量增加,结伴而来的便是无地农民的增多(塞尔登 1971:7—8)。在塞尔登的分析中,这些不断恶化的情况是共产党在陕西动员成功的主要原因。同样的,李思勤强调了收入和土地不平等在中国农村经济中的重要性(李思勤 1987:24—26)。利佩特关注的是农业剩余的处理:通过租金、税收和高利贷,农民与农村经济中的可利用剩余分离(利佩特 1974)。他指出基于这些来源的收入占 20 世纪 30 年代中国国民收入的一个重要部分:租金(10.7%)、农地经营利润(3.4%)和农业利息支付(2.8%),合计 16.9%。而且,利佩特还指出,由于中国农村精英的自身原因,这些收入并没有用于生产性投资,而是用于精英消费。

简言之,旧有的观点是:民国早期中国农村经济大体上停滞,农业中少有技术进步,农民的生活水平停滞或下降。这一研究领域内不同观点的主要分歧是关于停滞的原因。一派(强调技术的一派)认为发展的主要障碍来自技术和人口,人口对资源的压力导致一个经济体内几乎没有可用于生产性投资的经济剩余;另一派强调分配,认为传统中国经济产生了大量剩余,这些剩余本可以为经济发展提供资金,但精英阶层将其用于非生产性途径。

修　正

白洛伦和罗斯基的研究关注的是清末民初的经济发展。他们对一些问题的观点并不一致,但都拒绝接受旧有观点的许多方面。首先让我们考虑罗斯基的一些主要研究成果。罗斯基认为战前中国经济持续大幅度增长。其驱动力为交通运输、工厂工业和商业银行业的现代化(罗斯基 1989:XX)。罗斯基的书主要关注的是工业增长,但他主张在人均方面,农业也发展了。他估计农业增长平均为 1.5%——比人口增长多了 0.5%。这一增长过程导致了产量和人均收入的持续增加(罗斯基

1989:268),而这一增加又导致了生活水平的提高。罗斯基对卜凯关于农村生活水平的资料作了新的分析,以支持其战前农村福利提高的结论(罗斯基 1989:287 页以下)。他认为有充足的证据表明棉布消费增加了,他以此支持生活水平上升的结论(罗斯基 1989:289)。罗斯基这样总结他关于农村经济的研究成果:“这项研究提出了 1937 年太平洋战争爆发之前关于中国农村大部分地区人均产量、人均收入以及生活水平提高的直接和间接的诸多证据”(罗斯基 1989:320)。

白洛伦持有许多与罗斯基相同的假定。他提出这一时期商业化发展迅速,使得稻米、棉花和其他重要商品的国内、国际市场连接更为紧密;商业化依次引起了农业产量的增加、农产品贸易的发展、农民和劳动者之类的实际收入的提高,有可能总体上缩小了中部和东部中国农村的收入差距。事实上,白洛伦认为,这一商业化快速发展时期中国农村经济的成就与毛泽东之后农村改革时期的成就可以相提并论;他断言,这两种情况的成就都是市场活力增加与专业化增强的结果。他主张,民国早期,农民和劳动者之类的实际收入有所提高,中部和东部中国农村收入差距有可能总体上缩小了。利用这些有关实际工资的结论,白洛伦提出这一时期劳动生产率增加了 40%~60%(白洛伦 1989:132)——这表明了这段时期农村经济的发展更为可观。而且他认为通过不断增加的劳动需求和劳动机会,农村经济商业化在明显缩小中国农村的收入差距上发挥了作用(白洛伦 1989:138)。最后,他否认这段时期土地日益集中,并认为与地主相比,这一时期流入收入分配底层(佃农、小自耕农、无地工、小商贩、手工业者)的收入份额提高了(白洛伦 1989:169—170)。

白洛伦的观点依赖于几个前提:中国农业广泛地融入世界经济、这一时期农民工资与劳动生产率在增加以及整个这段时期收入差距可能有一定程度的改善。白洛伦对这些主张论证的说服力到底如何?这里,我认为,白洛伦提出的证据虽然有启发性,但远远不足以支持他的论点;关于 20 世纪早期农村经济静止或恶化的解释,依然更为可信。

价格一体化

白洛伦为他的首要观点——中国普遍的商业化以及与世界经济的广泛融合——提出有力的论据。白洛伦承认中国经济只有一小部分依赖于国际贸易商品,但他认为这小部分的量足以将日用品价格与国际水准相联系,而不是与国内需求相联。通过调查中国南方、暹罗、缅甸、印度和西贡(后者是亚洲稻米出口的主要市场)的米价资料,他发现在中国南方和每一个主要出口市场之间存在着很高的并不断上升的价格相关性(白洛伦 1989:19)。而且他进一步发现,中国经济内部显示了有关米价的类似一体化。白洛伦没有给出来自其他地方的具有可比性的详细资料,就提出这些结果在棉花和小麦市场上也能得到——以支持中国农业经济高度商品化、理性竞争以及广泛融入国际经济的论点。

白洛伦对此的论述相当有力。但同时也没有新意;少有人会不同意这一结论,即讨论中的这段时期中国农村经济对价格反应灵敏并具竞争性。而且清楚记载的大萧条产生的对中国经济的冲击——通过其对棉花价格的破坏——只能假定中国的棉花市场与国际市场的价格是统一的,除此之外将很难理解。[黄宗智在《华北的小农经济与社会变化》中探讨了有关中国的商业化(黄宗智 1985)。]因而这种思路有合理且良好的基础,但并没有对农村生活状况有所改善这一观点提供更多的支持。

产　量

现在让我们转向白洛伦论述中更具争议的部分:他的观点是这一时期产量增加超过了人口增长的速度(白洛伦 1989:106 页以下),而且农民的实际工资和劳动生产率有显著提高。与许多普遍看法相反的是,白洛伦认为这一时期农业经济中的人均产量在上升:“从 19 世纪 90 年代到 20 世纪 30 年代,中国中部和东部的农业增长比所估计的每年 0.6% 的人口增长多两倍”(178)——或者换言之,产量每年增加了 1.2%,在这

45年中累计增加了70%。这一结论可靠吗?白洛伦认为,从长江中游和上游流出的粮食贸易的降低以及与之平行的国外大米进口的增加这一现象误导了其他学者。他相信这一转变代表了中国农业市场的重组而不是农产品的衰落。由于国际米价的变化,中国南方不再从长三角而是从印度支那和暹罗进口大米供应其城镇居民(51)。但是白洛伦估计长江地区与中国南方之间大米贸易的下滑更多的是由于长江地区城市需要的增加,导致到20世纪20年代时需求增加超过了2 000万担大米(53)。

然而,这一论述完全依赖于需求增加的估计(通过城镇与非农人口的增长);它没有得到任何大米产量直接估算的支持。总产出主要受两个变量的影响:耕地面积数量以及劳动生产率的变化。珀金斯评价在1914—1918和1931—1937年间,生产力保持不变而稻米耕种面积减少,导致了国内稻米生产在全中国减少了5.8%,在中国东部和中部减少了11.9%(珀金斯 1969:276)。然而这些减少被大幅度增加的小麦种植所抵消了(珀金斯 1969:250),意味着粮食生产净值的少量增加。白洛伦对珀金斯的稻米产量数据有所怀疑,主要是在20世纪早期耕地面积下降这一点上,令人难以置信。然而,珀金斯的数据并没有这种含义;白洛伦忽视了珀金斯关于小麦种植的资料,这一资料显示小麦种植面积的增加大于稻米种植面积减少的量。由于白洛伦没有提供任何关于这一区域稻米产量增加的直接证明,因而他的肯定性的分析软弱无力,而且(正如他自己提到的),也有可能存在另一种解释以说明大米交易中需求的增长(54)。他这里的分析不能令人信服,因而他的论述并没有证实在1915—1936年间稻米的人均产量有所增加。这并不表示不存在这样的增加;它或许就曾如此,只是研究中提供的资料不足以确定。

实际工资

白洛伦论述中一个关键的部分是他对农业工资的分析。他认为这一时期农业中的实际工资是上升的，农业工资与其他形式的雇佣劳动密切相关；基于这些观点得出的一个比较合理的结论是这一时期农村福利改善了。白洛伦此处用的资料表现形式为分散的、有代表性的对季节性和长期农业劳动工资的研究。然而检查之后，这些资料对这项研究而言并不充分。皇家亚洲学会(The Royal Asiatic Society)汇编了1888年15个地区的工资资料；有20世纪30年代大约700个县的代表性资料；还有20世纪30年代卜凯调查报道的大约100个县的时间序列工资资料。白洛伦将这些来自原始资料的数据转换成等量粮食工资(grain-equivalence wages)(大米的担数)。维生所需要的大米在3～4担之间。在皇家亚洲学会报告的基础上，白洛伦将由现金组成的每年农业工资折算为粮食数，19世纪80年代大约为5担，到20世纪30年代他发现相对应数值在4.21担(四川)到13.86担(山东)之间，平均值为9.87担(表5.2:114—115)。这表明农民实际工资大体增加了一倍，每年增长了大约1.5%——是这样吗？这一论述是可疑的。

首先，这些原始资料(尤其是较早时期的)没有特别令人信服。1888年的估算依靠的是建立在对中国农村工资水平估计基础上的非常少量的资料(在15个地区相当偶然的观察报告，其中只有6个提供了每年的工资资料)。因为这些资料并没有为白洛伦估计实物支付(in-kind payments)的价值(这是非常重要的部分)提供可能性，就不可能估计工资的总体价值。虽然20世纪30年代的资料要广泛得多，却显得非常的不一致，表明这些资料并不是特别可靠的。[很难设想实际农业工资(在白洛伦的论述中，还包括农村福利)在山东会是其邻省河南的三倍。]这里也存在着实物支付价值上升的问题；如果实物支付价值在后期降低了(这样将预期着商业化的提高)，那么关于货币组成部分变化的比较，过高估计了工资的增长。举例来说，如果实物支付价值在工资中的比重从60%下滑到40%，那么双倍的货币工资代表着工资总值只增长了33%。(白洛伦考虑到了由实物支付引起的问题，但并没有认真对待。)因此很难将这些资料作为确定这两个时期农业工资合理估算的基础;它们为我们提供的最大可能就是断定这段时期实际工资未必是下降的。

白洛伦关于这一题目分析资料的最后来源是由卜凯在20世纪30年代收集的时间序列资料(卜凯1937b,1937a)。这些资料是由许多调查人员在中国大约100个地区收集的,时间段为1901—1933。调查人员被要求收集1933年三个见多识广的村民关于这一时期农业货币工资水平的回忆。白洛伦用自己的物价指数将这些货币估算规范化,接着通过对以时间为基准的最终实际工资的回归分析,计算调查中每一个地区的增长率。他发现在29个地区中,有21个地区的增长率为正数,所有地区的平均增长率为0.9%。在整个的45年中,这将造成实际工资50%的增长。如果按照票面价值看,实际工资有着虽不惊人但依然重大的改善。然而,很难按照票面价值来接受这一发现。首先(正如白洛伦自己承认的),资料本身就有问题,因为它们依靠的是观察者对过去30年的回忆。其次,这些资料仅记录了工资的现金组成部分;因而如果存在实物支付的价值下降的话,这些资料将对工资总值的增长率估计过高。最后,其他研究者已经基于同样的资料得出了对增长的相当低的估算。罗斯基用同样的回归技术分析了同样的资料,但得出不同的价格序列;他对白洛伦研究中所包含的那些省份的估算(江苏、浙江、安徽、江西、湖北和湖南)显示,平均增长率为-0.3%(1901—1933)、0.43%(1914—1933)和0.13%(1925—1933)。在整个45年中合计这些比率,这些估值意味着依靠不同研究时段的比率分别为:下降了1%,上升了21%和上升了6%。[①] 在最好的情况下,罗斯基的分析显示的增长率小于白洛伦估算数值的一半;在最糟的情况下,前者的数据显示中国东部和中部实际农业工资略有下滑。

① 罗斯基(1989)。罗斯基也推断这一时期实际工资是上涨的,但要比白洛伦的估算慢得多;他认为年均增长率大约为0.4%。

在农村实际工资的计算方式上存在相当大的不确定性，因此使得白洛伦实际工资显著上升的结论极为不可信；或许是有这种情况，但这些资料并不支持这一观点。重新考虑这些资料，如果说有什么结果，那就是似乎表明，讨论中的这45年中农村实际工资的任何增长都低于每年0.5%，也可能就是零。罗斯基关于实际工资平均增长率大约为0.4%的估算在这一证据的基础上，更为可信；但是现有证据的不确定性也同样严重影响了他的结论。

我们也可以考虑实际农业工资的缓慢增长会与农村福利状况有什么密切关系。因为有可能农业工资缓慢增长而同时农村平均收入降低——例如，如果存在雇工的全面缩减、工作天数的减少，或者更多的农村人口失业或未充分就业。换言之，在20世纪最初几十年中，农业工资支付的缓慢提高与通常概念中的农村状况普遍恶化相一致。

生产力

农业工资的分析可以得出关于生产力的什么推论呢？白洛伦沿着新古典主义的思路做出解释：工资由劳动的边际产量决定；如果工资增加了，我们可以推断出边际产量增加了，由此白洛伦依次推断出平均产量(生产力的衡量标准)也增加了。而且在两种雇佣类型之间几乎没有壁垒的竞争性劳动市场中，农业工资的水平应该与其他形式的劳动报酬密切相连——其结果是我们可以断定其他形式的农村收入也增加了。在这一解释思路的基础上，白洛伦估计这一时期劳动生产率增加了40%～60%(132)——表明这一时期农村经济的发展相当可观。白洛伦也尝试通过估计人口增长、农业劳动力增长以及产量来提供劳动生产率变化的间接估算；这使得他可以推断劳动生产率的增长率(133页以下)。假定人均消费保持不变，白洛伦估计在1893—1933年间劳动生产率一定会增长16.5%。这一数字明显低于他的实际工资分析中显示的数据(在40%～60%之间)——这可能导致我们断定其实际工资的估算是有问题的。然而，白洛伦并没有得出这一结论；他假定产量增加一定比人口增长更为迅速，导致大米的人均消费的上升。而且他计算了劳动生产率50%的增长会使产量相对地增加63%——年增长为1.21%。这一计算为其结论奠定了基础，即这一时期产出增加的速度大约为人口增速的两倍(0.6%)。但是注意，这一思路是高度猜测性的；似乎更合理的结论是劳动生产率的增长并没有如白洛伦工资数据显示得那么快。而且如果这段时期人均粮食消费趋于减少——正如一些学者认为确实如此——那么甚至最保守的生产率的16.5%的增加也没有了；假定利用白洛伦的人口资料，一个不变的生产率水平意味着人均消费14%的降低。

仔细阅读白洛伦关于这些观点提出的论述，那么劳动生产率的增长即使存在的话，也是很慢的，而且白洛伦对这几十年中农村经济状况改善的乐观估计是站不住脚的。

分配结果

最后转向白洛伦关于逐渐商业化的中国经济的分配情况(distributive performance)的解释。他认为农村经济的商业化通过增加劳动需求和劳动机会在缩小中国农村收入差距上发挥了重大作用(138)。而且他否认了这一时期土地集中加剧的普遍观点。他主张该时期，与地主相比，流向收入分配底层(佃农、小土地所有者、无地工人、小商贩、手工业者)的收入相对份额提高了(169—70)。然而，对这一结论他几乎没提供令人惊讶的证据，而是专门拨出了超过一半的相关章节讨论包括大、小农场的农户行为模式。他认为前文提到的农村实际工资的增加，相对于最高收入等级而言，有可能提高了低收入等级的地位；然而，正如我们上文所发现的，对这一增长数量，他似乎估计过高了。其次，他质疑这一时期土地持有更为层次化的普遍看法，而且他相信到20世纪30年代，对佃户的租佃条件有所改善，实际的地租从产量的50%减少到40%左右(表6.20,171)——这样在损害地主的情况下，佃户收入提高了。而且他认为副业中（纺织、炼油、养蚕等）不断增多的机会主要使最贫穷的社会阶层受益。然而，这些主张并没有得到很多经验性支持。几乎所有的20世纪30年代的调查都提出相反的结论。例如，他关于农村劳动力、无地农民和租佃的讨论资料是不足以令人信服的。白洛伦接受了国土委员会（National Land Commission）估测的（1937）只有1.57%的农户是百分百的农业劳动家庭；然而，周锡瑞（1981）显得更为可信，他认为这一数字太低了，并且认为这类农民的估算为8%（基于20世纪30年代中国的调查和经济方志），而威恩斯的报告为平均10%（1982）①。

对白洛伦理论的小结

白洛伦关于生产力、产量、实际工资增加和不平等改善的论述是不足以令人信服的，而且他关于这几十年中国农村经济经历着实质增长的观点也是没有确实证据的。白洛伦建构的所有经验论据都过于薄弱，无法验证他所提出的强大结论。而且白洛伦的资料是单方面的，他唯一关注的是现有的关于工资、价格、大量贸易这类的数量资料。通过研究现有的关于这些年农村经济状况的更多的定性资料（村庄研究、旅游者报告等类），我们不能支持或验证他所给出的经济解释。许多读者会更喜欢的一种方法是努力建构一个平衡了定量和定性资料的对中国经济的解释；在这一点上，黄宗智的研究（受到白洛伦尖锐批评）提供了一个更好的范例。

一点困惑

我们应该直接考查一下这里讨论的两场辩论之间存在的明显矛盾。

① 黄宗智也努力估算华北雇佣劳动的程度，并得到了一个粗略估算，即农业生产中采用雇佣劳动的比率为14%～17%（黄宗智1985）。

在第一场辩论中，我们的分析支持了彭慕兰和王国斌对1700—1850年期间“非过密化”的立场。我们同意彭慕兰和王国斌的结论，即长江下游的农村经济是有所提高的，农村人口的生活水平与英格兰相媲美，而且农业系统能够结合技术进步从而导致农业生产力一定程度的提高。在第二场辩论中，我们的分析支持了关于20世纪初期的“贫困”解释：人口增长的速度超过了农业生产力和产量的速度、小农和其他农村人口的生活水平下降、而且经济体系无法达到支撑不断增加的人口基本生活条件的主要挑战。这些结论是相互矛盾的吗？或者说是否存在一些重要的历史因素将近代早期和民国初期的中国经济历程区分开来？

这里，回忆一下20世纪头40年中国所面临的经济、社会和环境状况的严峻程度是有价值的。1850—1950年的这一百年对中国的大部分地区而言都是空前艰难和破碎的。19世纪中期太平天国起义使得中国遭受了普遍毁坏，其代价是数百万的生命和经济结构的大毁灭。起义、内战和军阀混战带给中国大部分地区一次次的破坏；这些状况使得调整经济的努力很困难，它们妨碍了地区间的经济活动和贸易，而且它们造成的地方的不安全使得即使在农业和制造业中微弱的提高都很艰难。而且军阀统治下的横征暴敛日益削弱了小农家庭满足其最基本的生活需要的能力。此外，20世纪初期的中国遭受着向外国列强赔款的严重的经济代价。与义和团战争相伴而来的是欧洲各国强要了4.5亿两白银，与第一次中日战争相伴的是向日本赔款2.3亿两白银——与此相比的是，清政府每年的财政收入仅为0.89亿两白银。因而这些巨额财力无法用于中国经济的现代化事业。最后，20世纪前半期的中国遭受诸多的自然灾难：黄河改道和洪水泛滥、长江在1931和1935年的洪灾、中国北方在20世纪30年代和40年代毁灭性的干旱。①

---

① 通过与李伯重的交流以及他慷慨的分享其未出版的原稿，我看到了在解释20世纪早期中国乡村经济的表现这一领域中环境的重要性。

假设削弱中国经济繁荣的这些连续的挑战——赔款和外国赔偿金的财政代价、这一时期最初几十年由军阀统治造成的经济和政治分裂、开始于20世纪30年代被日本占领的战时压力以及自然灾难累积的成本——农业经济的悲惨和农村生活水平的下降就顺理成章了。我们可以将20世纪的"过密化"视为经济史的偶然事件以及非制度因素发挥关键作用的一个明显例证。这并不是导致20世纪前半期中国贫困根本的"发展逻辑",而是一系列的历史偶然事件和悲惨环境的联合作用致使中国居民的贫困和衰退。

方法论问题

在关于中国农业经济最根本特征的这两场争论中,哪些问题妨碍了我们解决这些分歧? 首先,很明显,我们对一些重要变量的估算依赖于对其他变量的估算。例如,如果我们拥有关于人口规模与人口趋势、收入分配以及产量的绝对水平的完备资料,那么我们就能建构实际福利水平的可靠估算。如果我们对实际工资有比较准确的估算,那么(利用新古典经济学的假定)我们就能估算劳动生产率。如果我们对粮食的绝对消费量有可靠估算,而且如果我们假定了消费的变化方向与变化率,那么我们就能估算出一些人口统计变量。其他变量皆可如此。但是,显然在这些争论中尚存在着众多的数据资料问题。这是所有的经济史研究都会面临的一个问题——20世纪60年代关于英国经济史中"生活水平"的争论可为一例[对这一问题颇有成效的分析可参见克拉夫茨(1985)的回顾]。但是这些问题在中国经济史研究中尤其严重。理想状况下,我们想要多种常用经济变量的估算:随时间变化的人口规模、城市化水平、耕地面积的总数、农作物的平均产量、普遍的各种不同的农业技术与农业投入、不同出口商品的产量水平(棉、丝)、商业化程度、商品运输规模、无地比率、租佃率与租金的普遍水平、不同类型雇工的工资、不同经济部门的生产力。但是这些数据资料极难获得;实际上,学者们可以信赖并梳理出经济趋势估算的仅仅有少数几个资料来源。

让我们探讨一下中国经济史研究依赖的一些主要资料来源。人口与生产资料至关重要。在一些情况下,帝国政府自己收集了一些相关资料(通常出于税收目的),这些已被所有的研究人员广泛利用了。但是,[正如周锡瑞显示出的令人信服的论述(周锡瑞 1981)],这些资料是严重扭曲的,因为它们是瞒报或虚报策略的产物。而且,正如施坚雅在关于四川人口资料的分析中所表明的,常常会有一些内在矛盾使人对这些官方的人口与生产资料产生深深的怀疑(施坚雅 1987)。[关于对中国人口统计的全面审视的论述参见(拉夫里、李中清与王丰 1990)。]

资料的第二个主要来源,也是被此处提到的几乎所有的研究者都利用了的,即 20 世纪 30 年代由卜凯和他的研究组进行的农业调查。卜凯的调查收集了非常广泛的信息:土地使用方法、工资率、租佃率、耕作模式等等。然而,不得不再次重申的是,这些资料中存在着大量的偏见以及覆盖面不完整的问题;例如,卜凯对土地集中的调查排除了外居地主,这样就低估了土地集中程度(周锡瑞 1981)。

资料的第三个来源是 20 世纪 30 年代由日本的南满洲铁道株式会社(the Japanese South Manchurian Railway Company)在华北进行的满铁调查,一些学者充分利用了这些资料(尤其是黄宗智与马若孟)。这些调查提供了华北乡村以及农户层面的经济活动。它们提供了在多个乡村中非常详细的地方经济组织。然而,它们的局限性也极为明显:调查的仅仅是相对少量的一些乡村(这就产生了资料典型性的问题);而且这项调查是在占领军的命令下完成的——这就产生了调查与回应的偏见问题。[福格尔(1987)对满铁调查提出了有益的描述与评价。]

那么,方法的问题便是:事实上,所有这些经济变量中没有一个的资料来源是让人充分满意且充分可靠的。相反,经济史学家们为了得到一些经济变量的估算,不得不很无奈地结合使用一些粗略且有问题的资料,一些他们无法直接观测的趋势的假定以及衍生自经济理论的经济系统的假定(例如,假定非技术工人的实际工资等于它们的边际产量)。此处强调的不是说不能认真对待估算结果。而是说,对一种给定主张,为了得到其完全可信性的一种评估,读者需要非常谨慎地遵循经济史学家的推理(例如,白洛伦的一个主张:20 世纪早期乡村人口的实际福利水平平均起来有可能是提高了的)。

除了数量极少且不可靠的资料之外,经济史学家还面临着一些认识上的问题。一个问题将该领域的研究分成了许多块,即定性资料与定量资料的相对重要性。罗斯基和白洛伦引起研究者的注意仅仅是基于可利用的定量资料:粮食价格、大量详细的关于粮食运输的海军档案、官方人口资料。另一方面,作为一个历史学家,黄宗智极为关注的是多种非定量的资料:刑事案件档案、满铁研究、由感兴趣的观察者提供的关于乡村福利的观察报告。是否如罗斯基和白洛伦坚持的那样,有一种资料来源会绝对优于其他资料;还是说,对历史学家而言,反复核对他或她基于定性资料得出的分析和推论性结论具有强制性?

一个相关问题涉及对经济史中社会学细节的需求。正如贺康玲(Kathleen Hartford)(1992)提到的,在这一争论中,关于经济进程与经济行为的相对独立性,各个学者之间是有分歧的。本质上,罗斯基和白洛伦假定政治制度与社会制度几乎不会影响经济变化。黄宗智相信而贺康玲强调的一点是,制度与政治文化的细节会对结果产生巨大影响:在 18 世纪商业化制度背景下,英国农业走向了经营式农业,然而,在文化态势的背景中,长江下游的农业通向了过密化(按照黄宗智的观点)。因此,经济史学家们面临的另一个方法问题是:为了解释中国的经济发展进程,我们需要多少制度细节以及社会学的乃至人类学的细节?

最后,我们或许会质疑由不同学者提出的史学编纂的框架与假定。定量分析需要或多或少的宏观规模的经济理论;为了得到劳动生产率的一项估算,我们有必要利用一套假定,这些假定可以让我们从关于人口规模、土地面积与产量的一套给定资料中推论出劳动生产率的结论。但是,哪些假定是我们应该用的?罗斯基和白洛伦是新古典主义经济学家,他们的分析依靠的是竞争市场的均衡条件。然而,这样的假定对于中国的乡村经济而言,其适合度有多高?黄宗智运用了不止一种经济学理论;但是他太过接近于新马克思主义理论,强调剩余榨取和权力而非自由竞争的市场。然而,我们也可以质问黄宗智:这些模型假定又有多适合中华帝国晚期的土地状况?

中国研究的意蕴

为什么这些争论对经济史领域外的中国问题研究者十分重要呢?有几个重要原因。首先,它的重要性似乎在于许多中国史学者得出关于中国不受西方干涉而独立发展经济的可能性的判断。晚清中国国内经济是否也有在其他地区可能导致现代化变迁过程的那些制度和进程?还是说中国陷入了无望的高水平平衡陷阱,只有通过外部冲击才能解脱出来(伊懋可 1973)?罗斯基著作的重要意义在于其结论,即强有力的现代化及增长进程在 19 世纪 80 年代的中国已经发挥作用。这一结论支持了一个反事实的历史判断:如果中国的国内和国际环境有所不同,如果清朝能够在革新中生存下来,或者如果国民革命能够建立一个有效的全国政府,如果中国没有被日本侵略,如果中国没有陷入内战和军阀时代,那么中国很有可能顺利地发展成为一个现代化的市场经济。这一结论很支持那些以"中国中心"视角来研究中国的学者(例如柯文 1984)。

这些辩论能引起中国史学者兴趣的第二个原因更涉及如何解释共产党革命的原因。对中国共产党在农村动员以及最终夺权的成功,我们的解释在很大程度上依赖于我们关于农村人口物质福利的假定。如果情况很糟而且越来越糟,那么这种动员就很容易理解。如果经济普遍改善而且如果改善的结果伴随着生活水平的普遍提高,那么我们就不能用贫困作为革命的原因。此外,如果(正如罗斯基和白洛伦所相信的)商业化以及比以往更为有效的市场扩张进程正削弱着农村中国的前资本主义剥削形式(过高的租金、卖身劳动关系),那么我们不能将动员的成功解释为中国农民自愿对抗一种剥削的、恶劣的社会秩序的结果。另一方面,如果新古典主义学派的这一温厚观点没有说服力的话,那么贫困和逐渐恶化的不平等仍然是我们说明农村动员战略成功的重要解释。

研究这些关于中国经济史当前主要辩论的一个重要结果便在于此。让我们从其自身条件来考虑中国的历史发展——经济、农业、政治、社会、军事,但借助于最现成的社会理论见解和概念;让我们确认中国自身发展的"范式"、其政治发展和经济变革道路;而且让我们利用这些新发现的范式来改变我们对世界其他地区进程的理解。最后,让我们认识到社会理论假设使我们走向能够解释不同背景下历史发展的独特道路;但是社会理论并不允许我们做出有唯一确定结果的坚决预言。代替必然性的大而化之说法——人口增长、技术变革、农业生产率提高——我们得到更具细微差别的关于多样性和偶然性的论述,认识到特殊的、有限的系列因果因素不足以决定历史结果。而且事实上,王国斌、李中清和彭慕兰表明,对欧亚大陆不同地区经济史的谨慎的比较研究将确立这种有弹性的结果。例如,王国斌小心地评估了有关欧洲原工业化的文献,发现农村制造业在欧洲和中国呈现出非常相似的进程;因而主张欧洲"突破"的原因必须觅自别处。更广泛地看,他认为,商业化和人口动力的相似进程是与非常不同的通向(或背离)工业化之路相结合的(1997:46—47)。

对欧洲和中国的比较研究是过密化辩论的中心,并让我们反思社会理论在历史研究中的作用问题。王国斌认识到依赖当前的社会理论在历史分析中是不可避免的(其他还有什么可以提供比较和假设的分析基础?),但是他强调在这样做的过程中谨慎和批判能力的重要性。正如鲁道夫(Susanne Rudolph)提出的观点,“在这个阶段,我们需要的是由柔软的黏土而不是由坚硬的钢铁构成的脆弱的理论模板,这一模板要能适应各种证据,而当它们不相适的时候,就破碎了”(鲁道夫 1987:738)。至关重要的是,王国斌坚持的一点是,将源自欧洲背景中的结构和进程的理想型概念扩展到亚洲背景时,研究人员必须持批判态度。更重要的是,我们需要找到亚洲(和其他世界文明)的制度和进程的新的理想型结构,以增加我们对欧洲历史理解的深度。最后,像其他学者一样,王国斌也强调宏观历史发展的可塑性。在任何宏观历史进程中存在着众多的偶然因素,沿途各处都有主体们的选择余地。

第七章　概括及理论

现在，我已经论毕目前的农业社会研究所引发出的一系列争论。在本章及接下来的三章中，我转向一个更加普遍的视角并提炼出更为广泛的主题，即前面那些研究所暗含的主题。因为这本书的目的在于阐明社会科学哲学的问题，所以，我们应该考查这些争论是否分担了哲学或方法论方面的问题。这些问题可以有效地、更加细致地被表达出来，其中有许多在哲学著作中是常见的，但是，仔细考查一下前面的那些争论会使我们更加仔细地、以更深邃的洞察力来探究它们。

科学研究的一个重要目标是获得对经验现象的概括并发现其潜在的因果进程。在社会科学中，这样一种目标有时是以对一些进程的论述为表现形式的。重要的社会现象通过这些进程来发展，例如，城市化、社会动荡或人口变化。然而，这个目标是有问题的。因为某些社会科学家和哲学家主张，每个社会都是一个独一无二的个例，由各不相同的文化特征所决定。因此，我们不可能提出超越文化边界的概括。于是，去找寻一个能概括社会现象的基础，使得概括能跨文化地被有效使用，这可能吗？能令人满意吗？

社会科学中的概括

概括就是对大量事件、实体或进程中由法则决定的规律性的一种陈述。概括一般包括从范围有限的现象向范围更广的现象的一个推理式跳跃。从本书所考查的问题得出的案例如下：

农民文化具有生存伦理。

捻军获得成功是因为他们与村庄紧密相联。

大规模集体行动需要相应的组织。

传统社会中快速的人口增长阻碍经济增长。

地方市场体系趋于符合由中心地理论假设的六边形。

在社会科学中,概括有许多目的。一个目的是,在一个历史事件的具体特征的混合体中辨别一般的社会因素,这些因素可以在多种社会环境中得到确认并在这个个案中起到重要的因果作用。例如,许多研究者曾假设某些农村社会动荡的结构特征在许多时空中反复出现。这样的例子包括土地占有权关系、生产和耕种技术、国家权力的运行机制以及地方精英的作用。[①] 我们确认此类因素在个案——例如,八卦教起义——中的作用,从而就有可能说明这个个别事件的动力和因果背景,还可能更加充分地理解能在其他社会与文化背景下导致起义的社会进程。就这种方法而言,对跨时间、跨文化的概括的发掘本身就是社会科学的一个目的,即加深我们对社会组织与社会变化在许多语境中的某些一般影响与进程的理解。

概括还是解释性的。它们根据法则将这些事件归类,将给定的社会混乱简化为一种受潜在秩序影响的分析从而有助于解释社会事件。在

① 蒂利(1964)提供了一个令人羡慕的区域研究之例,这个例子将理论分析与细致的经验研究结合起来。蒂利试图根据法国西部的政治态度与行为的物质和社会之源来解释 1793 年(旺代地区)的反革命。

叙述一个历史细节之时，概括的一个目标是，展示这个事件或是在其结构与发展进程，或是在其发生的原因方面与其他历史事件相似。我们发现（如果这个发现是正确的话）太平天国起义像大多数的中国19世纪起义一样，在动员方面的成功取决于下层的追随者所感受到的不公正感，那么这个发现是有重要意义的。它既能解释这个具体的案例，又能说明传统中国农村动乱的一般模式。

最后，我们应该指出，中级和高级的概括最好被当做研究假设，它使得社会科学家能对其研究的现象领域形成一种有条理的分析。这样的研究假设可能采取这种形式："土地占有权关系通过如此这般的进程导致政治行为的差异"；"选举政治一面倒地由地方精英控制了，因为……"；"地方军事化的水平影响了起义的可能性"等等。这样的假设构成一系列潜在的相关因果要素，这些要素是地方研究者应该连同对确保这种因果联系的那些要素的简要论述一起进行考虑的。［这似乎是斯迪奇克姆（Arthur L. Stinchcombe）的理论与概括的作用观（1978：1—3）。］

根据这种方法，概括的目的是提出研究的问题——这些问题可以在一系列个别的社会现象中得到研究——而不在于回答这些问题。例如，研究印度农村的社会史学家可能在解释农村暴力的发生的过程中考查土地占有安排的重要性。他（她）可能首先发现印度农村的土地占有安排远比其他农业社会中的要复杂和更加多种多样，所以他（她）必须更加注意地方的安排以观察土地占有安排是否构成一个重要的因果要素。于是，这位历史学家可能判定，在印度农村，其他因素，诸如种姓和人种方面的差异，遮蔽了土地占有制度的因果重要性。

有几种类型的概括在这个讨论的案例中反复出现：跨地区的概括（例如，从中国的一个地区到另一个地区）、跨时间的概括（从中国的一个朝代到另一个朝代）、基于一个小样本对大量事件的概括、跨文化的概括（从中国农民的经历到世界其他地区农民的经历）。每一种概括都制造着麻烦。

首先，让我们来考查一下跨文化的概括。这是一种断言，它宣称我们可以在多种文化中找到大量社会事件、国家或进程。而且，所有(或大多数)此类事件符合类似的法则决定的规律性，或者具有类似的因果结果。斯考契波(1979)认为，法国、俄国和中国都经历了一场由同一种结构原因导致的革命，这种观点便是一例。① 与此有争议的另一种观点是，所有的文化都具有一种宗教，或甚至提出所有的宗教都满足某种功能(吉尔茨 1971b)。像前面那样的观点之所以引起争议是由于以下三个原因。首先，存在一个概念问题：以文化中立的方式来成功地确认社会现象的类别的社会概念存在吗？例如，我们为何假设存在一种合适的“宗教”概念，它适合所有文化？其次，存在一个“文化特异性”问题：因为对跨文化的概括的搜求是从地方文化的具体细节中抽象出来的。跨文化的概括似乎贬低了地方文化的重要性。但是，尤其是包括吉尔茨在内的许多学者认为，文化的细节才是本质，从这些细节乃至社会调查中得出的抽象结论丢弃了最关键的东西。最后，存在一个严重的认识论问题：我们该如何收集合适的材料以评估这种观点？

所有的概括都涉及将抽象的概念如何应用到具体社会现象的问题。因此，我以讨论社会科学中的概念形成的某些逻辑特征作为开始。

社会科学中的概念形成

所有的社会分析和社会描述都涉及将一般概念应用到具体社会现象的问题。把暴力行动的总体效果说成是“骚乱”就是将一个概念用到一个扩展的社会行为体之上。接下来，让我们简要考查一下在社会理论

---

① “我曾指出：(1) 在遭受来自外部的发达国家的强大压力之下，国家组织更易于受到行政和军事崩溃的影响。(2) 农村社会政治结构便利了农民反抗地主的普遍叛乱。这两个因素综合起来，就是法国在 1789 年、俄国在 1917 年以及中国在 1911 年出现的社会革命形势的充分的、与众不同的原因”(154)。

中具体特殊与抽象一般的关系。尽管这种提出问题的方式看起来过于抽象,然而这却是社会科学家所熟悉的一种区分。具体特殊是指一个特定的复杂事件,它是研究的直接对象:1813 年八卦教起义,19 世纪 40 年代的汉口,马来村民在某一村、某一时中曾有的一般态度。1813 年,华北发生了许许多多的事件:几伙白莲教徒聚集起来,进攻一连串的市镇;帝国当局集结其军事力量;城市寓居者与叛军和政府军双方进行各种各样的妥协;如此等等。研究者可以获得各种证据,通过这些证据来研究具体特殊:关于此事的政府报告、参与者及旁观者的同时期记述、首领的供认状等等。社会史学家使用资料来发现具体特殊的各个细节。①

把这组事件描述成"起义"就是为概念化和普遍化铺路。首先,这是预设这些事件是彼此联系的并且可以被当做一个复杂事件的方方面面。它还把这些事件刻画成对国家进行有组织的、反抗性的攻击,而不是把它们当做自发的、未经协调的突发性暴力事件。把这个事件刻画成"千年王国起义"的做法提出了一个关于其性质——该事件的过程在某些重要方面取决于参加者的宗教信仰和组织——的更加具体的假设,而与此同时却将这个事件比作一个理想类型或理想模型。

我们将抽象概念应用于具体现象之时,各种可能的错误之源都出现了。最直接的是对这个概念的简单误用的可能性。例如,把一些仅仅是普通的私人间的争斗的事件归为"起义"。也许更为严重的是,我们有可能从概念的归因中得出无效的推论。例如,如果包含在我们的"起义"的概念之中的那些典型现象曾经是由参加者的政治利益所驱使的政治运动,那么历史学家可能隐含地假设当前的"起义"之例也该有这种特点。这种假设会导致他(她)在一系列人们灵感上大多确实信奉宗教的叛乱中,找寻其中隐藏的政治事项。这种错误可以被描述成为**具体化**的谬

① 正是挑选这些发生了的事件作为一个个别的复杂历史事件或进程的判断——甚至在判断它是哪种进程之前——涉及概念空间的建构。

误，即认为所有根据一种既定的抽象概念而变动的现象必定具有一些共同的基本性质。

由此可见，将概念应用于历史事件这本身就是一种普遍化、抽象化的活动。它是在一个强调其与一些事件类似而与另外一些事件不同这个概念空间中对这个事件进行分类的。概念化不可避免地要求抽象：刻意对一个经验情形的某些细节的忽略以强调该情形与在他时、他地或他种文化中的其他情形所共有的特征。例如，对一个具体事件——或诸多事件的总体——的“如此这般”的描述取决于抽象范畴、抽象概念或“理想型”的建构，根据这种建构，人们对具体的经验情形进行归类。

让我们考查一些用于这种研究的抽象社会概念之例：革命、千年王国起义、国家、经济增长、农业过密化、契约、宗教、高水平平衡陷阱、官僚、边际劳动产品、共同体、阶级、封建主义、生产方式。

这些概念代表了十分不同的逻辑类型。有几个似乎是簇项(cluster terms)，即包含多种现象的诸多概念，这些现象共同具有一簇性质中的某一些，而没有一套核心的基本性质[普特南(Putnam)1975a：50—54]。国家的概念就是一个很好的例子。从理性化的法国绝对主义国家到巴厘剧场国家，各种各样的政治机构都可以完全地被包括在这个术语之内。与国家概念伴随而来的一些描述，即簇的组成部分包括：一个统治机构、一个具有独裁权的机构、一个具有合法性的机构，一个提供中央集权式的冲突解决方案与法律执行的机构、一个负责安排军事事务的机构。这些描述中没有一个是“国家性”所必不可少的。然而，在各种社会中，非国家组织承担了一种或更多的这类职能。在这里，维特根斯坦(Ludwig Wittgenstein)对博弈概念的讨论是中肯的(1953：段落69—71)。维特根斯坦说明了，没有一组充要条件可以勾勒出博弈的概念。相反，有一组性质根据博弈的概念以一系列的家族相似(family resemblances)连接了各种惯例。国家的概念似乎在逻辑上与博弈的概念十分类似。这个概念是不固定的，一般来说，是根据一簇由被称为“国家"的组织所占有的性质来定义的。骚乱、罢工、宗教这些概念似乎同样具有开放结构的性质。我们可以根据这些术语对一系列形形色色的社会惯例与经济、政治体系进行分类。

我们必须谨慎地提出对由簇项刻画的现象所进行的概括。这一点很重要,因为存在一种使概念具体化的趋势,即由于骚乱的概念可以用于中世纪的法国、清代的中国以及当代的斯里兰卡发生的社会叛乱,所以这些事件必定会具有某些共同之处(骚乱的本质)。我们一旦承认此类术语缺乏一组充要条件来界定它们所涵盖的现象,这种推论就未被证明是完全正确的。而且,很可能出现这种情况,即这些现象本身与其一般的原因及其发展过程展示了足够的多样性,无论怎样都无法构建出令人感兴趣的有关骚乱的概括。

该列表中的其他概念似乎有一种更为紧密的语义结构。根据预期的大量现象的可见特征,第二种类型的概念,即征兆概念(symptom concept),有一个简单定义。此类例子包括革命、饥荒、内战、地方精英以及选举式民主。例如,革命是反对现政权的群众运动,结果是成功地推翻了那个政权;饥荒是一段时期,那段时期里,在一个重要的地理区域内,有大批的人民没有充足的食物来满足生存需要。因为这种概念有意对如此分类的事件的因果关系史视而不见,由这样一个概念所囊括的现象明显会有多种涉及原因方面的性质。例如,导致伊斯兰教徒推翻伊朗王(伊斯兰革命)的变化过程很可能与导致中国共产党革命的变化过程几乎或根本没有相同之处。由战争破坏所致的饥荒与由农业歉收和补贴转移所致的饥荒可以在推动力方面有非常不同的性质。这一结果表明,我们很难或不可能对由这样一种标准确认的一组现象都进行正确的概括。由许多社会现象的表面特征定义的概念可以群聚为一批子集合,每个子集合与其他子集合共有一些原因方面的性质,但是与范围更广的集合则没有共同的原因方面的性质(即,征兆概念不能确认"社会类别")。

这里能找到的第三种概念指的是理论建构：根据一种理论框架十分精确地加以定义的概念。让我们考查一下阶级的概念。根据马克思的术语，这指的是在生产关系——即所有权关系，经济活动通过它产生——中具有共同地位的一群人（科恩 1978：63—77）。要把阶级的概念用到一个新的案例之中，我们就必须分析地方经济以及辨别参与者获得生产资料和日用消费品的途径。随后，将当地人口分成阶级——雇佣劳动者、经营式农场主、小自耕农、承租农场主、地主、商人、官员等等——的分析就是简单直接的。就这种论述而言，阶级的概念不是一个簇项，而是一个更为宏大的理论建构的一部分，具有清晰和具体的应用标准。① 上面罗列的其他例子中，与阶级概念具有相同逻辑形式的是经济增长和边际劳动产品。这两个概念各自都是根据完善的经济学理论来定义的。基于这种理论假设，我们能够相对直接地使用它们。

社会科学中一类特别重要的理论概念，能根据假定的共同因果机制来刻画事件。术语“陨石坑”具体说明了自然科学上的这种类型的理论建构。陨石坑不仅仅是行星表面上的一个圆形生成物，它还是一个因特殊原因而形成的圆形生成物（由大型物体的撞击所致）。因此，将一个既定的生成物归为陨石坑，这同时带来一个关于其形成的因果关系史假设。如果那个假设是错误的，那么我们就必须撤销将这个概念归于这种形成的做法。社会科学中的因果概念之例包括马克思的消费不足危机概念和韩书瑞的千年王国起义概念。它们各自有一个关于这场危机或这场起义的因果前提的假设，根据这种假设，其各自的概念才能得以应用。

理论建构的范畴还包括最“可度量”的概念：那些通过某套程序来表

① 这并不表明阶级的概念是没有争议的，甚至在接受这个框架的学者中间也不是没有争议。一个争论的中心线索是阶级意识在阶级的定义中的作用。参见汤普森 1963 以了解对这一问题最为重要的文献。另外一个重要争论是对阶级的定义进行解释的重要性。例如，有人主张按阶级线索进行的分析无法阐明任何经济或政治行为。当然，还有非马克思主义的阶级论。这些理论一般取决于主观的分类标准。然而，马克思的阶级概念是最完善的。

示某些改变量的概念。这样的例子包括利润率、耕作率、结婚率以及实际工资。除去最基本的情况,我们只能在一组理论假设的语境中使用此类概念,这组理论假设与可度量变量的特性、变量之间的数学关系以及度量方法的性质有关。

最后,我们在这些例子中还能发现的逻辑类型是韦伯所谓的"理想型",即对一群社会现象的复杂描述,这种描述强调某些来自他者的特征与概要。对韦伯来说,理想型是"一种概念模式,它将某种关系与历史生活事件放入一个联合体之中,这个联合体被想象成一个内在一致的系统"(1949:90)。理想型在如下意义上是具体的,即它被设计用来强调一种特殊类型的社会现象,如资本主义、封建庄园。不过,它又是抽象的,因为它提出了对那种现象的理想化的理论描述。关于他的城市生活观念,韦伯这样写道,"我们没有把'城市经济'构建为所有城市实际存在的经济结构的平均水平,而是把它当做一种理想型。理想型是这样形成的:片面强调一种或多种观点以及综合许多零散、间断、间或存在与偶尔缺失的具体单个现象。这些现象是根据那些被片面强调的观点被安排在一个统一的分析结构里的"(90)。

此类建构的例子包括吉尔茨的农业过密化概念、霍布斯鲍姆的千年王国起义概念、波普金的理性小农概念、孔飞力的地方军事化概念以及弗洛里希与杨格的政治企业家概念。在每一个概念中,研究者各自假定对社会范畴的一种有条理的陈述,这种陈述从其他范畴中挑选某些特征与概要。最终的陈述在历史中没有完全具体化,但却可被归属于多种多样的历史语境。最后,属于这种类型的特性使得研究者能够根据具有如此性质的系统与个人的发展趋势进行推理。

让我们来考查一下官僚机构的概念。在这儿,重要的观念是官员们的行政等级,这些官员是被组织起来贯彻和执行一套规则或程序的。我们会进一步想理解这样一种组织的内部性质:记录保存情况、广泛的内部交流、某种戒律的内部体系以及应用规则理性的某种标准。当特殊的官僚机构的细节被抽象掉之时,此概念的最终规范就不能准确地描述任何特别的社会组织。如此,没有一个现存的社会组织是完全理性的;没有一个现存的社会组织具有一个完全有效的等级控制体系;没有一个现存的社会组织能将该组织宣称的目标与官员的私人利益完全分离;如此等等。但是理想型的价值在于它提供了一个抽象的模型。我们可以将其应用到一系列的社会现象之中。既然该模型适合于现存的社会组织,基于该模型的预测与现存组织的行为就会有某些相关性。在上面所列的概念中,千年王国起义、封建主义与商品市场似乎具有理想型概念的特点。

社会研究中使用的大多数概念能够被归入上述类型中的某一种:集群概念、征兆概念、理论建构、可度量的概念以及理想型。所有这些都是跨文化的:它们在某些文化范围之内挑选大量社会事件、社会结构或社会进程。有人可以对普遍概念持不同观点。有人可能认为社会概念只不过是一种便利的分类罢了,人们根据这种分类对社会现象进行归类和描述。相比之下,有人可能会说社会概念有时确认了一个社会种类,即大量社会结构或社会实体,它们共有某些重要的因果特征,我们在许多社会语境中都能够找得到它们。关于前一种方法,我们承认,描述需要概念,但是我们认为,许多概念框架同样有效,正被使用的框架并无特别之处。我们是该用一种框架还是用另外一种框架,这是一个实用主义的问题而不是判断正误的问题。然而,在相反的极端,我们认为,一套合适的社会概念在某种程度上有潜力确认社会现象的真实范畴,在节点处分割社会世界。[施坚雅对功能性区域化的看法具体阐明了后一种观点。他认为,他对中国的宏观区域分析与中国社会经济真实存在的功能性组织相符合(1977b:217—19)。]对这种观点的最佳解释是,合适的概念将社会现象分割成共有高度紧密的因果关系的集合或类型。

社会科学概念的现实性

“社会种类”存在吗?

我们考查自然种类的概念进而可能接触到社会概念的现实性问题。因为对自然科学的现实性的有说服力的解释是这样一种观点,合适的科学概念侧重自然实体、结构或系统。自然种类的概念侧重大量实体,它们被某些描述所刻画出来,共有类似的因果性质,由相同的因果法则来决定。[普特南用一个必要条件总结了这些标准。这个必要条件是,这些实体具有相同的“隐性结构”(1975:241)。]“水”指的是一种自然种类,而“空气”就不是,因为(正如我们所了解的)“水”指的是分子H_2O,而空气指的是氧气、氮气以及稀有气体的混合物。纯净的空气不存在,但是纯净的水是存在的。[①] 而且,对科学解释最为重要的是,研究可以在一个自然种类中确认实体的共同因果性质,因而在多种环境中对那些实体的行为进行科学解释。[②]

那么,什么是社会种类呢?如果不假设存在这样的种类,我们能够对一个自然种类进行严格相同的论述。社会种类是具有相似内在结构从而具有相似的因果性质并受制于相同因果法则的大量社会现象、社会实体或社会进程。于是这些被归入一个社会种类的实体在其因果性质或动力性质方面彼此相似。

这给社会种类的概念提供了一个正式的规定。更加困难的问题是,这样的种类是否存在。前面考查的概念侧重了在其因果性质方面高度

① 然而,我们可能会问,是否存在不具有同一内在结构的自然种类,例如,惰性气体。这一类型指的是一类具有相似化学性质和相似内在结构的气体,但是每种气体具有不同的原子结构。这种例子与社会类型比较相似,因为群体里的个人并非一模一样,他们仅仅在某些重要的结构要素方面具有共同之处而这些要素产生了相似的因果性质而已。

② 对这一问题的广泛论述,参见普特南 1975e,f。

相似的大量社会事件、国家和社会进程了吗？集群概念与征兆概念都没有提出很多确认社会类型的承诺。我们曾经看到，“国家”与“革命”都包含了大量社会现象，这些社会现象十分不一致，使得认为它们共有一种隐性结构的观点高度可疑。我们几乎没有理由假设根据这些标准群集起来的现象可能共有潜在的因果性质或动力模式。

不过，比较有希望的是在这里被全面考查的另外两种概念：理论建构与理想型概念。它们各自被有意识地用一种背景因果假设或解释性假设构建而成。在这二者中，研究者试图定义一个概念，这个概念在隐性结构中反复出现。所谓隐性结构，就是因果性质或因果结构的整体，它们二者相互依靠，貌似被认为可以产生反复出现的动力模式。

这种分析导致了一个结论：社会种类存在的貌似合理性取决于决定社会现象的可靠因果法则或因果进程是否存在。如果这样的进程存在，那么凭相似因果性质来确认大量社会现象的理论概念就可能被认为确认了社会种类，这是讲得通的。此类概念包括“千年王国起义”、“阶级体系”以及“商品市场”。这些概念曾经发展了一些理论框架，它们宣称确认了一套因果进程，而这些进程决定了那组被标示的社会现象的共同结构。

因果规律性

因果进程或其他规律构成了社会现象的基础吗？在下一章，我们将更加仔细地考查社会规律的本质，但是，简而言之，在特定社会安排的语境下，有诸多有目的的个人，有关其动机与行为的推理给了我们一个基础。基于此，我们能够获得关于某类社会制度的因果性质的结论。在这些因果法则中，尤为著名的是这样一些规律，它们在特定的社会安排之下，由经济决策、理性政治行为以及其他理性行动形式衍生而来。

让我们来考查一个例子：蒂利（1964）有一个观点，认为18世纪法国西部的各种耕种制度产生了各个亚区域中根本不同的政治心理（基于这些差异，蒂利继续解释了 1793 年反革命现象的发生与扩散)。把蒂利的分析稍微简化一下：法国西部具有这样一些区域，那里的人们或主要致力于生存农业(黑麦)，或主要致力于销售农产品(小麦)，或主要致力于葡萄栽培(葡萄)，农村人口的这三种经济状况导致了他们不同的生活模式。以生存为目的的耕种者没有卷入到市场关系之中，而且，他们几乎没有与该地区扩展中的城市网络有任何联系。这些村里的牧师很少去从当地商人或官员手中竞争领导权，因为，这二者人数都很少。如此一来，这些自耕农与承租人倾向于具有保守的政治态度，不同情革命。相比之下，葡萄酒酿造者严重依赖市场，他们与区域城市甚至国际市场同呼吸共命运，通过与城市的联系，他们更容易受到现代观念的影响，也更容易接受这种观念。他们强烈地感到国内税收壁垒对其自身的物质利益的损害作用。蒂利提出，这样一群人热忱地支持革命，不愿意参加反革命运动。

不论蒂利的叙述有什么贡献，它既具体阐明了社会科学中建立起来的因果联系，又具体阐明了我们在预期方面的信心基础。基于此，我们可以预期相似因素与其他环境中的社会变化进程有关。一旦我们发现人类行为者关心其直接的家庭福利并看出各种地方因素对那种福利有影响，我们就能理解为何我们要预期在农村经济——即那些具体的安排，村民依靠这些安排谋求生计——与其政治态度和政治行为之间存在联系。

这种概括预设法则决定的社会进程会在不同文化中反复出现。社会理论的主要功能之一是分析这些进程的细节；当奥尔森或哈丁对集体行动的逻辑进行一种抽象的描述之时，他们赋予了经验研究者一种分析某种跨文化规律性的方法。于是，研究者能够在努力辨别此类机制运行于一个具体案例中之时，使用这样一种分析。这种方法假设存在客观的社会法则与社会进程，理论模型能够准确地将它们描述出来，并且我们可以在许多社会语境中找到它们(当然，对一个具体历史事件的解释的建构取决于对该事件周围境况的研究。社会理论不能代替严密的经验研究)。

这种论述要求,一种对因果规律性的断言必须以正确的理论分析为支撑。这种分析说明了在这种情况下,是什么主导和约束了相关人类行为者的行为,结果这些社会安排导致了那样的社会后果。如此一来,理论就确认了不同社会现象所共有的潜在进程,从而证明了概括是正确的。

对潜在的社会进程、社会结构、社会法则的寻找是可信的吗?在社会现象的领域中,假设潜在进程与潜在机制能够解释可见社会现象的范围,这合理吗?而且,通过何种机制,潜在进程定位、影响或判定可见现象?

这个普遍问题能够很快得到处理。成功的分析如此之多,因而我们不必把那些隐含的怀疑论调看得太重。这样的例子包括以下理论:(1)集体行动的逻辑理论,它被用来解释在许多文化背景和时间里存在的罢工、起义、筹集资金的动力。(2)地理学上的中心地理论,它解释了经济全景图中的城镇布局。(3)农业过密化理论,它提出小农社会在受到来自外部的生存压力之时,会细分经济任务以保证每位村民的生活。在上述诸情形之中,理论对潜在的结构与个人动机进行了论述,而这种论述接下来又被用于解释具体的社会现象。这些例子说明了,社会科学分析一组看不见的社会结构或社会进程从而能够解释社会现象的这种假设是合理的。

这种分析表明,我们假设法则决定的因果进程在社会现象中起作用并且这些进程在许多文化中都能被辨别出来,这是合理的。这种公式化的表述会导致读者得出结论认为,存在与自然法则类似的“社会发展法则”,而且此类法则将最终使得社会科学家对各种社会形式(资本主义、军事独裁和东方专制主义)的发展作出大范围的、精确的预测。能看到这种结论是不能得到证实的,这一点很重要。因果进程在社会现象中起作用,但是它们在其范围和预测值上是受限的。社会法则最好被表述成趋势法则而不是严格的必然性法则。现存的社会环境使得我们极难从中得出确信无疑的预测,在这种社会环境中,社会法则以不可预知的方式与其他进程相互作用。它们关注相当低层的社会结构,例如具体的经济安排、个人政治行为模式,以至几乎不可能基于此类规律得出高层次的发展逻辑。

如果要具体阐明最后一点,就让我们考查一下经典马克思主义中因果法则的作用吧。在某个前提下,马克思提出了有关一系列生产方式以及可从每种生产方式中预期得到的发展动力的概括。这些变量都是高度概括的断言,涉及封建主义和资本主义的社会进程,农民生产方式等等。然而,在另一个前提下,马克思主义却依靠着与阶级社会中起作用的因果进程相关的一系列假设,即关于如下情况的假设,这些情况影响工厂组织、工人阶级的政治行为、农民的经济选择等等。这些假设不是在生产方式的层次上提出来的,而是在地方层次上提出来的,通过后者,个人行为与社会制度相互作用。我在这儿的意见是,社会科学家在分析后一种进程之时,有最牢靠的基础,也最适合在这个层次上做出跨文化的概括。当社会科学家转向更高的层次,提出关于整个社会体系的假设时——例如,从某一个资本主义经济体中期望提炼出发展模式——这种概括的基础本身及其对其他社会语境的投影价值都是极不可靠的。

在另一种语境中,我曾指出,以下目标是有严重缺陷的:在社会科学中,要发掘严格的社会法则,让它在形式和预测力方面与自然法则相似(1986)。它依赖于在自然科学与社会科学之间的无依据的类推。在自然科学中,尽管有异乎寻常的反例,但是假设自然物体和体系受制于严格的因果规律仍是合理的。[1] 这种信心源于自然物体在相同分类下的本质相似性,例如,所有的氮分子都是同质的并受制于同样的因果法则。

---

① 自然科学中最著名的反例是量子力学。

相比之下，从根本上来说，社会现象是形色各异的。人类行为符合概括，但是它也展示了宽泛的个体差异。没有两种社会制度或社会惯例是同一的。例如，法国、英国和美国的税收机构有足够多的共同之处，可以把它们当做国家税收机关，但是这些具体机构之间的差异仍然是显著的，而且具有不同的重要后果。预期每种制度会产生同样的因果规律性将是堂吉诃德式的。

最重要的是，社会因果规律性最终来自具体社会环境中的人类行为。因为人们都是有目的性的决策者，有能力察觉其周围的环境并使其行动服务于他们的目的。某些规律性确实出现了，但是一个有目的的行动者的行为与受制于确定因果法则的自然物的行为是极为不同的。人类会犯知觉方面的错误；他们出于各种动机行事，误打误撞。结果，人类行为能够得到解释和预测，但是它频繁地偏离由理想化的有意图行动论所做出的预测。社会规律性最多是趋势法则而非无一例外的法则（对马克思社会科学中趋势法则的进一步讨论可以在李丹 1986：24—29 中找到）。

最后，社会因果关系的迟钝与复杂严重地限制了对社会发展做出广泛性概括的希望。从因果关系上来看，土地占有关系的细节与某一群人的政治行为相关，但是还有大量的其他因素也与此相关；地方宗教信仰的细节、地方精英的地位与受关注的程度、农业商业化水平、地方社会中的外来者的出现与缺失、识字水平以及城乡结合度。这个列表是冗长的。此外，与政治态度形成相关的因果要素以无法预知的方式相互作用。例如，可能出现这样的情况，分成佃农制再加上低水平的城乡结合之时，促进了保守的态度，但是当它与高水平的城乡结合相联系之时，就使农民变得激进了。

这些考查表明，在社会科学中找寻因果概括最好应该针对中级的因果进程而不是对社会类型的高级概括。另外，某个特殊领域的研究者能够努力弄清各种因果支配力的效果并且获得对其在个案中的相对权重的分析。总体来看,似乎不可能的是,社会理论总能提供有关高级结构的有效因果概括(生产方式、政权类型等等)。①

寻找针对社会现象的共同因果要素的概括是有收获的,也是有价值的。而且,这种寻找很大程度上依赖于跨文化研究。社会进程的一般形式,通过老套的个体行为方式起作用,它们似乎很可能被假设为在各种文化中反复出现。在获得此类概括的过程中,存在两个目标。有些学者,比如像波普金和斯考契波会对诸多概括感兴趣,这是出于其自身的目的,即他们从整体上对人类社会生活的理解。不过,可能更重要的是,此类概括若被精心地和灵活地加以运用,就会为研究地方安排之人提供一个构想关于某个特殊区域进程的因果假设的基础。

其次,曾经出现过这样的情况,概括与法则决定的社会进程的出现紧密相联。有效的概括取决于对一组因果要素和环境恒量的发现,而因果要素和环境恒量的联合产物就是普遍化的规律。我们可以称这种概括是一种以理论为基础的概括。

无论这些概括是跨文化的还是跨时空的,我们都有充分理由对其保持谨慎。两个类似的历史事件(例如八卦教起义与捻军起义)可能共有一种潜在原因并因此能够用同一种专称来加以分析。但是从根本上来说,它们可能具有不同的进程,在这种情况下,概括将是无效的。所以,我们可以确信地延伸这样一种概括的唯一方式是,同时进行适当的经验研究与历史研究。没有细致地研究参与者周围的环境、组织、领导权以及动机,就不能判定捻军起义是哪种起义。

反社会种类之例

让我们简要地考查一下社会科学中反普遍概念或跨文化“社会种类”有效性的案例。在其对摩洛哥与爪哇的比较研究中,吉尔茨反对寻

① 这种立场与莫顿关于社会研究“中层理论”的作用的经典观点明显类似。

求一种对跨越特殊社会与文化语境的社会种类的描述。他质问,在何种程度上,在两种语境中对一种宗教的比较研究应该寻求一种描述的层次,该层次使得二者能够相同;在何种程度上,研究者更应该寻找该宗教的两种具体形式的不同特征。吉尔茨认为,甚至如基督教或伊斯兰教这样的社会建构也需要在不同的文化环境中进行文化解释。他主张,摩洛哥和爪哇在伊斯兰教的宗教信仰、惯例与价值观方面有根本上的不同。他还认为,唯一可能进入这些象征性体系的渠道是对这两种文化进行仔细的人类学解释。“当我们从整体上比较各个民族各自形成这种涉及全部生活的观念的方式时——这种被称之为伊斯兰教的观念,在两种情形(爪哇人与摩洛哥人)中意味着十分不同的事情——神秘、虔诚、崇拜、信仰、信奉、神圣、传统、德性、灵性,甚至宗教等,这些我们所使用的词汇便会浮现出来”(54)。吉尔茨在这儿的观点正好与上述那种认为社会实体或社会进程的抽象类型能够在各种文化中反复出现的观念不符。吉尔茨似乎采用了如下观点,即每种文化都涉及自我定义的过程,结果,在摩洛哥与爪哇,作为一种宗教的伊斯兰教“现实”及一套社会惯例在根本上彼此不同。诸如施舍、孝道、平等之类的关键概念的含义在两种语境中发展演化得也不相同,并且这些含义有助于形成极为不同的文化体系与生活方式。

> 这两种风格(摩洛哥人与爪哇人)强烈地带有人们只能称其为……“神秘”的信仰和惯例的特征。但是在两种情况下,“神秘”的含义被证明远不是指同一种东西。如果要概括神秘主义的观念以便怀着寻找更宽泛的概念的希望来模糊这些差异从而克服这种困难,更为抽象的相似性似乎是最没有希望的一种战略。因为,离开了两种情形中的具体细节也就等于离开了任何我们所能发现的普遍真理之必然所在。不过,如果我们使用一个像“神秘主义”(或“玄秘的”或“神秘主义的”)的概念,不去构想表面上纷繁复杂的现象背后存在一个潜在的统一性,而是去分析我们所能发现的那种多样性

的本质,那么探求这个概念在不同语境中的不同含义就不会将其价值消解成为一种安排秩序的观念而是会充实和完善它。(24)

查尔斯·泰勒(Charles Taylor)与麦金太尔(Alasdair Maclntyre)就跨文化的政治科学的可能性方面提出了类似的观点。例如,在《理解与族裔中心主义》("Understanding and Ethnocentricity")(1985)一文中,关于印度的政治,泰勒这样写道:"当代印度存在政治。存在这样的惯例,无论不平等与排外能多么地损害民主政治,还是通过这些惯例,人们才会有助于促使权力的出现。当代印度因此需要这种概念。但是,我要说,外界不能提供这种现成的东西。在印度,一个或一些合适的政治概念只能通过从事印度政治实践的人们的自我界定的一种表达才能出现。"(133)。于是,根据泰勒的观点,印度的政治"科学"必须从印度政治的具体经过而不是从基于现代欧洲经验的抽象政治理论中提取其范畴、概念与因果假设。使用概念时,要因地制宜。印度的情况与现代欧洲大相径庭。①

最后,让我们再来考查一下麦金太尔对比较政治论的可能性的讨论。"我唯独对政治科学、类似法则的跨文化因果概括的计划感兴趣,因为它们反过来可以被理论解释"(1973:172—73)。如吉尔茨和泰勒一样,麦金太尔强调了地方概念、社会惯例、规范以及自我归属具有与一种含义紧密联系的性质。这种含义就是,每个惯例或每种态度都须臾不可分离地取决于惯例、信仰、规范和概念的整体结合效果。它们是有特定文化背景的,相互结合起来就是独一无二的。例如,麦金太尔提出,简单如"英国人与意大利人在公共机构中的自豪感方面有何不同"这样的问

① 一个类似的比较政治分析是由鲁道夫(1987)提出的。她反对把在西欧形成的国家概念到处乱用(732)。"我们需要做的是,从更可操作的比较入手,保持可观程度的历史具体性,对比较的功能或进程的差异保持敏感;对整体如何出现差异保持敏感。在这个阶段,我们需要脆弱的理论模板,它们应该是用'松软的黏土'而不是用'坚硬的钢铁'做成的,能适应多种证据,不合适时便会破碎"(738)。

题都是回答不了的,因为两种欧洲文化中所包含的自豪概念存在文化上的差异(172—73)。“因此,我们不能指望从各自的自豪感方面来比较意大利人和英国人对政府的态度。我们不得不从不同的社会制度中的不同德行与情感范围来开始任何一种比较。撇开制度和惯例单独比较态度的计划又一次遭遇困难”(173—74)。

这些观点适用于在确认跨文化的政治态度过程中遇到的困难。尽管如此,我们能够说,政治制度与政治惯例问题比较少吗?麦金太尔提出了一种立场,这种立场与前面已经探讨过的泰勒的观点相近,即政治惯例反过来也在很大程度上取决于地方政治态度。“没有一种制度、一种惯例会是自在自为的,会脱离人们对它的想法或感觉而独立存在,这是显而易见的事实。因为这些制度和惯例总是有所偏颇,甚至分成不同等级,由某些人对它们的想法和感觉而构成”(174)。

这些观点提出了对社会现象本身的确认问题。泰勒和吉尔茨建议我们不能偏重社会惯例和社会制度,除非依靠在文化本身中找到的含义和理解的具体混合体。泰勒研究的讨价还价之例便是这种观点的一个清晰的实例(1985:32—36),吉尔茨对欧洲的政治概念(国家、权力及个人优势)集合在用于传统的巴厘之时的非适用性进行了讨论,随后也提出了这种观点(1981:121—22)。每种情况都展示了对跨文化的社会实体或社会类型的一种潜在怀疑论。相反,根据更加细致的分析而预期得到的每种此类实体(契约、国家)原来是如此紧密地依赖于地方文化的特殊价值观与特殊含义,以至于在提到这些惯例时使用同样的概念是不合适的。

这些意见表明,我们不可能构想出充分包含各种文化中社会现象的细节的概括性概念。不过,这个结论并没有产生。吉尔茨、泰勒和麦金太尔都仔细地挑选了他们的例子。在每种情形中,其观点取决于如下情况,即讨论中的现象不完全地由地方文化的象征体系、道义价值观或巫术信仰(意大利式的自豪感、慈善的作用)所构成。如果一种制度的因果性质取决于一个具体的文化事实,那么这就是下面这个说法的同义反复,即我们不可能从那个事实中进行抽象,还不可能充分解释那个制度的运行。这一点说明了用于诠释的理论的有效性接近于社会研究。但是,它没有树立一个更有力的观点,即所有社会研究需要得到解释。在当前的语境中,吉尔茨、泰勒和麦金太尔都不能证明,所有的社会现象都是有特殊文化背景的。让我们来考查一个例子:分成佃农制土地占有安排的概念。这种经济结构在许多农业社会中都能找到。它强加给了农民和地主一组明显不同的动机、机会与约束条件。例如,地主和农民都没有积极的动机来引进生产创新,因为,他们各自只能得到一半因此产生的收益。分成佃农制还赋予了农民一个强烈的动机,即在收获季节进行舞弊,或在早上或在夜里进行收割。它也给了地主一个动机去推动佃户进行商品化种植而不是维持生存农业,因为地主一般宁愿要现金收入而不愿要大量的粮食。这些是分成佃农制中所隐含的趋势,并且在多种文化环境中都曾被研究过。

土地占有关系可以取得一个特殊文化环境内涵的文化外壳,而且甚至这些外壳可以影响经济安排的运行,这也是正确的。然而,看起来,坚持认为地方土地占有关系只能根据附着于其上的地方内涵来加以理解,这也是完全讲不通的。分成佃农制在各种社会环境中产生了类似的经济趋势。这些趋势是从其经济特性,即从那些安排中得出来的,依靠这些安排,佃农获得占有土地以及取得收租的数额与资格的机会。这些趋势也是在这些安排的语境中从地主与佃户有意行为中得出来的。

类似的故事也能讲述许多其他社会、经济、政治结构,例如选举政治、奴隶制度以及集体行动。在每个情形中,分析使得我们确认一种社会结构,其主要的因果性质通过单一的谨小慎微而非在文化上更为具体的个人心理特征来起作用。而且谨小慎微本身是一个普遍存在的人类特性。这些考查的结果表明,共同的进程在许多社会语境中运行。如果情况如此,那么认为具有相似因果性质的制度与结构会产生这种假设就能讲得通了。而且,这反过来表明,确认跨文化现象的"社会种类"的目标不是没有希望的。

微观研究,宏观结论

我们在这里所考查的理论中遇到的一个主要类型的概括是这样的:通过它,研究者证明了一系列有限时空(例如,19 世纪中叶的汉口)中的结果,然后试图决定这些结果在何种程度上可以描述一个更加广泛的领域(例如,晚清时期的中国商业城市)。地方研究是社会研究的显微镜。它们使得社会科学获得对历史进程的最细微的和最精确的理解。但是我们很少满足一种如此严格地加以界定的地方研究,它不能提供更普遍的假设或解释。所以,我们面临的问题是这样的:具体的地方研究与对该地区所处更大世界的全面概括之间的推论性关系是什么?

我们在前面几章全面考查了大量的地方研究。例如,马克斯将其研究限制在海丰县和陆丰县,完全利用属于那两县的档案资料。裴宜理只关心华北的淮北地区,而韩书瑞则考查了华北平原上的一个小区域。这些学者中的某些人试图基于此类研究提出内容更加广泛的概括,即关于更广泛的区域、更长时段的概括。例如,这样一种概括可能试图刻画华北作为一个整体所具有的适当模式,试图描述中国农村的总体性质(马克斯)或试图描述华北农民起义的长期传统(裴宜理)。这样的概括是合理的吗?如果是合理的话,什么原则证明他们是正确的,哪些注意事项决定了其建构?

我们面临的问题有两个部分。为何地方研究在历史研究的方法论中是重要的?我们在地方研究的结果与因时空的更大规模延展而出现的更加普遍的问题之间应该期望得到什么推论?第一个问题有两个答案。一个是方法论上的,一个是实际存在的,这两个答案都由这里全面考查的理论所暗示出来了。方法论问题涉及如何界定史学研究中的严格学术标准。历史学家可以定位于十分普遍的问题，但是其研究的实证性与客观性在很大程度上取决于其对地方层次的历史进程的研究，因为那是可以获得证据的地方。这是一个认知问题。它与现有可支持历史结论的证据的性质有关。

对源于社会现象的本质的一种考查也表明了地方研究的重要性。人们可以提出，普遍进程(例如，日益增长的叛乱性模式)是由地方进程构成的。要知道为何19世纪的中国发生了这么多起义，我们必须首先(约略地)了解太平天国起义、捻军起义、八卦教起义以及其他起义为何发生。为了获得针对这些问题的令人信服的答案，我们必须了解大量有关这些起义的社会、文化与经济语境。

此外，政治进程通常由地方利益推动，在传统社会里，尤其如此。这是布伦纳的农业变化论的中心:欧洲封建主义内部的变化大多是由地主和农民之间的权力平衡推动的。陈永发(1986)对中国共产党在抗日战争期间取得成功的分析同样取决于一种地方主义假设:我们必须理解地方的选择环境、政治权力与生活境况才能了解一种既定的动员策略是否可能取得成功。[①] 陈氏(1986:2—6)提出，基于全国层次的解释——不论是约翰逊的全民主义抗日论题还是塞尔登的民粹主义——都是不能令人满意的，因为它们不能对中国共产党在地方上的成功与失败给出充分的论述。这种思考线索导致了如下结论，即历史概括与历史推论必须以广泛的地方研究为基础。

尽管地方研究的方法有无可否认的优点，但它也有缺欠。它引导研究者不再试图获得适当的全局概括。所有人都熟悉那些思路狭窄的历史学家:他们对个别区域了如指掌但有意避免提出更为一般的问题。更

① 例如，陈永发(1986)总结了他对中国共产党华中根据地的研究方法:“关于我们目前对战争时期中国共产主义的理解的这种简要回顾表明，需要研究共产党与乡村环境中的农民之间实际存在的相互作用，还需要研究变化中的权力语境，因为这种相互作用产生于这种语境之中。我将从有利和不利的因素两个角度研究农民的动机，对共产党的积极号召及其对消极束缚的清除赋予相等的权重”(8)。

为严重的是，地方研究的方法可能使得我们很难或不可能研究某种历史变化的系统原因。例如，长期人口变化可能会在地方上没有明显表现的情况下(地方人口规模稳定)影响一个地区(仿佛缓慢上升的价格)。拉杜里(1974)提供了一个有用的例子。他的研究是围绕一个地方研究(朗格多克)组织起来的，但是他也强调了全球因素(人口变化的长期波动)。①

让我们现在转到与基于地方研究的概括相关的某些具体问题。任何从有限的一组事件扩大到一组更多的事件的概括一定面临着预期的可能性问题。当裴宜理得出结论，认为捻军大多取得成功，因为他们与分散的深沟高垒的村社有紧密联系，她对几十或几百个土匪团伙的经历进行了概括。显而易见，对这样一组事件的任何概括都不可能没有例外。所以，可能原来是有些土匪团伙由于其他原因而成功，例如，可能是尽管几乎没有民众支持，却有腐败的地方官员的保护。这使得概括无效了吗？不。如果这就使概括无效了，那么所有对社会或历史的概括就都无效了。相反，我们应该理解历史学家的概括，它将一些多种多样的经历概括成有关最一般、在原因上最重要、或者最有代表性的一种经历的一种陈述。一种更为精确的概括可能是更可取的，例如，一个能够指明预期的主体的概括。但是，要求历史概括没有例外是不合理的。

在有关中国的研究著作中，反对概括的一种常见的抱怨是，研究者使用一套模式或惯例从一个地区提取资料，然后将这种模式投射到中国其他地区。人们经常这样批评，即他们认为中国是非同质性的，因此提出一种涵盖各个地区或各个时段的解释方案的努力是不可能成功的。相反，这位批评家极力主张解释应该对地方差异保持敏感，诸多概括应

① “就长期趋势来看，我对易受持续的偏离与长期波动影响的主要变量感兴趣。换言之，就是人口、不同的生产部门及区域总产品、名义价格与金属价格、总收入(名义总收入与实际总收入)、税收、各种索取(地租、什一税、税款、利息)、农业利润或收入、货币工资……”(拉杜里1974:7)。

该限于显著同质的区域和时间之内。

在这个语境中,马克斯的著作与此相关。马克斯试图把19世纪的中国作为一个整体,从而获得有关其农村动乱的概括。但是他的全部资料取自华南的两个县。这两个县在许多方面是独一无二的:它们是沿海的,与西方有大量接触;它们的农业体系明显不同于华北的农业体系;它们是高度商业化的;它们在民族构成上也明显不同于华北和华西;如此等等。此外,这些因素各自都与社会动乱的产生确然相关。所以,这种观点可以这样表述,我们不能从这些资料中提取出把中国作为一个整体的诸多概括,或者甚至不能获得对整个华南的概括。这些研究成果表明一个问题:我们对位于该区域中的一个地区进行了一个较短时间内的研究,有什么能够证明基于这个研究来提取对更长时间内整个区域情况的概括这种做法是正确的?

我们考查一个假设的例子。假设对海丰县地方研究得出了结果:在乡下,小块土地所有者在政治上是最好战和最易于起事的阶级。于是,我们进一步假设,研究者把这一事实解释成为这是小块土地所有者生存脆弱性外加他们获得了有效的政治传统与政治组织的机会的结果。该研究者就会发现,其他阶级(例如无地工人)有好战的客观理由但是缺乏将这种动机转化为政治行动所必需的政治资源。

现在让我们假设该研究者试图将其结论推广到中国农村的其他区域,预言小块土地所有者通常最容易成为起义的支持者。如果要证明任何把一个范围内的结论投射到其他范围的做法是正当的,我们似乎必须确保如下假设:(1) 由最初的结论所描述的现象不是随机的,也不是研究的人造物;(2) 该地方环境中的一组作为背景的社会进程导致了由这个结论所描述的现象;(3) 这些进程在更广大的区域内也起作用;(4) 更广大区域的环境差异不足以使这些社会进程的作用失效;(5) 在更广大的区域中,没有一个反向趋势足够强大到可以抵消这些进程。

这些假设具有这样的观念:可确认的因果进程在不同的社会环境中

反复出现,不同的社会环境可以充分相似,以致这些进程可以在各种环境中造成类似的结果。研究者必须检查一下已有的关于较大区域的知识,以便判断两个区域的相似性与非相似性。因此,来自地方研究的概括,最好被理解成为地方语境中的一种理论分析向其在更广大语境中的应用的一种延伸。而且,要进行这种延伸,我们就必须揭示,在充分相似的环境中,相同的进程在起作用,以至于产生了相同的结果。

这种分析暗示了某些对其他概括的阐述的重要警惕。最重要的是,对两种环境的约略相似性假设通常是值得怀疑的。中国的区域(不必说东亚、亚洲或世界)在许许多多的方面存在差异,任何一个方面都可能在原因上与研究中的进程有关系。让我们考查中国区域间的某些差异:民族与宗教、土地占有制度、土地肥力、对中央政权的服从程度、地方精英的凝聚力、市场整合、识字水平、与西方的接触、城市化、易遭土匪和入侵武装攻击的脆弱性,如此等等。假设两个区域充分相似,以至于作为一个相同的发展进程或变化进程的结果而产生相同的结局,这似乎是轻率的。如此,甚至这个假设——即相同的变化进程在起作用——被承认,从一个区域到另一个区域的概括仍然是高度可疑的。这表明,此类概括必须以仔细的宏观研究为基础,遍及这个较大区域来提取适当的信息,不应简单地把结论从一个区域机械地投射到另一个区域并以这种机械投射为基础。

跨空间的社会环境中存在广泛差异这种观点也能为时段上存在的差异提供理由。例如,马若孟使用了大量来自民国时期(20 世纪 30 年代)的资料来证明华北经济的某些经济变量。然后,他将这个模式向后投射,提出在先前的一个整世纪里,相似的模式很可能在华北出现进而从这个资料中得出了概括。然而,在这里,回想一下这一时期发生的许多变化再一次显得非常重要。一旦我们承认这种差异,我们只是简单地将 20 世纪早期的经济模式向后投射到 18 世纪晚期似乎就不容易讲得通了。

对中国进行的时间和区域两方面的概括似乎需要十分谨慎。遍及时空的社会环境范围使得下面这一点极有可能：某些因素在某时某地出现，它们以产生了在他时他地无法找到的结果这样一种方式与社会进程相互作用。如果我们试图从中国转向亚洲并将其作为一个整体，那么这一结论似乎甚至会更加迫切。爪哇、北印度与华南的社会环境彼此之间差异巨大，而且和构成社会与经济概括基础的因果观点直接相关。

第二种警惕来自社会现实中多样性本身的重要性。某些研究者把差异而不是规律作为最典型的社会现象。根据这种方法，社会研究者需要分析和刻画的恰恰是多样性而不是同一性。这种方法导致了一种对更加具体的研究而不是更加普遍的研究的偏好。例如，施坚雅强调，社会科学家注意他们所研究的现象——城市、起义或乡村社会——的差异性特征。施坚雅在其把中国城市作为一种社会类型来讨论之时这样提出了该问题："但是，概括是唯一的吗，甚或是知识需求的最重要目标？关键是把中国的情况加以分类以便能将其明确地放在特殊的跨文化列联表的合适单位中吗？我们在这儿应该针对一组以对这座中国城市的概括——一些陈述，它们在本质上只能反映所有经验情况的最低的一般平均水平——为形式的结论吗？"(施坚雅主编：1977：5)他的回答以暗示的方式表示了否定。确认那些将中国城市与欧洲城市区分开来以及将某些中国城市与其他中国城市区分开来的特征更为重要，也更为有用。例如，在19世纪，与汉口相比，北京是一座非常不同的都市聚集地。施坚雅会假定地提出，只有我们用其自身的功能性组织、历史以及经济政治体系把每一座城市作为一个系统来研究，我们才能领悟这些差异。"'中国'城市是一个构建的理想型，正如说它是'前工业化城市'或'东方型城市'一样。而且，当我们全面考查前近代的中国城市的范围，……当我们理解了这各式各样的序列之时，我们遇到了一些困难，这些困难也同样困扰着针对更广泛地建构起来的类型的概括"(5)。

吉尔茨经常提出一个关于社会研究的相似结构。他主张，差异而非同一性对理解社会现象是主要的。例如，吉尔茨在他对爪哇和摩洛哥的伊斯兰教研究中支持具体反对普遍："至少，在这种区域研究中，对事实的兴趣存在于其多样性之中，观念的力量不取决于它们能够消解那种多样性的程度，而是取决于它们能够对其进行排序的程度。"(1968:24)

施坚雅和吉尔茨指出，至少在某些情形中，差别而不是概括对社会科学最有用。在更广泛的概括与关于此概括所涵盖的各种现象的详细知识之间存在明显的平衡。

然而，这些条件并不表明在社会科学中，普遍化是一种不合适的做法，而是表明在社会科学中，概括与具体描述都是重要的。社会现象多种多样，它们确实包括了支撑概括的模式与因果进程。所以，在进行研究和构想研究目标的过程中，研究者不得不做出深思熟虑的决策，决定有关具体和一般性的合适层次。根据这个合适的层次来对待研究对象。此外，这种平衡在社会科学的不同领域是有差别的，这一点确凿无疑。例如，可能宗教研究需要具体，因为在机构和信仰方面，巨大的差异很常见，然而城市化研究恰好支撑了更宽泛、更全面的概括。

这些警惕不应该被认为暗含了概括在区域研究中是不恰当的或不正确的。相反，一个村庄研究得出结论"这就是其在这个村庄的表现方式——特殊的、没有代表性以及与众不同"，它仅仅能引起最鲜为人知的兴趣。学术共同体更应该期盼，一个严密界定的研究能够产生关于其他时间和地点也能发现的模式或因果进程的假设；更应该期盼，地方研究由此能够阐明更宏大的语境。[①] 这里的警惕仅仅是这样的：它是一些提醒，即我们必须密切关注地区和时间方面的差异，仔细地提取概括，因为那些差异可能在这些概括被投射得太广之时使它们失效。

① 刚好具有这种优点的地方研究之一例是沃森(1985)，一个对香港新界的人类学领域的研究，而且也是对这少数几个村庄的亲缘关系与经济之间的联系的人类学研究。但是沃森也直接地希望能够阐明中国其他地区中存在的这些文化形式之间的关系。

理论在区域研究中的作用

前几章讨论的许多此类问题可被称为社会科学中的"理论推导逻辑"。我试图通过对几种理论观点的详细考查来具体说明注意背景假设与推论的重要性。某些人可能会认为,这些批评十分普遍地质疑了理论模型在历史解释中的作用。我个人的观点是相反的:理论建构是社会和历史解释中的必不可少的部分,我们可以对它们在一个具体的社会现象中的应用做出客观评价。

在试图理解和解释诸如农民起义的爆发、传统中国技术创新的速度或者清政府的官僚组织这些具体的历史现象之时,历史学家和区域专家应该使用理论模型吗?许多理论模型在我们的脑海中浮现:用来解释起义的道义经济框架、伊懋可对高水平平衡陷阱的分析,或者施坚雅对帝国市场等级体系的分析。然而,怀疑论者可能会认为,社会现象总是自成一体的,因此,理论模型只不过是歪曲了这种现象并误导研究者。这位怀疑论者可能还会主张,研究者转而应该埋头于关于这个历史现象的已有资料,并获取一种直接来自这些既定材料的分析。根据这种叙述,理论模型是有害的。

我不同意这位怀疑论者的看法。我认为,我们必须更加仔细地看待这种宣称社会现象自成一体的观点。毫无疑问,某个事件中出现的特定的境况组合是独一无二的。但是假设在这个事件中起作用的社会进程并非独一无二,而是在许多时间、地点和文化背景下构成社会现象的基础,这也是合情合理的。理论建构取决于这样一种假设,即社会现象在某种程度上是由法则决定的、非偶然性的。理论形成的目标是获得对导致这种规律的法则、机制以及进程的解释。(这样一个过程之一例可能是集体行动中的"搭便车"问题。我们可能在诸多个人基于理性自利进行决策的任何一种境遇之下预测到"搭便车"问题。)构想关于此类进程的假设是社会理论的任务,而且也是试图观察该地区出现了哪种潜在影响或进程的区域研究专家的任务。于是,理论建构是一种合乎逻辑的努力,它努力构想有关一个潜在结构、进程或法则——它们可以在多种境况之下得到确认——的假设。

这种观点(由法则决定的并且在不同时空中出现的潜在社会进程是存在的)表明,理论化在区域研究中是合适的,而且如果我们想要解释社会现象而不只是描述事件,它就是必不可少的。但是这产生了一个新问题:这样的意义存在吗?在该意义上理论信念可以被说成是客观真实的吗?怀疑论者可能会坚持哲学家所提到的"概念相对论"。根据这种观点,研究者必须使用某一组解释范畴强行为多种多样的现象排序,但是许多方案会同样有效,所以不存在支持一个方案反对另一方案的客观基础。这意味着,该科学家在资料中"发现"的理论排序是一种人造物,它是由科学家提出的理论预设中的那些特殊而武断的特征决定的。让我们来考查一个例子;裴宜理对红枪会起义的分析与韩书瑞对八卦教起义的分析之比较。裴宜理和韩书瑞都关心在生态危机的境况下具有一种强烈的白莲教成分的农民起义。然而,两位作者对这些现象提出了根本不同的解释。裴宜理在分析红枪会起义时,强调的是农民理性、生存战略、生态制约与机会等等,而韩书瑞则强调了千年王国世界观的重要性、追随者的宗教动机以及白莲教组织的特殊情况。相对来说,韩书瑞几乎没有注意物质因素或理性决策。我们的概念相对论者可能会认为,这说明了对两场农民起义不存在"真实"的分析。资料可以根据两个框架之中的任意一个来加以组织。

我反对这种观点。我认为,这夸大了此类争论的不确定性。诸如韩书瑞的和裴宜理的这两种理论之间的争论能够被最小化。经验与解释的必要条件有效地约束了一个既定解释。理论建构对解释历史现象的适用性能够依靠某种客观性得到评估。让我们考查一下用来解释农民起义的道义经济方法:研究者寻找公认的道义价值观、某种不公正感以及相对广泛的群体认同。在不加批判的研究者手中,这些已有资料可能不得不被分成这些范畴。但是该研究者可能得出结论,认为这个理论框架非常不适合这些资料。换言之,我们可能获得一个十分客观的结论,即一个既定理论没有准确地描述出这些潜在的社会进程。

这些考查表明,理论模型的构想在应用社会科学中具有重要作用。不过,涉及社会理论应用的大量警示也出自这些研究。首先,社会理论的宏大概念——资本主义、封建主义和东方专制主义——因其极端的概括性而曾经产生了问题。当研究者带着"这是早期资本主义制度吗"这样的问题进入传统中国的研究中之时,他(她)就在将它融入一个预想模型的急切心情中,冒了忽略中国经济的不同特征的风险。这不表明该研究者在接触到中国研究时应该把概念工具放在一边,而是表明他(她)应该使用中级的概念,根据这些概念来分析中国经济的具体情况而不是使用一个内容广泛的模型。阶级、官僚、地方精英、市场体系以及许多其他概念都是在多种语境下发展起来的社会科学概念,它们在弄清中国现象的过程中具有巨大价值。但是我们不能预知在中国起作用的特殊因素集合。

其次,许多当代社会理论是基于对欧洲范例的认识构建起来的。封建经济与资本主义经济模式、以英国为基础的经济发展进程、作为支配民间社会的理性权力中心的国家观念、帝国主义与殖民主义概念,这些都或多或少地取自欧洲的历史经验。然而,在许多方面,那是特殊的,而且以此为基础的模型可能以不恰当的方式输出到亚洲的社会、政治与经济安排以及其他非欧洲社会之中。在这种语境中,怀疑某种老套的对比和发展模型尤其重要:传统-现代、封建主义-资本主义以及停滞-发展,而这是柯文(1984)在其对以"中国中心"来进行中国研究的方法的介绍中所强调的一点。

这个警示不表明对亚洲社会的社会科学研究需要适合亚洲历史经验的新概念与新模型,而是表明,研究者应该清醒地自我意识到欧洲经验的独特性，根据正在被研究的亚洲案例的具体情况挑选和修正理论模型。我们在前面已经指出，跨文化的因果进程得自共同的物质环境和某些人类本质的具体情况。这些进程证明了某些置信度是正当的，即欧洲经验与理解亚洲经验也是有某些关联的。但是我们必须记住，多样性与同质性都是规则，研究者必须保证概念和理论啮合地方现象。

这些警示强调了什么可能是社会理论的一个主要任务：对概念和分类方案的严密构想与谨慎表达，并根据它们来分析多种社会现象。在这本书中，我们曾经看到这样的情况：粗劣的概念导致低劣的社会科学研究。骚乱概念的具体化、不加批判地将资本主义模型用到传统中国的投射、有时与阶级的概念使用相伴而来的粗心大意，以及生存概念的模糊使用。在每种情形下，我们能够对中肯的概念和理论进行一个更加完善和表达更清晰的讨论进而提升对这些地方现象的解释和分析。

最后，我要提出一个涉及科学社会理论范围的条件。我们可能构建一种历史科学（例如，作为一系列的生产方式）或普遍的社会科学吗（社会组织与社会变化的普遍法则）？或者可能构建针对作为一个整体的既定社会的科学吗（例如，19 世纪的英国社会）？对于每一个问题，前面对因果法则与因果规律的论述都包含了否定的答案。每个任务的问题是其追求目标的广泛性问题。它们各自致力于对一系列复杂的社会现象的充分解释。这个隐含的假设一定是这样：存在一个“社会原因”简表，根据这个“社会原因”简表，所有历史现象与社会现象是可以简化的。但这是极难行得通的。

我们应该以不加掩饰的多元方式接近社会科学：任何一种既定的社会理论都确认了一种社会原因或社会机制，但是并不存在一种先验的方式可以确认与一个既定进程相关的因素。当然也就不存在终极的、唯一的理论——根据这种理论，所有类型的社会变化都能得以简化。这种观点并不包含概念相对论，它并没有削减科学的客观性。相反，它反映了如下一种观念（由韦伯等人提出来）：不存在潜在相关的社会原因与社会影响的有限列表，因此，也不可能存在终极的社会科学。尽管如此，这种认识会使如下观念失效，即马克思主义、符号学或一般均衡论包含对所有社会解释问题的一般解决方法。

第八章 解 释

本书讨论的每一案例的主要目的都在于为一系列社会现象提供一个科学的解释。这些解释有何共同特征？有两个要素尤为重要：假定社会现象可以解释为个体理性行为的总合结果，假定社会现象是可以让我们做出因果解释的。下文将表明这两种主张实际上是彼此相容的；第一种主张为支撑第二种主张的一些主要类型的社会机制提供了一般性说明。

一种解释范式

对亚洲农村的研究揭示了一系列广泛而复杂的假定性解释：对历史事件的叙述说明（韩书瑞关于八卦教起义的研究），对大规模政治现象的理性选择解释（裴宜理关于捻军起义的解释），基于物质因素（裴宜理）或规范因素（斯科特）对社会现象所作的因果解释以及以一般均衡模型（施坚雅的中心地理论）为基础对大历史模式的解释。然而，这些学者所依赖的基本解释假定有许多共同之处。它们的差别在于，在同一个核心解释模式内所强调的重点不同，而不是对社会解释的不同假定。

下面给出一些我们考查过的主要解释（以及一些我们仅仅是提到

过的)：

● 越南乡村社会低水平集体行动的成功被出色地解释为从村民角度做出的个体理性选择决策的结果(波普金 1979:24—25)。

● 缅甸沙耶山起义(Saya San Rebellion)的发生是因为地方精英和政府对在生存危机中农民的生存权迟迟没有做出反应(斯科特 1976: I 49—56)。

● 农民暴动源于一种道义上的愤慨(斯科特 1976:3)。

● 中国农村的市场体系(市镇及其周边乡村的网络)是一个大致的六边形结构,因为这种安排使得运输成本最小(施坚雅 1965—65:22—28)。

● 八卦教起义的发生是华北白莲教教派崇奉千年王国信仰的结果(韩书瑞 1976)。

● 中国农业的停滞是因为它陷入了人-地比率不断上升的陷阱之中(赵冈 1986)。

● 山东起义的爆发是因为当局逮捕了王伦(韩书瑞 1981)。

● 太平天国起义在第一年的胜利是因为它使清政府措手不及,不能及时组织统一的军事回应(孔飞力 1980)。

● 英国的农业经历了突破从而达到持续增长是因为英国的财产关系和政治势力使得资本主义地主可以从农业中获利(布伦纳 1976)。

对上述案例我们能否作一些归纳？首先,在这些案例中因果分析似乎都十分显著,只是不同的解释挑出了因果关系的不同方面。由此,布伦纳、孔飞力和韩书瑞(1976)确认了解释对象的背景因果条件(background causal conditions)(持久稳固的制度或文化上的安排)；斯科特和波普金关注的是解释对象所经历的进程；而韩书瑞(1981)侧重在一个大的因果场(Causal field)内的一个激活事件。这些案例大多不约而同地遵循着下述解释概念：

> 为了解释某一事件或某种常态条件(standing condition),有必要确认这种事件或这种常态存在于其中的因果场:影响它的背景条件、造就它的法则或程序、激活它的特殊的事件或环境。

这种情况表达了这一思想,即对某一事件的解释主要涉及了解为什么这个事件会发生:相关背景条件及事件是什么以及通过哪些进程那些事件造就了这种解释对象。(这一原则也要求对缺失该因果场各种因素的相似情况进行对比研究;这一解释对象还会发生吗?在斯考契波对革命的分析以及布伦纳对英格兰和法兰西的农业变迁分析中,这一方法是主要的。)

其次,关于个体动机的假定以及个体理性决策的过程实质上是所有这些解释的中心。斯科特和韩书瑞强调行动的常规来源;波普金、施坚雅和赵冈强调理性自利的算计;马克斯、布伦纳和利佩特强调物质性的阶级利益。在多数案例中,学者们都将研究对象解释为在社会的和自然的环境中许多个体有意行为的集合。然而,这种特点从属于某种因果解释,因为后者描述了一种社会变迁得以发生的主要机制(这些研究者的判断毫无例外都是这样)。从某种关于社会进程发展或变化的本质观念出发,或许可以提出这一观点:

> 一个社会事件、一件日常小事或是一种情况最好解释为许多个体行为的集合结果,这种行为可能是有意的,也可能是无意的,但都基于特定环境中行动的特殊动机。

这种说法描述了一种典型的社会机制,通过这种机制,在社会现象中建立了因果联系。社会结构、制度、惯例等等只有在当它们影响了生活于其中的个体行为的范围内,才有因果效力。那么这个问题对于社会研究者而言,就是发现在给定社会关系下农民的动机和思虑的主要形式以及在自然和社会环境中的农民被迫行动的显著特征。上述讨论的每一个例子都有这样的假定;它们的主要区别在于有些强调理性自利,有些强调超理性因素(extra-rational factors)(规范、宗教、巫术对行动的影响)。这一模型可以描述为“集合”的解释模型;它认为社会现象应该被解释为个体行为的集合结果。

第三,上述案例中有几个利用了社会结构、社会制度以及社会体系来解释现象。例如,赵冈和施坚雅将中国农村经济解释为经济平衡的一种表现形式;他们将这种经济设想为一种由价格调节的抽象的交易体系,并计算出在特定的初始状态下,这一体系的平衡条件。布伦纳和利佩特将一系列的社会制度(财产及土地占有安排)视为解释其所关心的变化过程的背景条件。而孔飞力提出两种组织形式的比较效率(清政府的军事机构和太平天国的组织)。这些解释的特色在于关注个体行为的社会环境。例如,一系列的土地占有关系构成了一个调节系统,这一系统限制了个体选择。它们(占有关系)是被强制的——或者受制于地主,或者受制于国家。而且它们界定了个体在运用增加其利益的策略时的机遇和界限。

清政府的军事机构组织是一个不同类型的例子。对这一组织特殊性的最佳解释是帝国中央政府坚决防止武装力量集中在地方军事当局手中;为了避免这一不合意的结果,中央政府做出了武装力量在乡村地区分配的严格规定。然而,一旦这种军事控制的体系到位,距离和管理程序的矛盾就会使得形成大的军事力量以应对叛乱的过程非常缓慢——就会给叛乱组织避开政府准备过程留下漏洞。①

这些方面可以阐明为另外一个关于社会解释的论题:

社会制度和社会惯例是可调节的系统,该系统界定了机遇和约束,这二者引导、限制和激发个体行为。

那么,在社会制度和社会体系方面的解释也可以被同化为上述基本

① 曼(Michael Mann)(1986)对西方社会的权力制度史(the history of the institution of power)提出了一种广泛的分析,并详细探讨了这些类型的组织形式。

的因果模型;它们组成了活动于其中的个体行动的社会环境部分,并由此构成了背景因果条件。制度只有通过组成制度的个体才能起作用,而且制度自身被解释为诱因和约束两个方面,这二者界定了创造制度的个体行动的环境。

第四点研究在于,这些解释中有几个是被当做历史的解释提出来的:按照解释对象发生背景下的条件和事件,解释特定事件或变化。韩书瑞和孔飞力关注的是特殊的历史发展;他们的解释依靠仔细调查这些事件的周边环境和发现其影响因素——有些是极为偶然的,而有些则明显看出受规则的支配——这些使得事件以某种方式发生。这一点显示了解释的注重实效的特征;基本上,将孔飞力或韩书瑞与波普金或裴宜理区别开来的是对于历史进程细节的一种关注。波普金和裴宜理更感兴趣的是导致叛乱的一般进程以及背景条件,而孔飞力和韩书瑞强调的是导致这些叛乱独特方面的特殊性及偶然性条件①。

这些研究者提出有可能建构一种解释模型,很好地适用于所有这些相关的案例,且在不同的案例中重点不同。为了解释一个社会事件,有必要说明其为何发生,有必要发现其因果的前提条件。在社会世界中,主要的变化机制即为特定社会和自然环境中的个体行动。在这一模型中,对一种社会现象 E(事件、政府变动、惯常模式)的解释需要下列因素:(1) 在人们行动背景下的地方层面,对这些机构和惯例(C)的一种说明;(2) 对动机、信念以及思考(I)过程——通过这些,人们行动——的一种说明;(3) 在这些条件下导致上述研究结果的个体行动方式的一种说明。那么,这样一种解释将会非常理想地成为连接解释对象前提条件的一个清晰的演绎论证:

推导过程是这样的:E 被描述为有动机和信念 I 的一组人在环境 C 下行动的集合结果。

① 同样值得注意的是,这些解释中没有一个是严格依赖于统计上的归纳或推论的。

不同的学者强调这一解释模型的不同部分;一些学者强调制度性的背景条件,一些关注个体理性决策和行动的路径,还有一些强调偶然性事件对进程的影响。

上述陈述提出了典型的社会科学解释与典型的自然科学解释之间一个非常重要的区别:受规则支配的进程的特征是通过这些进程,人们认为会发生变化。自然现象中的因果体系被视为是由严格的自然法则支配的(量子现象暂且不谈)。因果关系的传导机制非常严格,以至于无论何时都能获得相同的前提条件,结果的发生也是如此。这种物理因果关系严格的必要性被诠释为起源于涉及因果体系的实体的实际物理特性①。然而,自然科学中严格的因果必要性这一观点无论怎样充足,也无法应用于该社会解释模型中确定的进程。传导前提条件与结果的自然法则不是毫无例外的,这一模型推断,数量众多的个体行为在前提条件与结果之间传导。而且个体行为被推断为有目的的(且由此受规则支配),但并非由主体有意控制的外部因素有原因地决定。行为的规律性将因个体正在进行的理性决策而出现,但这些规律性并不是严格、无例外或机械的。

如果源于理性行为的这些规律性不是机械的,那它们也不仅仅是统计归纳。在价格剧烈波动的情况下,农民倾向于交粮食作物来取代经济作物,这并不只是一种统计规律的描述;它可以被解释为农民对近期经济境况的目标和信念的简单假定。上述提到的替代是理性的,而且因而发生的规律性是许多农民进行理性决策的可预期结果②。

---

① 哈瑞(Rom Harré)与麦顿(E. H. Madden)(1975)探讨了构成这一强势的(并且明确反对休谟的)因果必要性概念的本体论假定。

② 当然,这些案例并不代表所有类型的社会科学,这里探讨的这一模型也并不适用于所有的社会科学领域。最显著的例外是诠释性社会学;诠释一种社会惯例的意义从根本上区别于确认因果条件和惯例。但是,也存在其他例外;狭义的介绍性社会研究(例如,选民态度研究)避免了关于因果机制与因果进程的假定。然而,这项研究的一个主要发现是社会调查相差极大,存在根本不同,并且我们几乎没有理由预期存在关于整个社会科学的有效归纳——超出了严格分析的真实性、经验资料的有用性以及科学的制度化特征。

那么,我们可以得出关于所有这些案例解释准则的概括。每一种概括都依赖于一个相当简单的因果模型,这些模型是某一事件或进程在常态条件和激活条件方面的因果解释,并且每一种概括都假定一种通过人类的有意行为起作用的社会因果机制。与社会科学和自然科学根本不同的观点形成对比,在这一方面,二者共有一个重要的因素。自然科学(如天气现象)与社会科学(如农民起义)中一种因果解释的主要区别在于因果机制以及调控机制的规律性。此处探讨的社会科学的案例中,这种机制是人类的有意行为而不是非人类实体受规则支配的特性。

理性选择解释

这种解释的理性选择模型强调参与者动机和理性决策过程,试图将社会现象解释为在结构环境中选择的理性个体决策的总和。事实上,上述探讨的许多解释都依赖于某种理性选择解释的框架。记得其中的一些案例在建构对各种现象的解释中都假定个体理性。波普金和裴宜理两位学者利用个体私利的概念解释政治行为。另两位学者,施坚雅和赵冈运用微观经济学工具解释经济发展的整体模式(定居模式、技术停滞)——例如假定参与者方面的经济理性。而利佩特、布伦纳和马克斯都利用一种理性选择分析的马克思主义变量,这一分析试图根据个体努力促进其阶级利益来解释集体政治行为。即使是斯科特的道义经济模型公式也有一个重要的理性选择成分;他的小农行为基于风险回避原则而非"预期效用最大化"原则,但是这两者都是审慎而有目的的。

这些理论所共有的是一种解释策略。为了解释某种给定的社会现象方面,这一策略要充分说明:(1) 构成行动环境的选择条件;(2) 在这些条件下,理性而谨慎的人们所追求的各种策略;(3) 这些策略的总效应。一种理性选择框架指出,某种社会模式或社会发展可以解释为在给定的社会和自然环境中,众多参与者理性行动的总体结果。裴宜理将捻军的出现解释为地方掠夺性生存战略的结果；波普金将乡村社会集体行动的失败解释为“搭便车”选择的结果；而利佩特将中国农业的停滞解释为地主和小农技术创新动机与机遇的缺乏。

总体解释

理性选择模型的核心假定为：(1) 人类是谨慎的；(2) 人类可以形成对其自然与社会环境的真正信念；(3) 人类关心个体及家庭的物质财富并且甘愿以这样一种方式去保护、(如果有可能的话)提高其未来财富。理性选择模型的核心目标是：(4) 将总体社会模式或社会事件解释为，在特定的社会和自然环境中，理性的个体决策进程的(有意或无意的)结果。这一模型的每一方面都需要评述。

假定(1)指出在可选择的行动中，个体是能够深思熟虑的[①]。这一谨慎性假定等同于这一观点，即人类行动的基础是理性以及手段-目的的算计。它假设人们能够审视某一特定时刻的选择范围，且能够预知每一种选择的可能性结果；也就是说，他们意识到其环境是如何影响其财富的。继而，他们会从可能的选择中挑选一种行动。这一论述有意含糊地涉及选择的原则。我们可以想象决策受下列因素影响：选定行动的可能性结果、一种特定行动与一种公认道德规范的关系、一种特定行动与一种典型个人模式的关系等等。由此，谨慎性假定并不一定伴随着好结果(福利、效用、收入)最大化的进程；与之相伴的是满意行为(西蒙 1979)以及类似于极大极小规则的风险回避规则的选择。而且这一假定的提出是作为人类的能力而非一种不变的、单纯的行动特征。更明白地讲，有时，人们的行动是冲动的而非谨慎的。

假定(2)提出的是一种关于因果知识的假设：人类可以形成对与其

① 科恩(1978:15—60)在他对马克思的历史唯物主义理论的重建中利用了相似的假定，以推动生产力决定生产关系的这一普遍马克思主义观点(技术决定论)。

密切相关的环境中总因果特性的真实信念,并可以在这些信念的基础上谨慎行动。例如,早期农业依靠的便是人类对水、土壤、种子之间因果关系的知晓程度;而在世界各地,任何耕作系统的历史都例证了"原始"农民取得对农业技术和环境的精准信念的能力。在社会环境中也可以得出相似的观点,例如,在决定是否参与一次粮食暴动之时,农民可以估计变动的中央政权的力量。

再次强调,这一假定要谨慎对待。它并不能断言个体对其整体环境拥有准确的信念,也不能断言那些不可思议的想法在信念的形成过程中不起作用。更有甚者,人们有能力形成关于那些环境方面的实际的信念,这一环境对其物质财富和安全而言具有显著的实际意义。

假定(3)提出一种理论,即核心利益是大多数人行动的基础。让我们了解福利一词所指的是个体用以满足基本生存和消费需求——食物、衣物、住所、教育和娱乐——的方法,以及允许个体依靠这种能力继续满足上述需求的这些安全条件。(另外,其中一个条件可以包括自治及基本自由。)[1]假定(3)提出对所有的人类环境而言,用以满足最小限度福利需求的目标是核心的。它断言,与其说物质利益是唯一的相关动机,不如说无论还有什么因素会影响选择,福利考虑都是极为重要的动机。

这一假定并不等同于利己主义,原因如下:它更狭隘,仅指物质利益;它更广泛,考虑到个体可能受到家庭福利利益的直接刺激。然而,更为重要的是,这一假定并不认为福利计划会使动机库存枯竭;它也接受了个体可能有非福利动机。

那么,这些关于理性的假定是相当脆弱的。但它们却足以得出一个重要的推论。在福利因素为唯一相关动机的条件下,我们预期审慎的个体会追求选择的最大化原则。假设可能的行动 a 和 b,二者皆可以相同

① 罗尔斯(1971)的"首要的善"(primary goods)的论述与此相关。舒(Henry Shue)(1980)挑选了收入、安全保障与基本政治自由论述了基本权利。

的概率增加家庭福利;由 a 产生的福利(W)多于由 b 产生的福利——也就是说,W(a)>W(b)——并且在 a 与 b 之间不存在其他的相关区别。(意思是,a 和 b 都没有触犯当地的道德感,都没有背叛朋友,都没有在同辈面前看起来很荒谬。)那么,对家庭福利更为谨慎、合理的考虑必然会倾向于 a 而不是 b。但值得注意的是,最大化行为是源于这一框架而非构建这一框架。

这些假定组成了实用理性选择模型基础的一种描述;下面让我们转向它们的目标。其目标是将大规模的社会、经济和政治现象解释为个体理性决策总体的、经常无意的结果。在这里,规范的理性选择论工具很有价值;对此,家规提供了大量的分析方法,以推导出诸多理性决策者行动的总效果。博弈论、集体行动理论以及边际主义经济学理论都提供了方法集合以适用于理性决策者行动的一系列情况:斗争与合作策略、公共物品问题和市场。

从上述案例中提取的这种解释的事例包括波普金对乡村社会集体行动问题的论述,裴宜理将叛乱的出现解释为个体生存策略的无意结果的论述,施坚雅对村、镇以及城市布局的地志学论述。每一个案例中学者都确定一种回应一系列刺激和约束的理性个体行为的模式,并试图显示这一个体行为模式如何整合于所考查的宏观形貌。

选择的社会制约

社会现象的理性选择理论强调人们活动于其中的自然和社会环境。尤其重要的是在允许跨文化应用方面,可以抽象地描述社会环境的一些特征,以至于这些抽象特征获取了显著的制度因素——可以得出在不需要详细文化特性信息的各种社会中这些结构效果的结论。

制度、结构或惯例的范式被跨文化地应用于这些研究,包括:

- 劳动组织的形式:家庭农业、雇佣劳动、合作劳动;
- 剩余榨取体系和所有权:税收、利益、租金、强迫劳动;

- 乡村管理机构：精英、乡村委员会；
- 商业化：交换、市场、价格、维生的经济作物和交通运输系统；
- 有组织的社会暴力：匪帮、海盗、地方民兵；
- 超越了地区的政治组织：法庭、军队、课税、法律。

这些代表着制度、惯例、组织和社会形式可以建立在不同的社会背景下——中国、越南、印尼、中世纪的法国、当代的爱荷华。它们构成了部分社会和物质环境，在这一背景下乡村人口（农民）过着他们的生活，并以此调整着他们的行为。而且一些学者表明，通过分析这种制度在参与者——没有关于地方文化变化的详细信息——决策过程中的效果，可以解释不同农业社会的一些特征。

这是否意味着这些是“价值中立”的制度描述呢？并非如此。更确切地说，这些制度和惯例必须在上述的理性核心概念的背景下理解。照此方法，小农被假定为考虑现有的商业化条件并相应地选择农业策略。他们将适宜的经济的重要性归因于市场、价格、现金收入等等。同样的，他们也被假定为知晓各种土地租赁安排、信用安排以及税收分配计划的意义，且追求义务和风险的最小化；再次强调，我们假定的是农民对这些安排持精明的理性态度。简言之，审慎的理性的核心概念可以让我们提出物质、社会的制度和惯例的核心概念，并且要求农民根据这些惯例相应地调整其行为。

理性选择解释的范围及限制

理性选择方法应用于社会研究确实受限。上述关于理性行动及信念的假定提供了一个扼要的概念，这一概念最起码是在各种自然与社会条件下人类行动的一个重要维度；它们显示，如其他情况均相同，则个体将采取行动保护和增加他们的物质利益。然而，这套假定的提出并非是作为任何地方人们的动机、心理或价值的完整理论；相反，它的目的在于描述一种核心的、相对确定的个体行动要素。

因而,我们有必要相当准确地界定理性选择解释到底要实现何种目标。如果这些解释是作为所有行为模式的具体描述提出的,那么种族论的答案是决定性的:理性选择描述太过抽象,因而无法得到认可。但在下述几种情况下,理性选择解释可以是(也应该是)有所适用的。首先,它们不必假定涉及每一类型的社会重要行为。例如,宗教行为或家族行为可能反映出不可计算及不取决于物质利益的动机。另一方面,农民的农业决策则可以利用理性选择模型作合理处理。其次,理性选择解释基于规范的或典型的行为模式。即使每一个个体的行动可能因各种各样的原因背离纯粹的理性,但我们可以假定,理性的考虑会影响个体行为,并且在一个相当大的群体内,彼此相反的影响使相互之间得以平衡。

第三,适用于理性选择解释的描述层面也是相当受限的。探讨一下吉尔茨的农业过密化分析。如果我们关心的仅仅是知晓为什么会发生过密化,那么确定过密化与相关人们的物质利益之间的关系足够了。但是,如果我们想要获知过密化的制度是如何产生的、它们是如何在爪哇发生作用以及爪哇的村民带入过密化的是什么具体的信念和价值观——我们必须转向种族论调查的层面。

最后,值得注意的是理性选择模型没有假定的:它没有假定小农在其生活的所有层面(如娱乐、爱情或友情)都是理性的算计者,也没有假定他们在其所有相关的社会环境下(如宗教信仰)都是福利主义者。因而,它并不假定社会生活的方方面面都可以解释为个体理性决策的总结果。为了充分描述某种特定文化中人们的心理和动机,我们有必要超越单一的理性选择模型——以理解符号体系、文化和宗教承诺、笑话和毫无理由的厌恶所包含的在具体的特殊情况下的行动。也就是说,我们需要的是对人的全面种族学的研究。一个理性选择模型的吸引力仅仅在于它提供了对不具备这种信息的传统社会中某种特定结构事实的解释。而在这一点上,其信心源自于对人类生活环境及人类谨慎本质的一串假定事实。

我们所关心的贯穿全书的问题是解释农业社会。理性选择模型对这一范围内现象的适用性多么的良好或多么的糟糕？似乎我们有很好的理由相信在此语境下这一框架具有启发性。因为传统农业的社会和技术条件直接影响了居住于其中的个人及家庭的物质福利。且农民面临的许多具体选择在一定程度上摆脱了其他影响——宗教的、政治的、心理的。种植决策(种植何种作物)、投资行为、土地的买卖、同其他穷苦农民的协同工作安排、庇护关系——所有这些情况(和许多其他情况)都将明显影响其物质利益的选择问题摆在了农民面前。因此,农民社会生活的核心结构要素都与理性选择模型密切相关。现在,如果我们运用两种假定:谨慎性假定以及福利导向性假定,并且进一步假定不存在其他的动机要素,那么我们可以推断出农民将以他们所认识到的最有利于个体和家庭利益的方式行动。他们将选择最大化其家庭福利(当然,这一点可能指风险最小化而不是收入最大化)。

如果这些相当平和的假定能被接受,那么对于将理性选择分析应用于传统社会生活的重要方面存在着一个良好的先验判断。尤其是,假设在界定传统农业制度与农民的物质需求之间紧密相连,则这一模型将引导我们预期,对上述制度,农民的行为会是有计划的以及理性的。同样,假设剩余榨取体系——课税、信用、租金和强制劳动——与农民的物质需求是密切相关的,这一前提将引导我们预期,与这些制度相关,农民的行为会是有计划的、谨慎的。

这样,谨慎性及福利导向性假定很好地解释了传统生活的一些关系。这表明,大体而言,在上述条件下的个体将会理性行动,继而这些部分的社会生活的总体特征将可在理性选择分析的基础上得以解释。

如果我们进一步假定传统农业是通过劳动、土地、资本的竞争性市场所组织的，那么这一结论可使我们将微观经济学工具应用于小农农业①。在第四章中，我们发现赵冈(1986)根据劳动和土地的边际生产概念分析传统的中国农业部门，并称这一分析解释了传统中国社会的重要特征——例如，更高的地租率与农业停滞的各种可能性。

看来，对分析和解释农业生活的许多特征而言，理性选择框架都提供了一个可靠的基础。当然，这里探讨的相同的限制是什么时候这种方法可用于小农社会；因为即使是理性的小农也有一套变化的动机、一系列变化的社会惯例，而看来只有其中一些引起了由理性决策等模型假定的有计划的理性。至今，理性选择和实利主义模型凭借解释论逃过了批评者的评论。

在这里，发展了的实用的理性选择理论为理性选择理论与解释论提供了和睦关系基础。二者代表了具体个体们动机与行动的不同层面的描述。理性选择理论提炼自丰富的人类经历并挑选出物质福利作为行动的核心目标；它抽象了复杂、多面的决策特征，并将结果预知、可能性与风险评估以及在明确的多种选择中的决策描述为一个合逻辑、有条理的进程。对某些目的而言，这一详细的层面足以使我们了解个体行动及解释总体模式；对于其他意图，我们则有必要更多地了解个体价值观、意义、笑话和世界观。

文化相对性与主体性

理性选择框架遭遇到来自一些社会科学家及哲学家的猛烈批评。在社会科学哲学中，一个重要的思想是，社会科学不可避免地依赖于对意义丰富的人类行为和社会惯例的解释，并且这些意义和惯例都具有高度的文化特殊性。因而，不能构造一个可以提供社会现象解释基础的跨文化的理

① 将微观经济学应用于传统农业的代表作是舒尔茨 1964 年的著作。也可参见马若孟(1970)与赵冈(1986)将这一模型应用于传统的中国农业研究。

性概念。狄尔泰(Wilhelm Dilthey)的诠释社会学是对该种方法的一个早期陈述,吉尔茨与萨林斯(Marshall Sahlins)的著作则发展和精炼了这一观点。这一方法——可以被广义地描述为诠释社会科学——显然并不赞成那些强调理性选择的社会科学。值得注意的是,事实上这里研究的所有理论都属于一个泛唯物主义的理性选择的框架中。如果诠释性社会科学框架提供了引人注目的论述,那么我们的案例也应该受到影响。

哲学家查尔斯·泰勒写了大量著作论述社会解释的诠释性特征。他认为人文科学的特色在于它们包含了对人类理解自我的诠释。在《诠释与关于人的科学》("Interpretation and the Sciences of Man")一文中,开篇一句话他便铺张扬厉地问道,"人们是否应该意识到,在关于人的科学中,诠释是解释的本质?"(1985b:15),并且通过一系列论文,对这一问题给出了肯定回答。社会科学不可避免的是"诠释性的"(hermeneutical):它们涉及努力"解释、阐释一个研究对象"(15)。泰勒提到,如果不根据行为所代表的意义与意图,那么便不可能恰当地刻画人类行为:"成为一个完全的人类主体,成为一个普通意义上的人或自我,即指存在于一个由不同价值定义的空间内……我的意思是,这不仅是关于人类主体的偶然事实,也是我们会理解和认识到的作为全面、正常的人类主体的本质"(1985a:3)。因而,良好的社会科学不得不面对作为一个意义丰富"文本"的社会现象,对这一"文本"的解读只能通过诠释组成社会秩序的人们的意义、价值观、信念和原因,而这些意义与价值观具有高度的文化特殊性。

该诠释范式强调的是人文意义所具有的基本文化的多样性,结果是抽象自文化特殊性的这一框架将不可避免地忽略本质。因此,吉尔茨认为,系统揭示地方意义对社会研究而言具有强制性,因为无论是在社会中,还是在个体中,跨文化的普遍事物,即使有的话,也很少①。甚至人的概念都具有文化特殊性;所以即使是最基本的关于人类渴望与自我观念

① 吉尔茨(1973)提供了关于存在跨文化的普式人性的广泛讨论。

的特征，也不可能得出一般性概况。吉尔茨写道："西方关于人的概念，是作为一个受到限制的、独特的、或多或少的完整动机和认知领域，一个将意识、情绪、判断和行为等组织为一个与众不同整体的动力中心，且对比之下，这个整体既不同于其他同类的整体，也不同于其社会和自然背景，虽然对我们而言，它看起来难以控制，这个概念在世界文化语境中，仍是相当特殊的"(1983:59)。基于不同文化之间人的自我认识具有根本区别，这位人类学家不得不试图搞清关于价值观、概念、信念等的地方体系，各地的人们是通过这种体系来理解自我并建构他们的社会世界的。但是，显然就应该得出下面的结论：社会科学研究以某些人类动机——如私利——的核心特征为前提，是从根本上被误导了。

反对理性选择理论的一个相关报怨是，这一框架将狭隘界定的经济利益作为个体动机理论的核心，将狭隘界定的经济制度作为社会变革理论的核心。一些批评者认为这两种假定从根本上都是站不住脚的。我们不可能抛开文化上独特的规则和价值观来界定经济利益，因为个体正是通过这些规则和价值观分析其社会环境的；而且我们也不能接受认为物质的经济制度"支撑"其他社会制度这一简化论。因此，吉尔茨接下来写道："(经济主义)就是这样的观点，认为在个体行为中的活力(因而也是在社会中，其被看成个体行为或对这些行为分层安排的总和)就是指需求导向效用的追寻者在物质可能性与规范限制的环境中寻求利益的行为"(1984:516)。吉尔茨认为，理性选择计划甚至无法开始，因为需求概念本身就具有文化特殊性；独立于文化来刻画被假定为寻求满足的人们的需求特征，这种方式不存在。这一主张可以表述为下面的陈述：

需求和利益总是被文化界定的，因此要将这一核心概念应用于一个独特的社会，我们必须参与解释学的研究，以此来揭示地方的需求标准是什么。

与“经济主义”相反，吉尔茨提倡应该调查对某种特定社会现象复杂的文化背景；而且他坚持认为，只有在一个充分强调该社会文化方面特殊性的分析框架中，我们才能了解这一特定社会——它的宗教观念、它的道德规范背景以及其成员世界观的种类①。

上述考查的批评集中于一个方法论原理：

> 为了解释某种社会现象，我们有必要对其复杂的世界观——信念、价值观、规范——拥有详细的、关注文化特殊性的理解，因为那种文化中的个体是在这种世界观体系中行动的。

因此，这一立场对下面这种解释社会现象的研究表示了根本的怀疑，这种研究的基础是一种对手段-目的理性的抽象分析以及一种对目标、信念的物质主义抽象的论述。

这里，吉尔茨提出了一个反证的方法论原理：某种社会科学是固执错误的或是不可能的，那么文化就必须被带入到社会科学中。然而，吉尔茨不满的对象范围有待澄清。吉尔茨想要提出的是方法论类型的忠告：向所有的社会科学家和所有的研究问题提出忠告还是向民族学学者提出忠告？对某些目的而言，吉尔茨所推荐的强调特殊性的研究明显是不可避免的。例如，如果这位文化人类学家仅仅试图将研究对象的行为融入效用最大化模型，那他无疑就抛掉了对民族学学者所具有的批评兴趣。在不同的背景下解释吉尔茨时，我们想要知道，怎么才像一个巴厘岛人，这就需要参考符号体系、宗教习俗以及意义丰富的社会行为模式。

---

①“只有在爪哇人和印度尼西亚人的生活中，重构其经济进程的背景联系，作为具体执行的、文化的外化，我们才能减少虽然微弱但依然存在的不确定性，并产生我们在一定程度上可以相信的答案。并不是说经济分析本身存在问题，仅仅是说量化。经济主义是指：这一概念……即社会变迁的一种决定性描述的获得可以不考虑激发与形成这一变迁的激情与想象的一种理解。这样的解释无疑是有限的……但是，如果没有它，那么除了争论，除了难以归类的资料的图解与无休止的测量，就所剩无几：历史学是没有情绪的，社会学是没有语调的”（吉尔茨 1984:523）。这里，吉尔茨的论述和汤普森(1978)的观点与马克思主义的解构主义论是极为相似的。

但是吉尔茨的观点更为概括;他似乎认为,若不利用关于巴厘岛文化的细致描述,任何关于巴厘岛的社会研究都是不可能的。这一主张没有前一主张那么明显;尚不清楚,关于巴厘岛事物的每一项研究项目是否同样牵扯到巴厘岛的文化特征。巴厘岛的农民像其他任何人一样去他们最容易到达的市镇做生意;他们也一样在决定参加税收暴动前算计成功的概率。而这表明,理性选择框架牵引了这些巴厘岛社会行为的方面,并且可预期的总体模式会相继出现——例如,有关村或镇在农村的布局。

探讨一下吉尔茨关于需求的文化特殊性观点。一些需求明显地具有文化特殊性,例如中世纪领主对军事技巧的需求、儒家学者对宁静的需求,或是美国青少年对喧嚣音乐的需求。但是,这不能完全表明所有的需求都相差如此之大,而且在此核心概念中确定的需求看来更倾向于人而非文化。食物、住所、衣服、人身安全、医疗服务——这些实际需求所有人都有,都认识得到并且许多实际行动都可以直接满足。

普里查德(E. Evans-Pritchard)关于实际追求在传统早期社会中的中心地位的考查,对这些批评中暗含的文化相对论具有有益的矫正作用:

> 大多数也进行实地考察的专家都认为早期人们最感兴趣的是实际的经济追求:园林、狩猎、捕鱼、照顾家畜与制作武器、家具、装饰品,他们也同样关注其社会联系:家庭、家人与亲戚的生活、与朋友和邻里的关系、与长辈和晚辈的关系、舞蹈与宴会、合法的争论、长期争斗与战争。一种神秘的行为主要被限制于社会生活的特定情形中。(普里查德 1934:9)

普里查德不同意每一种文化从根本上无法与其他文化共同度量这一观点,他认为,一大批核心的实践活动在不同的文化之中都可以找到,而这些活动都是为了满足人们的核心需求。

那么,吉尔茨关于根本的文化相对性的论证则显得有所夸大了。巴厘岛文化的一些特征是完全唯一、独特的,而且关于这些特征的解释与分析将需要参照巴厘岛的文化基质。但是并不能由此推断说,巴厘岛生活的所有方面都是独一无二的,也不能说巴厘岛农民不存在与其他地方农民非常相似的一些社会行为——包括对自身福利和安全利益的慎重考虑。

根据理性选择框架,我们还可以获得一种更普通的答复。因为诠释框架首先强调的是人类主体性在社会现象中的核心地位。但是值得注意的是,这里探讨的所有案例都承认一个基本观点,即社会现象依赖于人类行动,这一点需要我们了解人类的主体性①。与泰勒首要批判的行为主义理论不同,此处探讨的理论并没有试图抽离支撑社会进程的主体性的特征。包括泰勒和吉尔茨在内的学者都认为,人并不是完全由因果关系决定的系统,而是基于需求、愿望、信念、规范、价值观和世界观而采取行动的。问题是,这些主体性成分应该在何种层面加以描述呢?

这里,我们发现我们的大多数学者与诠释学研究之间存在尖锐的分歧。诠释学框架认为我们不可能得到一个抽象的、居于文化之上的人类主体性概念;而且,人类主体性的特殊性必须由每一种特定的文化构成。著名的巴厘岛人、法国的天主教农民和美国的商人对于其自身以及他们与其他人的关系有着根本不同的概念;他们有着根本不同的目标和渴望;他们明显地体现了不同的道德观和宗教观;因此,总而言之,要想了解他们的行动,就必须弄清这套巨大的、复杂的且具有文化特殊性的事实说明。

与之相对,这里探讨的理性选择理论认为,对许多的解释性目的而言没有必要进行这种详细的文化挖掘。(不言而喻的是,这样的文化调

① 除了此处探讨的这些学者外,还可参见戴维森(Donald Davidson)对主体性这一主题的论述,尤其是 1980:43—61。

查对某些目的是必需的。）这些理论反而认为，我们可以得到关于跨文化的、普遍的主体性的一个抽象特征。这些对主体性的假定进行如下：

所有文化中的所有人都是主体，其行动反映了一个有作用的理性核心，在此基础上，他们做出关于其实际生活的决策。

实际生活的范围包括那些主体满足其物质需求的行动和那些便利或阻碍其需求的社会安排与政治安排。

这些观点有一个明确的立场：它们是高层次的经验性概括，它们的目的只是描述人的一部分主体性。那么，这也就是主张，在主体性的层面上，在人们之间可能存在着重要的文化差异，但这些差异是添加于实践理性结构之上的，这一结构有一个环境的和生物学的基础；正是凭借实践推理的本领，人类才解决了生存问题。而且一旦确定了实践理性这一核心，我们所论及的理论家中会有一些人认为只有阐明这一核心才能解释重要的社会现象。但是，其他的社会现象可能更难以解释，对这些案例，或许我们不得不提供对主体性的具体文化诠释。

例如，上述探讨的许多学者通过假定一个关于主体——中国小农、越南贵族、中世纪领主还是近代欧洲的农场主——的核心概念，巧妙地处理了诠释问题，其中，手段-目的理性的运作过程在影响行动方面占中心地位。首先，假定我们可以确定一套普遍的核心目标或价值观（无疑，其位于一套更大的文化特殊性目标之中）。这些包括个体和家庭福利及安全。其次，假定所有的人都能审视自身所处的因果关系，并评估在追求其目标时所能采用的可能手段。最后，假定人们倾向于在可能的行动范围内选择一种能实现其目标的策略。这些假定是作为关于人类动机和行动的经验假设而提出的——并非作为先验的需求条件和行动。

尽管这种人类动机的概括论述看似合理，然而，其诠释力的强度在应用于社会科学的某些研究问题时不如应用于另一些问题。因为在某些案例中，一种社会规律性可以被解释为个体理性决策的结果，而并不涉及具体文化诠释。前文考查的许多解释只是基于物质生活条件的描述——农业的技术需求、通过各种制度对个体的刺激和阻碍因素等等。这样的解释不需要研究者从参与者的视角提供一个关于社会世界各种因素重要性的"深描";相反,它们旨在将重要的社会和人口变化解释为对新的选择环境的理性调整的结果。该理性选择框架可以被描述为与诠释学范式共享一些核心假定;二者之间的差别更多地涉及次要假定,即人类意图(手段-目的理性)特定形式的普遍性。

这一立场是否意味着,任何重要的文化特征都不能仅仅根据农民赋予这些惯例和制度的重要性来加以理解呢?并非如此;佃户-客户(tenant-client)关系或已植根于道德或宗教的理解,就如同利益的经济-政治计算一样。然而,这一观点要表明的是,地租系统的经济-政治方面非常的突出并在解释小农行为方面起了重要作用,而且在一些案例中,关于这些社会关系的自我诠释的更为丰富、文化信息更为浓厚的诠释学不是必需的。

让我们评价一下诠释学对理性选择方法的挑战。认为所有的社会科学都应该利用诠释学的方法,这一点是否合理?诠释框架对社会科学中的一些问题而言是一种合理的方法,但对所有社会科学而言,并不是一个合理的必要条件。在社会科学和解释的物质领域,意义问题和诠释学并没有出现,而是客观因素——物质利益、社会结构和强制性制度——发挥了关键的解释作用。此处探讨的案例中没有一个需要诠释学分析。尤其是,私利理性或谨慎的概念可以合理地跨文化应用,而且社会科学家们也可以合理地推断出,许多的社会历史能被理解为出于对自身或家庭福利谨慎考虑的个体行动的总结果。这一理性选择框架并不适用于每一个典型的社会调查,但对于这些案例中的核心问题——技术变化、叛乱、社会合作、经济决策——理性选择框架是合适的。它坚持正是这些构成了社会科学的重要领域,在此,核心问题不在于揭示意义和价值观的文化特性,而在于揭示引导个体行为并导致特定社会生活模式的那些具体社会安排和社会制度。

理性选择论、唯物主义与文化科学是相互竞争的研究计划，每一个都基于关于人类行为与社会的某一方面的合理见解。审慎理性和文化意义二者都在影响着行为、社会实践和历史。问题在于，实践理性的影响强大到什么程度以及在什么条件下才可足以使我们解释和预见各种结果而无需外延的文化因素诠释？而且波普金、裴宜理、施坚雅、马克斯、布伦纳和斯科特（部分的）假定是：这样的领域是存在的，尤其是涉及那些农业社会安排、当政治结果严重影响到其核心利益时人们的政治行为，以及由商业化产生的经济结构。

诠释学理论的抨击未能使人们对理性选择框架失去信心。这是否意味着诠释方法本身是错误的呢？诠释社会科学、诠释学社会调查以及对其自身意义的文化调查，这些对社会科学而言还是合理的研究吗？它们当然是，而且它们还提出了其他方法所不能解答的问题的答案。是否存在令人信服的理由以推想所有的社会调查都必须是诠释学的或文化特殊性的？没有；而且社会科学的重要领域存在一套关于理性与生活物质条件的精巧的假定预设前提，这套假定理论上是合理的，经验上是丰硕的。最后，这些领域是否与诠释社会理论不相关呢？并非如此；或含蓄或明确的，它们分享了共同的假定，即社会科学的畅通必须通过对人类主体性的理解——选择、信念、推理、行动。区分这两种研究的不仅是主体性，更重要的是可以刻画主体性特征的层面。诠释学研究含蓄地假定，不存在文化中立和描述主体性及人格的重要的层面。而唯物主义研究否认这一点，认为关于人类主体性的一个重要的核心是人种的特殊性而非文化的特殊性，而且在许多社会环境中，这一描述的内容给出了关于社会模式的良好解释。

社会现象中的因果关系

在此探讨的这项研究，其大部分分析中普遍存在的另一个主要元素是因果解释。最简单的是,研究者宣称两种状况或条件是彼此相连的,因为一个可以通过可确定的机制通向另一个。因果主张依靠的是经验调查的两种主要方法:关于要素关系的规律研究以及潜在的因果机制研究。我们确定"吸烟引起肺癌"是因为流行病学的统计资料在个体吸烟与肺癌之间建立了高度的相关性。我们还确定"月亮的地心引力引发潮汐"是因为我们拥有一种完备的理论知识让我们了解引发机制的前因后果。

下面是前文讨论过的几个因果主张的案例:

- 19 世纪初期千年王国教派网络的存在引起了 1813 年八卦教起义(韩书瑞 1976)。
- 17 世纪英格兰的社会财产安排引起了 18 世纪农业中的经济革命(布伦纳 1976)。
- 实际工资的提高引起了人口的增加(马尔萨斯;李中清 1986)。
- 对传统生存权的触犯引发了反叛(斯科特 1976)。

这里出现了两个重要的问题。在社会现象这一语境下,说 A 引起了 B 意味着什么?需要什么类型的经验证据来评价因果主张?

关于因果判断的诠释学有两种重要类型:一种是"作为规律的因果"观,一种是"因果机制"观。与休谟(David Hume)相关的规律观认为因果判断完全寄生于各类事件间的规律性主张。说"食用较多的钠引起血压升高"仅仅意味着在第一类事件与第二类事件之间存在着一种规律的、可预期的关系。说"今天约翰的血压升高是因为他昨天吃了椒盐卷饼"只是说这些特殊事件是一系列事件中一种有规律的相关性的例子①。

因果机制观点承认在规律性与因果关系之间存在很强的联系,但又认为,一种因果主张不仅仅是关于规律性的陈述。它还进一步表明,有一些更基本的机制或进程,是它们产生了规律。沿着这种思路,无论何

① 麦凯(John Mackie)(1976)对规律性观点提供了一个广泛而有用的说明。

时我们在事件之中或各种类型的事件之间发现一种真正的因果关系，我们最终应该能够确定使得这种关系在因果之间进行调节的进程。对规律的认识提示了因果关系，但直到我们找到基本进程，因果分析才是完整的。因此，在血压案例中，一个完整的因果分析要求我们不仅要建立一种相关性还要确定生理机制：盐的食用是通过什么机制影响了血压[①]。

在这一点上，休谟的观点是不能让人满意的，他将因果关系视为不同类型事件之间的规律，因为我们常常有可能对引起规律的进程或机制做出说明(而且总是值得做的)。许多科学研究追求的就是通过发现一种潜在的机制解释观察到的规律。这样的发现通常需要确定一套法则(例如自然法则)，这些法则支配着构成被研究事件的实体或进程的行为。例如，牛顿通过阐明万有引力定律来解释被开普勒确认的经验性规律；这些定律表明了支配行星运动的因果机制。因此，最终规定也就是要求有可能确认(至少近似地确认)能够把因和果联系起来的机制。

为了便于说明，让我们考虑一个因果序列的普通例子。假设在正常的大气条件下，一支火柴掉入了一摊汽油中；那么汽油燃烧了。在分析因果关系观点时，两种相关的区分是有用的[②]。首先，我们可以区分必要因果条件和充分因果条件，其次，区分常态条件与激活条件。最基本的还是必要条件与充分条件之间的区别。对某一事件 E，其必要因果条件是 C，这样，如果 C 没有发生，那么 E 也不会发生[③]。氧气的存在以及火

---

① 萨尔蒙(Wesley C. Salmon)对因果推理的重构展现了该方法的一种有力辩护。他认为一种因果进程这一概念对于因果解释而言是根本性的：一种假设的机制或进程引导从确定为原因的事件走向确定为结果的事件。“因果进程的意思是，通过结构与秩序，从宇宙的某一时空地区到其他的时间和地区的传播或转送”(1984:179)。

② 接下来的分析依赖于麦凯(1976)对因果关系的论述。

③ 这个表述是一种与事实相悖的状况(或称为一种虚拟状况)。逻辑学家和哲学家已经表明在将真实值和意义赋予这样的表述时出现的严重问题。关于这一问题，最有希望的思路依赖于自然必要性或因果必要性的观点：我们说，如果 A 没有发生，那么 B 将不会发生，也就是说，如果 A 没有在从属于自然法则 L 的环境 C 中发生，那么，B 将不会出现在遵从 C-A 的因果链中。出于我们的目的，该分析的问题是它依赖于因果关系的思想，而我们用的是与事实相悖的状况定义因果关系。对这一问题进一步的探讨可参见埃尔斯特 1983:34—41。

柴的掉入都是燃烧的必要条件。充分的因果条件是这样一种条件,如果C发生,E将必然发生。我们的例子缺少一个充分条件;没有氧气的火柴不会引起爆炸,没有火柴的氧气同样如此。而在一个简单世界中,更有希望寻找一套相关联的充分条件:这套条件的存在对于事件的发生是必要的①。

另外一个区别存在于常态条件与激活条件之间。在我们的例子中,氧气的存在是一个常态条件。这种条件的参数在通向事件的过程中是相对稳定的。相对而言,掉落的火柴是一个激活条件:它引发了环境(温度的迅速升高)的突然变化,这导致了事件的发生。氧气的存在与掉落的火柴都是起火的原因,但是由于某些目的,只确认激活条件而不是背景条件作为原因是合理的。然而,从逻辑上讲,这两种条件处在同一个层面②。

接着,用我们的例子,我们可以得出下列主张:氧气的存在、汽油以及掉落的火柴都是必要条件。这三个条件的联合足以导致爆炸的发生。前两个条件是常态条件,而掉落的火柴是激活条件。这一因果进程的机制是燃烧的化学性质:在确定的化学、物理定律以及自然环境下,在火柴掉落的那一瞬间,迅速的氧化必然发生③。

这种方法可以让我们建构下列因果解释分析:

---

① 然而,我们的世界并不是简单的,这至少可以从下面两方面说明。首先,通常许多不确定的条件是必要的背景条件;因此,我们有可能详细说明一套完整的联合充分条件。这样,因果法则总是采用"其他因素不变条件下的法则"(ceteris paribus laws)的形式,法则即假定"正规"的背景条件(麦凯 1976)。其次,因果关系通常比这一论述所表明的要复杂得多,因为可能不存在单独的必要条件。我们可能会过于武断地判定某一事件的因果关系(例如,一个电火花与一根掉落的火柴所显示的)。

② 这种区别一般被描述为实用主义的,即基于利益相关性而非解释逻辑。当警察讯问事故的原因时,他或她关心的并不是汽车的主要信息;警察想要了解的是在这一事件中,汽车有没有超速行驶。可参见斯克里文(Michael Scriven)(1962)与艾伦·加芬科(Alan Garfinkel)(1981)关于解释的实用主义的论述,以及麦凯(1976)对因果关系判定的实用主义研究。

③ 关于自然必要性(natural necessity)这一概念的哲学著作非常的多。对这一观点最合理的解释是:某一事件在一组条件下是自然必要的,当且仅当对自然法则的充分了解可以使我们从当时的条件描述中推导出该事件发生的论述。

A 引起 B 当并且只有当：

1. A 是 B 发生的必要条件；

2. A 属于一系列条件 C，C 连带充分的引起 B 发生；且

3. C 引起 B 发生通过的机制包括 M，M 依赖规则 L_i。

这一因果论述在社会与自然现象之间是中性的。连接因果的机制不必是中性的或机械的或是由自然法则决定的；它强调的是有目的的理性因素是两种因素之间的一个合理链接。

将相关性方法应用于我们的一些案例则显得前途暗淡，除了对马尔萨斯理论有部分的适用性。前两种主张涉及在个体条件或事件之间的关系，而后两种则涉及事件种类之间的关系。实际上，后两种主张可以通过样本进行测试（正如李中清在 1986 年所作的与马尔萨斯理论有关的努力）。但一般而言，可用于检验假定因果序列的例证的数量太少，而事件与条件变化的范围又太大，以至于我们无法通过归纳研究得出可信的测试。

穆勒的差分法（method of difference）看起来更为乐观：如果我们的主张是“在典型条件下，土地占有的不稳定（tenure insecurity）引发小农的武装状态”，那么我们能够找到少数案例，虽然这些案例是否具有典型性会有争议，但确实将土地占有的不稳定与小农的消极状态联系起来。因此这一因果主张是会受到反驳的。当然，这样一种论述并非决定性的，因为在关于条件是否“典型”这一点上永远会有争论，但是证据方面的负担转移到了这一因果主张的拥护者那里，他们要表明这些例外如何能够与因果结论保持一致①。

① 布伦纳在他对英格兰与法国农业变迁的因果分析中，正是就这类论述反对波斯坦与拉杜里的观点。新马尔萨斯主义者坚持认为是欧洲人口增加这一进程导致了农业革命。但是，伯伦纳辩驳，“这一整个宏观结构（人口统计解释）的明显困难是，它仅仅打破了比较分析的表层。在相似的人口趋势中，在不同的时间，在欧洲的不同地点，会出现不同的结果。由此，我们或许会问，如果不管关键变量，人口变化是否能被合理地解释为一种‘原因’”（1976:39）。

对于一种因果假设而言,最令人信服的辩护是:清楚地说明建立该因果关系的根本的因果机制。这样一种论述引起对该因果主张所依赖的理论分析的评估。这些因果假设的主要辩护是一种成熟的论述,论述支撑讨论中这些现象的因果进程以及在指定事件之间因果联系的推导。并且,值得注意的是,上文探讨的大部分因果论述都致力于揭示和分析关于反抗、经济变化或社会结构变化的根本因果机制。

在这里,理性选择分析的卓越性再次变得明显起来。因为上述案例中出现的社会变革的主要机制就是,审慎的主体在特定的社会与自然环境下做出决策。而且实践理性论为社会科学家提供了一个框架,据此框架分析个体行为,整合众多主体的决策结果,以解释宏观层面的现象。由此,衍生自主体理性与审慎性的人类行为的规律性就构成了建立社会现象之间因果关系的法则。

前文谈到的如赵冈、利佩特、施坚雅等学者提出的许多因果解释都谈及社会变化进程,这些进程所依赖的可被称之为“结构性的因果关系”。此处,一般认为,在给定的描述人类行为与选择的基本规律性的条件下,一套社会制度(结构)对一个社会或一个经济体施加了一种发展动力。这些制度(包括产权关系、市场体系、血缘体系)体现在了诸如人们的社会惯例中、制约人们行为的规范中,以及国家不同层次政治当局授予的权力中等等。在利佩特的案例中,相关社会结构是一套经济行动得以持续进行的产权关系。这些产权关系对参与者施加了具体的刺激、机遇和限制;它们组成了个体追求其目标的制度背景。在分析这类解释的过程中,我们可以将社会体系的结构特征与社会机制区别开来,我们假定这种结构产生社会模式,而这种结构要通过这些机制塑造个人的行为从而导致这种模式。

结构性因果关系的案例可以从这一章和前面几章节中提取:

- 小农农业与外居地主制之间的产权关系引起了农业停滞。
- 一种传统市场体系的等级结构影响了非正统宗教观念的传播。

- 小农生产的生存环境造成了一种生存危机。
- 在一种传统农业体系内的人口过剩导致了生产的过密而非创新。

在每一个案例中,对于包含这些方面的社会内部的一些发展模式而言,社会的一种结构特征被确认为一种重要的前因,并且在每一个案例中,因果影响机制作用的发挥都是通过被定位于这些结构特征背景下的个体。研究者假设选定的特征对那些顺从于约束条件的个体施加了明显不同的刺激、权力与限制,并说明这些行为结果如何整合为被解释的模式(过密化、停滞、非正统观念的传播等等)。

在这样一种解释中,除了因果因素的抽象性质外,一种结构因果分析还要遵从相当普通的因果推理标准。因果判断的两种主要条件都应得到满足——研究者准备确认使因果之间的影响得以传递的这些机制,以及因果之间应该适当地共变;因此,例如,如果我们想要发现外居地主制小农经济在技术上活跃的重要例证,或是异端思想通过地区市场体系之外的不同渠道的传播,那么,相应的因果假设就会受到严重质疑。

斯科特关于生存伦理与小农反抗之间因果关系的论述是因果解释的一个例证(1976:第五章)。对东南亚与反抗相关的因果因素领域,他提供了一个相当复杂的分析。首先,在农业社会中,生存伦理是造成后果的一个常态条件。这具体表现为该群体内成员们当前的道德心理状态,也表现为群体成员当前的道德心理以及使新成员共享这些价值观的现行道德规训制度。通过个体动机心理机制,个体获得了某种行为意向。这一价值观体系的特征与力量是相对客观的。特别是,该伦理的细节可以通过多种实证方法加以研究:对参与者进行访谈,对个体行为进行观测,或是对道德规训制度的内容进行分析。我们将这种制度与当前道德心理的总合称之为"具化的社会道德"(embodied social morality, ESM)。

农业社会中的另一个常态条件以小农为中心的经济结构与惯例的框架。是土地占有、税收、市场交易、水利控制以及政治制度,所有这些构成了这一体系。这些制度与惯例是经济社会学研究的对象。

经济结构框架与生存伦理之间存在直接的相互作用。当经济结构的变化影响了小农的生存保障时,他们就会觉察到这些变化,这会引发更大的怨恨与愤怒或者是对这一政体更多的容忍。例如,当税收政策或土地占有安排变动的时候,他们会根据生存伦理做出更好或更坏的调整,或许也会触发个体的行为意向。

在斯科特的论述中也出现了制约和催化的因果因素:一些因素会阻碍反抗的发生(例如,政府权力的压制或是小农缺乏有效的政治组织),另一方面,一些因素会强化反抗发生的可能性(例如,宗教组织的形式、血缘结构以及超自然的信仰)。最后,斯科特提示了几种激发事件:20 世纪 30 年代的大饥荒以及日军对印度支那的占领、有魅力的宗教领袖或政治领袖的出现、税负的突然加重以及政府压制能力的突然减弱。

按照生存伦理是一个常态因果条件这一观点,斯科特指出,共同价值观的有效性在不同的小农共同体中实际上有很大的不同。“这种伦理的力量……在每个村、每个地区之间都是不同的。在那些传统乡村形式充分发展并且没有被殖民主义打碎的地区,它是最强大的,如在东京、安南、爪哇以及缅甸的中部和北部地区;而在新近定居开发的地区,它是非常微弱的,如在缅甸的南部以及交趾支那”(40)。而且,在影响村社取得有效集体抵抗的能力方面,这些变化导致了明显的区别。“公有制结构不仅承受了更为相同的冲击,而且由于他们传统上的团结,能形成进行集体行动的更大能力…… 由此,这一论述认为,乡村结构中的公有程度越高,那么一个乡村就越容易形成集体行动保卫其利益”(202)。

现在,我们可以相当清晰地概括一下斯科特的反抗因果论。任何一个社会中具化的社会道德(ESM)都是一个常态条件。这一条件与集体的反抗行动有因果关系,支持下列判断:(1) 如果 ESM 中的规范相应地改变了,那么集体反抗意向将会急剧弱化。(也就是说,在社会状况的一种适度范围内,ESM 是反抗的必要条件。)(2) ESM 的存在加上(a)经济结构中的相应变化,(b)几乎没有制约因素,以及(c)适当的刺激条件,总合成为广泛分布的反抗行为的一种(事实上的)充分条件。(也就是说,对于反抗而言,ESM 是一套共同充分条件中的一部分。)(3) 我们有可能描述能够使 ESM 影响反抗意向的因果机制以及支撑这些机制的社会法则。这些机制依赖于(a)通过蕴涵的规范影响个体行为的个体动机与行动的模型,(b)能够使个体行为意向聚合为集体行为意向的政治进程模型。(也就是说,ESM 通过一些恰当的机制链接到它的假定后果。)

个人主义方法论与微观基础

此处描述的几个案例旨在将一种社会现象(如反抗的发生、市镇的空间分布或是传统农业体系的停滞)解释为另一种社会现象的结果(如千年王国信仰、商业化的经济体系或是土地占有制度)。更确切地说,一种社会模式、社会结构或社会实体是通过参考其他的社会实体得以解释的。这就提出了一个在社会科学哲学中被多次探讨的问题:个人主义方法论(methodological individualism)。社会现象的宏观解释是否需要个人主义基础? 社会现象是否附加在个体行动上? 社会科学家与哲学家们同样认为社会科学必须受个人主义方法论原则的支配。例如,在波普尔的《开放社会及其敌人》(*The Open Society and its Enemies*)一书中写道,“所有的社会现象,尤其是所有社会制度的职能,总是应该被理解为人类个体决策、行动、态度等的结果,而且……我们永远也不应该满足于所谓‘集体’方面的一种解释”(1947:98)。埃尔斯特这样陈述这一观点:“(个人主义方法论是)一种教条,即所有的社会现象(社会结构和社会变化)原则上都是可以通过仅仅牵涉个人的方式得到解释的——包括个体的财产、目标与行动。如此设想的个人主义方法论是一种简化论的形式”(1985b:22)。

事实上,此处研究的所有案例都遵循着一个个人主义研究的微弱要求:宏观现象的解释必须能够指明,或至少简略说明地方层面上个体行为的机制,因为这些行为造成了聚合现象。也就说,集体性社会解释需要有一个在个体选择与个体行动进程层面上的微观基础,使社会模式与社会进程由此显现出来①。这一微弱观点是这样的:"所有的社会进程、因果影响、系统的交互作用等最终都体现在特定的社会与自然环境下的个体行动中。无论何时只要人们提供一种社会解释,而根据这种解释,一种社会因素引起一些解释前提,那么原则上就应该有可能指明使得个体行动导致这一结果的那些机制。"

这里研究的这些案例对个人主义方法论问题有所阐明吗?我们能否获取一些理由要么支持要么反对将个人主义视为社会解释的一个必要条件?此处探讨的案例在以下几个方面阐明了这一问题。首先,事实上这里研究的所有解释都遵循着这一个人主义方法论的微弱要求;这些学者从个体决策者的行动角度解释纷繁复杂的现象,如技术创新、小农的集体行动以及市镇与乡村的布局等。当裴宜理根据地方领导者与追随者的动机和利益分析捻军起义的时候,或者当利佩特按照地主的利益、权力与机遇解释小农农业的持续性的时候,每个人都含蓄地接受了这样一种解释,即整合的现象需要衍生自地方参与者的行动状况。其次,在这些案例中,解释出错的一种常见方式是未能考虑到地方环境——例如,当马克斯试图解释革命政策对海丰小农的吸引力的时候,他根据的是他们客观的集体利益而非他们特殊的地方利益。最后,有几个案例特别涉及聚合问题:个体决策聚合成为集体现象的那些进程。这些例证并没有阐明可能存在于社会进程的微观层面描述与宏观层面描述之间的联系。

而且,上述探讨的大部分解释都高度评价对社会变化的地方机制的

① 方法论的个体主义问题在分析的马克思主义中已经获得了大量关注,在这里,埃尔斯特(1982,1985b)、罗默(1982b)以及范帕里吉斯认为马克思主义的解释需要个体行为层面上的微观基础。

分析——即在地方共同体、市场体系、家庭等层面上，社会与环境的影响转变为新的发展趋势的进程。波普金对乡村集体行动的分析即为一例典型；他强调了一种地方机制——在具体组织形式背景下的个体理性的运作。裴宜理提供了一个类似的论述——个体生存策略会聚合为导致起义的结果。人口学家提出了第三个例证，他们将家庭惯例（结婚率、溺婴率）视为大规模人口趋势的地方原因。这些案例支持了社会科学中对个人主义方法论的需求。

本书中探讨的一些解释涉及社会制度与社会结构。这些实体在个人主义方法论的要求下如何运作？看起来在联系这样的结构与坚持个人主义方法论之间并没有矛盾。社会制度通过组织中的个体行动发挥它们的影响。通过提供刺激，通过施加强制性制裁，并且通过影响参与者的目标、规范与信念，它们自然而言地就这么做了。例如，传统中国的正统科举体系通过为科考成功者提供官方的利益——声望、权力与财富，而诱使精英集团的子弟们忍受冗长而艰辛的正统教育过程。一种土地占有制度包含了正、负两方面的刺激；它为参与者提供了追求物质利益的手段，而且为了防止人们违反这些规定，它还包含了官方与私人的各种不同的强制手段。一种宗教文化（例如，白莲教教义）可以通过所有这些方法影响其信徒。它可以为潜在的追随者提供物质刺激；它可以对背离者实施强制性制裁；并且最引人注目的是，通过在追随者中间反复灌输关于人世因果报应的共同信念（例如，劫的重要性）、共同的行为规范（尊师重道的重要性）以及对未来的共同期望（弥勒佛降世），它可以影响追随者的行动。

让我们探讨一下一种农业体系的概念（在第四章曾有描述）。这是一个抽象的概念，涉及非常复杂的社会结构；然而，这一描述完美地符合了一种恰当适度的个人主义方法论。此处确认的“实体”是一种社会实体（或是社会实体的一种复杂综合体）；但是，人们很容易表明该社会实体是如何由填充其中各个位置的个体构成的。农业体系最终是由成千上万的有目的的个体组成的——农民、地主、商人、收税者——他们在具体的制度安排下追求目标。而这些制度安排本身体现在了那些执行、怂恿或禁止各种各样的人的行动上。因此，利用这些涉及社会实体或社会结构的概念是完全可以与个人主义方法论匹配的；个人主义研究要求的仅仅是有可能说明这些实体或结构是如何通过人们的行动出现以及再现的。

结构性解释与一种明智的个人主义方法论是可以完全兼容的。它假定了附加在许多个体行为上的一套结构，而这些结构反过来又限制与引导了个体行为。结构性解释为依赖于个体层面的“微观基础”的分析提供了一个很好的例证；当合理分析人们的选择环境时，结构性解释也有所受益。一种特定的社会财产体系是加速还是妨碍技术发展，取决于它授予地区经济内不同参与者的刺激与权力。无论个体怀有什么各自的意图，他们将调整其行动以适应这些刺激与权力；而且当整合这些地区的刺激、权力与意图时，会出现朝向停滞或变革的强烈趋势。因此，社会结构与社会惯例并没有独立地影响社会模式与社会变革进程；相反，不可避免的，它们通过其所影响的个体行为发挥自己的作用。

第九章 经验推理

经验惯例

除了其他一些因素之外，本书前面所讨论的每一个争论都包含一系列重要的经验方面的分歧和论证。每位作者都为他或她的结论提出经验证据，并且他们的很多工作都涉及收集和评估经验数据、批判地评估其他研究者的经验发现以及通过进一步的论证来整理数据从而支持各种结论。让我们分析一下这些讨论所具有的某些经验特征，尝试对社会科学中经验推理的应用问题提出一个更具辨别力的分析，当今社会科学哲学中通常的那些分析在这方面是不足的①。

① 近来社会科学哲学的重要成果大多忽视了这个问题。例如，布雷布鲁克(1987)只用短短几页论述社会科学中的经验问题(25—26)，罗森伯格(1988)亦是如此。米勒(1987)对(自然)科学中的确证问题进行了全面的分析(第4—7章)。米勒的论述中提到，"一个假设只有在这样的条件下才能够得到确证：对收集数据和数据的理论化的过程做出最佳因果说明，从而得出最接近真理的结论并从根本上推翻其他假设"(155)，米勒用了几个章节来说明这个理论。然而，米勒的论述没有关注到社会科学特有的经验问题，并且该理论开始就设定，关于一个特定假设有一套现成的数据。不过，正如接下来将出现的那样，在此之前会有一些非常棘手的问题。

我们首先来对经验推理问题作一个简略的、一般的考查。社会科学研究的两个核心目标是:对社会和历史现象达成真实可靠的信念;对这些现象达成合理的解释。这些目标需要通过经验研究来实现,即通过一系列该学科特有的程序来收集、分析和评估经验数据。理想中一个学科的经验程序会有助于增进真理:随着时间的推移,它们应当引导着学科去获得关于现象的一套更加确实的信念①。它们应当使研究者能够赋予事实断定和解释性主张某种程度上的可信性,并且它们应当使学术界能够基于经验证据(以及其他许多相关因素——连贯性、与其他公认的结论相适合等等)来尝试解决在事实认定和解释上的分歧。这样,一个学科的经验程序及其产生的大量经验发现,对于该学科的认知地位而言是至关重要的。

当前科学哲学的"公认观点"认为:经验确证的中心问题是调动观察证据来证实或者证伪理论信念。公认观点所提供的确证理论的核心是假说-演绎模型(H-D)。科学知识被认为由演绎体系构成,而演绎体系是由理论陈述和观察陈述组成的。理论指涉那些不可观察的实体、机制以及类似的事物,理论陈述则将各种不同的性质和关系赋予这些不可观察的事物。理论体系通过从它们身上衍生观测语句(observation sentence)和通过评价这些预言性推论②,从而受到间接检验。亨普尔这样大略描述确证的逻辑:

① 这种特征很类似于牛顿-斯密的"似真性"(verisimilitude)(1981:第 8 章)概念。

② 亨普尔(1966:19—32)提出了一个对科学中的确证逻辑的简单描述;亨普尔(1965)对这种确证提出了更多的细节,从而对其进行了发展。内格尔(1961)提出了类似的叙述,并将其更广泛地应用到社会科学当中。苏佩(1970)对这套学说提出了更广泛的描述和批判性评价。格莱莫尔(Clark N. Glymour)(1980)对此进行了深入讨论,并为上述模型进行辩护,以回应各种批评。

H　(一个理论假设 hypothesis)

A_i　(一系列辅助假定 assumptions)

O　(从 H 和 A_i 得到的一个观察推论 observational consequence)

一个理论假设 H 是用理论术语来表述的。一系列辅助假定(A_i)的提出采用了理论和观察两种术语。(例如,描述试验过程。)最后,从上述前提得出一个观察推论 O。因为 O 是观测语句,所以它的对错就可以直接确定了。如果 O 是错误的,那么其前提就不可能都是正确的;如果 O 是正确的,那么它的正确性就可以被视为是对理论假设的某种确证。如果许多观察推论被推导出来、得到检测并被证明正确,那么该假设就视为得到确认了。

在逻辑实证主义哲学传统内活动的哲学家们自然就倾向于用对一组数据和一个特定假设之间关系的高度抽象描述来化解各种经验推理问题。该领域出现了关于确证的假说-演绎模型(亨普尔 1965b)、证伪理论(波普尔 1968)、自助法(格莱莫尔 1980)和其他许多变种。反实证主义的社会科学哲学家则倾向于统统贬低对社会理论进行经验评价的重要性[阿尔杜塞(Louis Althusser)1970,阿多诺(Theodor W. Adorno)1969]。我认为,经验论证对社会科学而言极端重要——因此反对反实证主义者提出的各种怀疑主义——但是我同时认为逻辑实证主义者及其后裔已经将他们的关于经验推理的讨论焦点放在过于抽象的层次上了。社会科学中,最让人头疼的经验推理问题存在于低层级经验研究和对相当低层级的因果假说进行评价这些层次之上,而不在于完全的理论评价层次之上。

社会科学研究中核心的经验问题产生于两大领域。第一,有许多问题涉及所谓"事实"的发现和评价。社会领域中的事实断定是如何得出并被证实的?第二,还有许多问题我们更加熟悉,这些问题与社会科学家们所做出的推论有关,他们是从特定范围内的经验数据得出这些推论的。这些问题可以分为几个领域。首先是归纳问题。需要什么样的经验研究才能得出并评估社会科学中的普遍性结论？其次是因果推理问题。社会科学和历史学中因果假设怎样评价？最后是解释一定范围内的社会现象时所采用的理论模型的问题。如何用经验证据来评价社会科学中的理论解释？这些经验问题远比假说-演绎模型所可能提出的问题更为多样，应当进行与之相关的不同种类的哲学工作。

事　实

事实断定就是一个单称陈述，这个陈述界定一个或者更多实体，并赋予这个或这些实体一种性质或关系，有时考虑时间问题，有时不考虑。这种陈述的逻辑形式可以作如下表述：

a 在时间 t 属性是 P。

a 在时间 t 与 b 有 R 关系。

对何种实体可能涉及在内，并不作任何预先的限制——特别是，对本体的特性不作要求。因此我们才有可能提出关于抽象实体和复杂实体的事实断定——作为商业组织的通用汽车公司、英国经济的失业率等等。(从这种分析出发，接下来事实断定会出现两种不同的错误：可能不能指向真正存在的实体，也可能将某种性质赋予某个并没有这种性质的实体。)社会科学中一种重要的事实断定类型是量化的：这种陈述赋予经济或者社会的某些特征(利率、失业率、实际工资)以重要程度。

事实数据的发现本身即是社会科学知识和研究的重要部分。例如，19 世纪巴厘采用了实用的灌溉技术(吉尔茨 1980)，19 世纪香港的嫁妆置备(沃森 1985)或者 17 世纪牛津郡新作物的传播[哈文登(M. A. Havinden)1967]都是经验研究的重要任务，这些研究的成果都将是一系列经验事实的发现。这些努力扩展了我们对巴厘的社会组织、对香港的宗族体系、对英国农业的知识。

这些研究的结果被提出来作为关于社会生活的真实陈述;它们被认为是事实描述。然而,它们一般不能被直接证明或者证伪,相反,研究者必须进行广泛的经验研究来得到可信的事实判断。研究成果是一种有条理有逻辑的结构性论证,这种论证详述了一定范围内的经验数据,并表明为什么这些数据使得事实认定可能、可真、可信。上述情形强调了重要的经验推理特征。社会科学研究中的许多发现是事实认定("1853年北京的人口是如此这般"),不过,这些认定可能只能通过权衡一定范围内的其他经验证据才能得到经验评估和支持,并且始终是近似的和可争议的。进一步讲,即使在这个层次上,还存在关于事实、关于数据收集与分析的恰当方法的分歧。

如何进行事实认定并为之辩护呢?本文所考查的每一门学科都有用来研究事实问题的专门研究工具和技术手段。这些领域内研究生训练的一个主要构成都涉及了掌握必需的各种应用性技巧——语言技能、采访技巧、整合数据的数学技巧等等。例如历史学家使用各种原始资料——地方志、帝国税收和法律记录、官方调查者编辑的叛乱口供、共产党文献等等。与之相较,人类学家就更少依赖书面记录而更多依赖直接的观察和与目标团体成员的交谈,他们的训练和专业技能也就相应不同。各个学科在收集和评估数据的技术上是不同的,这取决于对象的不同情况,很难有一种一般性描述能概括所有这些技术的特征。然而,实际上本文所考虑的所有例子都提供了严密经验研究所应有的令人信服的证据,都有很好的理由使我们认为专家们的研究得出了可信的事实判断(在不完美、不绝对可靠和不完备这些一般前提之下)。

对于一个经验项目来说,其研究计划中的一个基本问题是如何明确阐述其概念纲要,这些概念将用来描述和整合数据。(此问题类似于其他科学领域中关于抽象概念如何"操作"的问题。)这就不可避免地引入一种武断的成分。英国经济史中对所谓"生活水平"的争论在此对我们颇具启发意义。其基本问题是:工业化的第一个五十年中(1750—1800)

工人阶级的生活水平提高了还是降低了？不过，这个问题不能直接评价，因为生活水平的概念是模糊的。因此有一种论辩思路使用了非技术工人的实际工资作为生活水平的代表。而估算实际工资则需要有关该时期工人阶级消费模式（所消费的商品）、这些商品的价格以及货币工资的信息。拥有了有关这些变量的精确信息，我们才有可能计算出实际工资。但是每一个变量都存在难题。人们必须回答如下问题：

- 需要考查工人阶级中的哪些部分？
- 我们打算把爱尔兰贫穷工人的生活环境包括进来吗？
- 我们打算像工业劳动力一样把农业劳动力也包括进来吗？
- 考虑福利状况时，我们必须考虑到工人阶级属于不同阶层（区域的，职业的）吗？——这样的话可能的结果是有人受益有人受损。
- “生活水平”这一表述是指什么？实际工资能否作为可接受的代理变量？
- 需要对生活质量——除了购买力之外，生活条件、工作条件、健康和卫生条件的恶化——作出说明吗？
- 如果我们仅需要考虑实际工资的话，我们如何能够得到关于这个变量的时间序列？

对这些问题不同的回答导致了关于度量实际工资问题的不同阐述方法，这些不同有时导致了对最基本问题的根本不同的回答；根据某种阐述人们会发现实际工资增加了，而换一种阐述则发现它降低了。

假定能够获得充分的历史数据，那么人们能否在原则上认定“18世纪实际工资是不变的”这样的主张？至少还会存在这些问题：这种对实际工资的解释本身就是可置疑的；任何阐述的提出似乎都是有理由的，但其他解释者也可能喜欢在某些重要方面与之不同的其他建构。这既出现在提出数量指标（克拉夫茨 1985）的情况下，也出现在对是否将“生活质量”视为实际工资组成所进行的争论中。另外，现有数据相当不完整,因此研究者为了利用数据来支持或者批评某个特定主张,必须做出各种假设——例如,以特定的一系列谷物价格作为其他农产品价格的代表,或者以几个城镇的一批工资数据作为这个地区整体的代表。

上述观点显示出,上面的那些事实认定只有在提出这些认定的更大分析框架所处的语境下才能得到解释,并且我们对它们也不能得出十分确定的结论。相反,对实际工资的活动变化的结论看上去是否有理,取决于(1)研究者在阐述如何表现实际工资时所使用的研究假设是否有理,和(2)研究者的经验论证——表明现有数据如何产生了概念框架之内的某个特定结果——是否有理和是否周全。

即使是高度注重事实的研究项目——目标仅仅确定在发现特定社会或历史现象的事实细节——也依赖先行的理论兴趣和理论假设。社会现象的任何一个特定领域中,研究者都能够提出无限多的事实问题。考查中世纪英格兰乡村史时,人们可能提出这样的问题:土地所有制的典型形态是怎样的?能发现什么样的家庭生活模式?当时存在怎样的人口统计形态——结婚年龄、生育率、死亡率?人们利用的作物种类和耕作技术是怎样的?市场行为的范围有多大?典型的消费形式是怎样的?教育普及程度是怎样的?能在地方社会中发现怎样的宗教信仰和宗教制度?上述特征在各地有什么不一样的变化?诸如此类的问题不胜枚举。每个问题都能通过现有的原始资料进行研究,但很明显任何一项单独的研究都不能囊括上述所有问题。不可能对中世纪英格兰进行周全的事实调查;研究者研究事实问题时,必须选择可行的问题数量。

那么选取少量主题进行深入的经验研究本身就是一个重要的选择,判断各种因素在解释上的相对重要性引导着这种选择,当然也还有其他影响因素。比如,具有马尔萨斯主义框架的历史学家们对人口统计变量和实际收入变量非常感兴趣;马克思主义历史学家们可能更加关心土地占有制、耕作技术和阶级关系的细节信息;当代社会史研究者可能将更多注意什么样的信息有助于研究生计与家庭活动的常见类型。①

关于所谓“事实”的常见的反实证主义观点可能源于如下这些考虑：任何事实都不能独立于理论框架、数量模型、背景假设，如此等等。这里所讨论的事实和概括——比如，实际工资概念——不可避免地被假设和理论立场所困。那么就必须退一步承认，除非在由专门概念和数量方法所构成的成熟体系中，否则在通常情况下是不可能提出一个真正的事实研究的。

不过这并未削弱经验发现的理性地位。上面这种机制一旦确立，研究者就可以考证现有的材料，得出可证明的结论(比如，关于实际工资的长期趋势如何)。事实认定离不开它的理论背景，但是一旦将其理论背景纳入考虑的话，那么其他研究者就能够使用其中的数据来发展和检验他们自己的假设和主张。

在前面所讨论的一个有关事实的争论中，施坚雅认为传统中国从结构上分为不同的巨区，每个巨区都有中心-边缘结构。马若孟不同意巨区分析本身；但是他在更基础的层面上认为，在某一个巨区(华北)，人口和资源的集中情况正同施坚雅所假定的相反。这看起来是相当具体的经验分歧，这个分歧可以通过对现有的人口统计数据进行更精密的分析来解决。但是即使这样，我们也还是遇到了一系列难题。首先，数据本身稀少且时间分布不均。马若孟的论证主要得自于民国初期(20世纪初)的数据，施坚雅的数据则能追溯到更早。更进一步讲，研究者是带着自己的理论和政治偏见来收集数据的，因此对数据的性质和连贯性，当代研究者只能得出有争议的判断。比如，卜凯调查20世纪早期华北的乡村数据被认为有误，因为卜凯在其样本中过多使用

① 研究项目也可能受非理论兴趣的引导——例如，当代对欠发达世界的经济发展的关注已经为许多英格兰经济史研究指引了方向。

了较大农户的数据;满铁调查被认为有误,因为它们是敌对军事力量(日军)委托收集的。[①] 其次,必须要对如何组织数据做出实质性的但经验上却证据不足的结论。即使是像人口密度这样简单的概念看来也会引起争议;施坚雅使用单位区域的人口作为尺度,而马若孟则使用单位耕作区域的乡村人口。他们各有道理,但"核心区比边缘区人口密度高"这样的断定只能在我们固定采用一种或另一种尺度时才能得到解决。

鉴于这些收集和评估经验数据时所出现的问题,我们是否有理由设想:确实存在所谓事实这样一个东西,或者更深入的研究将最终解决这个问题?公认的事实(比如,核心区比边缘区人口密度高)必须首先得到比现在更加精确的阐述;因为正如我们所见,一种关于人口密度的具体阐述肯定了这个事实,而另一种则否定之。这显示出,没有独立于对公认事实的某种特定阐述之外的所谓事实这样一个东西。一旦我们笃定于某种特定阐述——例如,总人口除以土地总面积,那么我们就可以顺理成章地说,某个陈述的真实或者错误原则上是由相关时间内的当地环境所确定的。可是即使这样,还是存在一个需要解决的问题:是否能够获得用来证实或证伪的数据?——显然在庞大的社会中进行人口普查成本很高,精确度难以控制,并且重建一个世纪之前相关的人口普查信息简直是不可能的。[②]

让我们整理一下思路。经验事实就是对特定时间内某个学科受到认可的研究过程所建立的实体或过程的断言。在研究领域里,事实信念(factual belief)可以被赋予一个认证等级体系,这取决于研究者基于现有证据而给予事实信念的信任程度。例如,中国史研究者们可能对明代人口统计中的南北变化这一信念给予一种高度认证,对清代官僚机构因

① 满铁调查是日本南满洲铁道株式会社于20世纪30年代在中国华北平原进行的一组田野调查。黄宗智(1985)和马若孟(1970)都依据这些数据对华北乡村经济进行估计。黄宗智(1985:4—43)提出了一个对这些调查材料的谨慎评估。福格尔(1987b)提出了有些不同的估计。

② 见摩根斯坦于1963年对这种低层级实证问题的谨慎的讨论。

为人口的增长而变得单薄这一信念给予中度认证,对中华帝国时间绵长乃是基于其组织形式的信念给予低度认证。是什么决定了对各种信念给予何种层次上的认证,下面这个问题的答案正回答了这个问题:假定对某个主题的研究是可行的,而其信念却是错误的,这种情况有多大可能?也就是说,学科内的现存结论在多大程度上限制了信念?(对某个信念的低度认证不表明此信念是错误的,而是表明证据不充足以至无法让我们判定正确还是错误。这样的论题可能被描述为"投机的",因为它超越了学科现有的能力而不能提供恰当的经验评价。)考虑到这种认证等级范围,我认为,所谓事实是指具有高度认证的单称陈述,好的经验论证正是从根本上基于这种高度认证的。

概　括

社会科学家们一般都根据一系列数据得出几种类别的推论。上述每一位作者都提出了对社会现象的概括,这些概括乃是基于一系列经验数据而建构的。它们是对各类事件或者实体所具有的规律的陈述。在一些最简单的例子中,规律毫无例外的是:

所有 F(事实)构成了 G(概括)。

然而更加常见的是,概括是对变量的趋势或相关性的陈述,表现为概率或者统计上的相关性:

大部分 F 构成了 G。

那么,抽象的概括(generalization)是指规律,无论是普遍的规律还是或然的规律,都应当能确定事件性质之间的相关性。具体的概括内在地指个体、个体域和对某些个体性质的选择。可以举这样的例子,"所有的天鹅都是白色的"、"马屁精通常是好脾气"、"美国医生收入很高"。最后一个例子中,个体域是指"有收入的美国人";F 是指这样的性质,"________是医生";G 是指这样的性质,"________有高收入"。

我们以本书前述例子中所提出的几个主张为例：

- 小农耕作制度通常在技术上是停滞的。
- 中国各不同区域内，租佃率与粮食产量负相关(艾琳达 1986)。
- 农民叛乱的社会目标通常是保守的(斯科特 1976)。

为了评价这些主张中的任何一个，我们必须首先鉴别其所考虑的个体域。第一个例子中，个体域是“世界上任何地方的农耕制度”；F 是指这样的性质，“________是一个小农耕作制度”；G 是指这样的性质，“________在技术上是停滞的”。第三个例子中，个体域是“世界上任何地方的叛乱”；F 是指这样的性质，“________大部分由农民构成”；G 是指这样的性质，“________是社会保守的”。评价一种概括之前，我们必须足够精确地解释我们所使用的这些性质的应用标准。我们应当采用什么样的“农民叛乱”定义？我们如何区分农民叛乱和有大量农民参加的区域叛乱？我们如何区分“社会保守的”叛乱和“温和渐进的”叛乱？这些要点显示出，概括不可避免地受制于研究者进行分析的分类框架。

一旦解答了这些问题，我们就能解释概括的重要性，也可能表明用以评价一个概括时所需证据的类别。例如，学者对叛乱的主张可以扩展开来：

在所有叛乱里，那些被视为“农民叛乱”的，与一般的叛乱特征相比，会更多地带有“社会保守目标”。

为了检测这种主张，我们需要收集一个关于叛乱的具有代表性的样本，要恰当地从各个地区和时间收集，还要研究各种相关环境中叛乱发生的可能性。那么原则上，通过辨别是否具有贴切的事件分类和判断其是否能够得到所主张的规律，由此可以检验这些具体的概括。

统计理论和归纳逻辑里需要特别小心的几个问题，同样也是归纳概括所应注意的：要具有统计意义和避免意外规律(accidental regularities)。当事件域本身很小或现有样本很小时，这两个问题都有可能出现。值得注意的是，本文所考查的许多具体概括都存在以上一种或两种问题。可能有几百次主要叛乱载入史册——这些文献本身就是一个小文库——但本文提及的研究所考查过的叛乱都为数不多。统计意义和意外概括问题似乎是这个领域内的重要障碍。

除了科学上的归纳概括之外，也可以进行理论概括，它源于对一系列特定现象中起作用的因果进程的理论叙述。比如这样一个进化生物学中的问题："肉食动物比被掠食者更容易消亡"。这显然是一个正确的概括。但是不必要为确立其正确性而采取上文所述的归纳研究的方法；上述规律反而更合适从进化论的经典假设中得来，进化论假设所具有的分析框架对"肉食动物"和"被掠食者"有清楚的定义。在这个例子中，概括所获得的某种或者全部经验认证，来自对更高层次理论的依赖——而非来自对事件分类的归纳研究。

前面讨论的案例中所遇到的很多概括都具有一种要素，这一要素有归纳性和理论性支撑。许多概括始于研究者对关联性的日常感知。然而，能够存留下来的只是研究者能对现象中起作用的机制提供理论说明的那些，如此一来，假定中的关联性就成了水到渠成的结论了。前面段落所讨论的两个概括都属于这种情况。一旦研究者用更加丰富的细节讲清楚"小农耕作制度"是什么(正如恰亚诺夫所做的那样)，并开始推断出这个体系的经济状况和激励机制时，我们就能从理论上理解为何小农耕作体系表现出较低水平的技术更新率、资本支出和产量增长。

社会科学中进行概括的经验例子可能遇到许多不同批评。有时人们争论应当采用哪些数据。原则上，进一步的经验研究会解决这个争论，但是经常很难或者不可能得到恰当的数据。收集数据的障碍包括：成本、历史的隔膜和资料的含混不清。我们在巨区理论和关于道义经济的争论中见到过这种分歧。例如，只要能够断定中国不同部分的价格水平和不同地区之间的贸易额，那么巨区问题原则上是可以部分解决的。如果获得充分的数据，那么马若孟和施坚雅之间的大部分争论将烟消云散。然而，只能获得很单薄的数据；那么就需要更加间接(也是更少确定的)论证。

对学者所提出的概括进行一般经验批评必须回应这个问题:为支撑该概括所使用的证据范围。因此马若孟(1985)和其他评论家批评黄宗智(1985)的主要理由是,其研究乃是基于过于单薄和选择性太强的一些村庄,却要得出关于整个华北的结论。马若孟(1987)以同样的理由批评赵冈(1986),威恩斯(1975)却以同样理由批评马若孟本人(1970)的分析。与之类似,为某个概括所提供的证据可能过于狭窄而不能为之构建一个可靠基础。有时会出现这样的批评:尽管作者恰当地考虑了某类有用证据,但他却忽略了其他相关资料。

理论建构的应用

我们最熟悉的经验问题是如何评价某个理论假设。我们见过,以描述内在过程的理论模型为基础,试图去解释一系列社会现象的各种各样的努力。高水平均衡陷阱、小农农耕制度的理想模型、理性小农概念——每一个都是作者提出来解释某些社会数据的性质的理论建构。如何评价这些解释呢?在判断所假设的机制是否真的存在于社会现象之中时,什么样的经验数据才是恰当的?

回忆一下我们曾经考查过的某些理论建构与解释:

- 中国的小农耕作导致自我剥削状态(赵冈 1986)。
- 传统乡村中国的市场等级体系符合中心地理论所预设的形式(施坚雅 1963—1964)。
- 千年王国的宗教价值观对叛乱行为有引导作用(韩书瑞 1976)。

怎样评价这些理论主张呢?要对它们进行评估的话,会涉及哪些相关数据?在多大程度上才可以认为:进一步的经验研究会最终解决这些理论主张上的分歧?

让我们更加详细地思考一下关于小农农业组织的理论建构。这种建构是抽象的,因为它挑选出几个显著的要素并从其他所有要素中进行抽象。这些被挑选出来的要素包括:目的只是在于满足家庭生存需要而进行的耕作、对家庭劳动力的完全依赖、小块土地、传统农业技术。[1] 这种模型能被应用在全世界的农耕制度之上;但它是抽象的,没有某个特定体系能正好满足其假设。而且,所有的农耕制度都包含将它们与其他体系区别开来的别的要素:文化习惯、血缘关系、宗教价值观、被整合进国家体系的水平、市场活动水平等等。

理论建构的主要目的是解释具体的历史现象。例如,赵冈试图将传统中国经济的长期停滞至少是部分的解释为乡村经济内小农农场组织占主导地位的自然结果。也就是说,赵冈断言:小农农场概念非常适合中国乡村经济的经验数据;理想形式中的小农农场组织导致了通过极低的劳动生产率产生很高的土地生产率;结果是,财富拥有者收取租金比经营资本主义农场更加有利可图。然而,小农们既缺乏进行农业技术创新的资金,又缺乏采用节省劳动力的创新的激励,那么就可以预见,农场生产力停滞不前。

这是一种理论解释。其理论性在于,它提出了一个关于乡村经济中基层组织的抽象模型;其解释性在于,它试图表明,应用边际主义经济理论的工具,通过小农农场可以观察到的那些经济特征就能从模型中得出。如果该模型可以接受的话,那么它是要向我们表明:中国乡村经济中的那种模式的停滞为什么会持续数个世纪。

对这样的解释性假设怎样进行经验评价呢?我们会发现,可以从两个角度引入经验证据以检验上述解释性主张:其可预期结果的经验地位,理论模型本身前提条件的经验地位。这些补充方法可以拿小农农场组织的例子来加以说明。恰亚诺夫-赵冈的论证就是沿着这些路线:

(1) 传统中国乡村经济由小农农场组织占主导地位。

① 这种解释源于恰亚诺夫(1925)对传统俄国农耕制度的分析;也代表了赵冈(1986)对传统中国农业组织的分析。

(2) 小农们以满足家庭生计为目标。

(3) 家庭劳动力的机会成本很低,因为每位家庭成员无论工作与否都得吃饭。

(4) 因此只要劳动力的边际产品大于零,那么小农们持续增加用于耕作的家庭劳动就是理性的。

(5) 因此小农耕作是劳动密集型的,劳动生产率很低,土地生产率很高。

(6) 雇工经营和高资本投入的经营性农场无法与这种小农农场竞争。

(7) 因此中国乡村经济显示出一种长期的趋势:停滞、小规模农场和低水平资本投入。

这些理论上的前提设定乃是对小农农场组织的定义,另外还有一个假定:典型的中国农场都拥有上述那些特征。模型中与这一观点相关的部分——那些导致了停滞的特征——是由(2),(3)和(4)所描述的。引发的结果是由(5)和(6)所表现的;如果我们假设边际主义经济理论和那些制度假设是根植于小农农场模型之中的话,那么这些特征就是纯粹小农农场经济的应有表现。

这种理论解释首先能够通过考查其前提的经验充分性来进行研究。因为农场组织并非像夸克和中微子那样是假设性的和不可观察的。小农农场概念是一种抽象,但这种抽象的主要成分可能符合其所能观察到的乡村安排,也可能不符合。社会史学者可能会尝试去评价此模型应用到中国乡村时的精确性。大部分农民家庭果真如此运作吗？他们雇佣劳动力吗？小农害怕冒险吗？大部分个体多大程度上卷入商业性农业？[这正是黄宗智(1984]所提出的疑问,他推断:该模型在经验上是站不住脚的;相反,华北乡村经济包含经营式农场和小农农场两种。]

我们也可以对模型所派生出的结论进行经验研究。小农农场的劳动生产率比经营式农场低吗？小农农场往往导致地主更愿意榨取佃农地租而不愿耕作获利,从而排斥了经营式农场吗？经营式农场和小农农场之间的资本投入水平差别很大吗？小农一般都对引入有用的创新不敏感吗？

通过对理论解释的前提和结论的上述研究，我们就可以判断，该理论主张(经济由小农耕作主导)的真实性和对技术停滞解释的充分性。

最后，对理论进行经验证成所涉及的其中一个要素必须通过逻辑检验，而不能由经验检验；这就是能够产生结论的数学论证和演绎论证的逻辑充分性，以及把一系列经验发现与对特定假设的检验联系起来的论证的逻辑充分性。因为，正如我们所见的那样，任何事实研究所产生的发现都是建立在许多假设、模型、度量过程等等的综合设定之上的，经验论证严重依赖于它们的充分性。

这种对经验论证的逻辑批判可能包含下面几点。首先，有人认为某一特定系列数据乃是某种研究方法的产物。原则上，17 世纪英国农业产出的增长率应当是一些客观的数据，但是(正如克拉夫茨 1985 所表明的那样)，要建构对这些数据的评估，就必须对其他因素的表现——例如，人口增长率——提出一连串假设。必须从许多可能的统计技巧和加权方式中选择一个。然而，不同的选择会导致估计上的显著不同。

其次，使用一些统计程序或数学模型来分析一个数据组以及评价其他主张经常是必需的。不过，模型和程序的选择常常是有争议的。例如，在讨论桑兹和马若孟对施坚雅的巨区理论的经验批判时，我认为，在那样的语境中使用差别分析法是不恰当的；它并未得到桑兹和马若孟所想要得到的结论。

最后，有人宣称某个作者的假设并不容许进行经验检验，或者只是在有限程度上允许，因为该假设是以含糊的概念进行表述的。那么这种批判其实就在指出，该理论假设尚未充分阐发清楚。桑兹和马若孟(1986:721—22)就是这样来批评施坚雅的巨区概念的。

举一个有关理论分歧的一个例子：关于小农道义经济的争论。斯科特的道义经济理论认为小农共同体受共同价值观、生存伦理的控制，这些因素限定了小农的个体行为、村庄经济和政治制度。波普金的理性小农理论认为小农是理性决策者，他们主要关心自己家庭的福利和安全；个体行为很大程度上出于私人利益的算计；村庄经济制度一般反映着各种理性代理人追逐私人利益的努力。进一步的经验研究在多大程度上能够使这一争论得到客观的解决？特别是，现有的或潜在的经验数据在多大程度上能解决斯科特和波普金之间的争论呢？

在这个例子中，双方的主张模糊而笼统，使得问题很难解决。第二章中我提出，两种理论其实并不像双方的拥护者所相信的那样互不相容。不过，如果我们把两种立场的差异作如下表述：斯科特认为，在解释农民政治行为的一些重要事实上，道义规范和公正感比个体利益的算计更为重要；波普金则否认这点，这样，双方逻辑上的冲突就一目了然了。

能够在两种假设之间进行清楚区分的数据组是可能存在的。例如某个区域内，我们收集了有关该区域内村庄的经济安排、土地所有制关系的性质、赋税的分配等数据，有关各种经济和政治安排的亲身经历者的第一手报告和乡村集体暴力的详细记录（骚乱、吃大户、攻击殖民机关），那么我们就可能有办法对该区域内许多有代表性的村庄进行村落研究。可能出现这样的情况，这些数据与我们从某个理论模型所预期的非常接近。例如可能是，每个村庄都有有效的土地与收入再分配制度、有效的灾难保障方案，土地所有制关系中主从双方都对另一方负有义务，骚乱和吃大户针对那些喜欢炫耀传统义务的人；不过，也可能是，实质上并没有有效的再分配，"搭便车"问题在该地很流行，地主通过谨慎调整租佃关系从而有效地使其利益最大化，集体暴力行动只是在当参与者对行动结果有十分直接的私人利益时才发生。前面的数据组强烈支持道义经济观，而后一组数据组则支持政治经济观。

然而，数据十分模棱两可也是可能的。某些经济制度具有再分配功效，同时具有其他利于精英利益的功效。某些参与者强调生存权的重要性，而也有人强调个人经济奋斗的重要性。某些地主在佃农困难时只收取少量地租，而也有地主并不这样做。某些集体暴力行动看起来表达了某种义愤，而也有的看起来直接指向很狭窄的目标。在这种情况下,很显然数据不允许我们在两个理论之间做出决定;每一个主张都确有其支撑。

不过让我们设想一下,如果我们已有的地方研究确实强烈支持道义经济观点,那么在更普遍层面上,这对道义经济理论有什么含义?如果想要主张道义经济这一论题已经作为对越南农民、所有东南亚农民、以至世界上所有农民的一种解释而被经验确认了的话,那又需要什么来支撑呢?这种地方研究是否在更加普遍的层面上给予道义经济理论某种程度上的经验支持而反对了理性小农理论?为了推论道义经济理论在更加普遍的层面上精确描述了小农行为,我们看来需要在更普遍的视野下,对其他文化和地区的小农行为进行代表性研究。这些数据收集到之后,同样可能会出现含糊和不完备的问题。

让我们将这个经验程序与斯科特和波普金在论证他们的观点时所使用的数据对比一下。两位作者从印度支那的不同地区获取数据,因此他们的例子在文化和区域上是不同的。进一步讲,他们所提供的数据都过于单薄;与其说数据严格检验了他们的理论,不如说只是对其理论观点的例证。

上述考查表明:第一,在我们形成一个或多或少可以直接评价的理论主张之前,理论必须首先得到提炼和限制;第二,一旦完成了理论提炼,并且对由此产生的假设做出了评价,我们仍然很难评价作为出发点的那些更为普遍的论题。那么,这种思路看起来就会产生这样的结论:通过辛勤收集数据来谋求对道义经济的经验解决的任务任重而道远。不过当我们接下来考查斯科特或者波普金所调查和提出的那部分数据时,我们很难认为,二者都经过了严格的经验评价。他们只不过是提出了自圆其说的理论表述,并对似乎能够支撑其观点的历史数据进行了粗略研究,由此来论证自己观点的貌似合理性。

证成的假设-演绎模型

前述讨论提出:证成所使用的假设-演绎模型(H-D 模型)无助于许

多当代社会科学研究,因为它提出的证据和信念之间的逻辑关系过于简单。许多原因说明这是正确的。此处最为相关的原因是,这个模型完全是从评估事实主张(观察)的真理价值这一问题抽象出来的;可是,该模型所关注的却是特定事实信念与它们带给理论假设的确凿程度这二者之间的关系。然而,社会科学中许多最困难的经验问题出现在更低的层次之上。正如上面所显示的那样,判定特定社会现象——历史人口数据、经济参数,诸如此类——有各种方法,社会科学中许多经验争议都涉及这些方法的恰当性。但是 **H-D** 模型很少有助于或是无助于阐明这些问题。

再者,与至少某些自然科学相比,社会科学中的科学知识模型作为理论体系——在这种体系内,理论公理以演绎的方式包含了整套的经验观察——更少那种"似乎可能"。许多社会科学领域与其说是演绎的理论体系,不如说是包含了经验描述、概括、数量分析、因果解释和功能性解释,以及为各种解释目的而展开的许多解释模型的一个联合体。至少在我们所考查的许多例子中,更加精确的说法应该是:特定学科的知识主体均包含了一系列经验发现和经常是折中的一套因果假设、数量模型和理论假设。这种多样性显示出,与自然科学的范式相比,社会科学学科的成果一般不是很紧密地结合在少数几个理论假设周围——这点自然科学的范式与社会科学不同,例如,牛顿行星运动规律表现出逻辑上的简单,它们所涉及和能解释的行星观测的范围是无限的。一般说来,本文考查过的例子比自然科学中的典型理论更加脚踏实地。①

---

① 莫顿的"中层理论"概念与我这里所强调的有异曲同工之妙。他这样定义这个概念:"有些假设微小却必需、它们在我们日复一日的研究中大量使用;有的理论旨在解释社会行为、社会组织和社会变迁中的所有一致之处,体现为一种建立一个统一的无所不包的理论系统的努力。介于上述这种假设与努力之间的理论就是中层理论"(1967—39)。莫顿像我一样坚持认为,这种层次上的假设能够或多或少地独立于它所寄居的更大理论体系(马克思主义、社会行为主义、功能主义)之外来进行经验研究(43)。《科学的马克思》(1986)一书中,我认为正是在这个意义上,马克思主义对资本主义的分析是折中的(第一章)。

第三,H-D模型阐述证成问题时使用了整体方式——不是一个假设接一个假设而是一个理论接一个理论。正如杜海姆(P. Duhem)和奎因(W. V. Quine)所强调的那样,用观察进行检验所得出的证伪并不能证明某个论证的特定前提是错的;只能说,至少有一个前提是错误的。例如,辅助假设可能错了,可以通过改变一个或者更多辅助假设来补救整个论述。这种整体论指出,确证只是与作为演绎性统一整体的理论相联系——而不与单个假设相联系。然而上面的很多讨论显示,社会科学中的经验评价问题远不如这种公认观点所指出的那样具有整体性。社会科学中某个特定领域内的假设一般是以零碎的方式得到调查、检验、证实和提炼的。这同杜海姆的整体主义截然相反,后者用于自然科学当中,认为理论体系只能作为整体来评价。①

这个缺陷源自假设-演绎模型只关注*理论*证实问题,而不是其他类型的经验问题。纵览本文曾讨论过的例子,我们会发现:经验研究和经验争论的多样性远远超过了这个模型所能揭示的程度;通过预见性的结果来检测理论假设这一方法只是社会科学经验实践的一个极微小部分;假设-演绎模型完全忽视了经验研究的一些重要问题——例如,对低层次事实主张的评价问题。不同学科所面临的从经验研究中产生的问题非常不同,其所包含的用以评价和建立可信数据的程序也非常不同。那么,什么算作事实,什么算作对事实的令人满意的证明,就依学科不同而大为不同了。例如,在相同研究领域内,与政治科学家相比,历史学家一般更为关心档案材料的真实性、解读的精确性和档案研究是否穷尽这样的问题。

不幸的是,在社会科学哲学领域内这些经验推理问题尚未得到足够分析。站在启蒙的逻辑经验主义立场上的哲学家们大体上假定

① 奎因(1960)拓展了杜恩的理论整体论;这种理论一般认为,理论体系只可能作为一个整体去面对经验审判,而不可能对理论体系的各个部分分别给予支持。但是,把这种整体论与我们所讨论的社会科学争论联系起来看的话,它好像并不具有说服力。

H-D模型是充分的，而拒斥科学实证理论的哲学家们大都贬低或者忽略经验推理和经验严密问题。① 本文所考查的例子对双方都提出了质疑。相对于公认见解，我主张：H-D模型在社会科学中的使用应是有限的；相对于反实证主义者，我认为，经验方法真正抓住了社会研究的问题所在。

社会科学中的客观性

一个与本文相关但更为抽象的关怀是：对社会现象是否可能获得客观的科学的知识。正如我们所评论的那样，科学研究的一个核心目标是对学科中的研究对象达成客观真实的信念：关于将会发现什么样类别的实体，其性质如何，它们之间有何因果关系。科学旨在生产关于自然现象和社会现象的知识。这个目标自身带来一种对真理和对信念评价的理性标准的关怀，也承诺了一种观念——信念评价的标准必然指向真理。

社会科学中的这些抱负实现了吗？典型的社会科学争论中，多大程度上存在所谓事实这样一种东西？经验推理的这些标准——相关数据的仔细收集、数据的逻辑分析和基于现有数据之上的严密推理——是否对各种论争所达成的推论和结论进行了有效限制？是否存在理论严密的标准——例如，概念精确、分析谨慎、理论建构讲究逻辑？如果存在的话，那么这些标准多大程度上提高了社会科学信念的真实性？

---

① 鲁德纳(Richord Rudner)(1966：第三章)简要地考查了证成的问题，并提出了H-D模型的一个形式。弗里德曼(1953)持有一种毫不遮掩的经验主义者的姿态："实证科学的最终目标是发展出一套'理论'或者'假说'，它们对尚未观察到的现象做出有效且有意义的预言"(7)。托马斯(1979)仅仅讨论了经验证成的问题。泰勒实际上未对经验方法发表任何见解；大部分研究理性文学和理解文学(verstehen literature)有成就的人也都如此。最近对"经济学修辞"的讨论[麦克洛斯基(Herbert McClosky)1985，克莱默(Arjo Klarmer)1983]认为经验论证的力量与其说是理性的，不如说是善辩的。

与上述追求客观性的抱负相反,也存在一些怀疑的想法:科学争论从根本上来说就不取决于证据。不存在纯粹事实,只存在陷于一个或另一个概念体系中的事实。不存在纯粹观察,只存在陷于理论化词汇中的观察。理论自有其经验标准,这些标准必然有利于其发现。观察和理论之间的关系是无可救药的循环论证,理论所产生的观察是那些按照预想去支持该理论的观察。研究项目受对现象结构的预先假设指导,而这些假设任意塑造着最终的经验发现。科学研究团体不受认识标准(证据、逻辑一致)而是完全受其他一些标准的控制(个人职业升迁、基金会的政治需要)。

一些怀疑主张更直接指向社会科学:社会现象首先就不是客观的而是由流动变化的意图、内涵和参与者与观察者的信念所定义的。社会科学中所有的观察都要求(1)行为诠释,因此就根本不存在所谓朴实的事实了(C. 泰勒),(2)研究者所建构的只是他或她所观察的世界[伯格(Peter L. Berger)],(3)或者所有的社会研究都依赖研究者的视野,那么就不存在独立于视野之外的事实了。

上面的论述旨在降低社会科学中经验推理具有客观性这一主张的吸引力。它们在推动形成一种科学理论,如果能够被接受的话,这种理论将从根本上瓦解客观性、信念的经验控制和科学自诩的严密性等主张,该理论强调科学发展中的非理性因素。但是本文所讨论的例子并不支持这种非理性的科学论。相反,这些例子显示了一套清晰的经验程序,这套程序经过良好的设计以收集和分析经验数据。并且这些例子还允许我们探明:我们所收集到的数据的类型与其更为抽象或假设性的主张之间具有怎样的逻辑关系。这些发现显示出了某种程度上的客观性和经验严密性,这与一种复杂的理性主义科学论相一致。每个例子也都给出了理由来肯定这样一种基本观点:所有重要的经验研究在某种重要意义上都并非定论性的,所产生的发现都缺少确定性。于是,如果把一种客观性意义运用到社会科学中的话,那么它就必定同样是不太可靠、不太完全的。①

不过上述例子并不支持当今社会科学中正时兴的相对主义和主观主义。因为上述例子中所出现的对经验确定性的限制不是源于一般的哲学考虑(比如社会现象的最终不确定性),而是源于实际研究中的某些令人郁闷的限制:在争议问题上获取数据的限制、可用数据的不完整、研究资源的限制,诸如此类。

有两个观点值得注意,它们都支持追求客观的可能性。首先,对于任何具体的争议之处,社会科学家都能产生另外的发现,进而缩小分歧的范围。回想一下我们在巨区分析中对区际贸易的意义的讨论。施坚雅赖以为基础的原始理论假设是:区际贸易同区内贸易相比是微不足道的。不过随着这一主题受到更多争议,更多经验研究对中国区际商业的范围和性质有了新的了解。于是,争论的形势更加明朗了;学者们对区际贸易的存在基本上没有了分歧,对贸易的范围和性质的分歧也比以前缩小了。这个例子或许表现出了社会科学中的某种进步范式:某个重要的理论论争出现,进一步的研究接踵而至,于是论争缩小或者解决了。

这个例子强调了,在考虑科学理性时,区别地方视野和全球视野的重要性。在这个特定的经验分歧的例子中,我们看到:进步已然明白无误地出现了。并且进一步的研究也很可能最终解决大部分现存的经验分歧——如果做出了必需的研究努力的话;努力程度也决定了解决状况。但是这里存在一个马尔萨斯式的扭曲:论争呈几何级数增长,而研究资源只是呈算术级数增长。许多问题,尽管原则上是可以解决的,但只能是悬而未决;那么从全球视野来看,许多现存的社会科学信念仍然存在很大争议。

从这些例子中我们可以看到的关于客观性的第二个观点与理论框架的发展有关。这里主观主义者同样也会认为,理论分歧是不可能最终

① 但是自然科学中任何著名的研究项目亦是同样如此。

解决的。但是我们讨论过的例子显示,悲观主义放在这里是不合时宜的(怀疑主义质疑经验分歧能否解决,乃是主观主义的同伴,同样也不合时宜)。本文中我们研究过的最尖锐的理论分歧是关于道义经济的争论。斯科特和波普金提出了明显相互矛盾的框架来理解小农的动机和社会安排,并且一眼看上去他们每个人的论证都是很有力的。但是通过对两种观点的逻辑、他们所做的概念研究、他们所提供的证据的性质和限制等等进行仔细考查,两种理论之间的关系和每个理论同现实世界的关系都可以得到相当正面的评估。小农是精打细算的,这证实了波普金的观点;但他们也服从广泛的其他动机,包括道义观念,这证实了斯科特的观点;动机体系的这两方面特征在小农共同体中都有体现。

此处这个例子所得出的关于理论争论的结论,与以前的例子中所得出的关于经验分歧的结论相同——也就是,任何理论论争都有希望通过进一步的经验研究和理论分析得到解决或者至少是缩小。当然,再一次提请注意:尽管大部分争论可能具有这样的特征,但并非所有的争论都将以这种方式解决。对任何研究共同体和任何个体研究者而言,他们必须选择少数几个主题进行深入研究,这样就将范围广大的未解决的潜在论题搁置一旁了。

在一个局部性的证成框架内,我们所考查的大部分例子看上去都具有经验与逻辑上的可信性,从而也使它们似乎可能对它们所考查现象进行客观的且具经验支持的分析。它们的发现可能要在经验和理论的基础上受到挑战,但这也恰是其科学性所在。这些研究者对自身主张的正确性做出一种谨慎的经验证明,他们在更广泛的细节之上探究其主张的逻辑所在,他们将他们的分析提供给更大的科学共同体以寻求批判性评价。

这些例子显示,社会科学的主要领域内,相对性论证和关于信念与价值观之解释的问题并未出现。这些领域继续存在经验上的不确定性、数据不足等等局部问题,但是这些问题会产生进一步的研究和争论。因而对哲学家而言，非常值得强调：在社会科学的许多领域中出现的客观性和理性问题是任何科学研究中都存在着的郁闷而普通的问题——并非社会现象或社会方法所特有的、难以处理的问题。

上述论点支持了进行客观的、经验控制的社会调查的可能性，但是我们不应把上述论点理解得过于宽泛。简单地说，社会科学中的有些领域是不定而模糊的、修辞的、意识形态的、冥思的，不受经验控制。我的主张是：社会科学能够取得严密性和经验认证，并且应当追求这样的标准。

第十章　社会本体论、因果机制与社会心态

我们在前几章分析过的历史的研究通常预先假定存在着社会结构、社会原因和社会认同。这些假定提出了社会领域中有关“本体论”或生存境遇的几个难题。何为一种社会实体？社会实体是如何由单个的社会主体构成的？社会事实是如何行使因果力(causal power)的？社会因果机制如何在社会世界(the social world)中发挥作用？如心态、认同或惯例等“主观”因素如何在社会世界中找到真实、具体的表达？在第八章中,我们考查了社会解释的几个特征,这些特征在我们探讨过的研究中居于显著地位。本章则针对与这些论题相关的本体论问题,提出进一步的论述。第一步,我们阐释一种关于社会实体与社会结构本质的新方法,我将它称作“地方主义方法论”(methodological localism, ML)。接下来,我们转向近来关于社会因果关系理论的探讨,强调在我们理解范围内因果机制的核心性。本章所要做的是,在考虑到因果的现实主义和地方主义方法论的情况下,分析社会心态与社会认同的一些“微观基础”。后者的探讨提出了推理及分析模式的一个具体例证,该例证与因果的现实主义以及地方主义方法论密切相关,并且提出了补充性见解,即:综合利用社会认同、规则体系或集体社会动机作为历史解释因素的

挑战。

地方主义方法论

社会实体和社会进程的本质是什么？社会实体与构成实体的目的性个体是如何联系起来的？为了更好地解释这些问题，我们需要改进我们通常所持有的社会本体论原理。"社会世界"指的是什么？什么是"行动者"、"社会行为"、"社会群体"、"社会生活"、"社会组织"、"社会结构"或"社会"？因果机制如何在这些事物中发挥作用？在这里，通过关注社会建构的行动者选择的结构化环境，我们将探讨关于社会生活和社会结构的本体的一个全面解释。

我提出了一种我称之为"地方主义方法论"的社会本体论（李丹2006）。这种关于社会实体本质的元理论断言，的确存在着一些重大的社会结构和事实，它们影响了社会结果，但是它强调仅仅当这些结构体现在社会建构的个体行动和状态中时它们才有可能存在。与个人主义方法论一致的是，这一立场包含了这一观点。个体是社会结构和因果关系的载体，即：根本不存在所谓完全独立的社会力量。而且，所有的社会特性和社会作用都是通过特定时期内组成群体的个体传播的。然而，与个人主义方法论相对的是，地方主义方法论肯定社会行动者的"社会性"。地方主义方法论认为无法刻画前社会（per-socially）个体的可能性或必要性。相反，个体被理解为社会建构的行动者，受到当前重大的社会事实的影响，例如价值体系、社会结构、广泛的社会网络等等。换言之，地方主义方法论否认从社会层面到非社会性个体的层面的简化论的可能性。而且，个体是由社会事实组成的，反过来社会事实是由当时人们的特征组成的。此外，地方主义方法论断言，存在着超越个体行动者或群体范围的社会建构。政治制度是存在的——并且它们具体表现为在官员、市民、罪犯和有些机会主义者的行动和言论中。这些制度对个体行为、社会进程与社会结构产生实际影响——它总是通过在这些制度以及受影响的社会中无数参与主体的结构状况来调节的。这一看法强调社会进程的偶然性、跨时空的社会结构的易变性以及人类社会体系的多样性(例如规则、城市安排、政治制度或社会惯例)。

地方主义方法论相当于一个有限定的社会本体论。社会建构的个体是存在的,包含在具体的社会关系和社会制度的一个聚合体内。这种社会建构的个体拥有信念、规则、机遇、权力和能力。在一种极为普遍的意义上,这些方面是社会建构的:通过与其他个体和制度的社会联系,个体已经获得的他(或她的)信念、规则、权力和欲望,而且这些权力和约束界定了对于主要由社会制度(财产体系、法律体系、教育体系、组织等等)[①]构建的个体选择的范围。不可避免的,任一层次的社会组织都是由参与其中的个体以及受其影响的个体行为和思想构建的;组织的行动则通过次级体系和次级组织贯彻执行;政策、记忆和决策行动则通过物质痕迹——建筑、档案、道路等等对环境施以影响。组织的所有特征都体现在某一特定时间支撑组织的行动者和制度安排上。每一方面都引起我们的疑问:这一制度或组织是通过什么样的社会机制对其他的组织和主体行为施加影响的?

社会制度的易变性和多样性——进而,如“资本主义”、“城市”或“庇护主义”等高度抽象概念的本质主义观或超历史观的不恰当性——是出自人类社会主体性的一种普遍特征。在任一特定时间,主体都会体现出现有制度和变量的一系列内容[根据蒂利关于集体行动策略全部内容的观点或布迪厄关于社会惯例分析的思路(蒂利 1986,布迪厄 1977)]。从历史的角度看,这些内容都是具体的,反映了当前可获得

① 哈金(Ian Hacking)(1999)对社会建构概念的滥用提出了批评,然而,此处的应用不会受到他的攻击。

的那些例子以及通过历史的记忆可获得的例子。而且在某一时间可获得的制度性选择的全部内容不同于在其他时间可获得的选择。[例如,王国斌强调中国明清时期决策者可获得的制度性选择与近代早期欧洲的显著不同(王国斌 1997)]。在这一论述中强调的社会组织的松动源于人类对社会相互作用的新组织的想象力;社会的和集体的革新能力以及对社会预期的不足。这种松动使那些逐渐或突然经历转变的制度产生了一种规律性趋势。能动的主体创造出制度;他们支撑着制度;他们让自己的行为遵循制度所产生的刺激和禁令;他们公然反抗或悄悄地违反规则;他们或随机应变或坚持原则。因此将社会结构"具体化"是一种严重的形而上学错误:是硬赋予它们那种永恒不变的特性。①

这种地方主义方法论方式有许多学术优势:它避免了整体论和结构主义所特有的社会"具体化",它放弃了社会的"远程作用",并且它建立了这样的认知基础,即让人们了解为何不能将强势的自然法则应用于社会现象。我们可以提出许多现在仍在进行的社会研究的例子来证明地方主义方法论的观点;事实上,几乎所有严格的社会理论和社会研究都能与地方主义方法论的假定相适应。但是,在与"新制度主义"相关的文献中——一组试图确定特殊制度安排的社会效果的研究——可以找到一个强有力的例子[布林顿(Mary Brinton)和倪志伟(Victor Nee)1998]。蒂利及其同事们确定的与大众政治和动员相关的因果机制研究则是另外一个上佳的例子[麦克亚当(Doug McAdam)和蒂利 2001]②。

① 一些学者立即将其注意力转向该问题,制度如何变化? 瑟伦(Kathleen Thelen)对此问题的贡献是一个非常有价值的开端(瑟伦 2003)。"尽管制度在建构政治生活中的作用被许多学者赋予了重要意义,但是这些制度本身如何形成以及随时间流转如何变化这一问题尚未得到其应有的关注"(瑟伦 2003:208)。

② "我们的作品没有将注意力放在那些旨在总结所有类型论点的一般模型,如理性选择模型,而是转向对更小规模因果机制的分析,这些机制在不断变化的历史背景下,重复出现在不同集合结果的不同连接中"(麦克亚当,塔罗和蒂利 2001:24)。

而且事实上，比较研究者(有时也被说成是结构主义者)的大部分研究确实与地方主义方法论彼此兼容，包括斯考契波和蒂利。①

社会研究的六个主题

对于社会科学研究，社会本体论方法显示了六个重要的中心领域：

"是什么激发了个体?"是什么使得个体主体如此行动？这里，我们需要说明个体层面上的选择机制和行动机制。这一研究领域是有意折中的，包括行动原语、理性行动、冲动、情绪理论、自我理论、认同理论。个体选择、动机、推理及偏好的主要特征是什么？情绪、理性偏好、实际约定以及主体性的其他形式如何影响个体的思虑和行动？

"个体是如何形成和构建的?"为了更多地了解个体是如何形成与建构的，社会本体论方法提出了深层意义。这里我们需要在个体主体行动的许多其他的决定性因素中，更好地说明社会发展，获取偏好、世界观和道德框架。什么是个体获取规则、偏好和思考方式的社会制度和社会影响？从认知、情感和社会角度看，个体如何发展？

"激发和制约个体选择的制度性与组织性因素是什么?"在特殊环境下，支配个体选择的动机体系和约束体系是什么？制度是动机体系和约束体系，包括正式的与非正式的约束。它们组成了体现在其他人的行动和预期之中的规范体系，引发和加强了制度性需求。因为个体行动由当前制度生发并受其限制，所以我们需要仔细研究在某一时间、某一地点的那些制度的特征。

"个体主体的行动如何整合为更高层次的社会模式?"社会科学提供

---

① 包含在当前比较与历史社会科学研究中的那些理论和分析的例子或许可以在麦克唐纳(Terrence McDonald)(1996)以及马奥尼(James Mahoney)与鲁斯切梅耶(Dietrich Rueschemeyer)(2003)中找到。这些例子中的许多都例证该方法用于社会分析的创造力，在这一分析中将"一套具体的社会关系中社会建构的个体"强调为社会行动的分子。同样可见到塞威尔(William Sewell)(2005)符合该方法的历史变化的论述。

了许多模型用以论证个体主体行动是如何整合为更高的集体层次的。这里我们需要制度理论、市场理论、集合为个体行动的社会机制、微观经济学、博弈论、公共选择理论、集体行动理论以及族群动员理论。在能被确定为行动的社会关系的制度背景下，何种模式的社会行动可以被推断为审慎的人类选择的整合结果？

"宏观层面的社会结构之间如何相互影响？"前几个主题关注的是微观与宏观的关系（个体主体的特征如何在其结构和制度中发挥作用）以及宏观与微观的关系（具体的社会结构如何影响身在其中的个体行为与主体性）。同样也存在宏观与宏观之间关系的问题。例如，某种特定的政治制度组合如何对某一社会的教育制度产生影响？地方主义方法论的视角也对这类问题有意义；它意味着我们需要发现个体层面的环境，借助这种环境能够将第一套宏观结构层面的效果传递到第二套宏观结构层面。

"在特定的社会人口中，一套给定特征的分布状态是怎样的？"个体显示其特性，而全部人口显示这些特性的分布状态。从相当广泛的意义上讲，定量社会科学的任务就是衡量和分析在一个或多个人口群体中变量的分布与联合。社会科学研究中一个至关重要的部分就是，出于解释、分析判断和政策制订的目的，研究那些可以让我们观测和度量的与我们利益攸关的社会特性。

社会心理和社会行为的研究旨在阐明第一和第二两个研究领域。新制度主义、地方民族学与组织行为理论则能阐明第三个问题。而致力于发现意外结果的大多数社会科学理论关注的是第四个问题："囚徒困境"的结果与集体行动问题，以"微观动机与宏观行为"分析为代表的参数选择集合[谢林 1978]以及许多的经济理论和博弈论。定量社会科学关注的是最后那类问题——我们可以将什么描述为社会进程和个体选择的多样性的最终结果，这些结果在最初几类问题中有所记述。而且，值得注意的是，由定量研究结果所表明的社会因果关系的假定，通过搜寻出的因果机制得到良好的证明和支撑,我们可以通过分析影响个体选择和导致集合结果的地方环境、制度以及其他多种因素来揭示这些因果机制。

这六个焦点领域相互结合,提出了方方面面的社会影响。社会制度和事实通过限制主体选择对其产生直接影响;通过影响他们的认知和实践的发展过程对其产生间接影响。而主体的行动反过来也影响了制度和更高层次的社会结构——一方面通过具化某一特定时间这些制度的特性(例如,充当警察或教师),另一方面通过随机地改变制度的运作(例如,作为一个避税者)。引人注目的是,大部分现有的社会科学研究都能纳入这些研究问题的范围。

案例:一个农业乡村

这一“地方主义方法论”的本体论如何把握社会和历史研究?它或许有助于我们探讨一个典型的案例。让我们设想一个由几百户家庭组成的中国农业村。这几千人彼此之间拥有深厚的、直接的社会关系:家族的、宗教的、经济的、政治的和农业的。他们参与彼此间的分摊劳动实践,他们相互之间说闲话,他们一起参加葬礼和其他仪式,他们彼此之间买卖产品,他们拥有宗教和族群认同,在困难时期,他们有时会被动员为盗匪或民兵组织。这些人也同其他人(如城里的亲戚)和政府制度(税收体系、政治登记体系、法律体系)有远程的关系。他们的日常生活受到地区制度、国家制度和国际制度的影响,如谷物市场、交通运输系统、大众媒体、政党和国家制度、全球贸易体系制度。一些人是地区和国家范围内异端宗教运动的追随者(或许是民间的军事行动或白莲教秘密团体)。他们的生活环境同时受到地方关系(一个慷慨的地主、一个过分热心的官员)与地区或国家网络与制度(政府的、经济的、文化的)的影响。因此这一乡村的社会现实是多样的、多层次的:多维的、地方的、远程的、个人的、匿名的等等。

当社会科学研究者们对这一乡村感兴趣的时候，他们就会提出一系列的问题。他们可能试图描述该乡村社会生活的一些方面："持有小块土地农民的生活标准是什么，并且在过去的 20 年间它怎样变化？"他们可能会问该乡村人们生活经历的问题："阶级关系和家长制如何影响村民的日常经历？""对过去 20 年间变化的公民权利以及义务与平等持何种态度？"他们会问因果关系问题："不断增加的中国私人投资如何影响乡村的工作机会？""中国的生育政策如何影响乡村的人口状况？"他们可能问比较性问题："这一乡村的情况如何与中国其他地区其他乡村（或这一地区的其他部分）的情况相比较？"他们可能会问该乡村与较远地区的关系问题："连接该乡村与较远城市的长途信用网络的本质是什么？""政党的基层干部如何受该党官僚机构的规训、推动和控制？"

因此对社会现象与社会科学本质的反思可以始于这一无需再缩小的微观世界。在此例中，我们可以直接看到适于所有传统社会科学学科中研究人员的研究课题：民族学、经济学、经济史、政治学、地理学、人口统计学、社会学以及新制度主义。并且我们可以识别或许符合这些学科的地区生活和经历的不同方面：农业、贸易、宗教、社会关系网、家庭、不平等、教育以及大众媒体。这些社会活动"领域"被精挑细选出来，以进行具体科目的系统调查与研究。我们也同样注意到这些社会行动的部分并非是严格分离的；因此，当农民耕作或收割之时，他或她也可以同时进行着经济的、文化的、合作的、宗教的和金融的活动。

在这一描述中，两种典型的孤立隔绝形式没有出现。在这个描述中没有"社会的简单的、细碎的个体"；相反，这些村民们都完全被卷入一个紧密的社会关系、社会联结和社会限制的网络之中。但是，同样的，该乡村自身也不是一个孤立的社会行动地点，相反，它也逃脱不了远程的社会力量、社会制度与社会组织（政府、贸易体系、宗教网络、全球化、海外社群……）。

这一案例提出了几个关于社会现象层次、水平与社会阶层的重要线素。它使我们注意到社会本体论的许多问题——我们在社会分析中谈及的多种社会实体。这一例子强调不同层面上(地区、行政等级体系、配套系统……)不同的社会形式和社会体系:人们生存、活动的多样的社会关系、制度、网络与结构。这些社会形式是复杂的凝聚体,将大量不同人们的行动与意图集合在一起。这种社会形式经常植根于某种物质结构之中——道路网络、政府建筑、公开的规范与准则的集成。这一例子为了解结构与主体性提供了一个微观世界;个体在一套影响其选择的限制与条件下,根据自身意图生存与活动。其三,这一事例让我们注意到通常作为社会生活特征的稳定性与变动性的作用:制度、惯例与传统持续存在并制约着行动主体,但是作为地区与语境双重发展的结果,它们也随着时间而改变。

这一案例引起我们对社会建构成分的疑问——它们是由什么组成的。“县政府”是由什么组成的?是什么构成了农产品、粮食及其他商品的“定期的市场体系”?“省政府及其行政部门”是如何形成的,它如何对该乡村施加影响?这一案例同样也引起我们对应用于该例中的社会因果机制提出问题:远距离的社会形式如何对地方事务施加影响——“政府”如何影响定居模式与税收行为;白莲教运动如何影响地方的人民;或国际谷物市场如何影响地方的生活水平。

在回应这一案例时,可能会有人提出几种极端且不正确的观点。首先,有人可能坚持认为“所有的社会现象都是直接的和地方的”。在这一方面,该例中所显示的社会事实通过该地区中存在于村民间的社会关系以及他们与外界的零星接触得到详尽无遗的阐述。然而,这种方法是完全错误的,因为该乡村位于一个更大的政治、经济与自然环境之中,并且这些超地区因素影响和制约了该村村民的选择[这是由当代人类学家提出的一个强有力的观点;柯玛罗夫(Jean Comaroff)1985:第三章;马库斯(George E. Marcus)与费歇尔(Fischer)1986:77 页以下]。而且,村民实际活动的关系网远远超出了村子的范围:例如,延伸到地区、国家以及海外华人组织。因此,“极端地方主义”是对社会本质的糟糕描述。地区的、国家的和国际的因素渗透和影响了该村的社会生活与主体性。

另外一种极端的观点可能会坚持认为“社会结构”发挥着一种非人格化且普遍深入的因果力,这些力量在本质上独立于参与者的主体性。因此地方事务完全受国家的需求、国家经济发展或全球经济的控制和安排。这种方法采用了一种具体化形式——将因果力归因于一些实体,而不去理解使这些力量得以表现的机制。我们需要知道国家如何成功地在地方层面推行政策、征税与维持秩序;这就需要分析那些国家意志借其在地方层面表达、传递、转换和施展的关联制度与组织。因而,“极端结构主义”也是一种对社会本质的糟糕描述。(“新制度主义”的观点恰恰对这一方面做出了回应:提出了一种论述,即指出了远距离结构和组织在影响地方行为中成功和失败的机制,即:[鲍威尔(Walter Powell)与迪玛奇奥(DiMaggio Paul)1991;布林顿与倪志伟 1998])。

在我们如何更好地理解扩大的社会结构与社会实体的概念方面,我们的案例给出了一个条理清楚的说明。在该例中调用的一些社会关系和社会结构明显是“低水平的”、中等水平的和“高水平的”;例子中有社会制度的形式(嵌入省级或国家级政治制度的地方乡村政治权力机构);并且也有影响乡村中结果和行动的远程社会结构。因此我们的挑战是弄明白这些不同的层次是如何编织在一起的;一个地方的行动和环境是如何影响其他地方的;下级制度是如何由上级制度管理和调控的;而且是否存在区分社会层次的基础,即使是临时的和近似的。总而言之,我们需要询问的是,这一庞大而松散的社会组织形式与因果影响是如何紧密连接的。

因果实在论

现在,让我们转向另外一个重要的社会科学本体论问题:什么是社会因果关系？在第八章中，我主张因果解释需要按照连接原因和结果的因果机制来表达。在这一节，我们对该观点展开论述，并且将社会机制的概念与地方主义方法本体论联系起来。社会科学哲学的新近研究强调了一个令人满意的社会因果关系论中社会机制的核心性，而且在历史社会科学内，关于比较研究方法论的新近创新研究也与这一结论达成一致。在这一节，我们将证明，我们有理由将具体因果机制的发现作为我们有关历史与社会研究设想的核心。可以说，历史因果机制的发现将被证明是可行的、严格的以及具有解释力的。对于那种追求把支配性社会法则或一般性结论作为社会解释基础的狭隘的归纳论，这一思路提供了另外一种选择。但是同样的，它也提供了一种备选的具体叙述。

历史社会科学的因果实在论

我认为，社会解释需要发现那些引发重要结果的根本因果机制。① 社会机制是具体的社会进程，在这些进程中，一套社会条件、社会限制或社会环境结合起来产生某种特定的结果。② 按照这一思路，社会解释没

① 见前第八章；也可见李丹(1991,1998)。近来关于社会解释中因果机制核心性的重要代表作包括郝德斯特罗姆(Peter Hedström)与斯威德伯格(Richard Swedberg)(1998)，麦克亚当、塔罗与蒂利(2001)以及乔治(Alexander George)与本尼特(Andrew Bennett)(2005)。关于在社会科学和历史科学中，因果机制方法如何发展成为具体的研究策略，乔治与本尼特提出了详细的分析论述。《社会科学哲学》(2004)第34卷，第二、三册包含了几篇文章，关注邦格(Mario Bunge)的作品，致力于社会因果机制的逻辑性研究。丹尼尔·斯蒂尔(Daniel Steel)(2004)提供了对这种机制方法几个特征的哲学的严格评估，并指出要特别关注这一主张：对成功的因果解释而言，机制的发现是必须的。某种社会机制观点的一种具体解释由考恩(Tyler Cowen)阐述："我将社会机制诠释……为理性选择关于偏好与约束的某种具体结合如何能引起更为复杂的社会结果的论述"(考恩 1998:125)。然而，此处提出的这项论述并不限于理性选择机制。

② 新近的关于因果机制的文献提供了许多相关定义："我们将因果机制界定为最终的、不可观察的物理的、社会的或心理的进程，通过这些进程，具有因果力量的主体们发挥作用，但是仅仅是在具体的背景或条件下，才能将能量、信息或物质传递给其他实体"(乔治和本尼特 2005)。"机制是一种有限的事件种类，这类事件在不同的情况下，在一些具体因素中，以相同的或极为接近的方式改变关系"(麦克亚当、塔罗和蒂利 2001:24)。"机制……是分析的建构以提供在可观测事件之间的假定联系"(郝德斯特罗姆与斯威德伯格)。

有采取用归纳来发现法则的形式;相反,社会科学研究过程中所发现的这些一般性概括要从属于更为根本的对因果机制、个体结果路径和多重后果的探究①。这一思路让人对跨越许多社会的概括性理论研究产生怀疑。相反,它寻求的是具体的因果影响和变化。

该方法将一种因果机制的观点置于核心地位:为了确定两类事件或两种情况之间的某种因果关系,我们需要确定那些典型的因果机制,通过这些机制,前一类促使后一类发生。可是,组成社会现象之间因果机制的社会联系的本质是什么?我主张将一种微观基础研究方法应用于社会因果关系:社会实体的因果特性源于组成社会实体单个主体性的结构环境。因此该方法提出了一种普遍的本体论的看法与研究策略:主体们的选择和行为的结构性环境构成了社会现象之间产生因果关系的因果机制,而这些主体则是由社会建构和定位的。

"因果机制"方法提供给我们强有力的理由,让我们可以预期用多变性、偶然性以及可供选择的不同路径来解释某种结果,而不是期待找到少数几个有关发展或变化的一般模式②。特定路径的偶然性源自于几个

① 那些极力主张因果机制或因果力量对于社会解释的核心性的学者包括索伦森(Aage B. Sorensen)(2001),哈瑞(Rom Harre)与赛考德(Paul Secord)、维埃拉(Charles R. Varela)与哈瑞(1996),卡特莱特(Nancy Cartwright)(1983),卡特莱特(1989),韦斯利·C·萨蒙(Wesley C. Salmon)(1984)以及德斯勒(David Dessler)(1999)。在Hedstrom与斯威德伯格致力于该主题的重要书籍中,他们写道,"这本书所要传递的主要信息即为社会理论的发展,这种社会理论提倡系统地寻求说明产生与解释事件之间观测到的联系的社会机制的一种分析方法"(赫德斯特罗与斯威德伯格 1998:1)。戈德斯通(Jack Goldstone)在其关于革命解释的分析中表述了这一方法:"在我的论述中……农业官僚体系中的人口增长导致了革命,而接下来的论述我并不是通过显示在人口增长与革命之间存在显著相关的这种国家的大量样本来进行的……相反,我努力描述并证明在连接人口增长与革命冲突的因果链中的一些关联"(戈德斯通 2003:48)。

② 对这一结果的论述参见李丹(2000),在那本书中我主张一个"偶然局势的中间历史"的概念。对这一方法应用于历史解释和社会解释,蒂利提供了一个重要的论述:"对大规模政治进程的分析经常借用具有自我容纳与自我激发特征的社会单位的稳定模型。实际的政治进程很少与这样的模型相一致。革命提供了一个关于其合理性与缺陷的重要案例。更好的模型建立在貌似合理的本体论上,将讨论中各种现象的变化领域具体化,重构因果序列,并将解释集中于这些序列的联系上"(蒂利 1995:1594)。

因素，包括在特定制度安排中，个体主体性与交叉案例变动的地区环境——从而在更高层次的进程与结果中产生了重要变化。[①]

在转向更为具体的分析之前，让我们简单回顾一下因果实在论如何适合于当代的哲学与科学方法论。在当代科学哲学内部——尤其是关于因果主张解释的主题上，最初的声音之一来自卡特莱特（Nancy Cartwright）。卡特莱特将实际因果机制置于科学知识论述的核心。正如她和杜普里（John Dupré）指出的，"事情和事件之间是有因果力的：借助它们所拥有的特性，它们有力量产生其他的事件或状态"（杜普里和卡特莱特 1998:521）。卡特莱特称，对于自然科学，系列事件间的实际因果联系的概念比自然法则的概念更为基础（卡特莱特 1995，1989）。而且，更为根本的是，她认为，确定因果关系需要有关支配这里所说实体的因果力（在她的语言中，用的是"能力"）的重要理论。因果关系并不能直接从有关变量相关联的事实中推断出来。正如她所指出的，"任何将一般因果关系简化为规律的做法都是不可能的"（卡特莱特 1989:90）。对于社会学研究，这一观点的作用意义深远；它确认了由许多研究者所共同持有的概念，即从本质上而言，社会因果关系的归因依赖于关于不同社会力量和社会实体因果特性的良好中层理论。显然，前文刻画的地方主义方法本体论提供了一个广阔的基础，在此基础上构建关于社会实体因果力本质的一种论述。

在索伦森的著作中将强调严格定量与寻找机制结合起来，即：提出来一个重要的社会学视角（索伦森 1998）。索伦森这样总结他的立场："通过关注如何具体说明在社会进程中产生变化的那些机制，社会学观点被极好地重新引入定量社会学研究中"（索伦森 1998:264）。他主张与目前的状况相比，社会学需要更好的整合理伦与证据。他肯定定量研究在实现社会学

① 对这些方面社会争论的研究，麦克亚当将他们的方法描述为："我们将机制和进程作为解释的载体，将一段段的事件作为描述的载体。由此，我们对于社会世界如何运行做出猜测：那些大的结构和序列永远不会自我重复，但却是非常广泛范围内不同联合与不同序列的结果。甚至在一个单一的事件内，我们也将会发现各种各样的、不断变化的及自我建构的行动者、心态与行动和相互作用的形式"（麦克亚当、塔罗与蒂利 2001:30）。

科学目标中的核心地位。然而,一种充分的定量解释的重要性在于对一些机制的详细说明,这些机制被假定为支撑一套特定研究资料的基础。“关于社会进程发展中的理论观点是为了具体描述,是什么产生了某种特定结果——政治体制中的一种变化、一份新的工作、一种合作行为的增加——变动的概念化的发展相当于提出了用于某一社会进程的一种机制”(索伦森 1998:239—240)。索伦森提出了一种批判的观点,如果一个人没有事先问过下面这个问题,那么他就不能选择一种统计模型用于分析这些资料:我们想要假定的连接一些变量与其他变量之间相互影响的这些机制,其本质是什么[1]? 而且,在我们能够合理估计产生这种结果的这些因果变量的相对重要性之前,我们有必要假设连接这些变量的机制。赫德斯特罗姆这样解释索伦森的这一观点:“以大量社会进程模型为基础的经验分析将一个重要问题摆在了显著位置,即这种经验分析的作用或最初目的。社会中我们所观测的这些结果无疑是多种不同进程的结果。一种有用的理论模型总是要说明某种或某些进程的核心机制”(赫德斯特罗姆2003:10)。

这些哲学家和社会学家联合起来支持下列几个观点。首先,他们支持这一观点,即因果推理假设存在一种因果机制;因而研究者深思熟虑并竭力想确定的是,连接这些变量或重要条件的看不见的因果机制。其次,这些研究者都支持在发现与确认因果关系阶段中方法论的多元主义观点。利用现有证据测试或确定某种因果假设的方法是多种多样的:测试必要条件和充分条件、检验各种重要变量之间的相关性和回归性或者探索特定因果条件的结果。最后,经验证据的提出必须接受最终评估,依据的是假定存在于因果之间的那些因果机制的可信性。[2]

---

① 索伦森主张,一种线性回归模型中的标准回归系数并不测量该模型中产生的那些变量的相对值或因果重要性,这时,他也提出了一个方法论的至关重要的观点(索伦森 1998:245)。

② 关于社会学中因果解释的显著的一种广泛而合理的观点,参见阿伯特(Andrew Abbott)(1998)。通过社会学与历史社会科学的发展,阿伯特提出了一种关于“因果主义”路线的绝妙分析。他提供了一种“因果解释”的诠释学用于社会科学——并不简化为相关性、联合性、一般法则、归纳主义或实证主义。

强调因果机制的核心性对社会学方法有几个好处。它使我们避免对标准统计方法不加批判的依赖。它也同样使我们能够避免过分强调将事件笼统地分类为革命、民主政体或宗教,而是趋向于对进程和特征作更为具体的分析,以这些进程和特征区分宏大社会分类中的事例。蒂利在其比较社会学因果叙述的观点中强调了这一点(麦克亚当,塔罗与蒂利 2001,蒂利 1995,蒂利 2003)。蒂利写道,"我要论证的是,政治生活中的规律性是非常广泛的、确实跨越历史的,但是,它们并不是表现为反复出现的大结构、大进程的形式。它们由反复出现的原因组成,这些原因在不同的环境与序列中混合为高度易变但却可解释的结果"(蒂利 1995:1601)①。

社会因果关系的微观基础

现在我们准备回到关于社会因果关系本体论的问题。组成社会世界结构与实体之间因果关系的本质是什么?我们可以利用何种类型的机制来证实因果主张,例如"人口压力引发技术创新"、"分成制引起农业中的技术停滞"或"有限的交通运输技术使得政治权力的封建化"?使社会惯例、意识形态以及社会信念体系得以传递的因果机制是什么?结构与惯例是如何实例化或具体表现的,它们是如何传递与维持的?因果主张需要成为归纳性的吗?历史学家是如何确定与证明因果假设的?

成为社会因果关系基础的那些机制的一般性质一直都是争议的主题。我们可以确定几个主要的方法:基于主体的模型与社会影响因素模型。(值得注意的是,这两种方法都与前文探索的地方主义方法本体论相一致。)前一种方法遵循的策略是将个体层面的选择结果整合为宏观

① 其他社会学家采取了相反的方法并主张一般的社会学理论提供了基础以确定超越案例的归纳性因果机制[凯瑟(Edgar Kiser)与海科特(Michael Hechter)1991,凯瑟 1998]。按照这一观点,在因果调查中社会学的作用仅仅在于发现和确认将因素、结构链接到结果的归纳性因果机制的假设。

层面的结果;后一种方法试图确定在主体背后发挥作用影响其选择的那些因素。[索伦森将这些强调为“拉力”模型和“推力”模型(索伦森1998)。]谢林非常切题的《微观动机与宏观行为》一书捕捉住了前一种方法的逻辑。地方动机聚集形成大规模的社会学现象,有时地方性的有意行为会产生极为不可预知的结果。埃尔斯特也清楚地显示出了这些方法,其中包括支撑大规模社会学解释建构的理性选择理论的工具(埃尔斯特 1989)①。这种“社会影响因素”方法(“拉力”方法)试图确定社会的显著影响因素,比如种族、性别、教育状况,并试图对这些因素如何影响或限制个体轨迹(最终影响社会学的结果)提出详细论述。我们非常需要这一层面的因素,不仅是分解为对个体主体的影响,同时还应说明这些效果如何整合为更高层次的社会学模式。

我提议将这些一般性答案作为一种关于社会因果关系的理论,该理论产生自下面这一假定,即社会因果关系中的“分子”是身处社会之中的主体的审慎活动——这里指的是前文谈到的地方主义方法论。这种观点断言社会因果关系是确实存在的。社会结构与社会制度有因果特性和因果效用,这些特性和效用在历史变化中发挥了重要作用(社会因果关系论)。它们通过对个体行动、信念、价值观与选择的影响发挥其因果力(微观基础论)。结构是通过个体建构自身的,因此社会因果关系和主体性展示了一种持续进行的进程(主体-结构论)。最后,我主张将一种微观基础方法应用于社会因果关系:社会实体的这些因果特性——制度、组织、政府、经济等等——源自这些实体组成者个体的能动活动的结构环境而非其他(李丹 1989)。在社会领域中起作用的因果力无不通过建构的个体能动活动而推进。而且,关于社会的和历史的因果关系的假设可以利用多种工具进行严格的阐释、评论与辩护,这些工具包括案例

① 对主体性概念争论的当前状态,埃米尔贝尔(Mustafa Emirbayer)与米希(Ann Mische)提供了一个非常广泛的评论(埃米尔贝尔与米希 1998)。关于社会学解释中主体性的作用,其他有显著贡献的学者包括瑞德(Michael Reed)(1997)与西林(Chris Shilling)(1997)。

研究方法、比较研究、统计研究以及社会理论的应用。[对这些观点的进一步说明参见李丹(1998)。]

这种微观基础论认为,对一种社会层面上(因果的、功能的、结构的)解释关系的确认必须辅以两类知识:一类是关于典型个体的地方环境的知识,这种环境能够引导个体行动的方式以便造成这种关联;另一类是关于使个体行动聚合成这种解释性社会关系的集体进程的知识①。因此,如果我们有兴趣分析国家和政府的因果特性的话,我们需要得到对那些影响国家性质的个体行为的制度模型与制约模型的一种分析。我们需要提出如下问题:国家是如何使其影响贯穿社会的?在较低层面上这些制度具体体现为什么,从而确保法律、税收、征兵、强制契约以及国家行为的其他核心要素的作用?② 而且,如果我们有兴趣分析规范体系在社会行为中发挥的因果作用的话,我们需要发现一些具体的制度性惯例,通过这些惯例个体被纳入一套既定的规范中③。

该微观基础论需要我们尝试揭示社会建构的个体受远程社会环境影响的路径。社会生活中根本不存在远程作用力;相反,个体拥有他们已有的价值观、推理风格、实际信念和因果信念的积累等等,这些是他们经历了孩童和成人时的结构性发展经验的结果。按照这一观点,大型社

① 我们可以将这类解释强调为"集合解释"。一种集合解释指的是,提出一种关于社会机制的论述,这种机制传播多样化的个体行动模式并阐释这些行动集体的或宏观层面的结果。谢林的《微观动机与宏观行为》(谢林 1978)一书提供了一种成熟的论述和这一社会解释模型的大量案例。

② 近来,关于中国地方政治历史分析的一个极好的例子证明了该微观基础方法的价值:"但是,这些乡村并不是全部游离于政府的管理之外,县以下的管理结构也不一定是混乱的、无效率的以及易于滋生渎职行为的。事实上,在大部分帝制时期,国家有能力收取足够的税收以满足其正常需求和维持大部分地区的社会秩序。使这一点变得可能的是存在于地方共同体内大量的非正式制度,这些制度产生于政府需求与每日里地方自主执行政府功能之间的相互作用"(李怀印 Huaiyin Li 2005:1)。

③ "社会规范的解释不能只是承认标准化规则对社会行动的制约作用,应该做得更多。这样的解释必须陈述将这些规则中的一种确立为该共同体内的普遍规范并达到顶峰的过程。一种新规范确立的一个关键是,试图改变规范并强迫服从新规范的那些人的能力"[杰克奈特(Jack Knight)恩斯明格(Jean Ensminger)1998:105]。

会事实和社会结构确实是存在的;但它们的因果特性完全是由当前的心理状态、规范以及当前存在的个体行动来界定的。规范体系和知识实体是存在的——但是仅仅是在个体(与物质痕迹)具体表达和传递它们的范围内。因此当我们断言一种特定的社会结构引发一种特定的结果时,我们必须能够详细说明体现这一因果进程的个体行动者的地方路径。换言之,我们必须能够提供传递社会结果的那些因果机制的一种论述。

如果该微观基础的观点是正确的,那么类似于独立的社会因果关系这样的事物是不存在的;也不存在不被附加在结构性选择与个体行为之上的社会因果机制①。通过这些机制,社会因果关系的传导开始于审慎的主体选择的那些结构性环境,而非其他。这并不等同于地方主义方法论或简化论,因为它承认社会安排和社会环境影响个体行动。因而,关于个体行动决定性因素的一种微观基础论述将包含相关的社会关系、规范、结构、认知框架等等,这一点是完全可能的。这意味着使个体层面机制(通过这些机制,社会现象浮现)清楚显现出来的这项社会科学研究在社会科学内占有基础性地位:理性选择理论、制度与组织理论、公共选择理论、分析的马克思主义或社会心理学。这些领域的共同点是,它们都承诺提供社会解释的微观基础。

是否存在类似于"宏观-宏观"因果关系(也就是说,在更高层次社会结构之间的因果关系)这样的事物呢?是的——但是仅仅当它们通过建构的人类主体性层面上的"宏观基础"进行传导时,它们才存在。政府制度影响了诸如"投资水平"、"失业水平"或"婴儿死亡率"等经济变量。不过,宏观制度只是通过改变主体所面临的机会、动机、权力及制约,才有效地行使其因果力。因此,我们的难题并不是"制度与结构的运行是否

① 赫德斯特罗姆与斯威德伯格在他们对社会机制的说明中赞同这一立场:"这一原则的一个必然推论是,不存在诸如"宏观层面机制"这类东西;宏观层面实体或宏观层面事件一直是通过环境机制、行动形成机制与转换机制的联合体而彼此连接"(赫德斯特罗姆与斯威德伯格 1998:24)。

是独立的并且超越个体首要因果因素的”,因为我们知道它们不是。相反,问题是,“结构与制度在个体及其他结构中发挥的影响程度如何,以及通过何种机制这种影响得以发挥”。

按照这种方法,社会实体因果能力的解释应该基于主体的偏好、世界观、信息、动机与机遇这些结构。通过刺激、偏好形成、信念获得或权力与机遇等因素,一种社会实体的因果力或因果能力具有影响个体行为的力量。经由对具有明确目标、信念与能力的主体行动的一种说明,传递因果的这一微观机制得以补充。于是,社会实体能够以下列几种可能的途径发挥它们的影响:

- 它们可以改变个体所面临的激励。
- 它们可以改变个体偏好。
- 它们可以改变个体信念。(对知识的限制;意识形态)
- 它们可以改变个体可获得的权力或机遇。(社会结构和社会制度)
- 它们可以将权力授予一些主体而非其他主体。

为了洞悉某一特定类型制度的因果力,我们需要勾画出微观基础的各种类别,这一点是相当明了的:这些制度安排内个体行为的方向以及社会变化可能导致的集合模式。这一思路的结果是这些制度影响了个体行为(激励、制约、教化、偏好形成),个体行为则反过来产生了集合的社会结果。

由此,社会因果归属依赖于主体的一般特征(例如,理性选择理论的核心原理,或实际认知以及实际选择的其他理论)。那么,我断言,社会因果解释中最最根本的是具体制度背景下,典型人类主体特征的分析性描述。某种特殊社会制度——某种征兵体系、某种税收体系、某种民主立法体系——的因果力来源于这些制度为参与者提供的激励、权力与知识。从一种衍生意义上讲,社会实体就这样拥有了因果力:它们拥有了以简单而普遍的方式影响个体行为的性质。假设在个体的普遍制度与环境一定的情况下，在社会层面的这种变化产生了个体层面行为的规律性，并最终发生在新的社会环境中。

一种社会实体拥有因果力的这一观点表明，这一实体的制度导致将必要性给予某些特定的转变而非其他。在社会事态之间是否存在一种关系来传递必要性？社会生活的哪些方面会支持这样一种判断？我们可以获得两种情况之间的何种关系，从而可以提供社会必要性的一种诠释？在《科学的马克思》(*The Scientific Marx*)一书中，我运用一种"制度的逻辑"观点，尝试着取得对产生特定结果类型的一套社会环境的看法(李丹 1986)。我将一种制度逻辑的解释描述为这样一种分析：它是关于社会组织与社会发展的一些确定结果，这些组织与发展对个体行动有一套相对固定激励与制约(李丹 1986:34)。在假定这一解释前提中描述的典型安排的情况下，我们可以预期这是作为审慎的个体在给定的选择环境中追求其目标与意图的结果。我认为这是可以从社会现象中辨认出必要性的唯一形式。然而，值得注意的是，与一种制度逻辑相联系的这种必要性完全基于主体的意向性，这些主体的行动受到研究中的这些制度安排的影响。一种制度逻辑的解释力基本上依赖于有关个体主体性的事实。

"社会机制"的案例

在社会科学中，非常有益的一点是，提供一个有目的的、不同种类的、起社会机制假设作用的社会进程的列表：

- "搭便车问题"削弱了有效的集体行动(奥尔森 1965)。
- "囚徒困境"的逻辑解释了天主教徒村民在殖民地越南的变节(波普金 1979)。
- 市场机制可以作为独立的生产者、商人与消费者之间价格平衡的一种解释。

- 职业与收入机制的索伦森模型(索伦森 2001)。
- 实践认知误差成为社会行动一般形式的基础[卡恩曼(Daniel Kahneman)、斯洛维克(P. Slovic)与特沃斯基(Amos Tversky)1982]。
- 政治型企业家成为一种导致族群冲突的机制[克里(Atuhl Kohli) 1990]。
- 饥荒前机制(The pre-famine mechanism)[阿马蒂亚・森 1980]。
- “刻板印象威胁理伦”(stereotype threat)作为一种机制成为黑人与白人行为隔阂的基础[斯蒂勒(Claude Steele)与阿伦森(Joshua Aronson)1995]。
- “棘轮效应”(The Ratchet Effect)成为一种社会品位变化的机制[利伯森(Stanley Lieberson)]。
- 征募新会员的模式成为工会激进主义的一种机制[基梅尔多夫(Howard Kimeldorf)1988]。

让我们思考几个貌似合理的社会因果解释的例子。运输系统有影响定居模式的因果能力;在运输系统集中的地方,定居点出现并扩大。为什么会这样?这不是一个没有道理的事实,它表现出两种因素之间仅有的相关性。相反,它是可以理解的结果,充分描述了商业与定居之间的相互作用方式;主体们有兴趣定居在那些他们能够交易与获得收入的地方。交通运输系统是经济活动流通的结构。接近这一系统是主体们的经济需求:他们可以预期对其服务的需求密度以及他们所需物品供给的不断增加。因此,当一种新的交通方式可能性出现的时候——一条铁路线的延长、汽船交通更深入一条河流或一种新的航行技术使得到海上岛屿的运输低廉——我们也能预期一种新的定居模式会出现。

考虑第二个例子,柯立特嘉德(Robert Klitgaard)关于努力减少菲律宾国税局内部腐败的论述(柯立特嘉德 1988)。他所描述的反腐改革的关键在于执行一套制度,从而以更好的方式收集更高层组织和行政部门的腐败信息。这项革新对于发现腐败官员的概率有重要效果,而这反过来又产生了阻止腐败行为的作用。这一制度安排对减少腐败具有因果力是因为它在导致反腐败行为的个体中创造了一套动机和权力。

第三个社会解释的例子可以在大量的关于社会运动研究的文献中找到，它例证了在主体性与结构联合的基础上分解社会进程的重要性以及社会因果进程导致的偶然性。“政治机会结构”的相关文献强调了依靠某一特定时间存在的机会矩阵的社会运动动员的偶然性。塔罗这样总结该方法：“按照这一传统，研究者们没有关注集体行动的一些假定普遍存在的因果关系，而是检验政治结构，以此作为社会运动形成的刺激因素”(塔罗 1996:41)。该方法偶然性特征的广度与麦克亚当、塔罗与蒂利(2001)提出的有争议的政治学方法相类似。

社会机制的结论

关于历史社会学中的社会因果关系，我们可以得出几个结论性报告。

- 社会实体发挥因果力的途径是：通过它们的能力去影响组成这些实体的个体的选择与行为，此外，再无他途。
- 如果我们假定多种类型的因果机制、制度变化以及个体主体的特点联合起来产生某种特定结果，那么我们便可以预期社会进程能够证明某一重要层面的偶然性、路径依赖与可变性。
- 我们不应该期望发现强大的“社会法则”或支配社会的一般原则，期望它们超越社会现象与社会背景。相反，我们最多应该预期的是源自多种社会背景中“主体的一般结构”的规律性，虽然这些规律充满例外。
- 通过历史的与经验的研究，揭示这些事件因果机制的轨迹，从而我们有可能提供关于单一事件有效且合理的因果解释。
- 经验主义学说在这些社会科学以及社会心理学中(“中层理论”)的一个核心作用是，详细描述“社会中的诸多个体”在社会环境中的典型因果机制。

● 对于旨在应用于所有社会背景的广泛的社会理论而言,辨认某种重要而理智的任务是困难的:阶级理论、国家理论、种族理论、血缘关系理论……相反,我们应该承认社会世界中的偶然性与可变性,并且更应该注意源自偶然性与可变性的、在前后背景中界定的社会关系与因果机制。

● 因果机制的研究补充了另外两种社会研究与社会推论的重要形式:协方差的统计分析以及用于比较研究的“差别分析法”。所有这些方法都想要得到以经验为主要支撑的假设,这些假设是关于宣称建立因果关系的根本的因果机制。

社会世界有松散的因果秩序:社会结果通常是与产生这些结果的原因相联系的。对一种结果或一些结果的一般模式的社会解释,其目标在于,提供那些社会机制的一种论述,可以将一套背景条件链接到这种结果上。这样的论述需要建构在人类主体性层面上的微观基础;利用这一微观基础论述,我们能证明(在归属于其的环境中行动的)单个的诸多主体将如何以这样一种方式行动以致产生这些观测到的结果。最终,经验调查与历史调查的任务是证实该因果论述的这些术语。通过历史调查提供大量的证据确认或驳斥这些假定的因果机制的存在,是可行的。

认同、惯例与心态的微观基础

现在,让我们转向本体论重要性的第三个主题:如社会认同和社会进程中道德观念体系这样的主观特征或心理特征的本质及因果重要性。(用“主观的”一词,我指的是“与一个人的意识状态有关”,包括信念、价值、推理模式、喜欢与憎恶以及其他的精神状态。)我将利用“心态”这一包罗万象的概念强调一个群体内部一种共享的社会意识,包括道德观念、实际信念、历史观念、目标与意图观念①。一个群体的心态可以说包含更多具体的特征，比如一种群体伦理、一种知识框架或推理特征。这一部分的主题是，是否存在类似于心态这样的一种事物，并且在不同于上述特征的群体内部，这一概念怎样才能融合个体们明显不同的认识方式。

前几章中所探讨的大量解释都依赖于据称与某一群体相联系的主观因素。韩书瑞的论述关注的是，在华北，一种普遍的千年王国信念体系的那些假设。斯科特的“道义经济”解释依靠的是这样一种观点，即一种广泛共享的生存伦理导致了越南小农支持叛乱。波普金的“理性小农”方法假定了一套在亚洲小农之间广泛存在的理性审慎的原则。汤普森的研究提供了英格兰工人阶级的文化与意识的一项详细分析(汤普森1966)以及由这一文化产生的一些具体的政治与社会结果。白鲁恂(Lucien Pye)关于儒家社会政治文化的理论对一套文化特殊性的价值与行为提供了解释性说明(白鲁恂 1968)。我们说“越南小农拥有一种生存伦理”，由此宣称这就是我们想要表达的意思，这是一项非常大的挑战，而更大的挑战是提供一种理论，说明类似于这样的事实如何能在历史结果中发挥因果作用。这些挑战组成了当前这一部分的研究意图。

当我们在个体层面上提问的时候，有一些问题是不难回答的，比如一种规范、一种认同或一种需求等主观方面的本体论情况。我们可以认为非常清楚的一点是，个体们是有心理状态的；他们拥有规范、价值与目标；他们拥有信念以及构成其认同的相互关系；等等。而当我们试图利用这些方面的共同相似物的时候，问题便出现了：“俄国人是情绪化的”、“佛教徒珍重生命”、“煤矿工人是极为团结的”。很明显，这里存在两个事实。第一，诸如规范或认同等心理状态必须具体表现在单个人身上。

① 拉杜里提供了一项历史研究的一个主要例子，这项研究要极为注意人民的“心态”(mentalite)并将这种心态带入其社会历史背景。

群体并不体验独立于构成群体的个体之外的情绪、规范或认同。第二，在任何人类群体中，都存在着关于个体心理状态的变化。

因此，当谈及一种集体精神状态时我们指的是什么，这需要我们给出一个条理清晰的论述，这一点是一个极大的挑战；而且同样具有挑战性的是，提供一种论述，说明这些状态如何能具有因果力。那么，在这里，我们要问下列问题：什么是一种集体的信念、意图或价值观的本体论状态？是否存在一种严格的内涵从属于“心态”这一概念（“心态”：在某特定人群内部一套广泛共享的观念和价值观）？在历史因果关系中，社会共享的观念和认同起了什么作用？诸如范式、惯例或道德体系等主观因素真的影响历史变化吗？社会认同是历史“家具”店中的一员吗？

本章前文中提出了一个颇具希望的基础，以试图回答这些问题。因果实在论意味着我们需要确定具体的社会机制，通过这些机制“集体意识”特征得以产生与保持。微观基础理论指引我们关注这一事实：“集体意识”必须在一定程度上被分解为社会背景下的个体状态[①]。社会心态具体体现在个体的观念、思维习惯以及思想方案上，而且它们的出现是一系列体验和社会制度的结果。所以，我们应该密切关注这些社会机制与历史机制，通过这些机制，意识特征得以传递和表达。我们的挑战在于确定一些主要的社会机制，经由它们，普遍认同和普遍价值观随时间流转在各种各样的群体内部得以形成、维持及传递。

本章余下的内容我们将关注两个具体问题：社会认同的本质与社会惯例的本质。集体意识的其他方面将以类似方式处理——在社会中具体体现的规范与价值体系、科学范式以及在社会中传递的个性形式。

什么是一种社会认同？

此处的核心概念涉及这一现象：当我们谈及族群、种族、性别或阶级认

① 该“后实证主义实在论”方法应用于文学理论［莫亚（Paula M. L. Moya）和（加西亚）Hames-Garcia2000］对这一问题做出了重大贡献。

同的时候,我们就会调用该现象——人们对自身、相关亲密群体以及对这一世界的思考:艾哈麦德是一个穆斯林,皮特是美国人,约翰是一个煤矿工人。一种社会认同的概念一般会用在个体层面——我们基于其信念、行动或来历而赋予个体以具体的身份(认同),而这种标签通常被认为是可以用这些来解释的。我们通常认为一个人的美国人身份认同是关于他的一沓厚厚的事实:它渲染了他对其周围世界的诠释(认知的),它影响了他的行为(行为的),并且它构建了他讲述的关于其来历与民族的故事(叙述的)。但是,群体认同概念通过对下列因素的分析形式也发挥着作用,这些因素包括:集体行动、族群暴动或族群群体的政治选举[布拉斯(Paul Brass)1985,霍洛维兹(Donald Horowitz)1985,纳什 1989,坦比亚(Stanley Tambiah)1991,瓦尔希尼(Ashutosh Varshney)2002,哈丁 1995]。这一概念认为,个体层面族群认同的特征通过领导人和政党为政治动员提供了一个基础——结果是族群政治与群体动员相继发生。因此,将一种认同归因于某一个体或某一诸多个体组成的群体,通常被认为是分析他们的行为乃至可以研究其行为的一个解释前提。

考虑下面这个关于一种社会认同的预先定义。

- 一种社会认同即一个人所拥有的一套自我理解、规范、价值观以及诸多观念;在某一时间,在一个群体内部,它们紧密结合;而且它们引导群体内的成员如此认同、如此行事。

这一简洁论述需要在几个方面有所突破。在个体层面,一种认同就是一个**具体的心理事实**:道德框架、社会意识心态、亲密关系和忠诚、世界观、情绪、规范与价值观。一种认同与**叙述**有很大关系:我们讲述的是“我们是谁”的那些故事,我们讲述的是“我们的”人是谁的那些故事。对我们的行动和选择而言,这些叙述是有弹性的且有影响力的,这些行动反过来会掺入随后的叙述之中。而且,认同的不同成分在文化上是可变的;因此认同可以是多种多样的,从历史上说是可塑的。人类认知与道德可塑性的事实,意义丰富。个体和共同体可以改写这一准则。因而,对于历史学家,有一点是相当重要的,就是要避免将他或她的社会认同主张具体化;而且,更为重要的是,要清醒地认识到跨越了时间、地点,在不同的人之间的认同的流动性与可变性。

我们可以说道德社会化的结果是人类的成熟,拥有了一种人格(特定的思维习惯)、一种心理状态(一套精神框架、假定与动机)、一种认同。通过社会化,正常的人类发展要取得下列各项:

- 一种实际信念的储备。
- 一项用于获取和评估新信念(尤其是关于因果特性)的计划。
- 一套规范、价值观与需求。
- 一套对于其他人(友情、家庭、邻里)的影响。
- 一项审慎规范的计划。
- 一套用以诠释和回应这一世界及其典型状况的习性和惯例。

个体通过他们自己与人相处以及与制度相接触的那些经历,得到发展,而他们经历当中的一些共同性就引发心态的共同特征。其中的一些相似性对应着压迫的普遍经历(种族、性别);有些则来自他们经历并实行着的历史悠久但却非常随意的传统[(法国)阿尔萨斯人、(法国)布里多尼人]。在所有这些认同元素中,每一个都存在着超越个体、超越时间、超越文化、超越群体的重要变化。

我们应该预期,在一个特定的群体内部存在着一系列相关社会认同中各种元素的实例。让我们思考一下在美国的穆斯林之间关于宗教信仰问题、政治问题或国际事务问题的一系列差异;我们很难回答这一问题,"美国的穆斯林共同体考虑的爱国行动是什么"。另一个例子,在清代华北"千年王国的白莲教信徒"中,关于混合价值观存在着重要区别,其中一些价值观相对有力,有一些文化的特征则出现了或缺席了。例如,白莲教中并不存在"本质的白莲教认同",而只是该地区农村佛教徒之间的一簇相似性。因此,关于社会认同的历史研究与当代研究都需要谨慎的反实在论[①]。

最后,这些群体认同是随个体事实发生的,而非存在于其他,这一点是清楚的。个体层面事实是:个体拥有一套具有一种"群体认同或族群认同"特征的态度、信念、规范以及自我归属;群体认同就是存在于这些个体事实之中。同时,这些个体主观经历的特征根植于社会并在社会中发挥影响。我们说,在某一时间、某一地点,在构成个体间一种社会认同的这些知性特征和感性特征中,存在着重要的相似性,这是一个貌似合理的历史假设,因为有共同的经历、共同的制度以及共同的历史背景。因此,同样貌似合理的是,当个体面临援引其已臻成熟的社会认同的一些方面的情况时,在他们之间将会存在相似性和相互作用。这就为这一点的可能性打开了大门:对于在其他重大历史结果中的社会认知事实,我们有可能确定重要的因果作用。

认同产生机制

现在让我们转向起源问题。一种社会认同是如何产生并繁殖的?在一种群体认同的"制造"过程中涉及了什么(汤普森 1966)?在个体与个体组成的群体内部,繁殖和维持一簇与众不同的认同特征,其因果基础是什么?与这种认同相关的类似行为若要获得赞同,其社会中的一些规范元素与强制元素是什么?在维持这种认同的过程中都涉及了什么?

对于社会认同的因果背景而言,"社会化"的一般范畴居于中心地位。单个个体的认同是一个人的连续经历的结果,出现于具体的、历史的特定制度与环境之中。因此,关于相互作用与制度如何联合产生在年轻人中的具体"心态",我们有可能得到经验的历史分析。仅与社会认同

---

① 确实,对于我们理论内的社会认同可变性的这些特征,发展可以让我们获取它们的新的模型和概念将是非常有帮助的。或许来自人口生物学的概念可能在此语境中起作用。

有关而提出的各种主张预先假设了一套“社会化”与“文化适应”的过程：在幼年成长期，人们通过这一过程接受各种价值观、认识框架以及同化其性格。通过社会化的常规进程，每一个个体都得到一套持久稳定的价值观、认知框架、叙述与常识假定。通过培养、社会化与语言学习的常规进程，在典型社会背景下出现的一个正常人将会把价值观、世界观与常识假定内在化。但是这一进程并不是确定的或机械的。在相同的社会、文化与政治环境下的不同个体可能取得认同基础的不同结构。

显然，存在着各种各样的认同形成制度。制度塑造并推进了个体社会心理的发展，这些个体指的是年轻的与成熟的经历这些制度的人。重要的例子包括家庭、学校教育、宗教制度、青少年网络、军队以及媒体。大体而言，这些制度在塑造和影响个体的信念、框架、动机、传统等方面，是如何运作的？家庭内部价值观与世界观的传播似乎是一个相对直接的过程，在传统社会中这是一个至关重要的社会化部分。孩子们从其父母处获取大量的知识、实践技巧、道德观念以及禀性特征——其途径为，例如，通过家规和纠正，通过日常的社会交流。学校教育与宗教制度提供给年轻人社会事例与指导的另一条轴线，这些塑造了他们的知识与价值体系。与同辈、教师以及宗教权威人士的交流提供给年轻人更多的机会去发展他们的社会用语、他们的常识储备、他们的价值观与规范等等。普遍深入的通信技术(例如广播媒体)有能力建构价值观、事迹、时尚与行为案例的模型——年轻的“学习记录机”将这些并入他们正在进行的关于这个世界以及他们在世界中所处位置的表述。

认同形成的一个重要的环境特征是与个体以及社会网络二者之间的关系密不可分的，人们在这一网络中相互交流并产生这种认同。个体被提供以良好行为的案例，被其社会网络中的其他人评价，而且在行为与群体预期之间合适程度的基础上，个体被这一社会网络内的其他人无声地嘉奖或惩罚。由此，对于许多认同而言，这里都存在着一个“归属”方面。瑞秋作为一个俄裔犹太人有其特定的认同，从某种程度上说，是因为其他人将这种认同归属于她并产生一种调节方案，通过事例、刺激与惩罚以影响其行为。当她行动“过线”的时候，那么极有可能会受到这种或那种方式的制裁。

这些方面清楚地表明了一种认同是社会建构的：它通过其他人的行动形成与塑造，并且通过其他人所表达的调节范畴得以部分地建构（哈金1999）。这里描述了特定制度对社会化的贡献；教育、社会化以及成熟都是具体的社会进程。而且这里出现了关于马克思主义和女性主义的一种重要见解：通过引导并体现它们的那些社会的、经济的与性别的利益和假定，那些制度是有“偏差的”。因此，我们预期，出现的这一认同与心态自身会拥有一定程度的认知偏差和规范偏差，这一点是合理的［鲍尔斯（Samuel Bowles）与金提斯（Herbert Gintis）1976］。

其次，关于人类社会的一个普遍事实是，存在着一些引起个体们分享观点和见解的共同环境。个体们通常在非常公共的环境中发展他们的认同，如工作、性别、地理、城市风貌、乡村环境、语言等，这是一个重要的经验事实。而且他们就是在彼此之间的相互交流中以强化认同基础的方式行事。因而，重要且各具特色的认同基础的出现就是可以理解的了——导致了可信赖的“群体认同”的大众。这一点有助于解释一些重要的宏观认同——性别、美籍华人、联合主义者。它也同样有助于解释一些不是很明显的事实——矿工的团结、布鲁克林青少年的运动鞋偏好、阿巴拉契亚人的隔绝生活。

认同形成的这一方面的重要案例包括了性别、种族与工作。马克思主义社会学者极为关注在工作环境中（工厂、矿场或车间）的人们之间发展一种共同的社会心理的影响方式［加特曼（Herbert Gutman）1976，汤普森1966］。工作环境的调整、工作过程带来的疏远、工人们形成的日常抵抗形式（嬉笑、工作缓慢、小偷小摸），所有这一切都对工人们的社会心理产生影响［桑内特（Richard Sennett）与考伯（Jonathan Cobb）1972，罗宾（Lillian B. Rubin）1976］。

性别特征同样构造了女人以及各种各样有性别倾向性的人们的经历。看得见的和看不见的行为规范鼓励和支持了不同群体中人们的不同行为方式——对外部行为与内化的规范和预期都有影响。歧视、强迫与控制的共同经历使这些群体内部成员产生了一种社会心理，影响了世界观、规范与自我预期①。

以种族特征为基础的人们的种族化待遇的事实在已知的种族群体中产生了另外一套社会心理的认同形成要素。歧视与不平等待遇的事实、对种族群体内不顺从成员种族暴力威胁的事实，对上述群体内成员的社会心理有明显的影响。但是，我们也同样有可能追踪“群体内”社会化的运行方式——通过分析这一群体内话语与行为上极为显著的方式的扩散过程。

那些进入认同形成过程的偏见，都来源于什么？此处列举的这些认同形成的制度性机制给出了偏见的可能性(在进化论的角度上)。个体与群体都是有利益的，而且这里确定的这些机制自身都是通过占有认同与利益的个体们所体现的。因此，经由这些机制传递的信息将反映出认同与利益两个方面，要符合这两个方面，便导致了认同基础上的一种偏见，这一点是可信的。媒体过程反映了一套利益，宗教制度传达了一套审慎的价值观，等等。因而，社会认同是受社会支配的，这一点非常简单。上述讨论强调了社会进程背景在一些显著群体中嵌入歧视与控制的这些方式——结果是种族、性别以社会支配的方式体现出来。

社会认同如何在社会生活中运作？

现在我们转向社会认同如何发挥因果影响这一问题。认同影响行为，包括个体行为与社会行为。一种认同多多少少是动机的或行为的：一个人

---

① 福柯(Michel Foucault)的著作与认同形成的这一特征相关；尤其可参见(福柯 1978，1979)。福柯强调了无声制裁在下面这一方面的作用：强化性别认同、性别惯例以及其他形式社会认同的表达与行为方面的规范。

的认同给了他或她一套影响行动的动机和价值观。认同的反射面对行为和主体性的解释是重要的。如果我是一个威尔士矿工并且我知道“矿工是联合在一起的”,那么我自己的性格可能会呈现出这一特征——即使我也同样具有胆怯这一特点。这样,我开始拥有的这种认同反过来影响了我自身个性的发展,而这又反过来影响了我的行为举止。

此外,享有同一种认同的人们拥有一些共同的动机,一些对联合行动的某种程度的准备以及对于鼓励类似行为的一套共同的社会假定。因此,分享一种共同认同的人们将会有应对集体行动的资源。这就使得围绕族群群体的动员成为一种可行的政治行动策略。这些价值观、信念与传统惯例的复杂联合体影响了行为举止(例如,矿工间团结的传统),所以认同可以产生重大的历史效用。在塑造社会性质方面——利他主义与关注他人、忠诚、团结与公平,认同的作用对生发社会行为是重要的。这些性质在不同的共同体与不同的时间中一向是不同的。这些社会行动特征来源于两个方面:关于事物如何运行的主观的常识性理论;规范与价值假定。一个群体内部个体心理的这些共同特征在这一方面产生了丰富的资源,即在一个有能力的组织或领导人手中潜在的动员与合作的丰富资源。

在群体层面上,认同的功能体现在训练、协调以及塑造和劝导个体心理上的“认同”状态。这里的关键是,由个体(他们中的许多人在控制其应该如何行为方面都有共同的价值观)组成的一个群体通过纪律、行为示范与鼓励,将会有能力影响该群体内成员的行为。因此,一种社会认同,当具体体现在彼此间相互作用的许多个体身上的时候,便拥有这种因果力以影响和制约个体行为——结果是,该群体将会拥有一些可能有历史影响的行为特征。

这些研究为确定“主观”社会因素(例如规范体系或社会认同体系等)的潜在的因果重要性提供了一个理论基础。它们也同样支撑了本章始终强调的一点:社会生活方方面面的偶然性。一种共享的社会认同的事实可能会推进大规模的集体行动(如千年王国的叛乱),但是为了认识这些结果,我们需要联合许多其他的因素。

认同是稳定的吗?认同是如何持续的?

在我们有信心断定这些心态在历史变化中发挥了重要作用之前,我们有必要提出关于历史的严格问题:这些关于认同、心态与惯例的现象是否充分离散且稳定以致可以进行严格的历史考查?是否存在历史的或当代的数据资料可以允许我们认识和追踪时间流转中各具特色的认同?是否有足够的稳定性与相似性允许我们谈及超越时间和空间的一种心态或一种认同?保持与稳定这些特征的机制是什么?是否存在矫正机制以制约跨越时间、空间与群体的认同元素的任意流动?

该稳定性问题归结为这一点:一种特定社会认同的核心特征是否显示了一定合理程度的连续性与稳定性,它们跨越了产生这种认同的群体,跨越了这些人们世代更迭的时间?还是说我们这里已经确定的这些特征如此的具有可塑性,以至于更为合理的推定是,它们变化得太过迅速以致无法让它们作为历史因果关系发挥作用?我们想要评估的是认同与心态作为相对稳定的历史建构的程度。在一个群体内是否存在反馈机制,其运行包含了一种群体认同内部的转移和扩散?或者说,布朗运动过程是否将一个不可避免的符号熵引入了群体认同?关于这些变化机制和稳定机制,我们想要知道得更多——通过这些社会进程,一种认同可能会随时间变化"漂移"或变异。

上述确定的一些要素可以作为发展因素,它们也提供了在世代变化中一定程度的稳定性。例如,教育环境的连贯性给了一群年轻人一套相当一致的经历,这些经历为他们基本的态度和价值观提供了一定程度的一致性。同样的情况可以用来谈及诸如宗教组织或军事组织等其他持续性制度。另一个导致稳定性的重要因素是"协调",结果是当人们相互作用时影响了许多人。当我在日常生活中与其他人相互交流时,我的信念与规范得到调整。并且当我与那些享有先前认同元素的人们相互交流时，我的异质的修正会被剪除。让我们考虑这样一种类似情况：在一个语言共同体内地区方言的持续。学校教育制度、该方言"有能力的"说话者的存在以及发生在人们交谈时的自我修正，通过这些的联合，这一方言（词汇、发音）在一代人内和世代之间持续着。（通过假定变化率和修正率，我们有可能建构一定群体内部的稳定性与变化模型。）

确保社会认同中一些稳定性的另一连续性来源出自歧视或不利条件的共同环境因素。前文探讨过的这些共同环境至少对人类经历的一些认同形式有稳定化效用。如果控制和歧视对女性认同或种族认同是重要的决定性因素，而且如果社会关系的那些模式植根于持久的社会结构之中——那么，我们应该预期，女性认同或种族认同的元素可以随时间变化保持其稳定性。作为正在遭受虐待的某一群体的某一成员，这个人的认同会因这种虐待模式不断被强化。

惯　　例

现在让我们转向一个更为简洁的主题：一种社会惯例的本质，这看起来似乎不相关，但却不然。惯例，就像认同一样，通过一定的人口扩散并且从那些其他的时间和地点中辨别出这一群体。与认同和心态一样的是，拥有惯例发展、变异、再生的那些社会机制的一种论述，对我们是非常重要的。然而，与认同不一样的是，它们可能是完全不自觉的。个体可以在其日常行动中体现一种惯例而不去留意它的独特性与偶然性，这一点是可能的，甚至是普遍的。因此，惯例得以体现社会具体化的那些机制是什么？[①] 不过，首先要问的是，一种社会惯例是什么？让我们以这一简单的陈述开始：

① 参见特纳(Stephen Turner)关于社会惯例的论述(特纳 1994)。她对社会这一概念进行了有价值的哲学探究。

● 一种惯例就是各种方法、技巧与典型选择的一种集合体，它根植于某一时期的一定群体内，并通过社会传输机制持续下去。

惯例的例子可以包括木工、酿酒、捕鱼、造船、缝被子以及无数其他的实际技艺，这些技艺对于将技巧应用于自然以生产有用的物品至关重要。当代社会中也可以提供一些例子：与基因研究相关的实验室方法、维修影印机的熟练行为或是雕刻和壁画在中心城市的快速增加。

社会惯例也提出了关于起源与稳定性的问题，这类问题我们在关于心态的部分探讨过。它们如何具体化？它们如何扩散？它们会如何影响历史结果？随着时间的变化，惯例会呈现出稳定性吗？或者，它们是否会极具弹性以至于使我们难以分析？是否存在特定惯例集合体的一些信号，从而使我们可以通过历史研究对其进行追踪？

首先，什么是一种特定社会惯例的社会现实？它体现为某一特定时间某一人群的信念、技巧与物质目标。某一特定领域内熟练的从业者已经获取了一套技巧和方法，通过这些他们得以完成工作。这一知识极少系统化，而且在一套技巧内部的变化导致性质、效力与产品质量的差异。例如，考虑一下传统农业社会中的农业惯例[费根(Brian Fagan)2000，内亭(Robert Netting)1993]。在这一案例中，惯例涉及关于农作物、动物、播种、灌溉、施肥、时间安排以及对意外的反应等知识。它具体表现在地方知识、民间信念、方法与工具以及风俗习惯中。关于传统船只设计的例子是一个非常好的证明[埃尔斯特 1983，斯维瑞森(Arni Sverrisson)2002]。它显示出大量技巧和方法由师傅传递给学徒，而且通过检查现在可获得的历史上的制造物，我们有可能追踪在很长一段时期中应用的那些方法的发展与扩散的轨迹。

某一时间一种社会惯例的一个简单印象由这一时间体现在一群个体中的实用知识的描述组成。这里出现了两个层面的问题：实用知识的内容是如何传递给现在拥有它们的这些个体的？而且，实用知识的内容通过传播与变异，是如何随时间变化的？对第一个问题的初步答案沿着这些线索:一种惯例通过训练和模仿在从业者之间(或许在父母与孩子之间)传递。有时组织在传递过程中发挥因果作用(例如政府的农业普及服务、私人组织或出版物与媒体)。创新周期性的出现,作为一种不同的方法被纳入该技术进程的一个或多个方面。这些创新反过来通过同样类型的传播增生扩散(或逐渐消失)。(注意这一描述与达尔文刻画的物种形成过程的形式上的相似性。)

在我们关于认同与惯例的讨论中有一个集中点,集中于大众行动的主题。汤普森(1971)、毕仰高(2001)与蒂利(1986)都展示了大众抗议——面包暴动、抗税起义或革命示威——拥有根植于它们之中的我们称之为“惯例”的不同元素。有一些抗议的典型模式在一种特定传统中反复出现——法国的农村人民、中国的村民、意大利的产业工人——表现为历史上形成的抗议调色板。这些并不是“一般来说最佳的抗议工具”的事例,却是可能会发展得极为不同的非常具体的大众行动传统。蒂利通过法国的论据证明抗议模式的连续性,汤普森证明了这些面包暴动有一种与众不同的道义经济,它在某一时间盛行并随着时间变化。个体们已经知晓如何表达他们的抗议以及在集体行动的典型形式中如何集合——“当地主们忽视我们的生存危机时,我们就要这样做”。因此,大众抗议的武库有其他具体社会知识的许多特征:有一系列应对通常情况的技巧和解决范式,这些必须通过暴露给其他“行家”才能了解。

惯例“可塑”吗？随着时间和空间的变化,一种惯例的细节会改变吗？是的,它们会。传统农业中创新的出现是地方上没受过教育但却有才智的农民发现了改进方法的结果。[费根描述了在中世纪佛兰德斯的一种技艺集合体(费根 2000:第 6 章)]。这些创新被邻居们模仿与复制。“在大多数案例中,在采用新的惯例时,农民们可能会拷贝他们的邻居或地主”(费根 2000:108)。关于这样一种进程不存在任何天生是最佳的或进步的,这一点我们应该强调;最多,我们可以假定,如果存在一定的理由让新惯例的采纳者改变的话,他们将会选择这种变化。但是这种有利条件可能与效率或生产力无关。好的观念和创新慢慢消失;普普通通的惯例持续下来;而有时真正的进步出现了。例如费根写到关于英国人对苏格兰低地创新的回应:“世代的习惯与偏见使创新搁浅了”(费根 2000:107)。

我们如何在历史中证明惯例呢?是否有可能通过区域、时期或文化证明惯例的独特部分呢——就像达尔文证明在加拉帕戈斯陆龟岛雀类的独特变化?我们所拥有的加强社会惯例能见度的一个重要工具与社会惯例的物质表现相关——工具、人造物与产品。通过研究该技术产生的这些工具和产品,我们有可能推断出在某一时间、某一地区内应用的大量的实际技术。因此,通过追踪工具和产品的传播轨迹,我们就有可能追踪时间流转时在惯例中的变化轨迹。制陶业中的一项新技艺通常能被查明地点、时间;那么通过考古学研究,我们通常有可能察觉这一创新在下个世纪中传播到其他地方的迹象。而一旦我们这么做了,我们就能问一些建设性的问题,如实际知识传播机制是什么:农民与工匠的移入、贸易路线、书籍和小册子的销售等等。

社会认同的结论

这项努力使我们在阐明社会心态元理论(meta-theory)的尝试中,下列几种方式使我们得以前行。首先,我们已经介绍了所需调查的几个方面:心理学的(认同如何具体体现在个体中)、社会学的(认同如何传播与持续)、经验的(在一种认同的形成过程中有多大的稳定性与可塑性),以及历史因果的(制度与认同元素的这些复杂联合体如何影响历史变化)。

其次,在历史社会科学中存在大量的研究线索可以让我们拓宽和加深对这些论点与主题的理解,而且可以让我们更深层地理解富有深意的元素与结构元素或物质元素的相互作用方式。人们的行动是在结构条件与思维习惯的双重背景下进行的。这些思维习惯从历史的观点看是持久的(到一定程度),并且它们影响了行动的结构以及历史中的个体采取的策略与结果。

我们在这里确定的对一种群体认同有贡献的这些特征，如何在历史解释中发挥作用？下面列举几个例子：

- 集体行动的解释（蒂利、汤普森、孔飞力、韩书瑞）；集体意图的组成部分。
- 观念与创新的传播的解释（罗威廉；血缘群体与网络）——无意识的效果。
- 各种不同的解释以对应不同类型的社会制度——征兵、税收体制、腐败控制。
- 道德体系、广泛共享、社会行为影响（摩尔 1978）。

对于未来研究的一个问题是方法论方面的：对于那些植根于心态的社会细节，我们如何进行经验调查？是否存在可以通过历史记录追溯的一种特定认同的“决策者”，以此我们能观察跨时空的一种认同的扩散与变化？我们可以利用一些什么样的工具，从而得到一幅关于在某一特定历史时刻发挥作用的那些认同的清晰“肖像”要回答这一问题，开头或许包括：通过信函和日记自我记录的证据；种族暴动、食物暴动或其他形式集体骚乱的集体行动；或是对服装或器具等古物的研究。但是如果我们想充分利用心态、认同或其他“主观”社会特征的这些概念，我们需要在此层面上做更多的研究。

引用文献目录

Abbott, Andrew. 1998. The Causal Devolution. *Sociological Methods and Research* 27 (2):148 – 181.

Adas, Michael. 1979. *Prophets of Rebellion: Millenarian Protest Movements against the European Colonial Order*. Chapel Hill: University of North Carolina Press.

Adorno, Theodor W. 1969. Sociology and Empirical Research. In *The Positivist Dispute in German Sociology*, edited by T. Adorno and e. al.

Allen, Robert C. 2000. Economic Structure and Agricultural Productivity in Europe, 1300 – 1800. *European Review of Economic History* 3:1 – 25.

——. 2002. Involution, Revolution, or What? Agricultural Productivity, Income, and Chinese Economic Development. Oxford, UK.

——. 2005. Real Wages in Europe and Asia: A First Look at the Long-Term Patterns. In *Living Standards in the Past: New Perspectives on Well-Being in Asia and Europe*, edited by R. Allen, T. Bengtsson and M. Dribe. Oxford, UK: Oxford University Press.

Allen, Robert C., Tommy Bengtsson, and Martin Dribe. 2005. *Living Standards in the Past: New Perspectives on Well-Being in Asia and Europe*. Oxford; New York: Oxford University.

Althusser, Louis, and Etienne Balibar. 1970. *Reading Capital*. London: New Left Books.

Anderson, Michael. 1986. Historical Demography after the Population History of England. In *Population and Economy Population and History from the*

Traditional to the Modern World, edited by R. I. Rotberg and T. K. Rabb.

Arrigo, Linda Gail. 1986. Landownership Concentration in China: The Buck Survey Revisited. *Modern China* 12 (3):259 - 360.

Arrow, K. J., and F. H. Hahn. 1971. *General Competitive Analysis*: San Francisco.

Arrow, Kenneth Joseph. 1963. *Social Choice and Individual Values*. 2d ed, *Cowles Foundation for Research in Economics at Yale University. Monograph* 12. New York,: Wiley.

Aston, T. H., and C. H. E. Philpin, eds. 1985. *The Brenner Debate: Agrarian Class Structure and Economic Development in Pre-Industrial Europe*, *Past and Present Publications*. Cambridge [Cambridgeshire]; New York: Cambridge University Press.

Axelrod, Robert M. 1984. *The Evolution of Cooperation*. New York: Basic Books.

Badgley, John H., and John Wilson Lewis. 1974. *Peasant Rebellion and Communist Revolution in Asia*. Stanford, Calif.,: Stanford University Press.

Barclay, George W., Ansley J. Coale, and Michael A. Stoto. 1976. A Reassessment of the Demography of Traditional Rural China. *Population Index* 42 (4):606 - 35.

Barry, Brian M. 1970. *Sociologists, Economists and Democracy*. London: Collier-Macmillan.

Becker, Gary. 1976. *The Economic Approach to Human Behavior*. Chicago: University of Chicago.

Bendix, Reinhard, and Seymour Martin Lipset, eds. 1966. *Class, Status and Power*. second ed. New York: Free Press.

Bengtsson, Tommy, and et al. 2004. *Life under Pressure: Mortality and Living Standards in Europe and Asia, 1700 -1900*, *The Mit Press Eurasian Population and Family History Series*. Cambridge, Mass.: MIT Press.

Bhaskar, Roy. 1975. *A Realist Theory of Science*. [York]: Books.

Bianco, Lucien. 1971. *Origins of the Chinese Revolution, 1915 -1949*. Stanford: Stanford University Press.

——. 1975. Peasants and Revolution: The Case of China. *Journal of Peasant Studies* 2:313 - 35.

——. 1986. Peasant Movements. In *The Cambridge History of China Volume 13*, edited by J. K. Fairbank and A. Feuerwerker.

——. 2001. *Peasants without the Party: Grass-Root Movements in Twentieth-*

Century China. Armonk, N.Y.: M.E. Sharpe.

Blalock, Jr., H. M., ed. 1971. *Causal Models in the Social Sciences*. Chicago: Aldine-Atherton.

Blalock, Jr., Hubert M. 1972. *Social Statistics*. second ed. New York: McGraw-Hill.

——. 1982. *Conceptualization and Measurement in the Social Sciences*. Beverly Hills, Calif.: Sage Publications.

Bloch, Marc Léopold Benjamin. 1966. *French Rural History; an Essay on Its Basic Characteristics*. Berkeley,: University of California Press.

Bonner, John. 1986. *Introduction to the Theory of Social Choice*. Baltimore: The Johns Hopkins University Press.

Bourdieu, Pierre. 1977. *Outline of a Theory of Practice*. Cambridge: Cambridge University Press.

Bowles, Samuel, and Herbert Gintis. 1976. *Schooling in Capitalist America: Educational Reform and the Contradictions of Economic Life*. New York: Basic Books.

Brandt, Loren. 1987. Review of Philip C. C. Huang, the Peasant Economy and Social Change in North China. *Economic Development and Cultural Change* 35:670 – 82.

——. 1989. *Commercialization and Agricultural Development: Central and Eastern China 1870 –1937* . Cambridge: Cambridge University Press.

Brass, Paul, ed. 1985. *Ethnic Groups and the State*. London: Croom Helm.

Braverman, Harry. 1975. *Labor and Monopoly Capital; the Degradation of Work in the Twentieth Century*. New York,: Monthly Review Press.

Brenner, Robert. 1976. Agrarian Class Structure and Economic Development in Pre-Industrial Europe. *Past and Present* 70:30 – 75.

——. 1982. The Agrarian Roots of European Capitalism. *Past and Present* 97:16 – 113.

——. 1986. The Social Basis of Economic Development. In *Analytical Marxism*, edited by J. Roemer.

Brenner, Robert, and Christopher Isett. 2002. England's Divergence from China's Yangzi Delta: Property Relations, Microeconomics, and Patterns of Development. *Journal of Asian Studies* 61 (2):609 – 662.

Brinton, Mary C., and Victor Nee, eds. 1998. *New Institutionalism in Sociology*. New York: Russell Sage Foundation.

Brown, Harold I. 1977. *Perception, Theory, and Commitment: The New*

Philosophy of Science. *Chicago*: Precedent Pub.

——. 1987. *Observation and Objectivity*. New York: Oxford University Press.

Buchanan, Allen. 1979. Revolutionary Motivation and Rationality. *Philosophy and Public Affairs* 9 (1):59 - 82.

Buchanan, Allen E. 1982. *Marx and Justice*: *The Radical Critique of Liberalism*, *Philosophy and Society*. Totowa, N.J.: Rowman and Littlefield.

Buck, John Lossing. 1937a. *Land Utilization in China*. Chicago: University of Chicago Press.

——. 1937b. *Land Utilization in China*, *Statistics*. Shanghai: University of Nanking.

Cartwright, Nancy. 1983. *How the Laws of Physics Lie*. Oxford: Oxford University Press.

——. 1989. *Nature's Capacities and Their Measurement*. Oxford: Oxford University Press.

——. 1995. Causal Structures and Econometrics. In *On the Reliability of Economic Models*: *Essays in the Philosophy of Economics*, edited by D. Little. Boston: Kluwer Academic Publishing.

Chang, Chang-l. 1962. *The Income of the Chinese Gentry*, *Introduction by Franz Michael*. Seattle: University of Washington Press.

Chao, Kang. 1975. The Growth of a Modern Cotton Textile Industry and the Competition with Handicrafts. In *China's Modern Economy in Historical Perspective*, edited by D. H. Perkins.

——. 1986. *Man and Land in Chinese History*: *An Economic Analysis*. Stanford: Stanford University.

Chayanov, A. V. 1924. On the Theory of Non-Capitalist Economic Systems. In *The Theory of Peasant Economy*, edited by D. Thorner, B. Kerblay and R. E. F. Smith.

——. 1925. Peasant Farm Organization. In *The Theory of Peasant Economy*, edited by D. Thorner, B. Kerblay and R. E. F. Smith.

Chen, Fu-Mei C. and Ramon H. Myers. 1985. Rural Production and Distribution in Late Imperial China. *Chinese Studies* 3 (2):657 - 704.

Chen, Yung-fa. 1986. *Making Revolution*: *The Communist Movement in Eastern and Central China*, *1937 - 1945*. Berkeley: University of California Press.

Chesneaux, Jean. 1971. *Secret Societies in China in the Nineteenth and Twentieth Centuries*. Ann Arbor: University of Michigan.

——. 1972. *Popular Movements and Secret Societies in China*, *1840 - 1950*.

Stanford: Stanford University Press.

——. 1973. *Peasant Revolts in China 1840 -1949* . New York: Norton.

Chesneaux, Jean, Marianne Bastid, and Marie-Claire Bergere. 1976. *China from the Opium Wars to the 1911 Revolution*. New York: Random House.

Cohen, G. A. 1978. *Karl Marx's Theory of History: A Defence*. Princeton: Princeton University Press.

——. 1982. Functional Explanation, Consequence Explanation, and Marxism. *Inquiry* 25:27 - 56.

Cohen, Paul. 1984. *Discovering History in China*. New York: Columbia University Press.

Comaroff, Jean. 1985. *Body of Power, Spirit of Resistance: The Culture and History of a South African People*. Chicago: University of Chicago Press.

Cowen, Tyler. 1998. Do Economists Use Social Mechanisms to Explain? In *Social Mechanisms: An Analytical Approach to Social Theory*, edited by P. Hedström and R. Swedberg.

Crafts, N. F. R. 1981. The Eighteenth Century: A Survey. In *The Economic History of Britain since 1700 1. 1700 - 1860* , edited by R. Floud and D. McCloskey.

——. 1985. *British Economic Growth During the Industrial Revolution*. Oxford: Oxford University Press.

Crissman, Lawrence W. 1972. Marketing on the Changhua Plain, Taiwan. In *Economic Organization in Chinese Society*, edited by W. E. Willmott.

Dalton, George. 1969. Theoretical Issues in Economic Anthropology. *Current Anthropology* 10 (1):63 - 102.

——. 1971. *Economic Anthropology and Development*. New York: Basic.

Davidson, Donald. 1980. *Essays on Actions and Events*. Oxford: Oxford University Press.

Deane, Phyllis. 1979. *The First Industrial Revolution*. 2d ed. Cambridge [Eng.]: University Press.

Deane, Phyllis, and W. A. Cole. 1967. *British Economic Growth, 1688 -1959 . Trends and Structure*. Second ed. Cambridge: Cambridge University Press.

Dessler, David. 1991. Beyond Correlations: Toward a Causal Theory of War. *International Studies Quarterly* 35:337 - 255.

Duara, Prasenjit. 1987. State Involution: A Study of Local Finances in North China, 1911 - 1935. *Comparative Studies in Society and History* 29 (1): 132 - 61.

——. 1988. *Culture, Power and the State: Rural North China, 1900 - 1942*. Stanford: Stanford University Press.

Dupré, John, and Nancy Cartwright. 1988. Probability and Causality: Why Hume and Indeterminism Don't Mix. *Nous* 22:521 - 536.

Eastman, Lloyd E. 1988. *Family, Fields, and Ancestors: Constancy and Change in China's Social and Economic History, 1550 - 1949*. New York: Oxford University Press.

Ekstrom, Mats. 1992. Causal Explanation of Social Action: The Contribution of Max Weber and of Critical Realism to a Generative View of Causal Explanation in the Social Sciences. *Acta Sociologica* 35 (2):107(16).

Elster, Jon. 1978. *Logic and Society*. Chichester: Wiley.

——. 1979. *Ulysses and the Sirens: Studies in Rationality and Irrationality*. Cambridge [Eng.]; New York: Cambridge University Press.

——. 1982. Marxism, Functionalism, and Game Theory. *Theory and Society* 11: 453 - 482.

——. 1983. *Explaining Technical Change: A Case Study in the Philosophy of Science, Studies in Rationality and Social Change*. Cambridge [Cambridgeshire]; New York; Oslo: Cambridge University Press; Universitetsforlaget.

——. 1985a. *Making Sense of Marx*. Cambridge: Cambridge University Press.

——. 1985b. Rationality, Morality, and Collective Action. *Ethics* 96 (1): 136 - 155.

——. 1989. *The Cement of Society: A Study of Social Order*. Cambridge: Cambridge University Press.

Elvin, Mark. 1972. The High-Level Equilibrium Trap: The Causes of the Decline of Invention in the Traditional Chinese Textile Industries. In *Economic Organization*, edited by W. E. Wilmott.

——. 1973. *The Pattern of the Chinese Past*. Stanford: Stanford University Press.

——. 1975. Skills and Resources in Late Traditional China. In *China's Modern Economy*, edited by D. Perkins.

——. 1982. The Technology of Farming in Late-Traditional China. In *The Chinese Agricultural Economy*, edited by R. Barker and R. Sinha.

——. 2004. *The Retreat of the Elephants: An Environmental History of China*. New Haven: Yale University Press.

Elvin, Mark, and G. William Skinner, eds. 1974. *The Chinese City between Two Worlds, Studies in Chinese Society*. Stanford, Calif.: Stanford University Press.

Emirbayer, Mustafa, and Ann Mische. 1998. What Is Agency? *American Journal of Sociology* 103 (4):962 - 1023.

Esherick, Joseph. 1976. *Reform and Revolution in China : The 1911 Revolution in Hunan and Hubei, Michigan Studies on China*. Berkeley: University of California Press.

——. 1987. *The Origins of the Boxer Uprising*. Berkeley: University of California Press.

Esherick, Joseph W. 1981. Number Games: A Note on Land Distribution in Prerevolutionary China. *Modern China* 7 (4):387 - 411.

Evans-Pritchard, E. E. 1934. Levy-Bruhl's Theory of Primitive Mentality. Paper read at Bulletin of the Faculty of the Arts.

Fagan, Brian M. 2000. *The Little Ice Age : How Climate Made History 1300 -1850* . New York: Basic Books.

Fairbank, John K., and Albert Feuerwerker, eds. 1986. *The Cambridge History of China, Vol 13: Republican China 1912 - 1949 , Part 2* . Cambridge: Cambridge University Press.

Fairbank, John King. 1986. *The Great Chinese Revolution 1800 - 1985* . New York: Harper & Row.

Feigl, Herbert, and Grover Maxwell, eds. 1962. *Minnesota Studies in the Philosophy of Science*. Vol. 3. Minneapolis: University of Minnesota Press.

Feuerwerker, Albert. 1969. *The Chinese Economy, Ca. 1870 -1911* . Ann Arbor: Michigan Papers in Chinese Studies.

——. 1975. *Rebellion in Nineteenth-Century China, Michigan Papers in Chinese Studies; No. 21* . Ann Arbor: Center for Chinese Studies University of Michigan.

Feyerabend, Paul K. 1975. *Against Method : Outline of an Anarchistic Theory of Knowledge*. London: Humanities Press.

Fodor, Jerry. 1980. Special Sciences, or the Disunity of Science as a Working Hypothesis. In *Readings in Philosophy of Psychology Vol. 1* , edited by N. Block.

Fogel, Joshua. 1987a. *Ai Ssu-Ch'i's Contribution to the Development of Chinese Marxism*. Cambridge, MA: Harvard University Press.

——. 1987b. Liberals and Collaborators: The Research Department of the South Manchurian Railway Company. *Association for Asian Studies*.

Fogel, Joshua A., ed. 1984. *Recent Studies of Modern Chinese History*. Armonk, NY: M. E. Sharpe.

Foucault, Michel. 1978. *The History of Sexuality. Introduction*. New York: Pantheon.

——. 1979. *Discipline and Punish: The Birth of the Prison*. New York: Vintage Books.

Frank, Andre Gunder. 1967. *Capitalism and Underdevelopment in Latin America; Historical Studies of Chile and Brazil*. New York: Monthly Review Press.

George, Alexander L., and Andrew Bennett. 2005. *Case Studies and Theory Development in the Social Sciences, Bcsia Studies in International Security*. Cambridge, Mass.: MIT Press.

Glymour, Clark N. 1980. *Theory and Evidence*. Princeton, N. J.: Princeton University Press.

Goldstone, Jack. 2002. Missing the Forest for the Trees: A Comparison of Productivity in Agriculture in Preindustrial England and Imperial China.

Goldstone, Jack A. 1991. *Revolution and Rebellion in the Early Modern World*. Berkeley: University of California Press.

——. 2003. Comparative Historical Analysis and Knowledge Accumulation in the Study of Revolutions. In *Comparative Historical Analysis in the Social Sciences*, edited by J. Mahoney and D. Rueschemeyer.

Gutman, Herbert George. 1976. *Work, Culture, and Society in Industrializing America: Essays in American Working-Class and Social History*. lst ed. New York: Knopf: distributed by Random House.

Hacking, lan. 1999. *The Social Construction of What?* Cambridge: Harvard University Press.

Hahn, Frank, and Martin Hollis, eds. 1979. *Philosophy and Economic Theory*. Oxford: Oxford University.

Hamilton, W. D. 1971. Geometry for the Selfish Herd. *Journal of Theoretical Biology* 31:295 - 311.

Hanley, Susan B. 1985. Family and Fertility in Four Tokugawa Villages. In *Family and Population in East Asian History*, edited by S. Hanley and A. Wolf.

Frohlich, Norman, and et al. 1975. Individual Contributions to Collective Goods: Alternative Models. *Journal of Conflict Resolution* 19:310 - 329.

Frohlich, Norman, and Joe A. Oppenheimer. 1974. The Carrot and the Stick: Optimal Program Mixes for Entrepreneurial Political Leaders. *Public Choice* 19:43 - 61.

——. 1978. *Modern Political Economy*. Englewood Cliffs, NJ: Prentice-Hall.

Frohlich, Norman, Joe Oppenheimer, and Oran R. Young. 1971. *Political Leadership and Collective Goods*. Princeton: Princeton University Press.

Galbiati, Fernando. 1985. *P'eng P'ai and the Lu-Feng Soviet*. Stanford: Stanford University Press.

Garfinkel, Alan. 1981. *Forms of Explanation: Rethinking the Questions of Social Theory*. New Haven: Yale University Press.

Geertz, Clifford. 1963. *Agricultural Involution: The Process of Ecological Change in Indonesia*. Berkeley: University of California Press.

——. 1968. *Islam Observed; Religious Development in Morocco and Indonesia, The Terry Lectures, V.37*. New Haven,: Yale University Press.

——. 1971a. *The Interpretation of Cultures; Selected Essays*. New York,: Basic Books.

——. 1971b. Religion as a Cultural System: in Geertz (1971).

——. 1980. *Negara: The Theatre State in Nineteenth-Century Bali*. Princeton: Princeton University Press.

——. 1983. *Local Knowledge: Further Essays in Interpretive Anthropology*. New York: Basic Books.

——. 1984. Culture and Social Change: The Indonesian Case. *Man* 19 (4): 513 - 32.

Hardin, Russell. 1982. *Collective Action*. Baltimore: The Johns Hopkins University Press.

——. 1995. *One for All: The Logic of Group Conflict*. Princeton: Princeton University Press.

Harre, Rom. 1970. *Principles of Scientific Thinking*. Chicago: University of Chicago.

Hartré, Rom, and E. H. Madden. 1975a. *Causal Powers: A Theory of Natural Necessity*. Oxford: Basil Blackwell.

——. 1975b. *A Theory of Natural Necessity*. Oxford: Basil Blackwell.

Harré, Rom, and Paul F. Secord. 1972. *The Explanation of Social Behaviour*. Oxford,: Blackwell.

Harrell, Stevan. 1985. The Rich Get Children: Segmentation, Stratification, and Population in Three Chekiang Lineages, 1550 - 1850. In *Family and Population in East Asian History*, edited by S. Hanley and A. Wolf.

Harsanyi, John C. 1976. *Essays on Ethics, Social Behavior, and Scientific Explanation*. Dordrecht: D. Reidel.

——. 1977. *Rational Behavior and Bargaining Equilibrium in Games and Social*

Situations. Cambridge: Cambridge University Press.

Hart, Gillian. 1988. Agrarian Structure and the State in Java and Bangladesh. *Journal of Asian Studies* 47 (2):248 - 67.

Hartford, Kathleen. 1992. Would the Real Chinese Peasant Please Stand Up? *Republican China* 18 (1):90 - 121.

Havinden, M. A. 1967. Agricultural Progress in Open-Field Oxfordshire.

Hedström, Peter. 2003. Generative Models and Explanatory Research: On the Sociology of Aage B. Sørensen. Pre—publication manuscript to appear in: Research in Social Stratification and Mobility.

Hedström, Peter, and Richard Swedberg. 1998. *Social Mechanisms: An Analytical Approach to Social Theory*, *Studies in Rationality and Social Change*. Cambridge, U.K.; New York: Cambridge University Press.

Hempel, Carl. 1942. The Function of General Laws in History. In *Aspects of scientific Explanation*, edited by C. Hempel.

——. 1965a. Confirmation, Induction, and Rational Belief. In *Aspects of scientific Explanation*, edited by C. Hempel.

Hempel, Carl Gustav. 1965b. *Aspects of Scientific Explanation, and Other Essays in the Philosophy of Science*. New York,: Free Press.

——. 1966. *Philosophy of Natural Science*, *Prentice-Hall Foundations of Philosophy Series*. Englewood Cliffs, N. J.,: Prentice-Hall.

Hicks, John Richard. 1969. *A Theory of Economic History*. Oxford,: Clarendon P.

Hilton, Rodney. 1973. *Bondmen Made Free: Medieval Peasant Movements and the English Rising of 1381* . London: Maurice Temple Smith Ltd.

Hobsbawm, E. J. 1963. *Primitive Rebels*, *Studies in Archaic Forms of Social Movement in the 19th and 20th Centuries*. [2d] ed, *Books That Matter*. New York,: Praeger.

Hollis, Martin, and Steven Lukes, eds. 1982. *Rationality and Relativism*. 1st MIT Press ed. Cambridge, Mass.: MIT Press.

Hookway, Christopher, and Philip Pettit, eds. 1978. *Action and Interpretation: Studies in the Philosophy of the Social Sciences*. Cambridge; New York: Cambridge University Press.

Horowitz, Donald L. 1985. *Ethnic Groups in Conflict*. Berkeley, California: University of California Press.

Hsieh, Winston. 1974. Peasant Insurrection and the Marketing Hierarchy in the Canton Delta, 1911. In *The Chinese City between Two Worlds*, edited by M.

Elvin and G. W. Skinner.

Huang, Philip C. 1990. *The Peasant Family and Rural Development in the Yangzi Delta, 1350 -1988*. Stanford, Calif.: Stanford University Press.

Huang, Philip C. C. 1985. *The Peasant Economy and Social Change in North China*. Stanford: Stanford University Press.

——. 2002. Development or Involution in Eighteenth-Century Britain and China? A Review of Kenneth Pomerantz's *the Great Divergence: China, Europe, and the Making of the Modern World Economy*. *Journal of Asian Studies* 61 (2): 501 - 528.

Hull, David L. 1974. *Philosophy of Biological Science, Prentice-Hall Foundations of Philosophy Series*. [Englewood Cliffs, N.J.,: Prentice-Hall.

Johnson, Chalmers A. 1962. *Peasant Nationalism and Communist Power; the Emergence of Revolutionary China*. Stanford, Calif.,: Stanford University Press.

Jones, E. L. 1988. *Growth Recurring: Economic Change in World History*. Oxford: Oxford University Press.

Jones, Susan Mann, and Philip A. Kuhn. 1978. Dynastic Decline and the Roots of Rebellion. In *The Cambridge History of China*, edited by D. Twitchett and J. K. Fairbank.

Kahneman, D., P. Slovic, and A. Tversky. 1982. *Judgment under Uncertainty: Heuristics and Biases*. Cambridge: Cambridge University Press.

Keat, Russell, and John Urry. 1975. *Social Theory as Science*. London: Routledge & Kegan Paul.

Keyes, Charles et al. 1983. Peasant Strategies in Asian Societies: Moral and Rational Economic Approaches—a Symposium. *Journal of Asian Studies* XLII (4):753 - 868.

Kimeldoff, Howard. 1988. *Reds or Rackets?: The Making of Radical and Conservative Unions on the Waterfront*. Berkeley: University of California Press.

Kiser, E. 1998. The Debate on Historical Sociology: Rational Choice Theory and Its Critics. *American Journal of Sociology* 104 (3):785 - 816.

Kiser, Edgar, and Michael Hechter. 1991. The Role of General Theory in Comparative—Historical Sociology. *American Journal of Sociology* 97 (1): 1 - 30.

Klitgaard, Robert E. 1988. *Controlling Corruption*. Berkeley: University of California Press.

Knight, Jack, and Jean Ensminger. 1998. Conflict over Changing Social Norms: Bargaining, Ideology, and Enforcement. In *The New Institutionalism in Sociology*, edited by M. C. Brinton and V. Nee.

Kohli, Atuhl. 1990. *Democracy and Discontent: India's Growing Crisis of Governabilily*. Cambridge: Cambridge University Press.

Kriedte, Peter. 1981. The Origins, the Agrarian Context, and the Conditions in the World Market. In *Industrialization before Industrialization Rural Industry in the Genesis of Capitalism*, edited by P. Kriedte, H. Medick and J. Schlumbohm.

——. 1983. *Peasants, Landlords and Merchant Capitalists Europe and the World Economy,1500 -1800* . Cambridge: Cambridge University Press.

Kuhn, Philip A. 1970a. *Rebellion and Its Enemies in Late Imperial China, Militarization and Social Structure, 1796 -1864 , Harvard East Asian Series*, 49. Cambridge, Mass.,: Harvard University Press.

——. 1977. Origins of the Taiping Vision: Cross-Cultural Dimensions of a Chinese Rebellion. *Comparative Studies in Society and History* 19 (3):350 - 66.

——. 1978. The Taiping Rebellion. In *The Cambridge History of China V. 10* , edited by D. Twitchett and J. K. Fairbank.

Kuhn, Thomas S. 1970b. *The Structure of Scientific Revolutions*. [2d, enl. ed, *International Encyclopedia of Unified Science. Foundations of the Unity of Science, V. 2 , No. 2* . Chicago,: University of Chicago Press.

Lakatos, Imre. 1978. *The Methodology of Scientific Research Programmes: Philosophical Papers*. Vol. 1. Cambridge: Cambridge University Press.

Lakatos, Imre, and Alan Musgrave, eds. 1974. *Criticism and the Growth of Knowledge*. Repr. with corrections 1974. ed, *Proceedings of the International Colloquium in the Philosophy of Science, London, 1965 ; V. 4* . Cambridge [Eng.]; New York: Cambridge University Press.

Laudan, Larry. 1977. *Progress and Its Problems: Toward a Theory of Scientific Growth*. Berkeley: University of California Press.

Lavely, William, James Lee, and Wang Feng. 1990. Chinese Demography: The State of the Field. *Journal of Asian Studies* 49 (4):807 - 834.

Lavely, William R. 1988. *The Spatial Approach to Chinese History: A Critique of Sands and Myers*: unpublished manuscript.

Le Roy Ladurie, Emmanuel. 1974. *The Peasants of Languedoc*. Urbana,: University of Illinois Press.

Lee, James. n. d. *A Century of Mortality in Rural Liaoning, 1774 - 1873* :

unpublished.

Lee, James, Cameron Campbell, and Wang Feng. 2002. Positive Check or Chinese Checks? *Journal of Asian Studies* 61 (2):591 - 607.

Lee, James, and Fu Kedong. 1987. The Eight Banner Registration System.

Lee, James Z., and Cameron D. Campbell. 1997. *Fate and Fortune in Rural China: Social Organization and Population Behavior in Liaoning, 1774 -1873*, *Cambridge Studies in Population, Economy and Society in Past Time; 31*. New York: Cambridge Unversity Press.

Lee, James Z., Cameron Campbell, and Guofu Tan. 1988. Price and Population History in Rural Fengtian 1772 - 1873.

Lee, James Z., and Wang Feng. 1999. *One Quarter of Humanity: Malthusian Mythology and Chinese Realities, 1700 -2000*. Cambridge, Mass.: Harvard University Press.

Lee, R. D., and R. S. Schofield. 1981. British Population in the Eighteenth Century. In *The Economic History of Britain since 1700 1. 1700 -1860,* edited by R. Floud and D. McCloskey.

Levine, Andrew. 1986. Review of Jon Elster, *Making Sense of Marx*. *Journal of Philosophy* LXXXIII(12):721 - 28.

Lewis, David K. 1969. *Convention: A Philosophical Study*. Cambridge,: Harvard University Press.

Li, Bozhong. 1998. *Agricultural Development in Jiangnan, 1620 -1850*. London: Palgrave Macmillan.

——. 2002a. Farm Economy in the Pumao Area, 1823 - 34 - a Case Study of Agricultural Labor Productivity of Late Imperial China. *Economic History Conference XIII*.

——. 2002b. Involution or Not: A Case Study of Farm Economy in Songjiang, 1823 - 34. Paper read at Convergence and Divergence in Historical Perspective: The Origins of Wealth and Persistence of Poverty in the Modern World, AII-U.C. Group in Economic History Conference, November 8 - 10, 2002, at University of California, Irvine.

Li, Huaiyin. 2005. *Village Governance in North China, 1875 - 1936*. Stanford, California: Stanford University Press.

Li, Lillian M. 1981. *China's Silk Trade: Traditional Industry in the Modern World 1842 -1937*. Cambridge: Harvard University Press.

Lieberson, Stanley. 2000. *Matter of Taste: How Names, Fashions, and Culture Change*. New Haven, CT: Yale University Press.

Lippit, Victor D. 1974. *Land Reform and Economic Development in China a Study of Institutional Change and Development Finance*. White Plains, N. Y.: International Arts and Sciences Press.

——. 1978. The Development of Underdevelopment in China. *Modern China* 4 (3):251 - 328.

——. 1987. *The Economic Development of China*. Armonk, New York: Sharpe.

Little, Daniel. 1986. *The Scientific Marx*. Minneapolis: University of Minnesota Press.

——. 1989. Marxism and Popular Politics: The Microfoundations of Class Struggle. *Canadian Journal of Philosophy* Supplementary Volume 15: 163 - 204.

——. 1991. *Varieties of Social Explanation: An Introduction to the Philosophy of Social Science*. Boulder, Colorado: Westview Press.

——. 1998. *Microfoundations, Method and Causation: On the Philosophy of the Social Sciences*. New Brunswick, New Jersey: Transaction Publishers.

—— 2000. Explaining Large—Scale Historical Change. *Philosophy of the Social Sciences* 30 (1):89 - 112.

—— 2006. Levels the Social. In *Handbook for Philosophy of Anthropology and Sociology*, edited by S. Turner and M. Risjord. Amsterdam; New York: Elsevier Publishing.

Little, Daniel, and Joseph Esherick. 1989. Testing the Testers: A Reply to Barbara Sands and Ramon Myers' Critique of G. William Skinner's Regional Systems Approach to China. *Journal of Asian Studies* 48 (1):90 - 99.

Liu, Kwang-Ching. 1978. The Ch'ing Restoration. In *The Cambridge History of China V. 10* , edited by D. Twitchett and J. K. Fairbank.

Liu, Ts'ui-jung. 1985. The Demography of Two Chinese Clans in Hsiao-Shan, Chekiang, 1650 - 1850. In *Family and Population in East Asian History*, edited by S. Hanley and A. Wolf.

Luce, R. D., and Howard Raiffa. 1958. *Games and Decisions*. New York: Wiley.

Lukes, Steven. 1973. Methodological Individualism Reconsidered. In *The Philosophy of Social Explanation*, edited by A. Ryan.

——. 1982. Relativism in Its Place. In *Rationality and Relativism*, edited by M. Hollis and S. Lukes: in Hollis and Lukes, eds. (1982).

MacIntyre, Alasdair. 1973. Is a Science of Comparative Politics Possible? In *The Philosophy of Social Explanation*, edited by A. Ryan.

MacIntyre, Alasdair C. 1984. *After Virtue: A Study in Moral Theory*. 2nd ed. Notre Dame, Ind.: University of Notre Dame Press.

Mackay, Alfred F. 1980. *Arrow's Theorem, the Paradox of Social Choice: A Case Study in the Philosophy of Economics*. New Haven: Yale University Press.

Mackie, J. L. 1974. *The Cement of the Universe; a Study of Causation*. Oxford,: Clarendon Press.

Mahoney, James, and Dietrich Rueschemeyer. 2003. *Comparative Historical Analysis in the Social Sciences, Cambridge Studies in Comparative Politics*. Cambridge, UK; New York: Cambridge University Press.

Malinowski, Bronislaw. 1961. *Argonauts of the Western Pacific; an Account of Native Enterprise and Adventure in the Archipelagoes of Melanesian New Guinea, Dutton Paperback, D 74*. New York,: Dutton.

Mann, Michael. 1986a. *The Sources of Social Power. A History of Power from the Beginning to A.D.1760*. Vol. one. Cambridge: Cambridge University Press.

Mann, Susan. 1986b. Review of Huang, the Peasant Economy. *Journal of Asian Studies* XLV (3).

Marcus, George E., and Michael M. J. Fischer. 1986. *Anthropology as Cultural Critique: An Experimental Moment in the Human Sciences*. Chicago: University of Chicago Press.

Margolis, Howard. 1982. *Selfishness, Altruism, and Rationality: A Theory of Social Choice*. Cambridge [Cambridgeshire]; New York: Cambridge University Press.

Marks, Robert. 1984. *Rural Revolution in South China: Peasants and the Making of History in Haifeng County 1570 –1930*. Madison: University of Wisconsin Press.

Marx, Karl. 1977. *Capital*. Vol. 1. New York: Vintage.

Marx, Karl, and Frederick Engels. [1848] 1974. The Communist Manifesto. In *The Revolutions of 1848: Political Writings, Vol. I.*, edited by D. Fernbach.

Marx, Karl, and Friedrich Engels. [1845 - 49] 1970. *The German Ideology*. 3d rev. ed. Moscow: Progress Publishers.

McAdam, Doug, Sidney G. Tarrow, and Charles Tilly. 2001. *Dynamics of Contention, Cambridge Studies in Contentious Politics*. New York: Cambridge University Press.

McDonald, Terrence J. 1996. *The Historic Turn in the Human Sciences*. Ann Arbor: University of Michigan Press.

McMurtry, John. 1978. *The Structure of Marx's World-View*. Princeton, N.J.:

Princeton University Press.

Medick, Hans. 1981. The Proto-Industrial Family Economy. In *Industrialization before Industrialization Rural Industry in the Genesis of Capitalism*, edited by P. Kriedte, H. Medick and J. Schlumbohm.

Mendels, Franklin F. 1981. Agriculture and Peasant Industry in Eighteenth-Century Flanders. In *Industrialization before Industrialization Rural Industry in the Genesis of Capitalism*, edited by P. Kriedte, H. Medick and J. Schlumbohm: in Kriedte, Medick, and Schlumbohm (1981).

Merton, Robert K. 1963. *Social Theory and Social Structure*. New York: Free Press.

——. 1967. *On Theoretical Sociology*. New York: Free Press.

——. 1973. *The Sociology of Science Theoretical and Empirical Investigations*. Chicago: University of Chicago Press.

Migdal, Joel. 1974. *Peasants, Politics and Revolution*. Princeton: Princeton University Press.

Miliband, Ralph. 1969. *The State in Capitalist Society*. New York: Basic.

——. 1977. *Marxism and Politics*. Oxford: Oxford University Press.

Miller, Richard. 1978. Methodological Individualism and Social Explanation. *Philosophy of Science* 45:387 - 414.

Miller, Richard W. 1984. *Analyzing Marx: Morality, Power, and History*. Princeton, N.J.: Princeton University Press.

——. 1987. *Fact and Method: Explanation, Confirmation and Reality in the Natural and the Social Sciences*. Princeton, N.J.: Princeton University Press.

Moore, Barrington. 1966. *Social Origins of Dictatorship and Democracy; Lord and Peasant in the Making of the Modern World*. Boston,: Beacon Press.

——. 1978. *Injustice: The Social Bases of Obedience and Revolt*. White Plains, N.Y.: M. E. Sharpe.

Morgenstem, Oskar. 1963. *On the Accuracy of Economic Observations*. Second ed. Princeton: Princeton University Press.

Moya, Paula M. L., and Michael Roy Hames-Garcia, eds. 2000. *Reclaiming Identity: Realist Theory and the Predicament of Postmodernism*. Berkeley, Calif.: University of California Press.

Mueller, Dennis C. 1976. Public Choice: A Survey. *Journal of Economic Literature* 14 (2):395 - 433.

Myers, Ramon H. 1970. *The Chinese Peasant Economy*. Cambridge: Harvard University Press.

——. 1975. Cooperation in Traditional Agriculture and Its Implications for Team Farming in the People's Republic of China. In *China's Modern Economy in Historical Perspective*, edited by D. Perkins.

——. 1980. North China Villages During the Republican Period: Socio-Economic Relationships. *Modern China* 6 (3):243 - 66.

——. 1986. The Agrarian System. In *The Cambridge History of China : Republican China 1912 -1949* , *Part 2* , edited by J. K. Fairbank and A. Feuerwerker.

Nagel, Ernest. 1961. *The Structure of Science ; Problems in the Logic of Scientific Explanation*. New York,: Harcourt Brace & World.

Nagel, Thomas, 1970. *The Possibility of Altruism*. Oxford: Oxford University Press.

Naquin, Susan. 1976. *Millenarian Rebellion in China : The Eight Trigrams Uprising of 1813* . New Haven: Yale University Press.

——. 1981. *Shantung Rebellion the Wang Lun Uprising of 1774* . New Haven: Yale University Press.

——. 1985. The Transmission of White Lotus Sectarianism in Late Imperial China. In *Popular Culture in Late Imperial China*, edited by D. Johnson, A. Nathan and E. Rawski.

Nash, Manning. 1965. *The Golden Road to Modernity: Village Life in Contemporary Burma*. New York: Wiley.

——. 1966. *Primitive and Peasant Economic Systems*. San Francisco: Chandler.

——. 1989. *The Cauldron of Ethnicity in the Modern World*. Chicago: University of Chicago Press.

Netting, Robert McC. 1993. *Smallholders, Householders : Farm Families and the Ecology of Intensive, Sustainable Agriculture*. Stanford: Stanford University Press.

Newton-Smith, W. 1981. *The Rationality of Science, International Library of Philosophy*. Boston: Routledge & Kegan Paul.

North, Douglas C., and Robert Paul Thomas. 1973. *The Rise of the Western World : A New Economic History*. Cambridge: Cambridge University Press.

Olson, Mancur. 1965. *The Logic of Collective Action : Public Goods and the Theory of Groups*. Cambridge: Harvard University Press.

Outhwaite, William. 1975. *Understanding Social Life : The Method Called Verstehen*. London: George Allen & Unwin.

Paige, Jeffrey. 1975. *Agrarian Revolution*. New York: Free Press.

Pasternak, Burton. 1978. The Sociology of Irrigation: Two Taiwanese Villages. In

Studies in Chinese Society, edited by A. Wolf.

Perdue, Peter. 1986. Insiders and Outsiders: The Xiangtan Riot of 1819 and Collective Action in Hunan. *Modern China* 12 (2): 166 - 201.

——. 1988. The Qing State and the Gansu Grain Market, 1739 - 1864: Paper for conference on Economic Methods for Chinese Historical Research, January, 1988, Oracle, Arizona.

Perdue, Peter C. 1987. *Exhausting the Earth : State and Peasant in Hunan, 1500 - 1850 , Harvard East Asian Monographs ; 130* . Cambridge, Mass. : Council on East Asian Studies Harvard University: Distributed by Harvard University Press.

——. 2005. *China Marches West : The Qing Conquest of Central Eurasia*. Cambridge, Mass. : Belknap Press of Harvard University Press.

Perkins, Dwight. 1969. *Agricultural Development in China*. Chicago: Aldine Publishing.

Perkins, Dwight H. 1975a. Growth and Changing Structure of China's Twentieth-Century Economy. In *China's Modern Economy in Historical Perspective*, edited by D. Perkins.

——, ed. 1975b. *China's Modern Economy in Historical Perspective*. Stanford: Stanford University Press.

Perry, Elizabeth. 1976. Worshippers and Warriors: White Lotus Influence on the Nian Rebellion. *Modern China* 2 (1):4 - 22.

——. 1980a. When Peasants Speak: Sources for the Study of Chinese Rebellions. *Modern China* 6 (1):72 - 85.

Perry, Elizabeth, and Tom Chang. 1980. The Mystery of Yellow Cliff: A Controversial "Rebellion" in the Late Qing. *Modern China* 6:123 - 60.

Perry, Elizabeth J. 1980b. *Rebels and Revolutionaries in North China 1845 -1945.* Stanford: Stanford University Press.

Phelps Brown, E. Henry, and Sheila V. Hopkins. 1956. Seven Centuries of the Prices of Consumables Compared with Builders' Wage Rates. *Economica* 23: 296 - 314.

Polachek, James M. 1983. The Moral Economy of the Kiangsi Soviet (1928 - 34). *Journal of Asian Studies* XLII (4):805 - 830.

Polanyi, Karl. 1957. *The Great Transformation*. Boston: Beacon Press.

Pomeranz, Kenneth. 2000. *The Great Divergence : Europe, China, and the Making of the Modern World Economy, The Princeton Economic History of the Western World*. Princeton, N.J. : Princeton University Press.

——. 2002. Beyond the East—West Binary: Resituating Development Paths in the Eighteenth-Century World. *Journal of Asian Studies* 61 (2):539 - 590.

Popkin, Samuel L. 1979. *The Rational Peasant : The Political Economy of Rural Society in Vietnam*. Berkeley: University of California Press.

——. 1981. Public Choice and Rural Development—Free Riders, Lemons, and Institutional Design. In *Toward a Political Economy of Development*, edited by R. Bates.

Popper, Karl Raimund. 1957. *The Poverty of Historicism*. Boston,: Beacon Press.

——. 1965. *Conjectures and Refutations; the Growth of Scientific Knowledge*. 2d. ed. New York,: Basic Books.

——. 1966. *The Open Society and Its Enemies*. [5th, rev.] ed. Princeton, N. J.,: Princeton University Press.

Postan, M. M. 1972. *The Medieval Economy and Society: An Economic History of Britain in the Middle Ages*. London,: Weidenfeld and Nicolson.

Powell, Walter, and Paul J. DiMaggio, eds. 1991. *The New Institutionalism in Organizational Analysis*. Chicago: University of Chicago Press.

Przeworski, Adam. 1985a. *Capitalism and Social Democracy*. Cambridge: Cambridge University Press.

——. 1985b. Marxism and Rational Choice. *Politics & Society* 14 (4):379 - 409.

Putnam, Hilary. 1975a. The Analytic and the Synthetic: in Putnam (1975a).

——. 1975b. The "Corroboration" of Theories: in Putnam (1975a).

——. 1975c. Explanation and Reference: in Putnam (1975a).

——. 1975d. Is Semantics Possible?: in Putnam (1975a).

——. 1975e. *Mathematics, Matter, and Method*. 2d ed, *His Philosophical Papers.—2d Ed.; V.1*. Cambridge; New York: Cambridge University Press.

——. 1975f. The Meaning of 'Meaning': in Putnam (1975a).

——. 1975g. *Mind, Language, and Reality*. 1st pbk. ed, *His Philosophical Papers; V. 2*. Cambridge; New York: Cambridge University Press.

Pye, Lucian W. 1968. *The Spirit of Chinese Politics; a Psychocultural Study of the Authority Crisis in Political Development*. Cambridge, Mass.,: M.I.T. Press.

Rankin, Mary Backus. 1986. *Elite Activism and Political Transformation in China.*

Zhejiang Province, 1865 -1911. Stanford, Calif.: Stanford University Press.

Rapoport, Anatol. 1966. *Two-Person Game Theory; the Essential Ideas, Ann Arbor Science Library, Aas 515*. Ann Arbor,: University of Michigan Press.

Rapoport, Anatol, and A. M. Chammah. 1965. *Prisoners' Dilemma: A Study in*

Conflict and Cooperation. Ann Arbor: University of Michigan.

Rawls, John. 1971. *A Theory of Justice*. Cambridge, Mass.,: Belknap Press of Harvard University Press.

Rawski, Evelyn Sakakida. 1972. *Agricultural Change and the Peasant Economy of South China*. Cambridge: Harvard University Press.

Rawski, Thomas G. 1989. *Economic Growth in Prewar China*. Berkeley: University of California Press.

——, ed. 1996. *Economics and the Historian*. Berkeley: University of California Press.

Reed, Michael I. 1997. In Praise of Duality and Dualism: Rethinking Agency and Structure in Organizational Analysis. *Organizational Studies* 18 (1):21 - 42.

Riskin, Carl. 1975. Surplus and Stagnation in Modern China. In *China's Modern Economy in Historical Perspective*, edited by D. Perkins.

——. 1987. *China's Political Economy: The Quest for Development since 1949*. Oxford: Oxford University Press.

Roemer, John. 1981. *Analytical Foundations of Marxism*. New York: Cambridge University. Press.

——. 1982a. *A General Theory of Exploitation and Class*. Cambridge: Harvard University Press.

——. 1982b. Methodological Individualism and Deductive Marxism. *Theory and Society* 11:513 - 520.

——, ed. 1986. *Analytical Marxism*. Cambridge: Cambridge University Press.

Rosenberg, Alexander. 1988. *Philosophy of Social Science*. Boulder, Colorado: Westview.

Rotberg, Robert I., and Theodore K. Rabb, eds. 1986. *Population and Economy: Population and History from the Traditional to the Modern World*. Cambridge: Cambridge University Press.

Roth, Paul A. 1987. *Meaning and Method in the Social Sciences: The Case for Methodological Pluralism*: Ithaca: Cornell University Press.

Rowe, William T. 1984. *Hankow: Commerce and Society in a Chinese City 1796 - 1889* Stanford, Calif.: Stanford University Press.

Rozman, Gilbert. 1973. *Urban Networks in Ch'ing China and Tokugawa Japan*. Princeton: Princeton University Press.

——. 1977 - 78. China's Traditional Cities: A Review Article. *Pacific Affairs* 50 (4):65 - 91.

——. 1982. *Population and Marketing Settlements in Ch'ing China*. Cambridge:

Cambridge University Press.

Rubin, Lillian B. 1976. *Worlds of Pain: Life in the Working-Class Family*. New York: Basic Books.

Rudner, Richard S. 1966. *Philosophy of Social Science, Prentice-Hall Foundations of Philosophy Series*. Englewood Cliffs, N.J.,: Prentice-Hall.

Rudolph, Susanne Hoeber. 1987. State Formation in Asia. *Journal of Asian Studies* 46 (4):731-746.

Russell, Clifford S., ed. 1979. *Collective Decision Making*. Baltimore: Johns Hopkins Press.

Russell, Clifford S., and Norman K. Nicholson, eds. 1981. *Public Choice and Rural Development*: Washington, D.C.: Resources for the Future.

Ryan, Alan. 1973. *The Philosophy of Social Explanation, Oxford Readings in Philosophy*. [London]: Oxford University Press.

Sabel, Charles F. and Jonathan Zeitlin. 1985. Historical Alternatives to Mass Production: Politics, Markets and Technology in Nineteenth Century Industrialization. *Past and Present* 108:133-176.

Sahlins, Marshall David. 1972. *Stone Age Economics*. Chicago,: Aldine-Atherton.

——. 1976. *Culture and Practical Reason*. Chicago: University of Chicago Press.

Salmon, Wesley C. 1984. *Scientific Explanation and the Causal Structure of the World*. Princeton: Princeton University Press.

Samuelson, Paul. 1955. Diagrammatic Exposition of a Theory of Public Expenditure. *Review of Economics and Statistics* 37:350-56.

Sands, Barbara, and Ramon H. Myers. 1986. The Spatial Approach to Chinese History: A Test. *Journal of Asian Studies* XLV (4):721-43.

Schabas, Margaret. 1995. Parmenides and the Cliometricians. In *On the Reliability of Economic Models*, edited by D. Little. Boston: Kluwer Academic Publishers.

Schelling, Thomas C. 1978. *Micromotives and Macrobehavior*. New York: Norton.

Schlumbohm, Jurgen. 1981. *Relations of Production—Productive Forces—Crises in Proto-Industrialization*: in Kriedte, Medick, Schlumbohm (1981).

Schofield, Roger S. 1986. Through a Glass Darkly: The Population History of England as an Experiment in History. In *Population and Economy Population and History from the Traditional to the Modern World*, edited by R. I. Rotberg and T. K. Rabb.

Schoppa, R. Keith. 1982. *Chinese Elites and Political Change: Zhejiang Province in the Early Twentieth Century*. Cambridge: Harvard University Press.

Schultz, Theodore W. 1964. *Transforming Traditional Agriculture*. New Haven: Yale University Press.

Schumpeter, Joseph Alois. 1947. *Capitalism, Socialism, and Democracy*. 2d ed. New York and London,: Harper & brothers.

Scott, James C. 1976. *The Moral Economy of the Peasant: Rebellion and Subsistence in Southeast Asia*. New Haven: Yale University Press.

——. 1977a. Hegemony and the Peasantry. *Politics and Society* 7 (3):267 - 96.

——. 1977b. Protest and Profanation: Agrarian Revolt and the Little Tradition. *Theory and Society* 4 (1,2): 1 - 38, 211 - 46.

——. 1979. Revolution in the Revolution: Peasants and Commissars. *Theory and Society* 7 (1):97 - 134.

——. 1985. *Weapons of the Weak: Everyday Forms of Peasant Resistance*. New Haven: Yale University Press.

Scriven, Michael. 1962. Explanations, Predictions, and Laws. In *Minnesota Studies in the Philosophy of Science Vol. 3*, edited by H. Feigl and G. Maxwell.

Selden, Mark. 1971. *The Yenan Way in Revolutionary China*. Cambridge: Harvard University Press.

Sen, A. K. 1970. *Collective Choice and Social Welfare*: San Francisco: Holden-Day.

——. 1982a. Rational Fools. In *Choice, Welfare and Measurement*, edited by A. Sen.

Sen, Amartya. 1982b. *Choice, Welfare and Measurement*. Cambridge: MIT Press.

——. 1987. *On Ethics & Economics*. New York: Basil Blackwell.

Sen, Amartya Kumar. 1981. *Poverty and Famines: An Essay on Entitlement and Deprivation*. Oxford; New York: Clarendon Press; Oxford University Press.

Sennett, Richard, and Jonathan Cobb. 1972. *The Hidden Injuries of Class*. [1st] ed. New York,: Knopf.

Sewell, William Hamilton. 2005. *Logics of History: Social Theory and Social Transformation, Chicago Studies in Practices of Meaning*. Chicago: University of Chicago Press.

Shanin, Teodor. 1985. *The Roots of Otherness: Russia's Turn of Century Volume 1*. New Haven: Yale University Press.

Shaw, William. 1984. Marxism, Revolution and Rationality. In *After Marx*, edited by T. Ball and J. Farr.

Shaw, William H. 1978. *Marx's Theory of History*. Stanford, Calif.: Stanford University Press.

Shilling, Chris. 1997. The Undersocialised Conception of the Embodied Agent in Modern Sociology. *Sociology* 31 (4):737 - 754.

Shubik, Martin. 1982. *Game Theory in the Social Sciences: Concepts and Solutions*. Cambridge: MIT Press.

Shue, Henry. 1980a. *Basic Rights: Subsistence, Affluence, and U.S. Foreign Policy*. Princeton, N.J.: Princeton University Press.

Shue, Vivienne. 1980b. *Peasant China in Transition: The Dynamics of Development toward Socialism, 1949 -1956*. Berkeley: University of California Press.

Simon, Herbert. 1979. From Substantive to Procedural Rationality. In *Philosophy and Economic Theory*, edited by F. Hahn and M. Hollis.

Simon, Herbert A. 1971. Spurious Correlation: A Causal Interpretation. In *Causal Models in the Social Sciences*, edited by H. Blalock.

Sivin, Nathan. 1978. Imperial China: Has Its Present Past a Future? *Harvard Journal of Asiatic Studies* 38:449 - 480.

Skinner, G. William. 1964 - 65. Marketing and Social Structure in Rural China. *Journal of Asian Studies* 24 (1 - 3).

——. 1971. Chinese Peasants and the Closed Community: An Open and Shut Case. *Comparative Studies in Society and History* 13:270 - 81.

——. 1975. Review of Gilbert Rozman (1973).

——. 1977a. Cities and the Hierarchy of Local Systems. In *The City in Late Imperial China*, edited by G. W. Skinner.

——. 1977b. Regional Urbanization in Nineteenth-Century China. In *The City in Late Imperial China*, edited by G. W. Skinner.

——. 1985. Presidential Address: The Structure of Chinese History. *Journal of Asian Studies* XLIV (2):271 - 92.

——. 1987. Sichuan's Population in the Nineteenth Century. *Late Imperial China* 7 (2):1 - 79.

——. n.d. *The Population Geography of Agrarian Societies*: manuscript.

Skinner, G. William, and Hugh D. R. Baker, eds. 1977. *The City in Late Imperial China, Studies in Chinese Society*. Stanford, Calif.: Stanford University Press.

Skocpol, Theda. 1979. *States and Social Revolutions: A Comparative Analysis of France, Russia, and China*. Cambridge; New York: Cambridge University Press.

Sober, Elliott. 1984. *The Nature of Selection: Evolutionary Theory in Philosophical Focus*. Cambridge, Mass.: MIT Press.

Soboul, Albert. 1989. *The French Revolution, 1787 -1799: From the Storming of the Bastille to Napoleon*. London; Boston: Unwin Hyman.

Sorensen, Aage B. 1998. Theoretical Mechanisms and the Empirical Study of Social Processes. In *Social Mechanisms: An Analytical Approach to Social Theory*, edited by P. Hedström and R. Swedberg.

——. 2001. Careers, Wealth and Employment Relations. In *Source Book on Labor Markets: Evolving Structures and Processes*, edited by A. L. Kalleberg and I. Berg: Plenum Press.

Ste. Croix, G. E. M. de. 1981. *The Class Struggle in the Ancient Greek World from the Archaic Age to the Arab Conquests*. Ithaca: Cornell University Press.

——. 1984. Class in Marx's Conception of History. *New Left Review* 146.

Steel, Daniel. 2004. Social Mechanisms and Causal Inference. *Philosophy of the Social Sciences* 34 (1):55 - 78.

Steele, Claude M., and Joshua Aronson. 1995. Stereotype Threat and the Intellectual Test Performance of African Americans. *Journal of Personality and Social Psychology* 69 (5):797 - 811.

Stinchcombe, Arthur L. 1966. Agricultural Enterprise and Rural Class Relations. In *Class, Status and Power*, edited by R. Bendix and S. M. Lipset.

——. 1978. *Theoretical Methods in Social History*. New York: Academic Press.

Sverrisson, Árni. 2002. Small Boats and Large Ships: Social Continuity and Technical Change in the Icelandic Fisheries, 1800 - 1960. *Technology and Culture* 43 (2):227 - 254 - 3.

Tai, Hue-Tam Ho. 1983. *Millenarianism and Peasant Politics in Vietnam*. Cambridge: Harvard University Press.

Tambiah, Stanley J. 1991. *Sri Lanka: Ethnic Fratricide and the Dismantling of Democracy*. Chicago: University of Chicago Press.

Tarrow, Sidney. 1996. The People's Two Rhythms: Charles Tilly and the Study of Contentious Politics. *Comparative Studies in Society and History* 38 (3):586 - 600.

Tawney, R. H. 1966. *Land and Labor in China*. Boston: Beacon.

Taylor, Charles. 1985a. *Interpretation and the Sciences of Man*: in Taylor (1985).

——. 1985b. *Neutrality in Political Science*: in Taylor (1985).

——. 1985c. *Philosophy and the Human Sciences: Philosophical Papers* 2. Cambridge: Cambridge University Press.

Taylor, Michael. 1976. *Anarchy and Cooperation*. London: Wiley.

——. 1982. *Community, Anarchy and Liberty*. Cambridge: Cambridge University Press.

Thaxton, Ralph. 1977. The World Turned Downside Up. *Modern China* 3 (2): 185 - 228.

Thelen, Kathleen. 2003. How Institutions Evolve. In *Comparative Historical Analysis in the Social Sciences*, edited by J. Mahoney and D. Rueschemeyer.

Thomas, David. 1979. *Naturalism and Social Science: A Post-Empiricist Philosophy of Social Science, Themes in the Social Sciences*. Cambridge [Eng.]; New York: Cambridge University Press.

Thompson, E. P. 1966. *The Making of the English Working Class, Vintage Books, V—322* . New York,: Vintage Books.

——. 1971. The Moral Economy of the English Crowd in the Eighteenth Century. *Past and Present* 50:71 - 136.

——. 1975. *The Crime of Anonymity*: in Hay et al 1975.

——. 1995. *The Poverty of Theory, or an Orrery of Errors*. New ed. London: Merlin Press.

Tilly, Charles. 1964. *The Vendée*. Cambridge: Harvard University Press.

——. 1984. *Big Structures, Large Processes, Huge Comparisons*. New York: Russell Sage Foundation.

——. 1986. *The Contentious French: Four Centuries of Popular Struggle*. Cambridge: Harvard University Press.

——. 1990. *Coercion, Capital, and European States, Ad 990 - 1990 , Studies in Social Discontinuity*. Cambridge, Mass., USA: B. Blackwell.

——. 1995. To Explain Political Processes. *American Journal of Sociology*.

——. 2003. *The Politics of Collective Violence, Cambridge Studies in Contentious Politics*. Cambridge; New York: Cambridge University Press.

Tilly, Charles, Louise Tilly, and Richard H. Tilly. 1975. *The Rebellious Century, 1830 - 1930* . Cambridge: Harvard University Press.

Turner, Stephen P. 1994. *The Social Theory of Practices: Tradition, Tacit Knowledge, and Presuppositions*. Chicago: University of Chicago Press.

Twitchett, Denis, and John K. Fairbank, eds. 1978. *The Cambridge History of China, Vol. 10: Late Ch'ing, 1800 - 1911 , Part 1* . Cambridge: Cambridge University Press.

Van Parijs, Philippe. 1981. *Evolutionary Explanation in the Social Sciences*. Totowa, NJ: Rowman & Littlefield.

——. 1983. Why Marxist Economics Needs Microfoundations. *Review of Radical Political Economics* 15 (2).

——. 1984. Marxism's Central Puzzle. In *After Marx*, edited by T. Ball and J. Farr: in Ball and Farr, After Marx.

Varela, Charles R., and Rom Harre. 1996. Conflicting Varieties of Realism: Causal Powers and the Problem of Social Structure. *Journal for the Theory of Social Behaviour* 26 (3):313 - 325.

Varshney, Ashutosh. 2002. *Ethnic Conflict and Civic Life : Hindus and Muslims in India*. New Haven, CT: Yale University Press.

Vlastos, Stephen. 1986. *Peasant Protests and Uprisings in Tokugawa Japan*. Berkeley: University of California Press.

von Wright, G. H. 1971. *Explanation and Understanding, Contemporary Philosophy*. Ithaca, N.Y.,: Cornell University Press.

Wagner, RudolfG. 1982. *Reenacting the Heavenly Vision: The Role of Religion in the Taiping Rebellion*. Berkeley: Institute of East Asian Studies, Univ. of Calif.

Wakeman, Frederic E. 1985. *The Great Enterprise : The Manchu Reconstruction of Imperial Order in Seventeenth-Century China*. Berkeley: University of California Press.

Watkins, J. W. N. 1968. Methodological Individualism and Social Tendencies. In *Readings in the Philosophy of the Social Sciences*, edited by M. Brodbeck. New York: Macmillan.

Watson, Ruby. 1985. *Inequality among Brothers*. Cambridge: Cambridge University Press.

Weber, Max. 1949. *The Methodology of the Social Sciences*. New York: Free Press.

Wiens, Thomas. 1982. *Microeconomics of Peasant Economy : China, 1920 -1940* . New York: Garland.

Wiens, Thomas B. 1975. Review of the Chinese Peasant Economy by Ramon H. Myers. *Modern Asian Studies* 9 (2):279 - 88.

Willmott, W. E., ed. 1972. *Economic Organization in Chinese Society*. Stanford: Stanford University Press.

Wilson, Bryan R., ed. 1970. *Rationality*. Oxford: Blackwell.

Wittgenstein, Ludwig. 1968. *Philosophical Investigations*. Oxford: Blackwell.

Wolf, Arthur P., ed. 1978. *Studies in Chinese Society*. Stanford: Stanford University Press.

Wolf, Eric. 1966. *Peasants*. Englewood Cliffs, NJ: Prentice Hall.

Wolf, Eric R. 1969. *Peasant Wars of the Twentieth Century*. New York: Harper & Row.

—— 1986. The Vicissitudes of the Closed Corporate Peasant Community. *American Ethnologist* 13 (2):325 - 29.

Wong, David. 1984. *Moral Relativity*. Berkeley, Calif.: University of California.

Wong, R. Bin. 1997. *China Transformed: Historical Change and the Limits of European Experience*. Ithaca, New York: Cornell University Press.

——. 2003. Integrating China into World Economic History. *Journal of Asian Studies website*.

Wrigley, E. Anthony, and Roger S. Schofield. 1981. *The Population History of England, 1541 - 1871: A Reconstruction*. Cambridge: Harvard University Press.

译后记

此书是在刘北成老师的指导下由张天虹、张洪云、张胜波三人合作完成的。原著为八章，作者后来又增补了两章，补充了作者最近几年的心得，因此中译本总共十章。具体分工为：张洪云，第一、六、八、十章；张天虹，第二、四、五、七章；张胜波，第三、九章。全书由张天虹统稿，并对人名的翻译进行了统一。

和刘老师一起讨论译文是幸福而快乐的事情，从对我们进行的指导和分工、校对再到最后的出版，刘老师付出了大量心血，这很难用“感谢”二字来表达。另外，要说明一点，文中仍然存在的错误全部由译者负责。

我们三人的研究方向都是社会经济史，而李丹先生除了探讨社会经济史的经验研究之外，更多地是研究了社会科学哲学的方法论问题。2007 年 4 月，李丹先生应李伯重教授的邀请来清华做演讲，在此期间，我们三人曾就书中的相关问题向李丹先生请教，解决了不少难题。尽管如此，仅在知识结构方面，我们和李丹先生就存在着一定的不对称，况且我们的水平有限，错误以及误解之处恐怕仍然在所难免，恳请方家指正。

译者

2007 年 12 月 29 日于清华园

“海外中国研究丛书”书目

1. 中国的现代化　[美]吉尔伯特·罗兹曼 主编　国家社会科学基金“比较现代化”课题组 译　沈宗美 校
2. 寻求富强:严复与西方　[美]本杰明·史华兹 著　叶凤美 译
3. 中国现代思想中的唯科学主义(1900—1950)　[美]郭颖颐 著　雷颐 译
4. 台湾:走向工业化社会　[美]吴元黎 著
5. 中国思想传统的现代诠释　余英时 著
6. 胡适与中国的文艺复兴:中国革命中的自由主义,1917—1937　[美]格里德 著　鲁奇 译
7. 德国思想家论中国　[德]夏瑞春 编　陈爱政 等译
8. 摆脱困境:新儒学与中国政治文化的演进　[美]墨子刻 著　颜世安 高华 黄东兰 译
9. 儒家思想新论:创造性转换的自我　[美]杜维明 著　曹幼华 单丁 译　周文彰 等校
10. 洪业:清朝开国史　[美]魏斐德 著　陈苏镇 薄小莹　包伟民 陈晓燕 牛朴 谭天星 译　阎步克 等校
11. 走向21世纪:中国经济的现状、问题和前景　[美]D.H. 帕金斯 著　陈志标 编译
12. 中国:传统与变革　[美]费正清 赖肖尔 主编　陈仲丹 潘兴明 庞朝阳 译　吴世民 张子清 洪邮生 校
13. 中华帝国的法律　[美]D. 布朗 C. 莫里斯 著　朱勇 译　梁治平 校
14. 梁启超与中国思想的过渡(1890—1907)　[美]张灏 著　崔志海 葛夫平 译
15. 儒教与道教　[德]马克斯·韦伯 著　洪天富 译
16. 中国政治　[美]詹姆斯·R. 汤森 布兰特利·沃马克 著　顾速 董方 译
17. 文化、权力与国家:1900—1942年的华北农村　[美]杜赞奇 著　王福明 译
18. 义和团运动的起源　[美]周锡瑞 著　张俊义 王栋 译
19. 在传统与现代性之间:王韬与晚清革命　[美]柯文 著　雷颐 罗检秋 译
20. 最后的儒家:梁漱溟与中国现代化的两难　[美]艾恺 著　王宗昱 冀建中 译
21. 蒙元入侵前夜的中国日常生活　[法]谢和耐 著　刘东 译
22. 东亚之锋　[美]小R. 霍夫亨兹 K.E. 柯德尔 著　黎鸣 译
23. 中国社会史　[法]谢和耐 著　黄建华 黄迅余 译
24. 从理学到朴学:中华帝国晚期思想与社会变化面面观　[美]艾尔曼 著　赵刚 译
25. 孔子哲学思微　[美]郝大维 安乐哲 著　蒋弋为 李志林 译
26. 北美中国古典文学研究名家十年文选　乐黛云 陈珏 编选
27. 东亚文明:五个阶段的对话　[美]狄百瑞 著　何兆武 何冰 译
28. 五四运动:现代中国的思想革命　[美]周策纵 著　周子平 等译
29. 近代中国与新世界:康有为变法与大同思想研究　[美]萧公权 著　汪荣祖 译
30. 功利主义儒家:陈亮对朱熹的挑战　[美]田浩 著　姜长苏 译
31. 莱布尼兹和儒学　[美]孟德卫 著　张学智 译
32. 佛教征服中国:佛教在中国中古早期的传播与适应　[荷兰]许理和 著　李四龙 裴勇 等译
33. 新政革命与日本:中国,1898—1912　[美]任达 著　李仲贤 译
34. 经学、政治和宗族:中华帝国晚期常州今文学派研究　[美]艾尔曼 著　赵刚 译
35. 中国制度史研究　[美]杨联陞 著　彭刚 程钢 译

36. 汉代农业:早期中国农业经济的形成 [美]许倬云 著 程农 张鸣 译 邓正来 校
37. 转变的中国:历史变迁与欧洲经验的局限 [美]王国斌 著 李伯重 连玲玲 译
38. 欧洲中国古典文学研究名家十年文选 乐黛云 陈珏 龚刚 编选
39. 中国农民经济:河北和山东的农民发展,1890—1949 [美]马若孟 著 史建云 译
40. 汉哲学思维的文化探源 [美]郝大维 安乐哲 著 施忠连 译
41. 近代中国之种族观念 [英]冯客 著 杨立华 译
42. 血路:革命中国中的沈定一(玄庐)传奇 [美]萧邦奇 著 周武彪 译
43. 历史三调:作为事件、经历和神话的义和团 [美]柯文 著 杜继东 译
44. 斯文:唐宋思想的转型 [美]包弼德 著 刘宁 译
45. 宋代江南经济史研究 [日]斯波义信 著 方健 何忠礼 译
46. 一个中国村庄:山东台头 杨懋春 著 张雄 沈炜 秦美珠 译
47. 现实主义的限制:革命时代的中国小说 [美]安敏成 著 姜涛 译
48. 上海罢工:中国工人政治研究 [美]裴宜理 著 刘平 译
49. 中国转向内在:两宋之际的文化转向 [美]刘子健 著 赵冬梅 译
50. 孔子:即凡而圣 [美]赫伯特・芬格莱特 著 彭国翔 张华 译
51. 18 世纪中国的官僚制度与荒政 [法]魏丕信 著 徐建青 译
52. 他山的石头记:宇文所安自选集 [美]宇文所安 著 田晓菲 编译
53. 危险的愉悦:20 世纪上海的娼妓问题与现代性 [美]贺萧 著 韩敏中 盛宁 译
54. 中国食物 [美]尤金・N. 安德森 著 马孆 刘东 译 刘东 审校
55. 大分流:欧洲、中国及现代世界经济的发展 [美]彭慕兰 著 史建云 译
56. 古代中国的思想世界 [美]本杰明・史华兹 著 程钢 译 刘东 校
57. 内闱:宋代的婚姻和妇女生活 [美]伊沛霞 著 胡志宏 译
58. 中国北方村落的社会性别与权力 [加]朱爱岚 著 胡玉坤 译
59. 先贤的民主:杜威、孔子与中国民主之希望 [美]郝大维 安乐哲 著 何刚强 译
60. 向往心灵转化的庄子:内篇分析 [美]爱莲心 著 周炽成 译
61. 中国人的幸福观 [德]鲍吾刚 著 严蓓雯 韩雪临 吴德祖 译
62. 闺塾师:明末清初江南的才女文化 [美]高彦颐 著 李志生 译
63. 缀珍录:十八世纪及其前后的中国妇女 [美]曼素恩 著 定宜庄 颜宜葳 译
64. 革命与历史:中国马克思主义历史学的起源,1919—1937 [美]德里克 著 翁贺凯 译
65. 竞争的话语:明清小说中的正统性、本真性及所生成之意义 [美]艾梅兰 著 罗琳 译
66. 中国妇女与农村发展:云南禄村六十年的变迁 [加]宝森 著 胡玉坤 译
67. 中国近代思维的挫折 [日]岛田虔次 著 甘万萍 译
68. 中国的亚洲内陆边疆 [美]拉铁摩尔 著 唐晓峰 译
69. 为权力祈祷:佛教与晚明中国士绅社会的形成 [加]卜正民 著 张华 译
70. 天潢贵胄:宋代宗室史 [美]贾志扬 著 赵冬梅 译
71. 儒家之道:中国哲学之探讨 [美]倪德卫 著 [美]万白安 编 周炽成 译
72. 都市里的农家女:性别、流动与社会变迁 [澳]杰华 著 吴小英 译
73. 另类的现代性:改革开放时代中国性别化的渴望 [美]罗丽莎 著 黄新 译
74. 近代中国的知识分子与文明 [日]佐藤慎一 著 刘岳兵 译
75. 繁盛之阴:中国医学史中的性(960—1665) [美]费侠莉 著 甄橙 主译 吴朝霞 主校
76. 中国大众宗教 [美]韦思谛 编 陈仲丹 译
77. 中国诗画语言研究 [法]程抱一 著 涂卫群 译
78. 中国的思维世界 [日]沟口雄三 小岛毅 著 孙歌 等译

79. 德国与中华民国　[美]柯伟林 著　陈谦平 陈红民 武菁 申晓云 译　钱乘旦 校
80. 中国近代经济史研究:清末海关财政与通商口岸市场圈　[日]滨下武志 著　高淑娟 孙彬 译
81. 回应革命与改革:皖北李村的社会变迁与延续　韩敏 著　陆益龙 徐新玉 译
82. 中国现代文学与电影中的城市:空间、时间与性别构形　[美]张英进 著　秦立彦 译
83. 现代的诱惑:书写半殖民地中国的现代主义(1917—1937)　[美]史书美 著　何恬 译
84. 开放的帝国:1600 年前的中国历史　[美]芮乐伟·韩森 著　梁侃 邹劲风 译
85. 改良与革命:辛亥革命在两湖　[美]周锡瑞 著　杨慎之 译
86. 章学诚的生平与思想　[美]倪德卫 著　杨立华 译
87. 卫生的现代性:中国通商口岸健康与疾病的意义　[美]罗芙芸 著　向磊 译
88. 道与庶道:宋代以来的道教、民间信仰和神灵模式　[美]韩明士 著　皮庆生 译
89. 间谍王:戴笠与中国特工　[美]魏斐德 著　梁禾 译
90. 中国的女性与性相:1949 年以来的性别话语　[英]艾华 著　施施 译
91. 近代中国的犯罪、惩罚与监狱　[荷]冯客 著　徐有威 等译　潘兴明 校
92. 帝国的隐喻:中国民间宗教　[英]王斯福 著　赵旭东 译
93. 王弼《老子注》研究　[德]瓦格纳 著　杨立华 译
94. 寻求正义:1905—1906 年的抵制美货运动　[美]王冠华 著　刘甜甜 译
95. 传统中国日常生活中的协商:中古契约研究　[美]韩森 著　鲁西奇 译
96. 从民族国家拯救历史:民族主义话语与中国现代史研究　[美]杜赞奇 著　王宪明 高继美 李海燕 李点 译
97. 欧几里得在中国:汉译《几何原本》的源流与影响　[荷]安国风 著　纪志刚 郑诚 郑方磊 译
98. 十八世纪中国社会　[美]韩书瑞 罗友枝 著　陈仲丹 译
99. 中国与达尔文　[美]浦嘉珉 著　钟永强 译
100. 私人领域的变形:唐宋诗词中的园林与玩好　[美]杨晓山 著　文韬 译
101. 理解农民中国:社会科学哲学的案例研究　[美]李丹 著　张天虹 张洪云 张胜波 译
102. 山东叛乱:1774 年的王伦起义　[美]韩书瑞 著　刘平 唐雁超 译
103. 毁灭的种子:战争与革命中的国民党中国(1937—1949)　[美]易劳逸 著　王建朗 王贤知 贾维 译
104. 缠足:"金莲崇拜"盛极而衰的演变　[美]高彦颐 著　苗延威 译
105. 饕餮之欲:当代中国的食与色　[美]冯珠娣 著　郭乙瑶 马磊 江素侠 译
106. 翻译的传说:中国新女性的形成(1898—1918)　胡缨 著　龙瑜宬 彭珊珊 译
107. 中国的经济革命:20 世纪的乡村工业　[日]顾琳 著　王玉茹 张玮 李进霞 译
108. 礼物、关系学与国家:中国人际关系与主体性建构　杨美惠 著　赵旭东 孙珉 译　张跃宏 译校
109. 朱熹的思维世界　[美]田浩 著
110. 皇帝和祖宗:华南的国家与宗族　[英]科大卫 著　卜永坚 译
111. 明清时代东亚海域的文化交流　[日]松浦章 著　郑洁西 等译
112. 中国美学问题　[美]苏源熙 著　卞东波 译　张强强 朱霞欢 校
113. 清代内河水运史研究　[日]松浦章 著　董科 译
114. 大萧条时期的中国:市场、国家与世界经济　[日]城山智子 著　孟凡礼 尚国敏 译　唐磊 校
115. 美国的中国形象(1931—1949)　[美] T. 克里斯托弗·杰斯普森 著　姜智芹 译
116. 技术与性别:晚期帝制中国的权力经纬　[英]白馥兰 著　江湄 邓京力 译

117. 中国善书研究　[日]酒井忠夫 著　刘岳兵 何英莺 孙雪梅 译
118. 千年末世之乱:1813 年八卦教起义　[美]韩书瑞 著　陈仲丹 译
119. 西学东渐与中国事情　[日]增田涉 著　由其民 周启乾 译
120. 六朝精神史研究　[日]吉川忠夫 著　王启发 译
121. 矢志不渝:明清时期的贞女现象　[美]卢苇菁 著　秦立彦 译
122. 明代乡村纠纷与秩序:以徽州文书为中心　[日]中岛乐章 著　郭万平 高飞 译
123. 中华帝国晚期的欲望与小说叙述　[美]黄卫总 著　张蕴爽 译
124. 虎、米、丝、泥:帝制晚期华南的环境与经济　[美]马立博 著　王玉茹 关永强 译
125. 一江黑水:中国未来的环境挑战　[美]易明 著　姜智芹 译
126.《诗经》原意研究　[日]家井真 著　陆越 译
127. 施剑翘复仇案:民国时期公众同情的兴起与影响　[美]林郁沁 著　陈湘静 译
128. 华北的暴力和恐慌:义和团运动前夕基督教传播和社会冲突　[德]狄德满 著　崔华杰 译
129. 铁泪图:19 世纪中国对于饥馑的文化反应　[美]艾志端 著　曹曦 译
130. 饶家驹安全区:战时上海的难民　[美]阮玛霞 著　白华山 译
131. 危险的边疆:游牧帝国与中国　[美]巴菲尔德 著　袁剑 译
132. 工程国家:民国时期(1927—1937)的淮河治理及国家建设　[美]戴维・艾伦・佩兹 著　姜智芹 译
133. 历史宝筏:过去、西方与中国妇女问题　[美]季家珍 著　杨可 译
134. 姐妹们与陌生人:上海棉纱厂女工,1919—1949　[美]韩起澜 著　韩慈 译
135. 银线:19 世纪的世界与中国　林满红 著　詹庆华 林满红 译
136. 寻求中国民主　[澳]冯兆基 著　刘悦斌 徐硙 译
137. 墨梅　[美]毕嘉珍 著　陆敏珍 译
138. 清代上海沙船航运业史研究　[日]松浦章 著　杨蕾 王亦诤 董科 译
139. 男性特质论:中国的社会与性别　[澳]雷金庆 著　[澳]刘婷 译
140. 重读中国女性生命故事　游鉴明 胡缨 季家珍 主编
141. 跨太平洋位移:20 世纪美国文学中的民族志、翻译和文本间旅行　黄运特 著　陈倩 译
142. 认知诸形式:反思人类精神的统一性与多样性　[英]G. E. R. 劳埃德 著　池志培 译
143. 中国乡村的基督教:1860—1900 江西省的冲突与适应　[美]史维东 著　吴薇 译
144. 假想的"满大人":同情、现代性与中国疼痛　[美]韩瑞 著　袁剑 译
145. 中国的捐纳制度与社会　伍跃 著
146. 文书行政的汉帝国　[日]富谷至 著　刘恒武 孔李波 译
147. 城市里的陌生人:中国流动人口的空间、权力与社会网络的重构　[美]张骊 著　袁长庚 译
148. 性别、政治与民主:近代中国的妇女参政　[澳]李木兰 著　方小平 译
149. 近代日本的中国认识　[日]野村浩一 著　张学锋 译
150. 狮龙共舞:一个英国人笔下的威海卫与中国传统文化　[英]庄士敦 著　刘本森 译　威海市博物馆 郭大松 校
151. 人物、角色与心灵:《牡丹亭》与《桃花扇》中的身份认同　[美]吕立亭 著　白华山 译
152. 中国社会中的宗教与仪式　[美]武雅士 著　彭泽安 邵铁峰 译　郭潇威 校
153. 自贡商人:近代早期中国的企业家　[美]曾小萍 著　董建中 译
154. 大象的退却:一部中国环境史　[英]伊懋可 著　梅雪芹 毛利霞 王玉山 译
155. 明代江南土地制度研究　[日]森正夫 著　伍跃 张学锋 等译　范金民 夏维中 审校
156. 儒学与女性　[美]罗莎莉 著　丁佳伟 曹秀娟 译

157. 行善的艺术:晚明中国的慈善事业(新译本) [美]韩德玲 著 曹晔 译
158. 近代中国的渔业战争和环境变化 [美]穆盛博 著 胡文亮 译
159. 权力关系:宋代中国的家族、地位与国家 [美]柏文莉 著 刘云军 译
160. 权力源自地位:北京大学、知识分子与中国政治文化,1898—1929 [美]魏定熙 著 张蒙 译
161. 工开万物:17 世纪中国的知识与技术 [德]薛凤 著 吴秀杰 白岚玲 译
162. 忠贞不贰:辽代的越境之举 [英]史怀梅 著 曹流 译
163. 内藤湖南:政治与汉学(1866—1934) [美]傅佛果 著 陶德民 何英莺 译
164. 他者中的华人:中国近现代移民史 [美]孔飞力 著 李明欢 译 黄鸣奋 校
165. 古代中国的动物与灵异 [英]胡司德 著 蓝旭 译
166. 两访中国茶乡 [英]罗伯特·福琼 著 敖雪岗 译
167. 缔造选本:《花间集》的文化语境与诗学实践 [美]田安 著 马强才 译
168. 扬州评话探讨 [丹麦]易德波 著 米锋 易德波 译 李今芸 校译
169.《左传》的书写与解读 李惠仪 著 文韬 许明德 译
170. 以竹为生:一个四川手工造纸村的 20 世纪社会史 [德]艾约博 著 韩巍 译 吴秀杰 校
171. 东方之旅:1579—1724 耶稣会传教团在中国 [美]柏理安 著 毛瑞方 译
172. "地域社会"视野下的明清史研究:以江南和福建为中心 [日]森正夫 著 于志嘉 马一虹 黄东兰 阿风 等译
173. 技术、性别、历史:重新审视帝制中国的大转型 [英]白馥兰 著 吴秀杰 白岚玲 译
174. 中国小说戏曲史 [日]狩野直喜 张真 译
175. 历史上的黑暗一页:英国外交文件与英美海军档案中的南京大屠杀 [美]陆束屏 编著/翻译
176. 罗马与中国:比较视野下的古代世界帝国 [奥]沃尔特·施德尔 主编 李平 译
177. 矛与盾的共存:明清时期江西社会研究 [韩]吴金成 著 崔荣根 译 薛戈 校译
178. 唯一的希望:在中国独生子女政策下成年 [美]冯文 著 常姝 译
179. 国之枭雄:曹操传 [澳]张磊夫 著 方笑天 译
180. 汉帝国的日常生活 [英]鲁惟一 著 刘洁 余霄 译
181. 大分流之外:中国和欧洲经济变迁的政治 [美]王国斌 罗森塔尔 著 周琳 译 王国斌 张萌 审校
182. 中正之笔:颜真卿书法与宋代文人政治 [美]倪雅梅 著 杨简茹 译 祝帅 校译
183. 江南三角洲市镇研究 [日]森正夫 编 丁韵 胡婧 等译 范金民 审校
184. 忍辱负重的使命:美国外交官记载的南京大屠杀与劫后的社会状况 [美]陆束屏 编著/翻译
185. 修仙:古代中国的修行与社会记忆 [美]康儒博 著 顾漩 译
186. 烧钱:中国人生活世界中的物质精神 [美]柏桦 著 袁剑 刘玺鸿 译
187. 话语的长城:文化中国历险记 [美]苏源熙 著 盛珂 译
188. 诸葛武侯 [日]内藤湖南 著 张真 译
189. 盟友背信:一战中的中国 [英]吴芳思 克里斯托弗·阿南德尔 著 张宇扬 译
190. 亚里士多德在中国:语言、范畴和翻译 [英]罗伯特·沃迪 著 韩小强 译
191. 马背上的朝廷:巡幸与清朝统治的建构,1680—1785 [美]张勉治 著 董建中 译
192. 申不害:公元前四世纪中国的政治哲学家 [美]顾立雅 著 马腾 译
193. 晋武帝司马炎 [日]福原启郎 著 陆帅 译
194. 唐人如何吟诗:带你走进汉语音韵学 [日]大岛正二 著 柳悦 译

195. 古代中国的宇宙论 [日]浅野裕一 著 吴昊阳 译
196. 中国思想的道家之论:一种哲学解释 [美]陈汉生 著 周景松 谢尔逊 等译 张丰乾 校译
197. 诗歌之力:袁枚女弟子屈秉筠(1767—1810) [加]孟留喜 著 吴夏平 译
198. 中国逻辑的发现 [德]顾有信 著 陈志伟 译
199. 高丽时代宋商往来研究 [韩]李镇汉 著 李廷青 戴琳剑 译 楼正豪 校
200. 中国近世财政史研究 [日]岩井茂树 著 付勇 译 范金民 审校
201. 魏晋政治社会史研究 [日]福原启郎 著 陆帅 刘萃峰 张紫毫 译
202. 宋帝国的危机与维系:信息、领土与人际网络 [比利时]魏希德 著 刘云军 译
203. 中国精英与政治变迁:20 世纪初的浙江 [美]萧邦奇 著 徐立望 杨涛羽 译 李齐 校
204. 北京的人力车夫:1920 年代的市民与政治 [美]史谦德 著 周书垚 袁剑 译 周育民 校
205. 1901—1909 年的门户开放政策:西奥多・罗斯福与中国 [美]格雷戈里・摩尔 著 赵嘉玉 译
206. 清帝国之乱:义和团运动与八国联军之役 [美]明恩溥 著 郭大松 刘本森 译
207. 宋代文人的精神生活(960—1279) [美]何复平 著 叶树勋 单虹泽 译
208. 梅兰芳与 20 世纪国际舞台:中国戏剧的定位与置换 [美]田民 著 何恬 译
209. 郭店楚简《老子》新研究 [日]池田知久 著 曹峰 孙佩霞 译
210. 德与礼——亚洲人对领导能力与公众利益的理想 [美]狄培理 著 闵锐武 闵月 译
211. 棘闱:宋代科举与社会 [美]贾志扬 著